Max-Planck-Institut für ausländisches öffentliches Recht und Völkerrecht

Beiträge zum ausländischen öffentlichen Recht und Völkerrecht

Begründet von Viktor Bruns

Herausgegeben von
Jochen Abr. Frowein · Rüdiger Wolfrum

Band 140

Christoph Benedict

Sekundärzwecke im Vergabeverfahren

Öffentliches Auftragswesen, seine teilweise Harmonisierung im EG/EU-Binnenmarkt und die Instrumentalisierung von Vergaberecht durch vergabefremde Aspekte

Secondary Policies in Public Procurement

(English Summary)

Springer-Verlag Berlin Heidelberg GmbH

ISSN 0172-4770
ISBN 978-3-540-65706-4

Die Deutsche Bibliothek – CIP-Einheitsaufnahme

Benedict, Christoph:
Sekundärzwecke im Vergabeverfahren : Öffentliches Auftragswesen, seine teilweise Harmonisierung im EG/EU-Binnenmarkt und die Instrumentalisierung von Vergaberecht durch vergabefremde Aspekte / Christoph Benedict. –

(Beiträge zum ausländischen öffentlichen Recht und Völkerrecht ; Bd. 140)
ISBN 978-3-540-65706-4 ISBN 978-3-642-57100-8 (eBook)
DOI 10.1007/978-3-642-57100-8

Ursprünglich erschienen bei Springer-Verlag Berlin · Heidelberg · New York 2000

Satz: Reproduktionsfertige Vorlagen vom Autor

SPIN: 10719261 64/3136xz – 5 4 3 2 1 0 – Gedruckt auf säurefreiem Papier

Meinen Eltern

Vorwort

Die deutschsprachige Debatte zum öffentlichen Auftragswesen, ist in den neunziger Jahren vom Rechtsschutz des Bieters bestimmt gewesen. Sie wird sich im kommenden Jahrzehnt verstärkt den Fragen des materiellen Vergaberechts zuwenden. In dem Maße, wie Bieter ihre neuen Klagerechte nach dem Vergaberechtsänderungsgesetz wahrnehmen, werden sich die Gerichte mit den inhaltlichen Schwierigkeiten des Vergaberechts befassen. Zu diesen gehört die Frage der gemeinschaftsrechtlichen Zulässigkeit „vergabefremder Aspekte".

Der am 1. Januar 1999 in Kraft getretene § 97 Absatz 4 GWB erlaubt die verteilende Lenkung bei der Vergabe von Aufträgen nur noch soweit sie durch Bundes- oder Landesgesetz zugelassen ist. Gleichzeitig ist eine Übergangsfrist bis zum 30. Juni 2000 vorgesehen, in der untergesetzliche Normen zunächst fortgelten sollen. So sind der Bundes- und die Landesgesetzgeber nun mit der Frage konfrontiert, ob sie untergesetzliche lenkende Eingriffe in die Auftragsvergabe gesetzlich legitimieren oder dem Verbot anheimfallen lassen wollen. Auch im Rahmen dieser Debatte um eine mögliche Höherstufung „vergabefremder Aspekte" auf Gesetzesebene wird sich die Frage stellen, inwiefern solche Gesetze überhaupt ihrerseits mit höherrangigem Recht, insbesondere mit Gemeinschaftsrecht, vereinbar wären.

Diese Untersuchung geht davon aus, daß „vergabefremde Aspekte" differenziert zu betrachten sind. Das Gemeinschaftsrecht verbietet Diskriminierung und Intransparenz bei der Auftragsvergabe. Diskriminierungsfreie und transparente Anforderungen dagegen können zulässig sein. Die Anerkennung dieser Differenz bedeutet die Ablehnung einer pauschalen, insbesondere ordnungspolitisch motivierten Verurteilung „vergabefremder Aspekte". Sie darf aber nicht verwechselt werden mit einer generellen Befürwortung solcher Gesichtspunkte. Vielmehr bleibt die Berücksichtigung „vergabefremder Aspekte" anfällig für versteckten Protektionismus. Auch wo sie erlaubt ist, sollte deshalb jeder böse Schein gemieden werden.

Die vorliegende Arbeit wurde im Wintersemester 1998/1999 an der Juristischen Fakultät der *Ruprecht-Karls-Universität* Heidelberg als Dissertation angenommen. Literatur und Rechtsprechung sind vollständig bis Juni 1998 berücksichtigt. Bis zu Beginn der Drucklegung im Februar 1999 konnten noch ausgewählte Literatur und Rechtsprechung, sowie zahlreiche spätere Entwicklungen, insbesondere das Inkrafttreten des Vergaberechtsänderungsgesetzes und des Vertrags von Amsterdam berücksichtigt und eingearbeitet werden.

Zu diesem Projekt haben viele Personen beigetragen, allen voran mein verehrter akademischer Lehrer, Herr Prof. Dr. Dres. h.c. *Jochen Abr. Frowein.* Ihm danke ich für die stete Förderung während meiner Zeiten als Mitarbeiter, Stipendiat und nunmehr Referent am Institut, insbesondere für seine Offenheit, für die Geduld und Zeit, mit der er meinen Gedanken immer wieder zugehört hat und für die pointierten Rückfragen, welche stets den Kern des Problems trafen. Ihm und Herrn Prof. Dr. *Rüdiger Wolfrum* danke ich für die Aufnahme der Arbeit in die Schriftenreihe des Instituts. Weiterhin danke ich Herrn Prof. Dr. *Peter-Christian Müller-Graff* für die Übernahme des Zweitgutachtens und für die Gelegenheit, Thesen im Rahmen seines europarechtlichen Seminars zu präsentieren.

Für kollegialen Austausch zum Thema ist Dr. *Christopher McCrudden*, Lincoln College, Oxford, zu danken. Fruchtbare und bisweilen kontroverse Diskussionen hatte ich weiterhin mit Frau Ministerialdirigentin *Brigitte Krause-Sigle* und Herrn Ministerialrat Dr. *Fridhelm Marx* vom Bundesministerium für Wirtschaft, sowie Herrn Rechtsanwalt Dr. *Hans-Joachim Prieß*, Freshfields/Deringer, Brüssel. Interessant war auch der Einblick in die Praxis des Vergaberechts, den ich im Rahmen meiner Tätigkeit in der Kanzlei von Herrn Rechtsanwalt *Arnold Boesen*, Bonn gewinnen durfte. Der Austausch mit den zahlreichen Gästen des Instituts und den Institutskollegen hat die Untersuchung bereichert. Gedankt sei vor allem Herrn Professor Dr. *Georg Nolte*, Göttingen, für sein Beharren auf dem Primat der Politik, Herrn Professor *Gregory Alexander*, Cornell/Harvard, für Gespräche zum Spannungsverhältnis von Deregulierung und staatlicher Lenkung, sowie Herrn Dr. *Volker Röben*, Heidelberg, für Einblicke in Effektivität und Dezentralisierung der Gemeinschaftsrechtsordnung. Der erste Anstoß zu dieser Untersuchung geht zurück auf ein gemeinsames Seminar der Herren Professoren Dres. *Paul Kirchhof*, *Peter Hommelhoff* und *Dieter Feddersen.* Dort kam ich zum ersten Male mit der Existenz von Vergabepräferenzen für Betriebe aus den neuen Ländern in Berührung. Ich danke Herrn Dr. *Thilo Marauhn*, Heidelberg, für die Ermutigung, mich tiefer in das oft unwirtliche Gebiet des öffentlichen Auftragswesens einzuarbeiten.

Die Arbeit nahm während der Laufzeit eines großzügigen Promotionsstipendiums der *Studienstiftung des deutschen Volkes* Formen an. Sie hat von dem Quellenreichtum profitiert, den die Bibliothek des Instituts unter der Leitung von Herrn Bibliotheksdirektor *Joachim*

Schwietzke dem Forscher darbietet und bei dessen Erschließung insbesondere Frau Dipl-Bibl. *Irmgard Bühler* und Frau Dipl.-Bibl. *Michaela Fahlbusch* große Hilfe geboten haben. Auch der stete Austausch mit den Kolleginnen und Kollegen hat den Fortgang der Arbeit befördert. Für ihre Hilfsbereitschaft sei stellvertretend Herr Assessor *Alexander Schmid* und sein Beistand bei der Beschaffung und Übersetzung niederländischer Quellen zum *Beentjes*-Urteil genannt. Herrn Prof. Dr. *Ulrich Beyerlin*, Frau Dr. *Christiane Philipp* und Frau *Verena Soltau*, M.A. schließlich gebührt Dank für die hervorragende redaktionelle Betreuung des Manuskripts. Um eine kritische Durchsicht des Manuskripts haben sich Herr Dr. *Andreas Ziegler*, Bern, und mein Vater Dr. *Ulrich Benedict* verdient gemacht.

Wie stets war auch bei der Anfertigung dieser Arbeit der Rückhalt meiner geliebten Frau *Tanja* von unschätzbarem Wert.

Heidelberg, im Juni 1999 Christoph Benedict

Inhaltsübersicht

Inhaltsverzeichnis

Abkürzungsverzeichnis

ABl.	Amtsblatt der Europäischen Gemeinschaften
Abs.	Absatz
AEAP	Archive Européen d'administration publique
ADPE	Association du droit public d'entreprise
AEntG	Arbeitnehmerentsendegesetz
a.F.	alte Fassung
AJDA	L'Actualité juridique - droit administratif
AllMBl.	Allgemeines Ministerialblatt der Bayerischen Staatsregierung, des Bayerischen Ministerpräsidenten, der Bayerischen Staatskanzlei, des Bayerischen Staatsministeriums des Innern, des Bayerischen Staatsministeriums für Wirtschaft und Verkehr, des Bayerischen Staatsministeriums für Ernährung, Landwirtschaft und Forsten, des Bayerischen Staatsministeriums für Arbeit und Sozialordnung, des Bayerischen Staatsministeriums für Landesentwicklung und Umweltfragen und des Bayerischen Staatsministers für Bundes- und Europa-Angelegenheiten
Anglo-Am.Law.Rev.	Anglo-American Law Review
Anm.	Anmerkung
Ann.d.Gemwirt.	Annalen der Gemeinswirtschaft
Art.	Artikel
Aufl.	Auflage
BAnz.	Bundesanzeiger
BayStAnz.	Bayerischer Staatsanzeiger

BauR	Baurecht
BB	Betriebsberater
Bd.	Band
Bde.	Bände
BDI	Bundesverband der Deutschen Industrie
BEG	Bundesentschädigungsgesetz
Beih.	Beiheft
BGBl.	Bundesgesetzblatt
BKR	Baukoordinierungsrichtlinie
BMWi	Bundesministerium für Wirtschaft
BR-Drucks.	Bundesrats-Drucksache
BT-Drucks.	Bundestags-Drucksache
BVFG	Bundesvertriebenengesetz
bzw.	beziehungsweise
C.M.L.Rev.	Common Market Law Review
Comp.L.Rev.	Comparative Law Review
CRE	Commission for Racial Equality
DB	Der Betrieb
d.h.	das heißt
DKR	Dienstleistungskoordinierungsrichtlinie
DÖV	Die öffentliche Verwaltung
DVBl.	Deutsches Verwaltungsblatt
E.C.R.	European Court Reporter
EFRE	Europäischer Fonds für Regionale Entwicklung
EG	Europäische Gemeinschaft(en)
EGV	Vertrag zur Gründung der Europäischen Gemeinschaft
E.L.Rev.	European Law Review
Equal Opp.Rev.	Equal Opportunities Review
ERPL/RDPE	European Review of Public Law/ Revue Européenne de Droit public
EuGH	Europäischer Gerichtshof

EuR	Europarecht
Eur.Business L.Rev.	European Business Law Review
Eur.Publ. L.	European Public Law
EuVgR	Europäisches Vergaberecht
EuZW	Europäische Zeitschrift für Wirtschaftsrecht
EWGV	Vertrag zur Gründung der Europäischen Wirtschaftsgemeinschaft
EWS	Europäisches Wirtschafts- und Steuerrecht
f.	Folgende
ff.	Fortfolgende
FIDE	Fédération Internationale de Droit Européen
FrauFöV	Frauenförderungsverordnung des Landes Brandenburg
GABl.	Gemeinsames Amtsblatt des Innenministeriums, des Finanzministeriums, des Ministeriums für Wirtschaft, Mittelstand und Technologie, des Ministeriums für Ländlichen Raum, Ernährung, Landwirtschaft und Forsten, des Ministeriums für Arbeit, Gesundheit, Familie und Sozialordnung, des Ministeriums für Umwelt sowie der Regierungspräsidien des Landes Baden-Württemberg
GATT	General Agreement on Tariffs and Trade
Geo.Wash.J.Int.L.&Econ.	George Washington Journal of International Law and Economics
GPA	Government Procurement Agreement (GATT/WTO-Agreement on Government Procurement)
GVBl.	Gesetzes- und Verordnungsblatt
GWB	Gesetz gegen Wettbewerbsbeschränkungen
Harvard Int. L. J.	Harvard International Law Journal

IAO	Internationale Arbeitsorganisation
Ibid.	Ebenda
ILM	International Legal Materials
ILO	International Labour Organization
Int.Encycl.Comp.L.	International Encyclopedia of Comparative Law
Int.Lawyer	International Lawyer
JA	Juristische Arbeitsblätter
J.Int.Econ.L.	Journal of International Economic Law
JT	Journal des Tribunaux
J.W.T.	Journal of World Trade
KJ	Kritische Justiz
KMU	Kleine und Mittelständische Unternehmen
KOM	Kommissions-Dokument
Kriele-FS	Festschrift für Martin Kriele
KrWAbfG	Kreislaufwirtschafts- und Abfallgesetz
KSE	Kölner Schriften zum Europarecht
LG	Landgericht
LGG	Landesgleichstellungsgesetz des Landes Berlin
LIEI	Legal Issues of European Integration
LKR	Lieferkoordinierungsrichtlinie
LKV	Landes- und Kommunalverwaltung
L.Quart.Rev.	Law Quarterly Review
MBl.	Ministerialblatt
MRöA	Mittelstandsrichtlinien für öffentliche Aufträge
NAFTA	North American Free Trade Agreement
Nds., nds.	Niedersachsen, niedersächsisch
NHS	National Health Service
NJW	Neue Juristische Wochenschrift
Nr.	Nummer

Nrn.	Nummern
NRW	Nordrhein-Westfalen
NTM	Neuer Transatlantischer Markt
NuR	Natur + Recht
NVwZ	Neue Zeitschrift für Verwaltungsrecht
Oxford J.Leg.Stud.	Oxford Journal of Legal Studies
OVG	Oberverwaltungsgericht
para.	paragraph
PE DOK	Parlement Européen (Document)
P.P.L.R.	Public Procurement Law Review
P.P.L.R. CS	Public Procurement Law Review, Current Survey
RabelsZ	Rabels Zeitschrift
Rh.-Pf., rh.-pf.	Rheinland-Pfalz, rheinland-pfälzisch
RFDA	Revue Française de droit administratif
Riv.ital.dir.pub.com.	Rivista italiana di diritto pubblico comunitario
RMC	Revue du Marché Commun et de l'Union Européenne
RMRL	Rechtsmittelrichtlinie
RMUE	Revue du Marché Unique Européen
Rs.	Rechtssache
RIW	Recht der Internationalen Wirtschaft
S.	Seite(n)
sächs.	sächsisch
SchwbG	Schwerbehindertengesetz
SchwArbG	Schwarzarbeitergesetz
SGB	Sozialgesetzbuch
SKR	Sektorenkoordinierungsrichtlinie
Slg.	Sammlung der Rechtsprechung des Europäischen Gerichtshofes und des Gerichts erster Instanz
Sp.	Spalte
sog.	sogenannt
SRMRL	Sektoren-Rechtsmittelrichtlinie

StabG	Stabilitätsgesetz
StAnz.	Staatsanzeiger
SZR	Sonderziehungsrechte (der Weltbank)
Thür./thür.	Thüringischen, thüringisch(er, es)
TelAviv Univ. Stud.L.	Tel Aviv University Studies in Law
u.a.	unter anderem, und andere
UAR	Uniform Aanbestendingsreglement
UN	United Nations
UNCITRAL	United Nations Commission for International Trade Law
UNTS	United Nations Treaty Series
US	United States
USA	United States of America
v.	von, vom oder versus
VergR	VergabeRecht - Zeitschrift für öffentliche und private Beschaffung
VerwArch	Verwaltungsarchiv
VHB	Vergabehandbuch des Bundes
VN	Vergabe-News
VOB	Verdingungsordnung für Bauleistungen
VOF	Verdingungsordnung für freiberufliche Leistungen
VOL	Verdingungsordnung für Leistungen – ausgenommen Bauleistungen
VRÄG	Vergaberechtsänderungsgesetz
VÜA	Vergabeüberwachungsausschuß
VwV	Verwaltungsvorschrift
wbl.	Wirtschaftsrechtliche Blätter
WiVerw	Wirtschaftsverwaltung
WRP	Wettbewerb in Recht und Praxis
WTO	World Trade Organization
WUR	Wirtschaftsverwaltungs- und Umweltrecht
WuW	Wirtschaft und Wettbewerb

WuW-E BKartA	Wirtschaft und Wettbewerb, Entscheidungssammlung: Bundeskartellamt
WuW-E VergAL	Wirtschaft und Wettbewerb, Entscheidungssammlung: Vergabeüberwachungsausschüsse der Länder
Yale L.J.	Yale Law Journal
YBEL	Yearbook of European Law
z.B.	zum Beispiel
ZfBR	Zeitschrift für deutsches und internationales Baurecht
ZHR	Zeitschrift für das gesamte Handels- und Wirtschaftsrecht
Ziff.	Ziffer
ZIP	Zeitschrift für Wirtschaftsrecht und Insolvenzpraxis
ZVgR	Zeitschrift für deutsches und internationales Vergaberecht
ZVglRWiss	Zeitschrift für vergleichende Rechtswissenschaft

Abgekürzt zitierte Rechtsakte der Gemeinschaft

BLR	*Bauliberalisierungsrichtlinie* - Richtlinie 71/304/EWG des Rates vom 26.7.1971 zur Aufhebung der Beschränkungen des freien Dienstleistungsverkehrs auf dem Gebiet der öffentlichen Bauaufträge und bei öffentlichen Bauaufträgen, die an Auftragnehmer über ihre Agenturen oder Zweigniederlassungen vergeben werden, ABl. vom 16.8.1971, Nr. L 185/1; gestützt auf die Art. 54 Abs. 2 und 63 Abs. 2 EWG-Vertrag
BKR 71	*Erste Baukoordinierungsrichtlinie* - Richtlinie 71/305/EWG des Rates vom 26.7.1971 über die Koordinierung der Verfahren zur Vergabe öffentlicher Bauaufträge, ABl. vom 16.8.1971, Nr. L 185/5; gestützt auf die Art. 57 Abs. 2, 66 und 100 EWG-Vertrag
BKR 89	*Novellierte Baukoordinierungsrichtlinie* - Richtlinie 71/305/EWG des Rates vom 26.7.1971 über die Koordinierung der Verfahren zur Vergabe öffentlicher Bauaufträge, ABl. vom 16.8.1971, Nr. L 185/5 in der Fassung der Richtlinie 89/440/EWG des Rates vom 18. Juli 1989 zur Änderung der Richtlinie 71/305/EWG über die Koordination der Verfahren zur Vergabe öffentlicher Bauaufträge, ABl. vom 21.7.1989, Nr. L 210/1; letztere gestützt auf die Art. 57 Abs. 2, 66 und 100a EWG-Vertrag
BKR	*Konsolidierte Baukoordinierungsrichtlinie* - Richtlinie 93/37/EWG des Rates vom 14.6.1993 zur Koordinierung der Verfahren zur Vergabe öffentlicher Bauaufträge, ABl. vom 9.8.1994, Nr. L 199/54; gestützt auf die Art. 57 Abs. 2, 66 und 100a EWG-Vertrag
DKR	*Dienstleistungskoordinierungsrichtlinie* - Richtlinie 92/50/EWG des Rates vom 18. Juni 1992 über die Koordinierung der Verfahren zur Vergabe öffentlicher Dienstleistungsaufträge, ABl. vom 24.7.1992, Nr. L 209/1; gestützt auf die Art. 57 Abs. 2 und 66 EWG-Vertrag
LLR	*Lieferliberalisierungsrichtlinie* - Richtlinie 70/32/EWG der Kommission vom 17.12.1969 über die Lieferungen von Waren an den Staat, seine Gebietskörperschaften und die sonstigen juristischen Personen des öffentlichen Rechts,

	ABl. vom 19.1.1970, Nr. L 13/1; gestützt auf Art. 33 Abs. 7 EWG-Vertrag
LKR 76	*Erste Lieferkoordinierungsrichtlinie* - Richtlinie 77/62 des Rates vom 21.12.1976 über die Koordinierung der Verfahren zur Vergabe öffentlicher Lieferaufträge, ABl. vom 15.1.1977, Nr. L 13/1; gestützt auf Art.100 EWG-Vertrag
LKR 88	*Novellierte Lieferkoordinierungsrichtlinie* - Richtlinie 77/62 des Rates vom 21.12.1976 über die Koordinierung der Verfahren zur Vergabe öffentlicher Lieferaufträge, ABl. vom 15.1.1977, Nr. L 13/1 in der Fassung der Richtlinie 88/295/EWG des Rates vom 22.3.1988 zur Änderung der Richtlinie 77/62/EWG über die Koordinierung der Verfahren zur Vergabe öffentlicher Lieferaufträge und zur Aufhebung einiger Bestimmungen der Richtlinie 80/767/EWG, ABl. vom 20.5.1988, Nr. L 127/1; letztere gestützt auf Art.100a EWG-Vertrag
LKR	*Konsolidierte Lieferkoordinierungsrichtlinie* - Richtlinie 93/36/EWG des Rates vom 14.6.1993 über die Koordinierung der Verfahren zur Vergabe öffentlicher Lieferaufträge, ABl. vom 9.8.1993, Nr. L 199/54; gestützt auf Art.100a
SKR 90	*Erste Sektorenkoordinierungsrichtlinie* - Richtlinie 90/351/EWG des Rates vom 17.9.1990 betreffend die Auftragsvergabe durch Auftraggeber im Bereich der Wasser-, Energie- und Verkehrsversorgung sowie im Telekommunikationssektor, ABl. vom 29.10.1990, Nr. L 297/1; gestützt auf die Art. 57 Abs. 2, 66, 100a und 113 EWG-Vertrag
SKR	*Erweiterte Sektorenkoordinierungsrichtlinie* - Richtlinie 93/38/EWG des Rates vom 14.6.1993 zur Koordinierung der Auftragsvergabe durch Auftraggeber im Bereich der Wasser-, Energie- und Verkehrsversorgung sowie im Telekommunikationssektor, ABl. vom 9.8.1993, Nr. L 199/84; gestützt auf die Art. 57 Abs. 2, 66, 100a und 113 EWG-Vertrag

Kapitel Eins

Einführung

„Nimmt der Staat am marktwirtschaftlichen Geschehen teil, muß es ihm auch gestattet sein, seine ureigensten (Gemeinwohl-)Interessen in die Interessenabwägung einzubringen." Mit diesen Worten verteidigte der Minister für Wirtschaft, Mittelstand und Verkehr des Landes Nordrhein-Westfalen eine Landesregelung, die bei der Vergabe öffentlicher Aufträge Betriebe bevorzugte, welche Lehrlinge ausbilden.[1] Damit drückte er eine Haltung aus, die bei der öffentlichen Beschaffung weit verbreitet ist. Vielen Entscheidungsträgern in Vergabestellen der öffentlichen Hand, aber auch Führungspersonen in Verwaltung und Politik ist nicht ohne weiteres einsichtig, wieso der „Staat als Kunde"[2] sich anders verhalten sollte als jeder andere Kunde, der seine jeweiligen Präferenzen in die Entscheidung für oder gegen ein Produkt oder eine Dienstleistung einfließen läßt. Erscheint es nicht natürlich, daß der Staat als politisches Gemeinwesen auch bestimmte politische Präferenzen verfolgt, die sich gewissermaßen zwangsläufig in all seinem Handeln, also auch seinem (fiskal-)privatrechtlichen Beschaffen niederschlagen müssen?[3]

---

[1] Schreiben vom 19.4.1984, abgedruckt in WuW-E BKartA 2156; der Minister verteidigte sich gegenüber dem Bundeskartellamt, welches mit Schreiben vom 16.1.1984 die damalige Bevorzugung von Ausbildungsbetrieben bei der Auftragsvergabe als kartellrechtswidrig bemängelt hatte; siehe auch das unten Anm. 243 erwähnte neuere Schreiben des BKartA an Bayern und die Nachweise unten Anm. 642.

[2] Dies ist der treffende Titel des immer noch in vielen Ansätzen grundlegenden Werkes *E. Welter*, Der Staat als Kunde.

[3] In diesem Sinne auch *S. Kaspereit*, Plenarprotokoll 13/230, 21122 A: „Öffentliche Gelder müssen auch eine lenkende Funktion haben und öffentliches Interesse fördern. Es ist extrem kurzsichtig, wenn man bei der Vergabe öffentlicher Aufträge ausschließlich die Ausgabenseite betrachtet. Es war noch nie so wichtig wie heute, die Einnahmenseite vor allem durch die Erhaltung von Arbeitsplätzen zu berücksichtigen."; ebenso *W. Weiermann*, Plenarprotokoll 13/230, 21126 B: „Die öffentliche Hand darf bei der Vergabe von Steuermitteln

Diese Denkweise bricht sich zunehmend an der fortschreitenden Integration der Europäischen Märkte für Waren und Dienstleistungen. Die Teilnahme am marktwirtschaftlichen Geschehen ist in immer größerem Maße eine Teilnahme am Geschehen auf dem Europäischen Binnenmarkt. Als solches ist es zwangsläufig den Regeln unterworfen, welche die Europäische Gemeinschaft für das Verhalten von Mitgliedstaaten auf diesem Markt aufgestellt hat. Die sich aus diesen Regeln ergebenden Rechtsbindungen für eine verteilende Lenkung der Vergabe von Staatsaufträgen sind Gegenstand der vorliegenden Untersuchung. Dabei stellt sich im Kern die Frage, wie die zunehmende Europäisierung und Homogenisierung der Märkte mit der einstweilen fortbestehenden nationalen Heterogenität politischer Präferenzen in Einklang gebracht werden kann.

A. Problemaufriß

Bereits im Jahre 1972 wies der Wirtschafts- und Sozialausschuß der EWG darauf hin, daß „das öffentliche Auftragswesen ein Instrument der Regionalpolitik, der Technologie, der Sozialpolitik und der Konjunkturpolitik darstellt und daß die Mitgliedstaaten in einer Übergangsphase noch die Möglichkeit eines Rückgriffs auf dieses Instrument haben müssen, solange in diesen Bereichen keine gemeinsame Politik besteht, die über zumindest gleichwertige Instrumente verfügt".[4]

Damit war eine Frage thematisiert, die bei der Schaffung des europäischen Vergaberechts wiederholt angesprochen[5], aber kaum je befriedigend gelöst wurde. Ob und in welchem Maße dürfen die Mitgliedstaaten in Abwesenheit entsprechender gemeinschaftlicher Maßnahmen mit ihrer nach dem jeweiligen nationalen Recht legalen Praxis fortfahren, Spielräume bei der Vergabe öffentlicher Aufträge zur Durchsetzung nicht-wirtschaftlicher Ziele zu nutzen?

---

die Bekämpfung von Schwarzarbeit, illegaler Beschäftigung und illegaler Beauftragung von Subunternehmen etwa im Baubereich nicht außer acht lassen."

[4] Stellungnahme des Wirtschafts- und Sozialausschusses zu dem Vorschlag einer Richtlinie des Rates betreffend die Koordinierung der Verfahren zur Vergabe öffentlicher Lieferaufträge, ABl. vom 25.3.1972 Nr. C 30/17 (18).

[5] Siehe unten S. 85 ff.

Die jüngere Praxis der Mitgliedstaaten spiegelt eine gewisse Verunsicherung in dieser Frage wider.[6] Großbritannien hat eine Regelung, mit der es im Rahmen des Vergabeverfahrens sozialpolitische Zwecke verfolgte, als gemeinschaftsrechtswidrig zunächst ersatzlos außer Kraft gesetzt.[7] Später wurde sie wieder eingeführt, aber in ihrer Geltung auf Auftragsvergaben beschränkt, die nicht von den Vergaberichtlinien erfaßt werden, und nominell auf vergleichbare Teilnehmer aus der EG ausgedehnt.[8] In Frankreich wurde kürzlich vor dem Conseil d'État die Gemeinschaftsrechtswidrigkeit eines interministeriellen Rundschreibens gerügt, welches den Vergabestellen nahelegt, sozial- oder ausbildungspolitisches Engagement der Teilnehmer positiv zu berücksichtigen.[9] Deutschland hat strukturpolitische Regionalpräferenzen aufgehoben[10] oder nominell auf alle strukturschwachen Regionen der EU ausgedehnt, um dem Vorwurf der Diskriminierung zu begegnen.[11]

---

[6] *C. MacCrudden*, Study, chapter 2, sub H., 21 spricht sogar von „substantial confusion".

[7] In Großbritannien existierte seit Ende der sechziger Jahre unter dem Namen *Priority Suppliers Scheme* ein System von sozialpolitisch motivierten Eintrittsrechten und Mehrpreismargen zugunsten bestimmter Lieferanten. Ende der achtziger Jahre geriet dieses System in England in die Diskussion, weil als fragwürdig galt, ob es nicht gemeinschaftsrechtswidrig sei. Es wurde im Zuge dieser Diskussionen zunächst ersatzlos abgeschafft, aber 1994 wieder eingeführt. Dabei wurde es auf Aufträge begrenzt, deren Volumina unterhalb der Schwellenwerte der EG-Vergaberichtlinien liegen und es wurde nominell für Bieter aus anderen Mitgliedstaaten geöffnet; im einzelnen *S. Arrowsmith*, Procurement, 808; *Contract Compliance* (o.Verf.), (1994) 54 Equal Opp.Rev., 11 f.

[8] Siehe Anm. 7.

[9] Die Gemeinschaftsrechtswidrigkeit des Schreibens wurde von den Klägern neben anderen Punkten ins Feld geführt, der Conseil d'État wies die Klage aber ohne Sachentscheidung als unzulässig ab, siehe unten Anm. 110 f.

[10] Siehe die Antwort der Bundesregierung auf die Große Anfrage (unten Anm. 136).

[11] Die vergaberechtliche Förderung von Unternehmen aus den neuen Ländern (dazu *B. Schlünder*, ZfBR 1991, 240 ff. und *C. Haase*, Internationale Harmonisierung, 161 ff.) wurde umbenannt in eine Förderung von Unternehmen aus allen Regionen des Europäischen Fonds für regionale Entwicklung (EFRE). Die Mittelstandsrichtlinien Neue Länder des Bundeswirtschaftsministeriums vom 25.6.1991 (Anm. 124) wurden zu „Richtlinien der Bundesregierung für die bevorzugte Berücksichtigung von kleinen und mittleren Unternehmen in Handwerk, Handel und Industrie bei der Vergabe öffentlicher Aufträge nach

Bei der Diskussion um neuere gleichstellungspolitisch motivierte Präferenzregelungen ist es in Deutschland zu einer Kontroverse um deren gemeinschaftsrechtliche Zulässigkeit gekommen.[12] Die neuesten Praktiken einiger Länder, Teilnehmer vom Vergabeverfahren auszuschließen, welche sich weigern, Tariftreue- oder Nachunternehmererklärungen[13] oder eine Scientology-Schutzerklärung[14] abzugeben, und der jüngste Beschluß der Bundesregierung zur Bevorzugung von Ausbildungsbetrieben[15] haben die Kontroverse weiter angefacht.[16] Als Reaktion wurde im Rahmen des zu Beginn des Jahres 1999 in Kraft getretenen Vergaberechtsänderungsgesetzes[17] ein neuer § 97 Abs. 4 in das GWB eingefügt,

---

VOL aus den im Anhang genannten Gebieten" [das sind die EFRE-Regionen] vom 1.10.1992, BAnz.Nr. 201 vom 24.10.1992, 8409, geänd. am 15.11.1993, BAnz.Nr. 227 vom 3.12.1993, 10456, *Meyer/Uekermann*, Nr. 2132. Diese Öffnung geschah, um Bedenken vorzubeugen, die Bevorzugung nur ostdeutscher Unternehmen verstoße gegen Diskriminierungsverbote aus dem EG-Vertrag; *G. Crauser*, Leipziger VOL-Kongreß, 79.

[12] Etwa zu § 13 des Berliner Landesgleichstellungsgesetzes (unten Anm. 165): für europarechtliche Zulässigkeit (unter fragwürdiger Berufung auf das Subsidiaritätsprinzip) *U. Battis*, Berliner Anhörung I; 98 f.; dagegen: *H. Eberstein*, Berliner Anhörung I, 66.; differenzierend *C. MacCrudden*, Berliner Anhörung I, 84 und *M. Sudhof*, Berliner Anhörung I, 59 ff.

[13] Siehe unten Anm. 154 ff.

[14] Siehe unten Anm. 157.

[15] Beschluß der Bundesregierung für die bevorzugte Berücksichtigung von Unternehmen, die Lehrlinge ausbilden, bei der Vergabe öffentlicher Aufträge des Bundes, vom 9.9.1997, BAnz. Nr. 181 vom 26.9.1997, 12441; siehe unten Anm. 180.

[16] *T. Ax*, ZvgR 1997, 46 ff.; *M. Brenner*, Ausschluß, 10 ff.; dies hat auch zu einer neuerlichen Befasssung mit der Entscheidung des Gerichtshofs in der Rechtssache *Beentjes* (dazu näher unten Text bei Anm. 535 ff.) geführt, die u.a. in VergR 3/97, 45 ff. erneut abgedruckt wurde; eine weitergehende Frage betrifft die Diskussion um die europarechtliche Zulässigkeit sog. „koordinierter Auftragssperren", also darüber, ob ein Ausschluß nur im Einzelfall oder generell für alle Vergabeverfahren einer Körperschaft über eine bestimmte Zeit zulässig ist; dazu unten Kapitel Drei, Abschnitt Zwei, A. II. 2. c) Koordinierte Vergabesperre, S. 128.

[17] Gesetz zur Änderung der Rechtsgrundlagen für die Vergabe öffentlicher Aufträge (Vergaberechtsänderungsgesetz – VRÄG) vom 26.8.1998, BGBl. Teil I, Nr. 59 vom 2.9.1998, 2512 in der Fassung der Bekanntmachung der Neufassung des Gesetzes gegen Wettbewerbsbeschränkungen vom 26.8.1998, BGBl. Teil I, Nr. 59 vom 2.9.1998, 2546; Darstellungen des Gesetzes bei *J. Byok*, NJW 1998,

der die Verfolgung derartiger Ziele künftig von der Anordnung durch ein Bundes- oder Landesgesetz abhängig macht.[18]

Die Diskussion in der Literatur leidet an einer ordnungspolitischen Spaltung: „Puristen" betrachten derartige Aspekte übergreifend als „vergabefremd" und lehnen sie grundsätzlich[19] als eine Bedrohung des Grundsatzes der wettbewerblichen Vergabe[20] oder auch offen ordnungspolitisch argumentierend[21] ab. „Partisanen" setzen sich für die Be-

---

2774 ff., *A. Boesen*, EuZW 1998, 551 ff.; *R. Voppel*, LKV 1999, 5 ff.; *Schneevogel/Horn*, NVwZ 1999, 1242; Tiefgehende und umfassende Analyse zum Stand des Vergaberechts nach Erlaß des Vergaberechtsänderungsgesetzes bei *J. Pietzcker* ZHR 162 (1998), 427 ff.

[18] Allerdings wurde eine Übergangsregelung bis Mitte 2000 vorgesehen; siehe ausführlich unten Kapitel Drei, D. Fortsetzung der Kontroverse im Rahmen der deutschen innerstaatlichen Umsetzung, S. 107 ff.

[19] Allerdings werden auch hier Ausnahmen eingeräumt, die typischerweise bagatellisiert werden, siehe O. *Schlecht*, Forum '88, 23 f., der die Mittelstandsförderung als „systemkonform im Sinne unserer ordnungspolitischen Grundausrichtung" gar nicht erst problematisiert und zu den Zonenrand- und Bevorzugtenrichtlinien nur bemerkt „Der politische Stellenwert dieser Sonderregelungen ist hoch, die haushaltsmäßige Belastung fällt nicht ins Gewicht"; illustrativ für die einhergehenden Schwierigkeiten der Rechtfertigung *H. Schauerte*, Plenarprotokoll 13/230, 21120 B: „Daß man über einen Verwaltungsakt zum Beispiel die Lehrstellen in die Vergabepraxis einbezogen hat [...] will ich nicht bestreiten [...] Dies ist aber eigentlich falsch."

[20] *Lampe-Helbig/Wörmann*, 109, Randnr. 264; *F. Rittner*, in: Schwarze/Müller-Graff, EuR 1996, Beih.1, 18 f.; Vertreter der zuständigen deutschen Ministerien (O. *Schlecht*, Forum '88, 25; *I. Seidel*, in: Rill/Griller, Europäischer Binnenmarkt, 192 und in: M. Dauses, EG-Wirtschaftsrecht, H.IV., Randnr. 112) betonen: „Die Berücksichtigung auch nur eines dieser auftragsfremden Kriterien hätte Signalwirkung." und „Der Grundsatz der Vergabe auf das wirtschaftlichste bzw. das annehmbarste Angebot wäre aufgegeben."; von der Wortwahl anders aber inhaltsgleich O. *Schlecht*, Forum'90, 18; *I. Seidel*, EuR 1990, 162 (= *I. Seidel*, in: FIDE 1990, 78); *H. Schauerte*, Plenarprotokoll 13/230, 21120 C: „Jeder befrachtet die jeweilige Vergabe mit den jeweiligen politischen Wünschen, die er noch hat."

[21] *H. Schauerte*, Plenarprotokoll 13/230, 21120 B: „Wir sagen in aller Deutlichkeit: Ordnungspolitisch wäre es geboten, vernünftig und richtig, jeden vergabefremden Aspekt grundsätzlich auszuschließen."; *I. Seidel*, in: M. Dauses, EG-Wirtschaftsrecht, Randnr. 112: „Denn so anerkennenswert auftragsfremde Belange als solche häufig sind, müssen doch die ordnungspolitischen Konsequenzen der Instrumentalisierung des öffentlichen Auftragswesens für bestimmte Politiken deutlich gesehen werden"; *I. Seidel*, in: Rill/Griller, Europäi-

rücksichtigung eines bestimmten Aspekts ein, dem sie unter Hintanstellung wettbewerblicher Gesichtspunkte zum Durchbruch verhelfen wollen.[22] Symptomatisch für diese Debatte ist das Ausweichen auf einfache, eindimensionale Lösungen[23] unter Umgehung des zugrundeliegenden schwierigen Zielkonlikts.[24] Jenseits der ideologisierten Debatte finden sich allerdings auch differenzierende Stimmen[25] und neuerdings Ansätze zu tiefergehender Analyse.[26]

---

scher Binnenmarkt, 194: „Meines Erachtens sollte der Unterrepräsentation von Frauen in den interessanteren Bereichen des beruflichen Lebens, soweit sie auf Diskriminierung - meist verkappter - beruht, in einer Weise begegnet werden, die sich in den allgemeinen ordnungspolitischen Rahmen einpaßt, nicht dagegen mit Maßnahmen, die damit unvereinbar sind. Hier bleibt allerdings einiges zu tun. Aus meiner Sicht ist das öffentliche Auftragswesen kein Vehikel dazu."; nahezu wortgleich bereits O. *Schlecht*, Forum '88, 28.

22 *A. v. Wahl*, KJ 1996, 181 ff.; *Knapp/Loer/Rust*, in: Weg/Stein, Macht, 123 f.; illustrativ für die zugrundeliegende vereinfachte Weltsicht *B. Degen*, Streit 1996, 6: "Alle sozialpolitischen Maßnahmen im europäischen Bereich können mit wettbewerblichen Gesichtspunkten, die das europäische Recht zentral bestimmen, kollidieren und in scheinbaren Widerspruch geraten. In diesem Fall haben die Wettbewerbsgesichtspunkte zurückzutreten, da sonst alle sozialen und sozialpolitischen Aspekte unterhöhlt werden können."

23 Für die „Puristen" siehe *F. Rittner*, VergR 3/98, 31: „[...] daß als Kriterium der Vergabeentscheidung *allein das wirtschaftlichste Angebot* in Betracht kommt [...] hat [...] den unschätzbaren Vorteil, die Entscheidung einer einzigen Dimension zu unterwerfen." [Hervorhebung im Original]; für die „Partisanen" siehe das Zitat von *Degen*, oben Anm. 22.

24 Dazu sogleich unten Text bei Anm. 35 ff.

25 *C.-O. Lenz*, Forum '92, 50; *K. Hailbronner*, Vergabe, 62 f.; *K. Hailbronner* WiVerw 1994, 226; *v. Bogdandy/Wernicke*, in: Grabitz/Bogdandy/Nettesheim, Eur. Außenwirtschaftsrecht, 622 f.; *J. Winter* 28 C.M.L.Rev. (1991) 774 f.; *S. Arrowsmith*, (1992) 1 P.P.L.R., CS 410 f.; *L. Osterloh*, Rechtsgutachten, § 9, 58 ff.; *P.-A. Trepte*, Public Procurement, 57 ff.; *O. Otting*, Stadt u. Gem. 1996, 461 ff.; *C. Bovis*, (1997) 31 J.W.T, 81 ff.; *C. Bovis*, Liberalisation, 196 ff.; *H. Däubler-Gmelin*, EuZW 1997, 713; *C. Bovis*, EC Procurement, 111 ff.; *C. Bovis*, (1998) 4 Eur.L.J., 233 ff.; *J. Pietzcker*, ZHR 162 (1998), 464 ff.; aus der älteren Literatur (meist ohne ausführliche Berücksichtigung des Europarechts): *C. Turpin*, Government Contracts, 244 ff.; *H.-J. Menzel*, DB 1981, 303; *P. Weissenberg*, DB 1984, 2285 ff.

26 *S. Arrowsmith* (1995) 111 L.Quart.Rev., 235 ff.; *S. Arrowsmith*, Procurement, 799 ff.; *J. Fernández Martín*, Critical Analysis, 58 ff.

Zeichen einer Uneinigkeit zeigen sich auch unter den europäischen Organen. Die EG-Kommission hält den Spielraum der Mitgliedstaaten für eng umgrenzt[27] und hat bereits mehrere mitgliedstaatliche Regelungen und Praktiken als gemeinschaftsrechtswidrig beanstandet.[28] Parlament und Wirtschafts- und Sozialausschuß hingegen haben sich im Rahmen der Harmonisierung (erfolglos) für Richtlinienbestimmungen eingesetzt, welche die Zulässigkeit derartiger Regelungen festgelegt hätten.[29] Entsprechend regeln die Vergaberichtlinien die Frage nicht oder nur in Einzelaspekten. Für eine umfassendere Regelung fehlte den am Normsetzungsprozeß Beteiligten der ordnungspolitische Konsens.[30]

Diese Meinungsverschiedenheiten sind angesichts der Implikationen der Frage verständlich. Weit über den verwaltungstechnisch engen Bereich des Vergaberechts hinaus ist hier angesprochen, inwieweit ein genuin politischer Entscheidungsfreiraum der Mitgliedstaaten in einem traditionell ureigenen Bereich ihres Staatshandelns durch das Marktrecht der Gemeinschaft beschränkt, im Einzelfall gar beseitigt wird.[31]

Dabei geht es nicht um die volkswirtschaftliche Frage, ob eine Berücksichtigung zusätzlicher Aspekte bei der Beschaffung insgesamt oder

---

[27] Nach Ansicht der Kommission ist eine Verfolgung von Sekundärzwecken nur zulässig, wenn sie inhaltlich und verfahrensmäßig getrennt von der eigentlichen Bieterauswahl stattfindet, die allgemeinen Regeln des Vertrages beachtet und nicht versucht, extraterritorial zu wirken, siehe Mitteilung der Kommission „Öffentliches Auftragswesen - Regionale und soziale Aspekte" vom 22.9.1989, KOM (89) 400 endg., ABl. vom 12.12.1989, Nr. C 311/7 (13 f.), Randnr. 59 und Grünbuch der Kommission „Das öffentliche Auftragswesen in der Europäischen Union: Überlegungen für die Zukunft" vom 27.11.1996, Textziff. 5.42 und 5.52.; näher siehe unten Text bei Anm. 582 ff.

[28] Besonders konsequent ist die Kommission bisher gegen mitgliedstaatliche Regionalpräferenzen vorgegangen: EuGH *-Kommission/Italien, legge Nr. 80/87 per il mezzogiorno-* Rs. C-360/89, vom 3.7.1992, Slg. 1992, I-3401 ff. (Präferenzen für den Mezzogiorno); Mahnschreiben der Kommission an die Bundesrepublik Deutschland vom 26.5.1994, SG (94) D/6959 (führte ohne Gerichtsverfahren zur Aufhebung von Präferenzen für Unternehmen aus den neuen Ländern, siehe unten Anm. 136).

[29] Siehe unten C. Die Kontroverse um das Problem der Sekundärzwecke, S. 85 ff.

[30] Siehe unten, S. 85 ff.

[31] Zum Problem der gemeinschaftsrechtlichen Beschränkung des wirtschaftspolitischen Ermessens der Mitgliedstaaten, siehe *J. Schwarze*, Discretionary powers.

wenigstens im konkreten Fall wohlfahrtssteigernd ist oder im Gegenteil überwiegend zu Wohlfahrtsverlusten führt. Es geht um die kompetenzrechtliche Frage, wer zwischen dem Ziel der Wohlfahrtssteigerung und anderen Zielen abwägen darf: die Mitgliedstaaten oder die Gemeinschaft, mit anderen Worten darum, welche Residualkompetenzen den Mitgliedstaaten in diesem Bereich beim derzeitigen Stand der Entwicklung des Gemeinschaftsrechts verbleiben.[32]

Mit der fortschreitenden Verbesserung der Klagerechte abgewiesener Teilnehmer gewinnt diese Grundsatzfrage der Europäischen Kompetenzordnung auch eine unmittelbar praktische Seite. Ein Konkurrent, der im Vergabeverfahren trotz eines marktmäßig besseren Gebots wegen bestimmter politischer Steuerungsvorstellungen abgewiesen wird, wird sich auf die gemeinschaftsrechtliche Unzulässigkeit dieser Vergabeentscheidung berufen.[33] In solchen Fällen wird die konkrete Vergabeentscheidung zum Kristallisationspunkt für den allgemeinen Konflikt zwischen der Ordnung des Binnenmarktes und dem politischen Steuerungsanspruch des Staates.[34]

Damit situiert sich die Frage im größeren Kontext des Dilemmas der unterschiedlichen Geschwindigkeiten von wirtschaftlicher und politischer Integration Europas.[35] Als „stateless market" wird einerseits der Europäische Markt immer weiter ausgebaut, ohne daß andererseits in

---

[32] Allgemein zu diesem Problemkreis *A. Furrer*, Sperrwirkung.

[33] Das ist auf nationaler und europäischer Ebene bereits vorgekommen: Vor dem Vergabeüberwachungsausschuß des Landes Sachsen-Anhalt berief sich eine Antragstellerin auf die europarechtliche Unzulässigkeit von strukturpolitischen Präferenzen für Unternehmen aus den neuen Ländern: Beschluß vom 5.3.1996, 36-32571/07 - 1 VÜ 2/96 = WuW-E VergAL 87 (90). Vor dem EuGH berief sich die Klägerin in EuGH -*Beentjes*- Rs. 31/87 vom 20.9.1988, Slg. 1988, 4635 auf die europarechtliche Unzulässigkeit einer Vergabe nach sozialpolitischen Kriterien, dazu näher unten III. Die Entscheidung des Europäischen Gerichtshofs in der Rechtssache Gebroeders *Beentjes*, S. 169 ff.

[34] Ähnlich bereits *K. Stolz*, Auftragswesen, 85 f., 7.Kapitel: Die Vergabeentscheidung.

[35] *F. Scharpf*, Optionen, 131: „Westeuropa hat sich mit der (ökonomisch sinnvollen) Vollendung des Binnenmarktes ein politisches Dilemma eingehandelt, aus dem es keinen einfachen Ausweg gibt. Auf der einen Seite schwindet die Fähigkeit der Nationalstaaten, das kollektive Geschick ihrer Bürger mit den eigenen staatlichen Mitteln selbst zu bestimmen. [...] Auf der anderen Seite hat die Handlungsfähigkeit der europäischen Politik nicht in dem Maße zugenommen, wie die der Mitgliedstaaten geschwunden ist."

gleichem Maße eine Europäische Regierung aufgebaut würde.[36] Dies führt in der Tendenz zu einem Verlust an politischer Steuerbarkeit der Wirtschaftsabläufe.[37] Diese Entwicklung wird dadurch verstärkt, daß die Regeln des Marktes die Mitgliedstaaten in ihrer politischen Handlungsfähigkeit empfindlich beschneiden und so zu einer „Absorption"[38] mitgliedstaatlicher Kompetenzen führen. Die Definition der jeweiligen Bereiche mitgliedstaatlicher und gemeinschaftlicher Befugnisse wird daher mit zunehmender Reife der Gemeinschaftsordnung und wachsendem Erfolg der wirtschaftlichen Integration zu einer wichtigeren Aufgabe für alle an der Entwicklung der gemeinschaftlichen Rechtsordnung beteiligten Akteure und insbesondere für den Gerichtshof.[39]

Die Instrumentfunktion mitgliedstaatlicher Vergabe ist in vielerlei Hinsicht beispielhaft für dieses Dilemma. Das Eingangszitat[40] problematisierte sie bereits 1972, zu wirklichen Konflikten führt sie aber erst, seitdem im Rahmen der Vollendung des Binnenmarktes wesentliche Integrationsfortschritte im Vergabesektor erreicht wurden. Eine politische Debatte der Problematik auf europäischer Ebene kam ebenfalls erst im Rahmen der binnenmarktbedingten Novellierung der Vergaberichtlini-

---

[36] *P. Kapteyn*, Stateless Market, 4: „As the liberalization of the market took shape and state controls began to lag behind, the painful juxtaposition intensified. Limitation to national sovereignty increased without compensation at Community level. Once again the European dilemma raised its ugly head: member countries were prepared to reduce national controls to achieve a free market, but national pride and identity prevented them from transferring national sovereignty."; *E.-J. Mestmäcker*, RabelsZ (58) 1994, 635: „We have a long and difficult road before us until we arrive at a proper balance of economic and political integration [...]"

[37] *P. Kapteyn*, *ibid.*: „Member countries watched as their control over policy was gradually eroded, either by direct prohibitions against national protection or through the introduction of competition for the national industry in the context of a free market, without any proportional compensation at European level."

[38] *J. Weiler*, (1991) 100 Yale L.J., 2438: „Absorption [...] occurs, often unintentionally, when the Community legislative authorities, in exercising substantive legislative powers bestowed on the Community, impinge on areas of Member State jurisdiction outside the Community's explicit competences. "

[39] *A. Dashwood*, (1996) 21 E.L.Rev. 128.

[40] Siehe Anm. 4.

en auf.[41] Exemplarisch läßt sich im Vergabesektor auch die Bemerkung *Scharpfs* verifizieren, wonach nationale Identität und transnationale Offenheit nicht reale Sachverhalte, sondern Perspektiven definieren, unter denen derselbe Sachverhalt beurteilt und geregelt wird.[42] Einerseits nämlich handelt es sich um einen Bereich von traditionsgemäß besonders großer Staatsnähe, in dem sich in Vergangenheit wie Gegenwart[43] häufig Steuerungsvorstellungen der Regierung ergänzend zu oder statt einer gesetzlichen Regelung niederschlagen.[44] Andererseits ist der Ansatz der gemeinschaftlichen Harmonisierung im Vergabewesen betont wettbewerbsbezogen und freihändlerisch.[45]

Entsprechend treffen widerstreitende Paradigmen aufeinander:[46] Die Betrachtung des Vergabewesens als „Sektor des Binnenmarktes" auf der einen Seite, die den Staat tendenziell als Nachfrager wie viele andere begreift und sein Verhalten den allgemeinen Marktgesetzen unterwerfen

---

[41] Siehe unten C. Die Kontroverse um das Problem der Sekundärzwecke bei der Novellierung der Richtlinien, S. 85 ff.

[42] *F. Scharpf*, Optionen, 138.

[43] Siehe die Beispiele unten Kapitel Zwei, S. 35 ff.

[44] Das läßt sich trotz aller ordnungspolitischen Rhetorik (Anm. 20 und 21) auch für die Bundesrepublik deutlich beobachten. SPD-regierte Länder neigen eher zu arbeitsmarkt- und frauenpolitischen Regelungen und Praktiken (z.B. unten Anm. 154, 165, 185). Das katholisch geprägte Bayern schützt sich gegen „Infiltration und Ausforschung" bei der Auftragsvergabe durch eine Scientology-Schutzerklärung (unten Anm. 157). Auf Bundesebene haben sich mit den Spätaussiedlern und den Verfolgten (und früher Zonenrandanrainern, Evakuierten) Gruppen eine vergaberechtliche Bevorzugung (siehe unten Anm. 126) erworben, die lange Zeit in der Bundespolitik einen besonderen Stellenwert hatten. Auch die mit Blick auf die Kontroversen um andere Sekundärzwecke überraschend einmütige Berücksichtigung von Umweltgesichtspunkten (siehe unten Anm. 189-192) spiegelt einen (deutschen) politisch-gesamtgesellschaftlichen Konsens.

[45] Siehe die Präambeln der Richtlinien (Anm. 257).

[46] Treffend geschildert bei *F. Rittner*, in: Schwarze/Müller-Graff, EuR 1996, Beih.1, 19, der diese Tatsache allerdings einseitig zur Kritik am Vorgehen der Kommission verwendet („die bösartige Bemerkung, daß die Brüsseler Beamten Märkte regeln, die sie nicht kennen, ist für diesen höchst sensiblen Rechtsbereich leider zur Tatsache geworden."); man könnte mit *J. Weiler*, (1991) 100 Yale L.J., 2462 entgegnen: „There is something almost pitiful in the rude awakening of some of the Member States. "

will;[47] die historisch gewachsenen, teilweise haushaltsrechtlich-innenrechtlich konzipierten Vergabetraditionen der mitgliedstaatlichen Verwaltungen andererseits, welche die Beschaffung des Staates tendenziell als eine unter mehreren möglichen Willensäußerungen einer gesellschaftlich-politischen Einheit begreifen.[48] Auch personell stehen sich unterschiedliche Gruppen gegenüber: Während das Binnenmarktkonzept von internationalen Wirtschaftsfachleuten, Europarechtsexperten und Unternehmensberatern[49] entworfen wurde, entwickelte sich das mitgliedstaatliche, zumal das deutsche Vergaberecht zumeist in den Händen von nationalen Verwaltungsfachleuten, Kaufleuten, Technikern und Verwaltungsbeamten[50].

Dieser Paradigmenstreit zwischen Freihandel einerseits und nationaler und lokaler Beschaffungsverwaltung andererseits ist nicht auf Europa begrenzt, sondern ist überall dort angelegt, wo in jüngerer Zeit Instrumente zur Gewährleistung des Internationalen Freihandels auf dem Gebiet des öffentlichen Beschaffungswesens geschaffen wurden.[51] Das

---

[47] Siehe das Weißbuch der Kommission an den Europäischen Rat „Vollendung des Binnenmarktes“ vom 14.6.1985, KOM (85) 310 endg., 23 ff., Randnrn. 81 ff.; *Cecchini*-Bericht, 38: „Die öffentliche Hand beschafft sich Güter und Dienstleistungen zu überhöhten Kosten und unterstützt dadurch unwirtschaftliche geführte Unternehmen. [...] Die Marktzersplitterung schadet der Wettbewerbsfähigkeit europäischer Unternehmen auf dem Weltmarkt.“

[48] „Nimmt jedoch der Staat am marktwirtschaftlichen Geschehen teil, muß es ihm auch gestattet sein, seine ureigensten (Gemeinwohl-)Interessen in die Interessenabwägung einzubringen.“; Stellungnahme des Ministers für Wirtschaft, Mittelstand und Verkehr des Landes Nordrhein-Westfalen vom 19.4.1984 (zum Schreiben des Bundeskartellamtes vom 16.1.1984, betreffend die damalige Bevorzugung von Ausbildungsbetrieben bei der Auftragsvergabe) WuW-E BKartA 2156.

[49] Den Binnenmarkt-Maßnahmen im Vergabesektor liegt eine umfangreiche Studie der Unternehmensberatung W.S Atkins in Zusammenarbeit mit Eurequip SA und Roland Berger & Partner zugrunde, die unter dem Titel *Research on the „Cost of Non-Europe“, Basic Findings, Volume 5 Part A & B, The „Cost of Non-Europe in Public Sector Procurement“* als Dokument der Europäischen Gemeinschaften, Luxemburg: Amt für amtliche Veröffentlichungen, 1988 erschienen ist.

[50] Die Sicht eines kommunalen Entscheidungsträgers (des Stadtdircktors der Stadt Langenhagen) ist exemplarisch pointiert nachzulesen bei *K. Rosenzweig*, in: J. Ipsen, Bad Iburger Gespräche, 100 ff.

[51] Als wichtigste Entwicklungen sind hier zu nennen: Die Einigung über das UNCITRAL-Model Law on Procurement of Goods, Construction and Servi-

Problem der Verfolgung nicht-wirtschaftlicher Ziele ist unter dem Regime dieser internationalen Instrumente aber noch nicht in gleichem Maße diskutiert, wie im Bereich des Gemeinschaftsrechts, sei es, weil diese Instrumente solche zusätzlichen Aspekte grundsätzlich zulassen,[52] sei es, weil die Problemfälle eben erst auftauchen,[53] sei es, weil die Sensibilität für das Problem noch völlig fehlt.[54]

---

ces im Juni 1994, UN-Doc. A/49/17, Annex I; dazu *J. Adolphsen*, UNCITRAL- Modellgesetz; *D. Wallace*, (1994) 3 P.P.L.R., CS 2 ff. Die Novellierung des GATT/WTO-Übereinkommens über das Öffentliche Beschaffungswesen im April 1994, ABl. EG vom 3.9.1996, Nr. C256/1; dazu *deGraaf/King*, RMUE 4/94, 67 ff. und *dies.* (1995) 29 Int. Lawyer, 435 ff.; *C. Bock*, AJP/PJA 1995, 711 ff.; *A. Halford* (1995) 4 P.P.L.R., 35 ff.; *Hoekmann/Mavroidis*, (1995) 4 P.P.L.R., 63 ff.; *M. Footer*, (1995) 4 P.P.L.R., 80 ff.; *Hoekmann/Mavroidis*, Law and Policy; *A. Haagsma*, in: L. Gormley, Gordian Knots, 11 ff.; *A. Reich*,(1997) 31 J.W.T., 125 ff.; *E. Clerc*, Ouverture, 279 ff.; *N. Notaro*, RMUE 2/98, 203 ff.; neuerdings umfassend *G. Kunnert*, WTO-Vergaberecht, der das Problem der Sekundärzwecke allerdings stiefmütterlich behandelt und auf S. 275 die Instrumentfunktion ohne Begründung pauschal als „vergabefremd" abtut. Das Inkrafttreten des NAFTA-Abkommens mit seinem Kapitel 10 „Government Procurement" im Januar 1994, 32 ILM (1993), 612 ff.; dazu *K. Troy*, in: Bello/Holmer/Norton, NAFTA, 139 ff.; *J. Johnson*, NAFTA, 381 ff; speziell zu Vergabepräferenzen im NAFTA-Raum *C. Haase*, Internationale Harmonisierung, 160 ff. Auch im Rahmen des geplanten „Neuen Transatlantischen Marktes" (NTM) zwischen Europa und Amerika ist eine Liberalisierung des Öffentlichen Auftragswesens geplant, siehe Mitteilung der Kommission vom 11.3.1998, KOM (98) 125 endg.

[52] Dies ist der Fall beim UNCITRAL-Mustergesetz (oben Anm. 51), welches in Art. 34 Abs. 4 (c) (iii) eine lange Liste von nicht-wirtschaftlichen Zuschlagskriterien ausdrücklich zuläßt und sogar ausdrücklich feststellt, daß der Staat, der sich an dem Mustergesetz orientieren möchte, diese Liste auch noch erweitern kann („the enacting State may expand subparagraph (iii) by including additional criteria"). Der Paradigmenstreit wird lediglich im „Draft Guide to Enactment of UNCITRAL Model Law on Procurement", UN-Doc. A/CN.9/375 vom 14.4.1993, 24 vorsichtig angesprochen: „caution is advisable in expanding the list of non-price criteria set forth in paragraph (4) (c) (iii) in view of the risk that such other criteria may pose to the objective of good procurement. Clauses of this type are sometimes less objective and more discretionary than those referred to in paragraph (4) (c) (i) and (ii), and therefore their use in evaluating and comparing tenders could impair competition and economy in procurement, and reduce confidence in the procurement process."

[53] Dies ist der Fall im Rahmen des GATT/WTO-Abkommens (oben Anm. 51), wo nunmehr mit dem „Burma-Law" des Staates Massachusetts zm ersten Male die Verfolgung von Sekundärzwecken vor ein GATT-Panel ge-

Bei der rechtlichen Bewältigung des Dilemmas im europäischen Rahmen hat der Europäische Gerichtshof im Vergabesektor in beispielhafter Weise den Koordinierungsgedanken betont und an die Stelle einer von der Kommission vertretenen weitgehenden Harmonisierung ein differenziertes Modell des Miteinanders von mitgliedstaatlichen und gemeinschaftlichen Kompetenzen gesetzt. Er hat die Auslegung der Koordinierungsrichtlinien dahingehend entwickelt, daß diese nur bestimmte Aspekte der Fragestellung regeln, während andere nicht angeglichen sind. Dies beläßt den Mitgliedstaaten im Bereich jenseits der Koodinierungswirkung der Richtlinien einigen regulatorischen Freiraum. Hier bleiben aber die - weiteren - Grenzen des EG-Vertrags wirksam. Auf diese Weise wird der Freiraum gleichzeitig eröffnet und an die Vorgaben der Gemeinschaftsverfassung gebunden.

Damit stellt die Untersuchung der rechtlichen Möglichkeiten und Grenzen der mitgliedstaatlichen Verfolgung von Sekundärzwecken im Vergabeverfahren zugleich die Fallstudie einer rechtsprechenden Gestaltung des Kompetenzausgleichs in einem bestimmten Sektor des Binnenmarktes dar.

Vor diesem Hintergrund sollen im folgenden Fragestellung, Methodik und Gang der Untersuchung zusammengefaßt und einige terminologische Fragen geklärt werden.

B. Fragestellung

Diese Untersuchung befaßt sich mit der Frage, welche Beschränkungen das Recht der Europäischen Gemeinschaft den mitgliedstaatlichen Vergabestellen auferlegt, wenn diese im Rahmen der Vergabe öffentlicher Aufträge neben dem Zweck der wirtschaftlichen Beschaffung des jeweilig benötigten Gutes weitere Zwecke verfolgen möchten. Diese „sekundären“[55] Zwecke können vielfältig sein und allen Politikbereichen entstammen.

---

bracht wird, siehe dazu *A. Oram,* (1998) 7 P.P.L.R., CS 171 ff.; eingehend zu dieser Problematik *C. MacCrudden,* (1999) 2 J.Int.Econ.L., 3; frühe Versuche, sich der Problematik zu nähern, bei *L. Gramlich,* RIW 1995, 794 ff.

[54] Dies ist, soweit ersichtlich, der Fall im Bereich des Kapitels 10 NAFTA (oben Anm. 51).

[55] Zur Terminologie sogleich unten D. I. Der Begriff „Sekundärzweck“, S. 17 ff.

Weil in diesen Fällen das Vergabeverfahren nicht allein der günstigen Beschaffung des Notwendigen dient, sondern gleichzeitig ein Instrument zur Verfolgung des Sekundärzwecks darstellt, wird auch von einer „Instrumentfunktion"[56] der Auftragsvergabe gesprochen. Die Frage nach dem Ob und Wie der gemeinschaftsrechtlichen Zulässigkeit einer Instrumentfunktion mitgliedstaatlicher Regelungen und Praktiken stellt den Gegenstand dieser Untersuchung dar.

Nicht Gegenstand der Untersuchung ist die Frage, ob es ökonomisch oder politisch oder nach nationalem Recht sinnvoll, erlaubt, vielleicht sogar geboten oder aber im Gegenteil unnötig, schädlich oder verboten ist, derartige Zwecke zu verfolgen. Die tatsächlich, beruhend auf staatlichem Willen, stattfindenden Bevorzugungen oder Benachteiligungen bestimmter Bieter und Gebote werden als empirischer, rechtstatsächlicher Befund vorausgesetzt und es wird lediglich nach den europarechtlichen Schranken solchen Vorgehens gefragt.

C. Methodik und Gang der Untersuchung

In der vorliegenden Untersuchung wird der Begriff des „Sekundärzwecks" verwendet, in dem zunächst alle denkbaren Zwecke zusammengefaßt werden, die nicht unmittelbar dem Beschaffungsziel dienen.[57] Damit wird eine funktional übergreifende Betrachtung von derartigen Zwecken vorgeschlagen, ohne daß damit bereits gesagt sein soll, daß alle diese Zwecke gleich zu beurteilen sind. Es geschieht vielmehr unter der Annahme, daß der jeweilig verfolgte Zweck für die Frage der gemeinschaftsrechtlichen Zulässigkeit einer bestimmten Instrumentfunktion nur ein Faktor unter mehreren ist. Zwei weitere entscheidende Faktoren sind erstens das Mittel, das heißt die konkrete Vorgehensweise innerhalb des Vergabeverfahrens[58] und zweitens die Auswirkung dieser Vorgehensweise auf den Binnenmarkt.

---

[56] Zur Terminologie sogleich unten D. I. 5. b) Instrumentfunktion, S. 26.

[57] Siehe Anm. 55.

[58] In diesem Sinne auch *O. Otting*, Stadt u. Gem. 1996, 461: „Beschaffungsfremde Aspekte lassen sich unter zwei Aspekten systematisieren, entweder nach dem Regelungsziel oder nach der Regelungstechnik."; auf die Möglichkeit der Einteilung nach Ziel oder nach Mittel der wirtschaftspolitischen Maßnahme hat auch *Thomas Meyer*, Beschränkung der Wirtschaftspolitik, 3 ff. und 7 ff. hingewiesen.

Das Feld des europäischen Vergaberechts ist nämlich gekennzeichnet durch ein Nebeneinander von positiver Integration durch Richtlinien und negativer Integration durch Vorschriften des EG-Vertrags.[59] Die Richtlinien wirken verfahrensorientiert und verbieten im Vergabeverfahren konkret bestimmte Mittel der Verfolgung von Sekundärzwecken. Die Vertragsnormen dagegen werden wirkungsorientiert ausgelegt und verbieten grundsätzlich bestimmte Auswirkungen mitgliedstaatlichen Verhaltens. Diese grundsätzlichen Verbote sind in einigen Fällen einer zweckbezogenen Rechtfertigung zugänglich. Erst auf dieser Stufe erscheint es sinnvoll, die jeweiligen Zwecke im Einzelfall wieder aus dem Konglomerat „Sekundärzwecke" herauszulösen und auf ihr rechtfertigendes Potential hin zu betrachten.

Eine Untersuchung der gemeinschaftsrechtlichen Grenzen einer Instrumentfunktion mitgliedstaatlicher Auftragsvergabe hat demnach diese drei Faktoren Zweck, Vorgehensweise und Auswirkung zu berücksichtigen. Auf diese Weise kann eine Verrechtlichung der Diskussion erreicht werden. Die Diskussion um Zwecke allein ist letztlich eine Diskussion um politische Präferenzen. Die Frage, ob eher Frauen oder Behinderte oder der Mittelstand durch gezielte Auftragsvergabe gefördert werden müssen, kann nur aufgrund einer politischen Präferenz beantwortet werden. Der gemeinschaftsrechtliche Rahmen dagegen orientiert sich zunächst an Vorgehensweise und Auswirkung. Bestimmte, grundsätzlich verbotene Vorgehensweisen und Auswirkungen können dann unter Umständen zweckbezogen gerechtfertigt werden. Hieraus ergibt sich der folgende Gang der Untersuchung:

Zunächst werden in Kapitel Zwei einschlägige Praktiken und Bestimmungen der Mitgliedstaaten betrachtet und systematisiert. Dabei werden die jeweiligen Bestimmungen und Praktiken ohne weitere Berücksichtigung ihrer Rechtsnatur oder des verfolgten Sekundärzwecks nach ihrer Vorgehensweise im Vergabeverfahren eingeteilt. Es werden drei Hauptgruppen unterschieden: Bestimmungen und Praktiken, die bereits im Vorfeld der eigentlichen Vergabeentscheidung den Kreis der Teilnehmer am Vergabeverfahren beeinflussen, solche, die eine Modifikation der Kriterien der Vergabeentscheidung vornehmen und solche, die erst nach der Vergabeentscheidung ansetzen. Auf diese Weise soll sichtbar gemacht werden, daß durchaus unterschiedliche Sekundärzwecke rechts- und verwaltungstechnisch auf die gleiche Weise verfolgt werden, daß andererseits oft mehrere Vorgehensweisen zur Verfügung stehen,

---

[59] Zu den Begriffen der positiven und negativen Integration, siehe *L.-J. Constantinesco*, Recht der EG I, 123 ff., Textziff. 41.

um einen bestimmten Sekundärzweck zu verfolgen und daß diese Vorgehensweisen oft unterschiedliche Auswirkungen auf den Binnenmarkt haben können. So wird die mitgliedstaatliche Praxis unter den erwähnten Gesichtspunkten Zweck, Vorgehensweise und Auswirkung aufbereitet und für die in den folgenden beiden Kapiteln zu leistende Analyse gemeinschaftsrechtlicher Vorgaben vorbereitet.

In Kapitel Drei werden die Vorgaben der einschlägigen EG-Richtlinien abgeschichtet. Da diese verfahrensorientiert ansetzen, wird die Systematisierung aus Kapitel Zwei aufgenommen und nach den Beschränkungen gefragt, die sich für bestimmte Vorgehensweisen innerhalb des Vergabeverfahrens aus den Richtlinien ergeben. Da die Aussagen der Richtlinien zur Instrumentfunktion mitgliedstaatlicher Auftragsvergabe das Ergebnis einer kontroversen Normsetzungsgeschichte sind, müssen hier auch die kontroversen Versuche, im Zuge der Rechtsangleichung die Verfolgung von Sekundärzwecken zu regeln, betrachtet werden. Weiterhin wird die Reichweite der Koordinierung durch Richtlinien untersucht. Insbesondere wird hier diskutiert, inwieweit die Richtlinien den Anspruch erheben, das Problem der Instrumentfunktion mitgliedstaatlicher Auftragsvergabe überhaupt oder gar abschließend zu regeln. So werden Inhalt und Reichweite der Beschränkungen dargestellt, die sich aus den Richtlinien für bestimmte Vorgehensweisen im Vergabeverfahren ergeben.

In Kapitel Vier werden Möglichkeit und Konsequenzen einer Anwendung der Vorschriften des EG-Vertrags auf die mitgliedstaatliche Instrumentfunktion untersucht. Da die einschlägigen Vorschriften vom Gerichtshof wirkungsorientiert ausgelegt werden, muß hier von der Frage der Vorgehensweise im Vergabeverfahren abstrahiert und für jede Vertragsnorm gesondert die Frage aufgeworfen werden, inwiefern die Auswirkungen einer Verfolgung von Sekundärzwecken einen Verbotstatbestand erfüllen. Sodann kann nach einer möglichen zweckbezogenen Rechtfertigung gefragt werden.

D. *Terminologie*

I. Der Begriff „Sekundärzweck"

1. Definition

a) Negative Definition

Die Begrifflichkeit dieser Untersuchung geht davon aus, daß der erste und nächstliegende Zweck eines Vergabeverfahrens darin liegt, diejenigen Sachmittel oder Leistungen zu beschaffen, welche die vergebende Verwaltung zur Erfüllung ihrer bestimmungsgemäßen Aufgaben benötigt.[60] Ohne diese Mittel ist die Institution Verwaltung in ihrer Funktionsfähigkeit bedroht.[61] Der Primärzweck jedes Vergabeverfahrens ist damit der Zweck, die Funktionsfähigkeit der Verwaltung zu sichern.

Im Gegensatz dazu sollen als Sekundärzwecke alle sonstigen Zwecke gelten, die mit oder in dem Vergabeverfahren verfolgt werden und verfolgt werden können.

Die Einteilung in primär und sekundär stellt keine Rangfolge oder Wichtigkeitsskala dar. Sie soll lediglich darauf hinweisen, daß ein Vergabeverfahren immer dann angestrengt wird, wenn auf der Seite der Vergabestelle ein Bedarf besteht und daß es stets darauf abzielt, diesen zu befriedigen. Diese Zielsetzung ist in allen Vergabeverfahren anzutreffen und verdient aus diesem Grunde die Bezeichnung Primärzweck. Die übrigen Zielsetzungen können dagegen von Vergabeverfahren zu Vergabeverfahren je nach den Umständen wechseln oder ganz fehlen und verdienen aus diesem Grunde die Einordnung als Sekundärzwecke.

---

[60] Ähnlich *C. Bock*, Einführung, XXV: „ [...] es wird nie um der Beschaffung willen beschafft, sondern um mit dem beschafften Gut ein bestimmtes Ziel zu erreichen. Dieses primäre Ziel [...]".

[61] *G. Püttner*, Verwaltungslehre, 161: „Zur Erfüllung ihrer Aufgaben braucht die Verwaltung Personal und sächliche Verwaltungsmittel, Menschen und Material".

b) Positive Definition

Zahl und Gestalt der möglichen Sekundärzwecke sind nur durch den Einfallsreichtum und den politischen Willen der Körperschaft begrenzt, der die Vergabestelle angehört. Eine abschließende positive Umschreibung des Begriffs ist deshalb nicht möglich.

Allerdings hat sich in der Vergangenheit gezeigt, daß einige Arten von Sekundärzwecken besonders häufig oder immer wieder im Rahmen des Vergabeverfahrens verfolgt werden.[62] Ihre Aufzählung[63] kann daher den Inhalt des Begriffs weiter klären, auch wenn sie ihn nicht ausschöpfen

---

62 Auf einer derartigen empirischen Grundlage haben sich um eine Kategorisierung bemüht *C. Jeanrenaud*, Ann.d.Gemwirt. (53) 1984, 154 ff.; *F.-J. Kunert*, Bedarfsdeckungsgeschäfte, 183 ff.

63 Siehe die Aufzählung bei *O. Graf Lambsdorff*, Plenarprotokoll 13/230, 21123 C; aufschlußreich ist auch die britische Rechtslage: Großbritannien kennt in section 17(1) des *Local Government Act 1988* ein an kommunale Vergabestellen gerichtetes Verbot, Sekundärzwecke zu verfolgen. Demnach müssen *local authorities* bei der Vergabe öffentlicher Aufträge „without reference to matters which are non-commercial matters for the purposes of this section" handeln; section 17 Abs. 1 definiert die folgenden Angelegenheiten als non-commercial (näher *S. Arrowsmith*, Procurement, 830 ff.):

„(a) the terms and conditions of employment by contractors of their workers or the composition of, the arrangements for the promotion, transfer or training of or the other opportunities afforded to, their workforces;

(b) whether the terms on which contractors contract with their subcontractors constitute, in the case of contracts with individuals, contracts for the provision by them as self-employed persons of their services only;

(c) any involvement of the business activities or interests of contractors with irrelevant fields of Government policy;

(d) the conduct of contractors or workers in industrial disputes between them or any involvement of the business activities of contractors in industrial disputes between other persons;

(e) the country or territory of origin of supplies to, or the location in any country or territory of the business activities or interests of, contractors;

(f) any political, industrial or sectarian affiliations or interests of contractors or their directors, partners or employees;

(g) financial support or lack of financial support by contractors for any institution to or from which the authority gives or withholds support;

(h) use or non-use by contractors of technical or professional services provided by the authority under the Building Act 1984 or the Building (Scotland) Act 1959."

kann. Klassische Sekundärzwecke sind danach: Regionalförderung[64], Konjunktursteuerung[65], Mittelstandsförderung[66], Bekämpfung der Arbeitslosigkeit[67], Förderung von Forschung und industrieller Innovation[68], Förderung der Integration Jugendlicher in das Erwerbsleben[69], Förderung der Eingliederung von Behinderten[70], Spätaussiedlern[71] und Opfern nationalsozialistischer Verfolgung[72] in die Gesellschaft. In den siebziger und achtziger Jahren sind neue Sekundärzwecke hinzugekommen: Umweltschutz[73], Förderung der Gleichstellung von Frauen im Erwerbsleben[74], Förderung der Gleichbehandlung von ethnischen und religiösen Minderheiten[75]. Neuerdings dient das Vergabeverfahren auch dem Schutz der bayerischen Gesellschaft gegen Unterwanderung durch Sekten[76], dem Schutz des deutschen Tarifrechts gegen Unterwanderung durch ausländische (oder inländische, nicht-tarifgebundene) Bauunternehmer[77] und dem Schutz des deutschen Handwerks- und Steuerrechts gegen die Unterwanderung durch Schwarzarbeiter[78]. Ob diese neuen Sekundärzwecke sich halten werden, bleibt abzuwarten. In jedem Falle war das Vergabeverfahren schon immer besonders empfänglich für aktuelle politische Vorstellungen der jeweiligen Regierung. Einige aus einer aktuellen Situation geborene Sekundärzwecke entwik-

---

[64] Siehe Anm. 11, 136, 137, 139, 140, 181 und zugehörigen Text.

[65] Siehe Anm. 133, 134, 139, 141 und zugehörigen Text.

[66] Siehe Anm. 122, 123, 142, 143, 144, 146, 184, 347 und zugehörigen Text.

[67] Siehe Anm. 533 und zugehörigen Text.

[68] Siehe Text bei Anm. 364 und nach Anm. 776.

[69] Siehe Anm. 1, 15, 180, 181 und zugehörigen Text.

[70] Siehe Anm. 121, 126, 145, 181, 182, 186 und zugehörigen Text.

[71] Siehe Anm. 121, 126, 181, 182 und zugehörigen Text.

[72] Siehe Anm. 121, 126, 181, 182 und zugehörigen Text.

[73] Siehe Anm. 168, 189, 190, 191, 192, 193, 194, 347 und zugehörigen Text.

[74] Siehe Anm. 165, 170, 171, 172, 181, 182, 185, 196, 197, 198, 199, 200, 214 und zugehörigen Text.

[75] Siehe Anm. 7, 169, 203, 204, 205, 206, 207 und zugehörigen Text.

[76] Siehe Anm. 157, 158, 159, 160, 161 und zugehörigen Text.

[77] Siehe Anm. 148, 149, 152, 153, 154, 155, 156, 173, 174, 175, 176, 177, 210, 212 und zugehörigen Text.

[78] Siehe Anm. 150, 151 und zugehörigen Text.

keln dabei eine beachtliche Langlebigkeit.[79] Gelegentlich spielt die Anerkennung von Sekundärzwecken im Vergabeverfahren eine „Vorreiterrolle" für neue Politiken, die später umfassende gesetzliche Anerkennung finden. Daß dies nicht notwendig gute Politiken sein müssen, zeigt das historische Beispiel des Dritten Reiches.[80]

2. Verhältnis zum Primärzweck

Der Begriff Sekundärzweck ist mit Genauigkeit nur negativ als Gegenbegriff zum Primärzweck zu definieren. Dieser wiederum wird rückbezogen auf die Sicherung der Funktionsfähigkeit der Verwaltung.

Dieser Rückbezug erlaubt eine Abgrenzung zwischen Primär- und Sekundärzweck im Einzelfall. Die Grundsätze der Wirtschaftlichkeit und der Sparsamkeit der Beschaffung etwa gehören mit zum Primärzweck, denn in einer Welt begrenzter Ressourcen stellt ein unwirtschaftliches und verschwenderisches Beschaffungsverhalten eine unmittelbare Bedrohung der Funktionsfähigkeit der Verwaltung dar. Anders dagegen verhielte es sich etwa mit einem Grundsatz arbeitsplatzwirksamer Beschaffung. Ohne etwas über die Zulässigkeit oder die politische Klugheit der Verfolgung eines solchen Zwecks auszusagen, kann man feststellen, daß der Verwaltungsapparat existieren und funktionieren kann, auch wenn er mit seinem Beschaffungsverhalten Arbeitsplätze vernichtet. Dieser Zweck ist ein Sekundärzweck.

Die Legitimität dieses Rückbezugs auf die Funktionsfähigkeit der Verwaltung ergibt sich einerseits aus der Tatsache, daß es sich bei der Verfolgung von Sekundärzwecken im Rahmen der Vergabe um eine Form „mittelbarer" Verwaltung[81] handelt, andererseits aus der Überlegung,

---

[79] § 12 a des Bundesevakuiertengesetzes (BGBl.1961, Teil I, 1865) bevorzugte Kriegsevakuierte als Maßnahme der Kriegsfolgenbeseitigung; Das Bundesevakuiertengesetz und damit auch die Bevorzugung wurden erst 1990 aufgehoben durch Art. 5 des Gesetzes vom 28.6.1990 (BGBl. I, 1221).

[80] Hier diente das Öffentliche Auftragswesen als „Vorreiter" zur umfassenden Judenverfolgung. Das Reichskabinett ordnete bereits mit Ziff. III Abs. 1 der Richtlinie vom 14.7.1933, abgedruckt im Ministerialblatt für die preußische innere Verwaltung, 1933 Teil I, Sp. 983 an: „Was [...] Firmen anlangt, deren Inhaber oder an der Geschäftsführung maßgebend beteiligte Personen nicht arischer Abstammung sind, so ist an sich nach dem Grundsatz zu verfahren, daß bei gleichwertigen Angeboten deutschstämmige Firmen zu bevorzugen sind".

[81] Die grundsätzliche Unvermeidlichkeit „mittelbaren" Verwaltens hat *P. Kirchhof*, Mittelbares Einwirken, 430 f., dargelegt.

daß die Beschaffung am Markt im Grundsatz nur eine von mehreren Möglichkeiten darstellt, die Bedürfnisse des Staates zu befriedigen.[82]

3. Abgrenzung zu Begriffen ähnlichen Inhalts

a) „Vergabefremde Aspekte“

In Deutschland werden unter dem Begriff „vergabefremd“ verschiedene Phänomene recht unscharf und eher unbeholfen zusammengefaßt.

Ein Phänomen ist das Verbot von Scheinausschreibungen. Die Verdingungsordnungen verbieten in ihren jeweiligen §§ 16 Nr. 2 Ausschreibungen für „vergabefremde Zwecke“.[83] In früheren Versionen lautete der Wortlaut „andere Zwecke“. In Klammern sind diesen Verboten Beispiele vergabefremder Zwecke in diesem Sinne beigefügt: Markterkundung, Ertragsberechnungen, Vergleichsanschläge. Diese Bestimmungen verbieten also Scheinausschreibungen, die gar nicht zu einer Vergabe führen sollen. Es handelt sich hierbei also um ein recht spezifisches Verbot, welches im Interesse des Vertrauensschutzes verhindern soll, daß Teilnehmer den Aufwand treiben, ein Angebot für ein Projekt zu erstellen, das nur zum Schein ausgeschrieben werden sollte.[84] In diesem Sinne ist eine Ausschreibung „vergabefremd“, wenn sie nicht auf die Vergabe von Leistungen durch den Auftraggeber gerichtet ist.[85]

Der Begriff vergabefremd wird aber auch in einer weiteren Bedeutung verwendet, welche dem Terminus des Sekundärzwecks nahekommt. Im Vergabehandbuch des Bundesbauministeriums[86] heißt es etwa: „Vergabefremde, nicht leistungsbezogene Umstände dürfen nicht berücksichtigt werden.“[87] Unter vergabefremden Umständen werden dabei alle

---

[82] *F. Rittner*, ZHR (152) 1988, 319 f.

[83] VOL/A § 16 Nr. 2 und VOB/A § 16 Nr. 2.

[84] *H.-H. Eberstein*, in: Daub/Eberstein, § 16 Randnr. 13.; *W. Heiermann*, in: Heiermann/Riedl/Rusam, A § 16 Randnr. 12.

[85] *W. Heiermann*, *ibid.*, Randnr. 11.

[86] Vergabehandbuch für die Durchführung von Bauaufgaben des Bundes im Zuständigkeitsbereich der Finanzbauverwaltungen (VHB); trotz seines beschränkten Anwendungsbereichs genießt das VHB in der Praxis hohe Autorität und wird auch dem privaten Auftraggeber oft zur Beachtung anempfohlen, siehe *Ingenstau/Korbion*, VOB, A § 25 Nr. 7, Randnr. 98.

[87] Ziff. 1.5.1 Satz 2 zu § 25 VOB/A.

„wirtschafts-, arbeits-, sozialpolitischen oder sonstigen" Umstände verstanden.[88]

Dabei wird nicht immer zwischen den beiden Verwendungen des Begriffs sauber getrennt. Auch wird die negative Bewertung der vergabefremden Ausschreibung oft unreflektiert auf die vergabefremden Umstände übertragen. Häufig wird auch aus dem Grundsatz des Zuschlags auf das wirtschaftlichste, bzw. annehmbarste Angebot[89] ein Verbot der Berücksichtigung vergabefremder Umstände abgeleitet.

Der Begriff „Sekundärzweck" wird in dieser Untersuchung des europäischen Rechtszustandes dem in der deutschen Vergabediskussion eingebürgerten Begriff „vergabefremde Umstände" aus zwei Gründen vorgezogen. Erstens hat der Begriff, so wie er in der deutschsprachigen Diskussion verwendet wird, schwere konzeptionelle Schwächen, zweitens taugt er nicht für eine Diskussion der europarechtlichen Gegebenheiten, da er auf einem spezifisch deutschen ordnungspolitischen Grundverständnis beruht, das nicht exportiert werden kann.

Der konzeptionellen Schwächen des Begriffes sind vier: Erstens verhindert der Begriff eine differenzierte Betrachtung der Legitimität des jeweilig verfolgten Sekundärzwecks. Mit der pauschalen Einordnung als „vergabefremd" werden alle politischen Anliegen der Vergabestelle von vorne herein als sach"fremd", also unsachgemäß gebrandmarkt. Die Beschreibung enthält damit bereits eine Wertung. Zweitens täuscht der Begriff „vergabefremd" eine Wirklichkeit vor, die nicht existiert. In der deutschen Vergabepraxis wie in der Praxis anderer Mitgliedstaaten ist das Vergabeverfahren seit jeher auch ein Mittel gewesen, Sekundärzwecke zu verfolgen und ist es noch.[90] Die Bezeichnung dieser Zwecke als „vergabe-fremd" täuscht eine imäginäre „Reinheit" des Vergabeverfahrens vor.[91] Drittens führt der Begriff in die Irre, soweit er, wie häufig,[92] in der Kombination „vergabefremde Kriterien" verwendet wird.

---

[88] *Lampe-Helbig/Wörmann*, Randnr. 264.

[89] § 25 Ziff. 3 Satz 1 VOL/A bzw. § 25 Ziff. 3 Abs. 3 Satz 2 VOB.

[90] Siehe untenKapitel Zwei, S. 35 ff.; siehe auch Anm. 44.

[91] Eine gewisse Verbesserung stellt in dieser Hinsicht die Terminologie von *O. Otting*, Stadt u. Gem. 1996, 461 dar, der von „beschaffungsfremden" Vergabekriterien spricht und damit eine Differenzierung zwischen der Vergabe und dem primären Beschaffungszweck zuläßt; *J. Pietzcker*, ZHR 162 (1998) 464 ff. spricht gleichfalls von „beschaffungsfremden" Kriterien.

[92] Z.B. von *M. Strohs*, BauR 1988, 144; *T. Ax*, ZVgR 1997, 46; *Vergabefremde Kriterien* (o. Verf.), VergR 3/97, 14 ff.

Sekundärzwecke werden zwar tatsächlich häufig in der Weise verfolgt, daß zusätzliche Kriterien für Eignung oder Zuschlag aufgestellt werden. Oft wird aber schon zuvor der Kreis der Teilnehmer am Vergabeverfahren beeinflußt oder im Gegenteil erst nach dem Zuschlag durch Vertragsbedingungen eine Förderung des Sekundärzwecks unternommen. Es besteht die Gefahr, daß hier vorzeitig der Blick verengt wird. Viertens verbindet der Begriff auf unglückliche Weise eine negative Wertung mit einer merkwürdigen Inhaltsleere und mangelnden Trennschärfe. Er enthält zwar ein negatives Urteil, verrät aber nicht, wen es treffen soll. Bereits die Tatsache, daß die beiden eingangs geschilderten Verwendungen des Begriffs vergabefremd nicht sauber auseinandergehalten werden, deutet auf diese Inhaltsleere hin. Als „fremd" kann letztlich fast alles Unerwünschte eingestuft werden. Auseinandersetzungen um die Zulässigkeit von Sekundärzwecken laufen daher Gefahr, in begründungsfreien Tautologien[93] zu erstarren, ein Zweck sei oder sei gerade nicht „vergabefremd" und deshalb verboten bzw. erlaubt.[94]

Der Begriff des „vergabefremden" Kriteriums, Zwecks oder Umstands hat also bereits in seiner Verwendung in der Diskussion um das deutsche Vergaberecht konzeptionelle Schwächen. Derartige Schwächen kann man bei einem eingebürgerten Begriff unter Umständen hinnehmen. Eine Übertragung in die Diskussion der europarechtlichen Vorgaben erscheint aber nicht angezeigt. Hier verbietet sich ein unreflektiertes Übernehmen des Begriffes „vergabefremd" und der in ihm enthaltenen Wertung aus der deutschen vergaberechtlichen Diskussion. Eine ordnungspolitische Position, die sich im deutschen Vergaberecht entwickelt hat, würde auf diese Weise auf die europäische Ebene übertragen, ohne daß es hierfür einen entsprechenden Konsens unter den Mitgliedstaaten gäbe.[95]

---

[93] Ein schönes Beispiel für eine solche Tautologie gibt die Überschrift des Editorials *Vergabefremdes* (o. Verf.), VergR 2/98, 19: „Vergabefremdes bleibt fremd".

[94] Illustrativ in dieser Hinsicht ist der Versuch des Bundesrates, die Mittelstandsförderung *auctoritate regis* als „nicht vergabefremd" festzusetzen; siehe unten Text bei Anm. 347.

[95] Zu den ordnungspolitischen Differenzen im Prozeß des Erlasses der Vergaberichtlinien siehe unten C. Die Kontroverse um das Problem der Sekundärzwecke, S. 85 ff.; allgemein zu den divergierenden ordnungspolitischen Traditionen und Positionen der großen EG-Mitgliedstaaten, siehe *D. Rahmsdorf*, Dissens, 71 ff.

Aus dieser Kritik ergeben sich die Vorzüge des Begriffs des Sekundärzwecks. Erstens erlaubt er durch die Gegenüberstellung mit dem eng gefaßten Primärzweck eine Zuordnung im Einzelfall. Zweitens zieht er nicht ohne weiteres eine Verurteilung nach sich, sondern verzeichnet lediglich die Existenz des jeweiligen Sekundärzwecks und ermöglicht dadurch erst eine sachliche Debatte über dessen Legitimität. Drittens macht er klar, daß Sekundärzwecke auf allen Ebenen des Vergabeverfahrens verfolgt werden können und viertens ist er hoffentlich geeignet, die Debatte von einer ängstlichen Abwehrhaltung zu befreien, die aus einer Wunschvorstellung des „reinen" Vergabeverfahren gespeist wird, welche sich in der „mixed economy" des modernen Wohlfahrtsstaates leicht dem Vorwurf der Realitätsferne aussetzt.[96] Vor allem belastet er die Debatte über das europäische Recht nicht mit einem national geprägten ordnungspolitischen Vorverständnis.

b) „Contract Compliance"

Von einer Begrifflichkeit der Diskussion im englischsprachigen Raum will der Begriff des „Sekundärzwecks" gleichfalls abgegrenzt werden: Es handelt sich um den Begriff der „contract compliance". Er ist nur vor dem Hintergrund der Tatsache zu verstehen, daß englische Behörden sich bei der Vergabe von Aufträgen oftmals formularmäßig zahlreiche Vertragsbedingungen („contractual conditions") zusichern lassen, welche der Förderung von Sekundärzwecken dienen sollen. Im Rahmen der „contract compliance" geht es darum, welche Bedingungen Eingang in den Auftrag finden und vor allem um die Frage, wie ihre Beachtung durchgesetzt werden soll.[97]

Mit umgekehrtem Vorzeichen finden sich gegenüber dieser Begrifflichkeit zwei der vier Bedenken wieder, welche soeben gegenüber dem

---

[96] *F. Weiss*, 7 YBEL (1987), 109 ff.: „Economists and trade policy experts have argued the case for or against this instrument of protectionism for the short, medium and long term, from the perspective of the perceived needs of national economies or from that of world trade as a whole. Much of the debate appears to be about prescriptions for the most efficient mix of policy instruments available to governments rather than about some sort of economic fundamentalism favouring or abhorring any form of protectionism in principle. The state of the art, therefore seems to be a reflection of the generally pragmatic instincts of politicians and policy-makers operating in mixed-economy systems who are interested in effective instruments for economic fine tuning of national economies but not in theoretical purity, unless it suits specific goals."

[97] Siehe ausführlich *P. Morris*, 19 Anglo-Am. Law Rev. (1990), 87 ff.

Terminus „vergabefremd" geäußert wurden: Es geht erstens durch die wertende Betonung der Durchsetzungsproblematik tendenziell der differenzierte Blick für die Legitimität der abverlangten Klauseln verloren und durch die Betonung der Phase nach dem Zuschlag wird zweitens die Perspektive vorzeitig verengt.

c) „Mieux-Disant Social"

Eine ähnliche Verengung des Blickfeldes bringt auch der im französischsprachigen Raum eingebürgerte Begriff des „mieux-disant social" mit sich. Als „mieux-disant" gilt im französischen Vergaberecht derjenige Teilnehmer, welcher das beste Angebot abgibt. Der Begriff erfüllt damit die gleiche Funktion, die in den deutschen Verdingungsordnungen von den Begriffen des „annehmbarsten" bzw. des „wirtschaftlichsten" Angebots und in den EG-Vergaberichtlinien vom Begriff des „wirtschaftlich günstigsten" Angebots wahrgenommen wird. In der Erweiterung „mieux-disant social" bedeutet er in etwa das „sozial annehmbarste" Angebot. Damit beschreibt er zwar sehr zutreffend die Erweiterung des Katalogs der Zuschlagskriterien, die ein sehr wichtiges Instrument der Förderung von Sekundärzwecken darstellt, ohne dieses Phänomen pauschal zu verurteilen. Aber auch er verengt den Blick vorzeitig, ohne an die Beeinflussungsmöglichkeiten in früheren oder späteren Verfahrensstadien zu denken. Abgesehen davon kommt er aber wegen seiner deskriptiven Neutralität dem Begriff des Sekundärzwecks bereits recht nah.

4. Anlehnung an den Begriff der „secondary policies"

Die vorliegend verwendete Terminologie knüpft an eine in der englischsprachigen Diskussion verbreitete Begrifflichkeit an. Dort hat sich der Begriff „secondary policies"[98] eingebürgert. Teilweise wird auch von „procurement as a tool"[99] oder „as an instrument of policy" [100] gesprochen

[98] *S. Arrowsmith*, 1 P.P.L.R. (1992), 408 ff.; *S. Arrowsmith*, Cases, 78 f.; ähnlich *P.-A. Trepte*, Public Procurement, 57 ff. (secondary criteria).

[99] *C. Bovis*, EC Procurement, 111; *Fernández Martín/Stehmann* (1991) 16 E.L.Rev. 257; *Walter van Gerven*, FIDE 1990, 382, Randnr. 39.

[100] Wohl erstmals gebraucht von *C. Turpin*, Government Contracts, chapter 9: Procurement as an Instrument of Policy; auch *S. Arrowsmith*, 111 L.Quart. Rev. (1995), 235.

chen. Der Begriff „Sekundärzwecke“ lehnt sich an den Terminus „secondary policies“ an.

5. Abgeleitete Begriffe

In der Untersuchung werden einige Begriffe verwendet, die über den Begriff der Sekundärzwecke definiert sind.

a) Erwünschte und unerwünschte Teilnehmer und Gebote

Die Existenz eines Sekundärzwecks läßt den Kreis der Teilnehmer am Vergabeverfahren und die abgegebenen Gebote grundsätzlich in drei Gruppen zerfallen: Solche, die in irgendeiner Weise dem Sekundärzweck förderlich zu sein scheinen, diejenigen, die ihm zu schaden drohen und diejenigen, die im Hinblick auf den Sekundärzweck indifferent sind. Vorschriften, die Sekundärzwecke im Vergabeverfahren verfolgen, bewirken daher oft entweder eine Förderung der ersten Gruppe, oder einen Ausschluß der zweiten Gruppe. Der Klarheit halber wird im Laufe dieser Untersuchung für die erste Gruppe häufiger der Begriff „erwünschte Teilnehmer“ bzw. „erwünschte Gebote“ und für die zweite Gruppe entsprechend der Begriff „unerwünschte Teilnehmer“ bzw. „unerwünschte Gebote“ verwendet.

b) Instrumentfunktion

Im Rahmen dieser Untersuchung wird der Begriff „Instrumentfunktion“ gebraucht. Soweit dies geschieht, handelt es sich um eine Kurzformel für eine mögliche positive Auswirkung bestimmter Vergabepraktiken auf die Förderung eines Sekundärzwecks. Der Begriff Instrumentfunktion hat in dieser Verwendung also gegenüber dem Begriff Sekundärzweck keinen eigenständigen Inhalt. Er beinhaltet ebensowenig eine Wertung und ist genauso funktional wirkungsorientiert wie jener. Insbesondere setzt er kein gezieltes Vorgehen der Vergabestelle voraus und unterstellt der Vergabestelle keine wie immer gearteten Motive. Aus diesem Grund wird er dem oft verwendeten und negativ behafteten Begriff „Instrumentalisierung“ vorgezogen.[101] Er will lediglich feststellen,

---

[101] Von Instrumentalfunktion spricht auch *C. Bock*, Das europäische Vergaberecht, 167; Dagegen verwendet *S. Flach*, Instrumentalisierung, 19 und 34 die Begriffe „Instrumentalisierbarkeit“ bzw „Instrumentalisierung“ mit negativer Konnotation aber ohne nähere Definition; beispielhaft für die negative Konno-

daß ein bestimmter Aspekt eines Vergabeverfahrens sich im Sinne eines bestimmten Sekundärzwecks positiv auswirken und so tatsächlich eine Förderung dieses Zwecks bewirken kann.

II. Der Begriff „Vergabeverfahren"

1. Empirisch-funktionale Definition

Unter dem Begriff „Vergabeverfahren" wird in dieser Untersuchung untechnisch und empirisch das gesamte Vorgehen einer Vergabestelle vom Beginn der Vorbereitung der Beschaffung eines bestimmten Gutes oder einer bestimmten Leistung bis zum Ende ihrer Abwicklung verstanden. Unabhängig davon, ob dieser Vorgang nach dem jeweiligen mitgliedstaatlichen Recht öffentlich-rechtlich oder privatrechtlich oder in Mischformen abgewickelt wird, ob „freihändig", im „Verhandlungsverfahren" oder streng formalisiert nach öffentlicher Ausschreibung vergeben wird, ob kommunale, regionale oder gesamtstaatliche Stellen als Nachfrager auftreten, werden alle diese Vorgänge zunächst unterschiedslos im Begriff des Vergabeverfahrens zusammengefaßt.

Dies erscheint notwendig, da aus der Sicht des Gemeinschaftsrechts alles dies mitgliedstaatliches Verhalten darstellt. Als solches wird es unterschiedslos von den Vorgaben des EG-Vertrages erfaßt, soweit es die einschlägigen Tatbestände der „Maßnahme gleicher Wirkung", der „Beschränkung der Dienstleistungsfreiheit", der „Beihilfe" oder der „Diskriminierung" erfüllt. Ebenso sind die Richtlinien „an die Mitgliedstaaten" gerichtet und geben bestimmte Regelungsziele unabhängig von der nationalen territorialen Untergliederung und der nationalen rechtlichen Einordnung und Durchführung vor.

2. „Teilnehmer" am Vergabeverfahren

Der Begriff des „Teilnehmers" dient in dieser Untersuchung als Oberbegriff für diejenigen Termini, welche die verschiedenen mitgliedstaatli-

---

tation auch *I. Seidel*, in: M. Dauses, EG-Wirtschaftsrecht, Randnr. 112: „Denn so anerkennenswert auftragsfremde Belange als solche häufig sind, müssen doch die ordnungspolitischen Konsequenzen der Instrumentalisierung des öffentlichen Auftragswesens für bestimmte Politiken deutlich gesehen werden"; ähnlich *B. Krause-Sigle*, Forum '96, 26.

chen Vergabeordnungen für diejenige Person bereithalten, welche sich um einen öffentlichen Auftrag bewirbt. Auch hier wird davon abstrahiert, ob die Vergabe öffentlich-rechtlich oder privatrechtlich oder in Mischformen abgewickelt wird, ob „freihändig" im „Verhandlungsverfahren" oder streng formalisiert nach öffentlicher Ausschreibung vergeben wird. So fallen zum Beispiel die im deutschen Vergaberecht streng getrennten Begriffe des „Bieters"[102] und des „Bewerbers"[103] hier im Oberbegriff des „Teilnehmers" zusammen. Auch diese Terminologie ist inspiriert von den EG-Richtlinien, die in ihrem jeweiligen Abschnitt IV von „Teilnahmebestimmungen" sprechen.[104]

3. Dreiteilung des Vergabeverfahrens

Bei der Betrachtung der Vergabeverfahren wird im Verlauf der Untersuchung konstant eine Dreiteilung verwendet. Es wird unterschieden zwischen den Stadien nach und vor der Zuschlagsentscheidung. Im Stadium vor der Zuschlagsentscheidung wird weiter unterschieden zwischen einerseits der Vorauswahl unter den Teilnehmern und potentiellen Teilnehmern am Verfahren und andererseits der Auswahl unter den Geboten derjenigen Teilnehmer, die in dieser Vorauswahl nicht bereits ausgeschieden sind. Eine Verfolgung von Sekundärzwecken, welche bei dieser Vorauswahl ansetzt, wird als „Beeinflussung des Teilnehmerkreises" bezeichnet. Eine Instrumentfunktion der Auswahl unter den Geboten wird unter der Überschrift „Modifikation der Zuschlagskriterien" behandelt. Diese Unterscheidung orientiert sich an der Systematik der Richtlinien, die sämtlich unter „Zuschlagskriterien" lediglich die Kriterien für die Auswahl unter denjenigen ordnungsgemäßen Geboten verstehen, welche von geeigneten und nicht ausgeschlossenen Teilnehmern abgegeben wurden.[105] Entsprechend wird der Begriff der Modifikation der Zuschlagskriterien eng gefaßt und alle übrigen Maßnahmen der Be-

---

[102] Unternehmer, der ein Angebot abgegeben hat, siehe näher *H.-H. Eberstein*, in: Daub/Eberstein, Einführung, Randnr. 89, *M. Rusam*, in: Heiermann/Riedl/Rusam A § 8.1 Randnr. 4 f.

[103] Unternehmer, der sich um die Teilnahme, insbesondere bei beschränkter Ausschreibung oder freihändiger Vergabe, bewirbt, siehe näher *Eberstein, ibid.*; *Rusam, ibid.*

[104] Abschnitt IV von BKR, LKR und DKR; die SKR betitelt den inhaltlich entsprechenden Abschnitt V mit „Prüfung, Auswahl und Auftragsvergabe".

[105] Abschnitt IV, Kapitel 3 von BKR, LKR und DKR bzw. Art. 34 SKR.

einflussung des Teilnehmerkreises zugeordnet. Dieser letzteren Kategorie unterfallen daher zusätzliche Eignungs- und Ausschlußkriterien für unerwünschte Teilnehmer ebenso wie vorgelagerte Maßnahmen zur Steigerung des Anteils erwünschter oder zur Minderung des Anteils unerwünschter Teilnehmer.

Unter dem Titel „Vertragsbedingungen" werden schließlich diejenigen Bestimmungen und Praktiken zusammengefaßt, die nach der Zuschlagsentscheidung ansetzen. Angesichts der Vielgestaltigkeit der mitgliedstaatlichen Vergabeordnungen[106] und der divergierenden Begrifflichkeiten und Abgrenzungslinien innerhalb der jeweiligen mitgliedstaatlichen Vergabeverfahren erscheint diese Dreiteilung hilfreich, um einen Vergleich zu erlauben. Sie spiegelt ein Raster, welches sich *cum grano salis* in allen formalisierten Vergabeverfahren findet.

4. Abgrenzungs- und Zuordnungsprobleme

Nicht alle empirisch beobachtbaren Phänomene lassen sich problemlos in dieser Dreiteilung unterbringen. Gerade einige praktisch häufige Formen der indirekten Lenkung der Auftragsvergabe sind nicht immer eindeutig einem Verfahrensschritt zuzuordnen. Dies ist für sich bereits ein wichtiger Befund. Die Zuordnungsprobleme spiegeln eine spezifische Intransparenz bestimmter Instrumente der Verfolgung von Sekundärzwecken.

a) Absichtserklärungen der Vergabestelle oder ihres Trägers

Generelle Absichtserklärungen oder unspezifisch normierte Prüfaufträge eines Verwaltungsträgers, „bei der Vergabe öffentlicher Aufträge" einen bestimmten Gesichtspunkt grundsätzlich stärker zu „berücksichtigen" sind keine Seltenheit. Mitunter weisen die Mitgliedstaaten auch die Vergabestellen an, bestimmte Sekundärzwecke zu fördern, ohne näher festzulegen, auf welcher Stufe des Vergabeverfahrens dies geschehen soll. Die deutschen Abfallgesetze des Bundes[107] und der Länder[108] etwa

---

[106] Immer noch grundlegend die rechtsvergleichenden Arbeiten von *E. Schmitz*, Aufträge und *E. Langer*, ZfBR 1980/81; aktuell und zusammenfassend *C. Bock*, Das europäische Vergaberecht, 117 ff.

[107] § 37 des Kreislaufwirtschafts- und Abfallgesetzes (KrWAbfG) des Bundes lautet: „Die Behörden des Bundes [...] haben [...] bei [...] der Beschaffung [...] von Material und Gebrauchsgütern, bei Bauvorhaben und sonstigen Aufträgen zu prüfen, ob und in welchem Umfang Erzeugnisse eingesetzt werden können,

sehen eine generelle Verpflichtung vor, „zu prüfen" wie die Zwecke der Abfallvermeidung und Wiederverwertung „bei der Beschaffung" gefördert werden können. In Österreich sieht das Bundesvergabegesetz neuerdings vor, daß im Vergabeverfahren auf die Umweltgerechtheit der Leistung sowie auf die Beschäftigung von Personen im Ausbildungsverhältnis Bedacht zu nehmen ist.[109] In Frankreich existiert ein interministerielles Rundschreiben, das es den Vergabestellen nahelegt, bei der Vergabe öffentlicher Aufträge positiv zu berücksichtigen, wenn Teilnehmer Arbeitsplätze schaffen oder betriebliche Fortbildungs- oder Umschulungsmaßnahmen durchführen.[110] Dabei wird betont, daß dies kein zusätzliches Zuschlagskriterium darstellen soll und daß auch kein Teilnehmer ausgeschlossen werden soll. Wie die Vergabestellen dies durchsetzen sollen, bleibt offen.[111]

Bisweilen wird also eine Festlegung des Ansatzpunktes im Vergabeverfahren vermieden. In solchen Fällen ist die konkrete Wirkungsweise stets eine Frage des Einzelfalls. In der Anwendung solcher allgemein gehaltenen Anweisungen nämlich legt sich die Vergabestelle auf den

---

die sich durch Langlebigkeit, Reparaturfreundlichkeit und Wiederverwendbarkeit oder Verwertbarkeit auszeichnen, im Vergleich zu anderen Erzeugnissen zu weniger oder zu schadstoffärmeren Abfällen führen oder aus Abfällen zur Verwertung hergestellt worden sind."

108 Z.B. Art. 2 Abs. 2 Nr. 1 BayAbfAlG vom 27.2.1991, BayGVBl.1991, 64 und § 1 Sätze 2, 3 sächs. EGAB vom 12.8.1991, sächs. GVBl.1991, 5306. Ähnlich Rundschreiben des Wirtschaftsministers des Landes Niedersachsen „Öffentliches Auftragswesen: Berücksichtigung des Umweltschutzes", Niedersächsisches Ministerialblatt, Nr. 32 vom 30.9.1992 (Behörden sollen bei Auftragsvergabe die Ziele der Abfallvermeidung, der Verminderung der Umweltverschmutzung, der Vermeidung von giftigen Abfällen, der Wiederverwertung unvermeidbarer Abfälle und der Energie- und Wasserersparnis berücksichtigen).

109 § 16 Abs. 7 Bundesvergabegesetz in der Fassung der Novelle BGBl. I 1998/27, in Kraft seit 1.1.1998; kritisch zu der fehlenden Festlegung auf einen Verfahrensschritt *S. Heid*, wbl. 1998, 194.

110 Circulaire interministérielle CAB-TEBF 14/93 du 29 décembre 1993 sur la prise en compte de critères additionels relatifs à l'emploi dans l'attribution des marchés publics, Législation sociale, No.6970, 14 janvier 1994.

111 Wegen dieser Unbestimmtheit und unter Berufung auf Europarecht haben die interessierten Berufsverbände Klagen gegen das Rundschreiben vor dem Conseil d'État eingelegt; diese wurden als unzulässig abgewiesen mit Urteil vom 10.5.1996 - Féderation nationale des travaux publics et Fédération nationale du bâtiment, RFDA 1997, 78 mit Schlußanträgen des Commissaire du Gouvernement *S. Fratacci*, RFDA 1997, 73 f.

oder die Punkte im Vergabeverfahren fest, an denen angesetzt wird.[112] Diese Einzelfälle lassen sich dann einem oder mehreren bestimmten Verfahrensabschnitten zuordnen.

b) Absichtserklärungen des Teilnehmers - „Treueerklärungen"

Zuordnungsprobleme werfen auch Selbstverpflichtungen der Teilnehmer auf, bestimmte Sekundärzwecke zu beachten, die diesen oftmals im Rahmen von „Treueerklärungen" von der Vergabestelle abgefordert werden. Bei derartigen Treueerklärungen ist zu unterscheiden zwischen der Einforderung der Treueerklärung selbst und der Sanktion, welche die Weigerung der Abgabe oder die Nichtbefolgung des Inhalts der Erklärung nach sich zieht.

Die Treueerklärung selbst wird zumeist vor Abgabe der Gebote gefordert und setzt daher grundsätzlich auf der Stufe der Vorauswahl unter den Teilnehmern an.

Soweit die Nichtabgabe oder Nichtbefolgung dieser Selbstverpflichtung aber zu Sanktionen führt, ist sie demjenigen Verfahrensabschnitt zuzuordnen, in dem diese Sanktion greift. Besteht die Sanktion in dem Ausschluß des Teilnehmers, handelt es sich um eine Maßnahme zur Beeinflussung des Teilnehmerkreises. Sie kann aber auch die Zuschlagsentscheidung offen oder verdeckt zugunsten eines Teilnehmers beeinflussen. Bisweilen ist auch vorgesehen, daß die Nichtbeachtung einer solchen Selbstverpflichtung bei der Ausführung des Auftrags die Vergabestelle zur Auflösung des Vertrages berechtigt. In einem solchen Fall wird die Treueerklärung Vertragsbedingung.

Gelegentlich kommt es auch vor, daß keine Sanktion für die Nichtbeachtung oder Nichtbefolgung ausdrücklich vorgesehen ist. Hier läßt sich eine Zuordnung zu einem bestimmten Verfahrensabschnitt allenfalls durch Betrachtung einer eventuell bestehenden korrespondierenden Sanktionspraxis erreichen.

---

[112] So wird etwa die allgemeine Verpflichtung aus den Kreislaufwirtschafts- und Abfallgesetzen unter anderem durch die „Umweltrichtlinien Öffentliches Auftragswesen" (unten Anm. 189, 190, 191, 193) konkretisiert.

c) Ausschluß wegen antizipierter Unfähigkeit, eine Vertragsbedingung zu erfüllen

Ein ähnliches Problem stellt sich, wenn die Vergabestelle bestimmte Vertragsbedingungen aufstellt, die Sekundärzwecke fördern sollen. Die Vergabestelle wird meist kein Interesse daran haben, an einen Teilnehmer zu vergeben, der nach ihrer Einschätzung nicht in der Lage sein wird, diese Bedingungen zu erfüllen. Die Vertragsbedingungen, die eigentlich erst nach dem Zuschlag ansetzen, entfalten so u. U. eine Vorauswirkung. Auch hier ist zu unterscheiden zwischen der Vertragsbedingung selbst und der Vorauswirkung.

Wenn die Vergabestelle aus diesem Grund einen Teilnehmer vom Verfahren ausschließt oder ihn im Rahmen der Zuschlagsentscheidung schlechter behandelt, so wirkt die antizipierte Unfähigkeit, die Bedingungen zu erfüllen, faktisch wie ein Ausschlußgrund, Eignungs- oder Zuschlagskriterium. Eine Berücksichtigung dieser antizipierten Unfähigkeit wirkt sich dann u.U. wie eine Beeinflussung des Teilnehmerkreises oder eine Modifikation der Zuschlagskriterien aus. Diese Unterscheidung zwischen der Vertragsbedingung selbst und der Antizipation ihrer Nichterfüllung hat in der Diskussion um die Auslegung der *Beentjes*-Entscheidung des Gerichtshofs eine zentrale Rolle gespielt.[113]

d) Ausschluß als Sanktion früheren Verhaltens

Ein Zuordnungsproblem anderer Art tritt in dem praktisch häufigen Fall auf, daß die Vergabestelle einen Teilnehmer von einem Vergabeverfahren ausschließt, weil dieser sich bei der Ausführung eines früheren Auftrags nicht an bestimmte vereinbarte Vertragsbedingungen oder Treueerklärungen gehalten hat, welche die Förderung eines Sekundärzweckes sicherstellen sollten. Hier findet eine doppelte Zuordnung statt: Hinsichtlich des früheren Auftrags handelt es sich um eine Instrumentfunktion, die nach der Zuschlagsentscheidung ansetzt. Hinsichtlich des neuen Auftrags handelt es sich dagegen um einen zusätzlichen Ausschlußgrund, also um eine Beeinflussung des Teilnehmerkreises.

---

[113] Siehe Text bei Anm. 605.

e) Teilnehmerbezogene Bevorzugungen im Rahmen der Zuschlagsentscheidung

Die Unterscheidung zwischen Beeinflussungen des Teilnehmerkreises und Modifikationen der Zuschlagskriterien ist nicht immer trennscharf. Grundsätzlich gilt, daß erstere teilnehmerbezogen, letztere gebotsbezogen sind. Häufig werden aber Gebote beim Zuschlag gerade deshalb bevorzugt, weil sie von einem erwünschten Teilnehmer abgegeben wurden. Diese Fälle werden im folgenden strikt formal nach dem Ansatz der Bevorzugung den Modifikationen der Zuschlagskriterien zugeordnet.

f) „Atmosphäre der Unsicherheit" durch Intransparenz

Die Zuordnungsprobleme zeigen eine spezifische Intransparenz gewisser Praktiken der Verfolgung von Sekundärzwecken. Es lassen sich, wie gesehen, auch nicht alle Zuordnungsprobleme restlos auflösen. Es bleibt ein „Rest" an intransparenter Zweckverfolgung, der, von den Beteiligten gewollt oder ungewollt, bei externen Teilnehmern eine „Atmosphäre der Unsicherheit" hervorrufen kann, die für sich allein bereits geeignet ist, Versuche zu entmutigen, sich an einem wettbewerblichen Verfahren zu beteiligen.

Dieser Befund ist nicht lediglich auf der tatsächlichen Ebene bedauerlich, er kann unmittelbare europarechtliche Relevanz haben. Der Gerichtshof hat wiederholt ausgesprochen, daß die Schaffung oder Duldung einer derartigen „Atmosphäre der Unsicherheit"[114] *per se* einen Verstoß des betreffenden Mitgliedstaates gegen die Grundsätze des Freien Warenverkehrs darstellen kann.[115]

---

[114] Der Begriff enstammt EuGH *-Kommission/Frankreich, Coordination rurale-* Rs. C-265/95 vom 9.12.1997, Slg. 1997, I-6959, Randnr. 53: „die angesprochenen Sachbeschädigungen und Drohungen [sc. gegenüber Agrarimporten aus Frankreich] [können] eine Atmosphäre der Unsicherheit schaffen [...], die sich auf die gesamten Handelsstöme nachteilig auswirkt."

[115] EuGH *-Kommission/Griechenland, Landwirtschaftsbank-* Rs. 192/84 vom 11.12.1985, Slg. 1985, 3973 (3978), Randnr. 17: bereits die „mehrdeutige und ungewisse Lage", die durch das widersprüchliche Verhalten des Ministeriums „zum Nachteil der importierten Maschinen" entstanden sei, stelle „per se eine Maßnahme gleicher Wirkung im Sinne von Art. 30" dar, siehe näher unten Text bei Anm. 680; ähnlich für Art. 34 Schlußanträge Generalanwalt *Lenz* in EuGH *-Kommission/Frankreich, Altöle-* Rs. 173/83, Slg. 1985, 491 (494 f.): „daß sich nach der [...] Auslegung der französischen Bestimmungen im Hinblick auf die Ausfuhrmöglichkeiten zumindest *Unsicherheiten und Unklarheiten* ergeben. Auch das ist aber geeignet - mehr ist für Art. 34 nicht notwendig - die Ausfuhren zu behindern." (Hervorhebung im Original).

Kapitel Zwei

Mitgliedstaatliche Praktiken der Verfolgung von Sekundärzwecken

Eine Untersuchung über die mitgliedstaatliche Verfolgung von Sekundärzwecken im Vergabeverfahren und ihre gemeinschaftsrechtlichen Grenzen ist einem Quellenproblem ausgesetzt: Die Verfolgung von Sekundärzwecken hat in zahlreichen Fällen keine ausdrückliche Grundlage im positiven Recht. Wo eine solche existiert, kann sie je nach Sekundärzweck und Struktur der nationalen Rechtsordnung in jedem wirtschaftlich relevanten Rechtsgebiet angesiedelt sein. Hinzu kommt, daß die Verfolgung von Sekundärzwecken eine verschwiegene Angelegenheit ist. Eine gewisse Tendenz zu untergesetzlichen Normen und zu verwaltungsinternen Weisungen, Erlassen und Rundschreiben ist zu verzeichnen.[116] Gelegentlich fließen Sekundärzwecke auch *ad hoc* in die Entscheidung der Vergabestelle ein.[117] Dies alles führt zu einer geringen Transparenz des untersuchten Phänomens.[118]

Es erscheint daher sinnvoll, eine Systematisierung mitgliedstaatlicher Praktiken zur Grundlage der Untersuchung zu machen. Es sollen deshalb im folgenden einige wichtige einschlägige mitgliedstaatliche Rege-

---

[116] Siehe die folgenden Beispiele.

[117] C. *Turpin*, Int.Encycl.Comp.L. VII, 4-32: „governmental purchasing power is sometimes applied *ad hoc* to immediate social or economic ends without any formulation of rules and it may even be without any explicit public declaration of policy."

[118] C. *MacCrudden*, Study, Conclusions to chapter 6, 120: „Sometimes the relevant provisions are included in the contract, sometimes not; sometimes they are provided for by legislation, sometimes not; sometimes they are published in the Official Journal, but very seldom. The conclusion is that there is a marked lack of transparency of the social provisions which nearly all Member States attach in practice to their public procurement. In addition, there is considerable uncertainty about how sanctions for breach of these provisions would operate in many Member States. Finally, there appears to be little monitoring of the effect of such provisions, either in achieving their social policy aim, or in affecting the degree of openness of the public procurement market."

lungen und Praktiken kurz dargestellt und systematisiert werden. Dabei liegt ein Schwerpunkt auf deutschen Praktiken in Bund und Ländern. Es wurden aber auch exemplarisch Praktiken in Belgien, Dänemark, England, Frankreich, Italien, den Niederlanden, Nordirland, Österreich und Spanien berücksichtigt. Die Zusammenstellung erhebt keinen Anspruch auf Vollständigkeit. Im Gegenteil ist davon auszugehen, daß ausdrückliche Regelungen der Instrumentfunktion nur die Spitze eines Eisbergs darstellen, dessen größter Teil aus alltäglichen, nicht normierten Beeinflussungen und Verzerrungen des Vergabeverfahrens besteht.[119]

Die Systematisierung erfolgt nach dem rechts- und verwaltungstechnischen Ansatzpunkt im Vergabeverfahren. Einer Instrumentfunktion der Auftragsvergabe stehen rein tatsächlich drei wesentliche Ansatzpunkte zur Verfügung: Sie kann erstens von vorne herein den Kreis der Teilnehmer am Vergabeverfahren so beeinflussen, daß überwiegend oder sogar ausschließlich sich erwünschte Teilnehmer um die Vergabe bewerben (sogleich Abschnitt Eins). Auf einer späteren Stufe des Verfahrens kann sie die Zuschlagskriterien so modifizieren, daß unter den Teilnehmern am Verfahren die erwünschten Teilnehmer mittelbar oder unmittelbar bevorzugt werden (Abschnitt Zwei). Oder sie kann nach Erteilung des Zuschlags vom siegreichen Teilnehmer die Beachtung bestimmter Ausführungsbedingungen verlangen, welche den Sekundärzweck fördern sollen (Abschnitt Drei).

---

[119] *P. Oliver*, Free Movement of Goods, 138, Textziff. 7.18 hält die alltägliche formlose Diskriminierung bei der Auftragsvergabe für weitverbreitet, aber schwer nachweisbar („rife but difficult to prove“).

Abschnitt Eins: Beeinflussung des Teilnehmerkreises

A. Steigerung des Anteils erwünschter Teilnehmer

I. Aufforderung zur Abgabe von Angeboten durch die Vergabestelle selbst

Ein erster Weg, den Anteil der erwünschten Teilnehmer an einem Vergabeverfahren zu steigern, besteht darin, solche potentiellen Teilnehmer zur Teilnahme aufzufordern, welche eine Förderung des Sekundärzwecks versprechen.

In Frankreich sind Vergabestellen durch Dekret verpflichtet, bei der Beschaffung bestimmter Güter zunächst ausschließlich Blinden- und Behindertenwerkstätten aufzufordern.[120]

Deutschland kennt ähnliche Regelungen im Bereich des Behindertenrechts.[121] Weitere Beispiele existieren im Bereich der Mittelstandsförde-

---

[120] Art. 7 alinéa 1 du décrét no. 73-1120 du 17 décembre 1973 fixant les conditions d'application de l'article 175 du code de la famille et de l'aide sociale modifié par la loi no. 72-616 du 5 juillet 1972 en vue d'étendre la priorité accordée en matière de marchés publics à certains organismes des travailleurs handicappés: „L'administration intéressée doit, avant de faire appel à tout autre fournisseur, [...] adresser un appel d'offre aux organismes d'aveugles ou de handicappés agrées".

[121] Für den Bereich der Bundesverwaltung: § 6 Ziff. 1 der Richtlinien der Bundesregierung für die Berücksichtigung bevorzugter Bewerber bei der Vergabe öffentlicher Aufträge (Spätaussiedler, Verfolgte, Werkstätten für Behinderte und Blindenwerkstätten) - „Bevorzugtenrichtlinien" vom 11.8.1975, BAnz.Nr. 152 vom 20.8.1975, neu gefaßt am 5.8.1981, BAnz.Nr. 156 vom 25.8.1981, zuletzt geändert am 26.3.1990, *Meyer/Uekermann*, Nr. 1155; teilw. abgedruckt auch in *H. Cramer*, SchwbG, § 56 Randnr. 5.

Für die Landesverwaltungen u.a.:

- § 5 Ziff. 1 der Richtlinien der Bayerischen Staatsregierung für die Berücksichtigung bevorzugter Bewerber bei der Vergabe öffentlicher Aufträge (Spätaussiedler, Verfolgte, Werkstätten für Behinderte und Blindenwerkstätten) - „Bevorzugtenrichtlinien" vom 30.11.1993, Nr. B III 2-519-9-

rung in Bund[122] und Ländern[123], der Regionalförderung des Bundes für die neuen Länder,[124] und im Kriegsfolgenrecht.[125] Zum Teil beruhen die

---

23, AllMBl.24/1993, 1308, in der Fassung der Bekanntmachung vom 13.9.1994, Nr. B III 2-515-9-23, AllMBl.22/1994, 767, *Meyer/Uekermann*, Nr. 1232.

- § 5 Ziff. 1 des Runderlasses des Hessischen Ministeriums für Wirtschaft, Verkehr, Technologie und Europaangelegenheiten über Richtlinien für die Berücksichtigung bevorzugter Bewerber bei der Vergabe öffentlicher Aufträge (Spätaussiedler, Verfolgte, Werkstätten für Behinderte und Blindenwerkstätten) - „Bevorzugtenrichtlinien" vom 14.10.1994, StAnz.45, 3281, *Meyer/Uekermann*, Nr. 1332.
- Ziff. 3.1 des Runderlasses des Ministers für Wirtschaft des Landes Niedersachsen betreffend Richtlinien für die Berücksichtigung bevorzugter Bewerber bei der Vergabe öffentlicher Aufträge (Spätaussiedler, Verfolgte, Werkstätten für Behinderte und Blindenwerkstätten) - „Bevorzugtenrichtlinien" vom 15.3.1994-34.2.-34.07-, Nds. MBl. 12/1994, 389, *Meyer/Uekermann*, Nr. 1372.
- Ziff. 2 der Verwaltungsvorschrift des Ministeriums für Wirtschaft und Verkehr, des Ministeriums des Innern und des Ministeriums der Finanzen des Landes Rheinland-Pfalz vom 6.3.1991, MWV 831-38 10 87, MBl. Rh.-Pf. Nr. 4 1992, 125, *Meyer/Uekermann*, Nr. 1412.1 in Verbindung mit § 6 Ziff. 1 der Bundes-Bevorzugtenrichtlinien.

[122] § 7 Nr. 3 VOL/A; Ziff. 1.2 und 1.3 Richtlinien der Bundesregierung zur angemessenen Beteiligung kleiner und mittlerer Unternehmen in Handwerk, Handel und Industrie bei der Vergabe öffentlicher Aufträge nach der Verdingungsordnung für Leistungen - ausgenommen Bauleistungen - (VOL) vom 1.6.1976 - „Mittelstandsrichtlinien", Beilage 16/76 zum BAnz. Nr. 111 vom 16.6.1976, *Meyer/Uekermann*, Nr. 2131, abgedruckt auch bei *Klein/Witzel*, Auftragsvergabe, 381 ff.

[123] In den Ländern finden sich Bestimmungen, die eine Aufforderung mittelständischer Unternehmen vorsehen, z.B. in:

- Ziff. 2.3 und 2.4 der Verwaltungsvorschrift der baden-württembergischen Ministerien über die Beteiligung der mittelständischen Wirtschaft an der Vergabe öffentlicher Aufträge (Mittelstandsrichtlinien für öffentliche Aufträge - MRöA) vom 14.10.1991, GABl.36/1991, 1105, *Meyer/Uekermann*, Nr. 1211.
- Ziff. 2 Abs. 2 der Richtlinien der Bayerischen Staatsregierung für die Beteiligung kleiner und mittlerer Unternehmen und freier Berufe bei der Vergabe öffentlicher Aufträge (Mittelstandsrichtlinien Öffentliches Auftragswesen), Bekanntmachung Nr. B III 3-515-44-26 vom 4.12.1984, StAnz.Nr. 49/1984, zuletzt geändert am 19.4.1994, Bekanntmachung Nr. B III 2-5152-12, AllMBl. 1994, 331, *Meyer/Uekermann*, Nr. 1231.

Praktiken mittelbar auf ausdrücklichen gesetzlichen Vorschriften, welche die Bevorzugung von Behinderten und Kriegsbetroffenen bei der öffentlichen Auftragsvergabe anordnen.[126] In allen genannten Bereichen

---

- Ziff. 7 der Richtlinien des Hessischen Ministers für Wirtschaft und Technik für die Beteiligung kleiner und mittlerer Unternehmen bei öffentlichen Aufträgen vom 1.6.1987, StAnz.1987, 1388, *Meyer/Uekermann*, Nr. 1331.
- Ziff. 2.3 der rheinland-pfälzischen Verwaltungsvorschrift des Ministeriums für Wirtschaft und Verkehr und des Ministeriums des Innern und für Sport vom 28.2.1986, MfWiuVk.831-448/85, MBl. 1986, 193, *Meyer/Uekermann*, Nr. 1411.

[124] § 4 Abs. 1 der Richtlinien des Bundeswirtschaftsministeriums vom 25.6.1991, Nr. 1617 Q 01, für die bevorzugte Berücksichtigung von kleinen und mittleren Unternehmen in Handwerk, Handel und Industrie aus den Ländern Brandenburg, Mecklenburg-Vorpommern, Sachsen, Sachsen-Anhalt und Thüringen sowie aus dem Ostteil von Berlin bei der Vergabe öffentlicher Aufträge nach VOL und VOB, abgedruckt in *BDI*, Leipziger Memorandum als Anlage 1. Diese Richtlinien waren zunächst nur auf eine Dauer bis Ende 1992 angelegt, sind aber mehrfach verlängert worden, siehe *Ingenstau/Korbion*, VOB, A § 8 Nr. 1 Randnr. 13; eine Zusammenstellung der vergaberechtlichen Bevorzugungsregeln für die neuen Länder findet sich bei *B. Schlünder*, ZfBR 1991, 240 ff.; die meisten dieser Bevorzugungsregeln wurden mittlerweile aufgehoben; Sachsen-Anhalt fährt allerdings mit dieser Praxis fort, siehe die Dokumentation in ZVgR 1997, 285 ff.

[125] Oben Anm. 121.

[126] Die Bevorzugtenrichtlinien (oben Anm. 121) regeln im einzelnen die inhaltliche Ausgestaltung derjenigen Bevorzugungen, die gesetzlich angeordnet sind:

- Für Spätaussiedler in § 14 Abs. 2 des Gesetzes über die Angelegenheiten der Vertriebenen und Flüchtlinge (Bundesvertriebenengesetz - BVFG) vom 19.5.1953 (BGBl. I, 201), in der Fassung der Bekanntmachung vom 2.6.1993 (BGBl. I, 829): „Bei der Vergabe von Aufträgen durch die öffentliche Hand sind Spätaussiedler in den ersten 10 Jahren nach Verlassen der Aussiedlungsgebiete bevorzugt zu berücksichtigen. Entsprechendes gilt für Unternehmen, an denen Spätaussiedler mit mindestens der Hälfte des Kapitals beteiligt sind [...]".
- Für Verfolgte in § 68 Abs. 1 und 2 des Bundesgesetzes zur Entschädigung für Opfer der nationalsozialistischen Verfolgung (Bundesentschädigungsgesetz - BEG) vom 29.6.1956 (BGBl. I, 562) in der Fassung vom 3.9.1971 (BGBl. I, 1565), zuletzt geändert am 20.12.1991 (BGBl. I, 2317): „(1) Verfolgte sind bei der Vergabe von öffentlichen Aufträgen [...] bevorzugt zu berücksichtigen. Dies gilt auch für Unternehmen, an denen

geschieht die Beeinflussung des Teilnehmerkreises in der Form, daß ein Minister den Vergabestellen seines Geschäftsbereichs oder eine Regierung sämtlichen Vergabestellen der Körperschaft mittels Richtlinie oder Erlaß aufgibt, die erwünschten Unternehmen „zur Abgabe von Angeboten mit aufzufordern".[127] Um den wirtschaftlichen Effekt dieser bei-

---

Verfolgte maßgeblich beteiligt sind. (2) Eine bevorzugte Berücksichtigung bei der Vergabe von öffentlichen Aufträgen entfällt, wenn der Verfolgte in das wirtschaftliche und soziale Leben in einem seinen früheren wirtschaftlichen und sozialen Verhältnissen entsprechenden Maße eingegliedert ist."

- Für anerkannte Werkstätten für Blinde und Behinderte in § 56 Abs. 1 des Gesetzes zur Sicherung der Eingliederung Schwerbehinderter in Arbeit, Beruf und Gesellschaft (Schwerbehindertengesetz - SchwbG) i.d. Fassung vom 26.8.1986 (BGBl. I, 1421, 1550), zuletzt geändert am 21.6.1991 (BGBl. I, 1310): „Aufträge der öffentlichen Hand, die von Werkstätten für Behinderte ausgeführt werden können, sind bevorzugt diesen Werkstätten anzubieten."

Lange Zeit zählten auch Evakuierte gem.§ 12 a des Bundesevakuiertengesetzes i.d. Fassung vom 13.10.1961 (BGBl. I, 1865) zum bevorzugten Personenkreis; Das Bundesevakiertengesetz und damit auch die Bevorzugung wurde aber aufgehoben durch Art. 5 des Gesetzes vom 28.6.1990 (BGBl. I, 1221). Ebenso erstreckte sich die Bevorzugung aus dem Bundesvertriebenengesetz lange Zeit auf Vertriebene und Sowjetzonenflüchtlinge (§ 74 Abs. 2 BVFG a.F.). Diese Bevorzugung wurde aufgehoben durch Art. 1 Ziff. 30 *lit.* b des Kriegsfolgenbereinigungsgesetzes vom 21.12.1992, BGBl. I, 2094; veraltet daher *Jank/Zdzieblo*, 104.

Diese gesetzlichen Bevorzugungs-Vorschriften gelten auch für kommmunale Auftraggeber, klargestellt in Ziff. 2.2 der baden-württembergischen Verwaltungsvorschrift des Innenministeriums über die Vergabe von Aufträgen im kommunalen Bereich vom 30.8.1993 (GABl., 1002), *Meyer/Uekermann*, Nr. 1217.

[127] Die genaue Formulierung schwankt im einzelnen: Eine „angemessene" Beteiligung fordern etwa § 6 Ziff. 1 der Bevorzugtenrichtlinien des Bundes und die entsprechen Vorschriften der Ländererlasse (oben Anm. 121): bei beschränkten Ausschreibungen und freihändigen Vergaben sind die begünstigten Personenkreise „in angemessenem Umfang zur Angebotsabgabe mit aufzufordern"; ebenso § 4 Abs. 1 der Mittelstandsrichtlinien für das Beitrittsgebiet (oben Anm. 124): KMU aus den neuen Ländern sind bei beschränkten Ausschreibungen und freihändigen Vergaben „in angemessenem Umfang zur Angebotsabgabe mit aufzuforden" und § 7 Nr. 3 VOL/A (oben Anm. 122): „Bei Beschränkter Ausschreibung und Freihändiger Vergabe sind regelmäßig auch kleine und mittlere Unternehmen in angemessenem Umfang zur Angebotsabgabe aufzufordern"; die bayerischen und rheinland-pfälzischen Richtlinien (oben

läufig klingenden Formulierung zu verstehen, muß man sich vor Augen halten, daß diese Bestimmungen beschränkte Ausschreibungen und freihändige Vergaben betreffen,[128] also Vergabeverfahren, an denen nur teilnehmen kann, wer von der Behörde angesprochen wird.[129] Die behördliche Aufforderung bedeutet damit die Öffnung der Tür zum Vergabeverfahren.

II. Vorschlag dritter Stellen

Durch die Aufforderung zur Abgabe von Angeboten läßt sich also der Anteil erwünschter Teilnehmer erhöhen. Ein anderes Vorgehen, das den gleichen Effekt haben kann, besteht darin, daß die Vergabestelle die erwünschten Teilnehmer an einem Vergabeverfahren nicht selbst auswählt, sondern von einer dritten Stelle vorschlagen läßt.

In Deutschland weisen einige administrative Bestimmungen den Landesauftragsstellen eine derartige Rolle zu. Derartige Bestimmungen finden sich beispielsweise im Bereich der Mittelstandsförderung[130], des Umweltschutzes[131], im Behinderten- und Kriegsfolgenrecht[132] und in

---

Anm. 123), die § 7 Nr. 3 VOL/A in bezug nehmen, fordern ebenfalls übereinstimmend dazu auf, KMU „regelmäßig" und „in angemessenem Umfang zur Angebotsabgabe aufzufordern"; die baden-württembergischen MRöA (oben Anm. 123) dagegen fordern dazu auf, KMU zur Abgabe von Angeboten aufzufordern, „soweit die Art der zu vergebenden Leistung dies zuläßt"; ähnlich die hessischen Richtlinien (oben Anm. 123): „soweit dies Art und Umfang des jeweiligen Auftrags [...] zulassen"; ohne weitere Qualifikation dagegen formulierten Ziff. 1.2 und 1.3 der Mittelstandsrichtlinien des Bundes (oben Anm. 122) noch: „bei der beschränkten Ausschreibung/freihändigen Vergabe sind auch kleine und mittlere Unternehmen zur Abgabe von Angeboten mit aufzufordern/in die formlose Einholung von Angeboten mit einzubeziehen".

[128] Siehe die zitierten Stellen in Anm. 127, die sämtlich die Beschränkte Ausschreibung und die Freihändige Vergabe betreffen.

[129] § 3 Nr. 1 Abs. 2 VOB/A und VOL/A lauten übereinstimmend: „Bei Beschränkter Ausschreibung werden [Bau-]Leistungen im vorgeschriebenen Verfahren nach Aufforderung einer beschränkten Zahl von Unternehmern zur Einreichung von Angeboten vergeben; § 3 Nr. 1 Abs. 3 VOB/A und VOL/A lauten übereinstimmend: „Bei freihändiger Vergabe werden Leistungen ohne ein förmliches Verfahren vergeben".

[130] Ziff. 8 der Mittelstandsrichtlinien des Bundes (oben Anm. 122).

[131] Ziff. 6 der Richtlinien der Bayerischen Staatsregierung über die Berücksichtigung von Umweltgesichtspunkten bei der Vergabe öffentlicher Aufträge

den Ausführungsvorschriften[133] zu § 11 Stabilitätsgesetz[134]. Hier wird jeweils vorgesehen, daß die Landesauftragsstellen erwünschte Teilnehmer benennen. Dabei ist zu beachten, daß die Vorschläge der Landesauftragsstellen meistens nicht bindend sind und nur auf Anfrage der Vergabestellen erteilt werden, welche ihrerseits meist nicht verpflichtet sind, derartige Anfragen zu stellen. Dennoch wird man davon ausgehen können, daß ihren Vorschlägen in der Praxis ein besonderes Gewicht zukommt, da die Vergabestellen in der Regel an einer zügigen Abwicklung des Vergabeverfahrens interessiert sind[135] und eng mit den Landesauftragsstellen zusammenarbeiten. Im Zusammenhang mit der Regionalförderung für die Neuen Länder sind die Vergabestellen sogar verpflichtet worden, die Landesauftragsstellen zu konsultieren.[136]

(Umweltrichtlinien Öffentliches Auftragswesen), Bekanntmachung der Bayerischen Staatsregierung vom 4.6.1991, Nr. B III 3-5152-2, AllMBl. 1991, 423, ber. 447, geändert durch Bekanntmachung der Bayerischen Staatsregierung vom 17.5.1994, Nr. B III 2-5152-8, AllMBl. 1994, 495, *Meyer/Uekermann*, Nr. 1234.

[132] § 5 Ziff. 2 der bayerischen und der hessischen und Ziff. 3.2 der niedersächsischen Bevorzugtenrichtlinien (alle oben Anm. 121).

[133] Ziff. 4 Satz 4 der „Grundsätze für die Beschleunigung des Vergabeverfahrens in konjunkturpolitischen Ausnahmesituationen", Beschluß des Bundeskabinetts vom 6.7.1967 auf der Grundlage von § 11 StabG (Diese Grundsätze sind Richtlinien für die einzelnen Ministerien), abgedruckt bei *A. Möller*, StabG, § 11, Randnr. 6: „Um geeignete und kurzfristig lieferbereite Unternehmen ausfindig zu machen, sollte in diesen Fällen den Landesauftragsstellen (Beratungsstellen für das öffentliche Auftragswesen) Gelegenheit gegeben werden, Firmenvorschläge zu machen."

[134] § 11 Abs. 1 Satz 1 des Gesetzes zur Förderung der Stabilität und des Wachstums der Wirtschaft (Stabilitätsgesetz - StabG) lautet: „Bei einer die Ziele des § 1 gefährdenden Abschwächung der allgemeinen Wirtschaftstätigkeit ist die Planung geeigneter Investitionsvorhaben so zu beschleunigen, daß mit ihrer Durchführung kurzfristig begonnen werden kann."

[135] Im Falle des Stabilitätsgesetzes stellt die zügige Abwicklung sogar den eigentlichen Sekundärzweck dar.

[136] Trotz der nominellen Europäisierung des Kreises der begünstigten Regionen (Anm. 11) wurde die Konsultation der Landesauftragsstellen verpflichtend angeordnet. Hierdurch wird auf dem Verfahrenswege versucht, die ausschließliche Begünstigung der ostdeutschen Betriebe aufrechtzuerhalten. s. die Antwort der Bundesregierung auf die Große Anfrage der SPD „Veränderung der Vergabeverfahren bei öffentlichen Aufträgen" vom 22.12.1996, BT-Drucks. 13/5913, abgedruckt in VergR 2/97, 50 und in ZVgR 1997, IV: „Zu Frage 21: Wie schätzt die Bundesregierung Auflagen ein, die eine Erhöhung des Anteils der in die

Dieses Vorschlagsrecht dritter Stellen hat eine zusätzliche wirtschaftslenkende Dimension darin, daß die vorschlagenden Stellen ihrerseits nach bestimmten, meist regionalen Kriterien diejenigen Unternehmen auswählen, die sie vorschlagen. Durch die Zuweisung an die Landesauftragsstellen ereignet sich damit beispielsweise in der deutschen Mittelstandsförderung eine Kombination von Sekundärzwecken: Die Mittelstandsrichtlinien sehen erstens vor, daß mittelständische Unternehmen aufzufordern sind und erreichen zweitens durch die vorangeschaltete Konsultation der Landesauftragsstellen, daß die vorgeschlagenen mittelständischen Unternehmen in der Regel aus dem jeweiligen Land stammen. In der Praxis kann diese Rolle der Landesauftragsstellen also zu einer Kumulation von Sekundärzwecken in der Art führen, daß einem Sekundärzweck als weiterer Zweck die Regionalförderung aufgesetzt wird.[137]

---

neuen Länder vergebenen Aufträge bewirken? Im unmittelbaren zeitlichen Zusammenhang mit der Vereinigung Deutschlands hatte die Bundesregierung auch im öffentlichen Auftragswesen sog. Präferenzregelungen eingeführt, die im wesentlichen aus einem Eintrittsrecht in das billigste westdeutsche Konkurrenzangebot, verbunden mit einer Mehrpreisgewährung für kleine und mittlere Unternehmen bestanden. Diese Regelungen waren befristet und mußten, nachdem sie mehrfach verlängert waren, *auf Druck der EG-Kommission* zum Ende 1995 auslaufen. Die Kommission hatte wegen dieser Regelungen ein Vertragsverletzungsverfahren gegen die Bundesrepublik Deutschland eingeleitet, das mit einem nach Einschätzung der Bundesregierung aussichtslosen Prozeß vor dem EuGH geendet hätte. Um diesen Prozeß zu vermeiden, der dem Ansehen Deutschlands in der Gemeinschaft erheblich geschadet hätte, hat die Bundesregierung entschieden, die Regelungen, wie vorab ausgeführt, Ende 1995 auslaufen zu lassen. Um *gleichwohl* den Unternehmen aus den neuen Ländern die Chancen im Wettbewerb um öffentliche Aufträge zu erhöhen, ist für Lieferungen und Leistungen nach der Verdingungsordnung für Leistungen (VOL) der sog. Zubenennungserlaß, also die Verpflichtung zur Einschaltung der Auftragsberatungsstellen der neuen Länder bei allen Beschränkten Ausschreibungen und Freihändigen Vergaben mit dem Ziel, geeignete ostdeutsche Firmen zu benennen, die dann zur Angebotsabgabe aufgefordert werden, der zeitgleich und parallel mit den vorgenannten Präferenzregelungen galt, ebenfalls mehrfach verlängert worden und mit Entscheidung des Bundeskabinetts vom 1.10.1996 über den 31.12.1996 hinaus auf unbestimmte Zeit in Kraft geblieben."(Hervorhebungen vom Verfasser).

[137] Dieses Phänomen ist insbesondere deshalb von Bedeutung, weil auf der Ebene des EG-Vertrags die Regionalförderung besonders stark sanktioniert ist. Eine an und für sich vom EG-Vertrag weitgehend erlaubte Verfolgung von Sekundärzwecken, wie etwa die antizyklische Steuerung der Gesamtwirtschaft durch beschleunigte Auftragsvergabe, kann u.U. dadurch illegitim werden, daß

Genauso wie der Aufforderung zur Angebotsabgabe kommt dem Vorschlagsrecht ein besonderes Gewicht zu, wenn es, wie häufig,[138] im Zusammenhang mit der Teilnahme an einem beschränkten Verfahren oder einer freihändigen Vergabe vorgesehen ist. Auch hier hat der Vorschlag dann die Funktion eines „Türöffners".

III. Rückstufung der Publizität des Verfahrens

Einige Bestimmungen sehen im Zusammenhang mit der Förderung von Sekundärzwecken eine Begrenzung des Teilnehmerkreises vor. Das geschieht typischerweise dadurch, daß anstelle eines normalerweise vorgesehenen offenen Verfahrens ein nicht offenes Verfahren[139] oder anstelle eines nicht offenen Verfahrens ein Verhandlungsverfahren[140] durchgeführt wird.

---

den Landesauftragsstellen die Rolle zugewiesen wird, Firmen vorzuschlagen, welche schnell genug leisten können (siehe Anm. 133) wenn dadurch faktisch eine regionale Begrenzung der Auftragsvergabe erreicht wird.

[138] Die oben Anm. 130, 132 und 133 zitierten Vorschriften sehen eine Möglichkeit des Vorschlags durch die Landesauftragsstellen vor. Wie aus Anm. 127 und 128 hervorgeht, betrifft die Aufforderung zur Angebotsabgabe in einigen dieser Fälle Beschränkte Ausschreibungen und Freihändige Vergaben.

[139] Ziff. 2 des Erlasses des Bundesministeriums für Wirtschaft über Ausnahmeregelungen zugunsten der neuen Bundesländer bei der Vergabe öffentlicher Aufträge nach der Verdingungsordnung für Leistungen - ausgenommen Bauleistungen - VOL vom 1.7.1991, Nr. I B 3-28 19 00- erlaubte generell Beschränkte Ausschreibung statt öffentlicher Ausschreibung unter Bevorzugung von Bewerbern aus den neuen Ländern; ebenso wortgleich für den Bereich der VOB: Ziff. 2 des Erlasses des Bundesministers für Raumordnung, Bauwesen und Städtebau vom 26.6.1991, Nr. B I 2-0 1082-001. Ziff. 4 Satz 2 der „Grundsätze für die Beschleunigung des Vergabeverfahrens in konjunkturpolitischen Ausnahmesituationen", Beschluß des Bundeskabinetts vom 6.7.1967 auf der Grundlage von § 11 StabG (Diese Grundsätze sind Richtlinien für die einzelnen Ministerien), abgedruckt bei *A. Möller*, StabG, § 11 Randnr. 6, lautet: „Die Tatsache, daß ein Vorhaben mit Mitteln eines konjunkturpolitischen Sofortprogramms finanziert wird, stellt einen Dringlichkeitsgrund im Sinne des § 3 Abs. 3 d VOB/A und § 3 Abs. 2 VOL/A dar, wenn der gegenüber der öffentlichen Ausschreibung erzielbare Zeitgewinn genutzt werden muß und die Leistung für eine beschränkte Ausschreibung geeignet ist."

[140] Ziff. 1 des Erlasses des Bundesministeriums für Wirtschaft (oben Anm. 139) erlaubt für Auftragswerte bis DM 25.000,- die freihändige Vergabe an Bieter aus den neuen Ländern; ebenso für den Bereich der VOB: Ziff. 1 des

Der Hintergrund dieses Vorgehens ist die Verfahrensbeschleunigung, die mit dem Umsteigen auf das „kleinere“ Verfahren erzielt wird. Diese Beschleunigung soll die Wirksamkeit der angestrebten Förderung des Sekundärzwecks erhöhen. Im Fall der antizyklischen Steuerung der Gesamtwirtschaft durch beschleunigte Auftragsvergabe ist sie sogar der verfolgte Sekundärzweck selbst.[141]

Neben der erwünschten Beschleunigungswirkung hat die Verkleinerung des Vergabeverfahrens aber auch eine Auswirkung auf den Teilnehmerkreis: Durch die geringere Publizität werden weniger potentielle Teilnehmer von dem Vergabeverfahren informiert. Diese Tatsache legt die Vermutung nahe, daß sich unter den informierten Interessenten mehr Erwünschte als Unerwünschte befinden werden. Diese verfügen nämlich typischerweise über bessere Informationsquellen als jene.

Durch die geringere Publizität wächst auch die Bedeutung der Aufforderung zur Angebotsabgabe und des Vorschlags dritter Stellen weiter an.

IV. Aufteilung des Auftragsvolumens

Unter Umständen verfügen gewisse erwünschte Teilnehmer nicht über die Größe und Leistungsfähigkeit, um Großaufträge zu übernehmen. Eine Verkleinerung des Auftragsvolumens kann daher in solchen Fällen gleichfalls eine Erhöhung des Anteils erwünschter Teilnehmer bewirken.

Im Bereich der Mittelstandsförderung existieren in Deutschland Richtlinien, welche die Aufteilung von Großaufträgen in mehrere kleinere Aufträge, sogenannte Lose oder Teillose vorsehen. Dies geschieht, um kleinen und mittleren Unternehmen die Teilnahme an Vergabeverfahren

---

Erlasses des Bundesministers für Raumordnung, Bauwesen und Städtebau vom 26.6.1991 (oben Anm. 139) (wortgleich mit vorstehendem Erlaß, allerdings bis DM 200.000,-). Ziff. 4 Satz 2 der „Grundsätze für die Beschleunigung des Vergabeverfahrens in konjunkturpolitischen Ausnahmesituationen“(oben Anm. 139): “Dasselbe gilt für die freihändige Vergabe [...] im Verhältnis zur beschränkten Ausschreibung.“

[141] *A. Möller*, StabG, § 11 Randnr. 4: „Zweck der Vorschrift: [...] § 11 StabG [...] schaff[t] die notwendige Vorbedingung für eine antizyklische Konjunkturpolitik.“, ebenso *Stern/Münch/Hansmeyer*, StabG, § 11 Textziff. 1

für Großprojekte zu ermöglichen.[142] Diese Unternehmen besitzen nicht die notwendige Leistungsfähigkeit zur Durchführung des Gesamtprojekts. Durch diese Praxis wird ihnen daher die Teilnahme am Vergabeverfahren erst eröffnet.[143] Der Bundesbauminister hat angeordnet, daß bei der Vergabe von Bauaufträgen des Bundes von der Möglichkeit der Aufteilung in Lose „soweit wie möglich Gebrauch zu machen" ist.[144] Ebenso sieht § 97 Abs. 3 GWB nunmehr ausdrücklich vor, daß „mittelständische Interessen vornehmlich durch Teilung der Auträge in Fach- und Teillose angemessen zu berücksichtigen" sind.

V. Quoten

Die wohl weitestgehende Maßnahme zur Steigerung des Anteils erwünschter Teilnehmer stellen Bestimmungen dar, welche von vorne herein einen bestimmten Anteil an Aufträgen einer Gruppe erwünschter Teilnehmer vorbehalten.

In Frankreich sind die Vergabestellen verpflichtet, bestimmte Produkte ausschließlich von Behinderten- oder Blindenwerkstätten zu beziehen, soweit diese Gebote abgeben.[145] In der deutschen Mittelstandsförderung

---

[142] § 4 Nr. 2 VOB/A; Ziff. 3.1 der Mittelstandsrichtlinien des Bundes (oben Anm. 122); entsprechend Ziff. 3.2 *lit.* a) der baden-württembergischen Mittelstandsrichtlinien (Anm. 123).

[143] Das ist der erklärte Zweck dieser Vorschriften, siehe Ziff. 3.1 der Mittelstandsrichtlinien des Bundes (Anm. 122): „Damit sich auch kleine und mittlere Unternehmen entsprechend ihrer Leistungsfähigkeit um eine beliebige Anzahl von Losen durch Angebote bewerben können, hat der Auftraggeber nach § 5 Nr. 1 Satz 1 VOL/A in jedem Falle, in dem dies nach Art und Umfang des beabsichtigten Auftrages zweckmäßig ist, die Leistungen schon bei der Aufforderung zur Angebotsabgabe nach Menge oder Art in Lose zu zerlegen."

[144] Mitteilung des Bundesministeriums für Raumordnung, Bauwesen und Städtebau zum Öffentlichen Auftragswesen: Maßnahmen zur Durchführung des Kabinettsbeschlusses vom 9.4.1997 zur Konjunktur und Beschäftigung in der Bauwirtschaft, abgedruckt in ZVgR 1997, 218: „Von der in § 4 Nr. 2 VOB/A vorgesehenen Aufteilung umfangreicher Baumaßnahmen in Lose und Vergabe nach Losen ist soweit wie möglich Gebrauch zu machen, um für das fachkundige Stammpersonal, über das gerade kleine und mittlere Unternehmen in der Regel verfügen, zusätzliche Beschäftigungschancen zu erhalten. Entsprechendes gilt für die Fachlosvergabe nach § 4 Nr. 3 S. 1 VOB/A."

[145] Art. 7 alinéa 2 du décret no. 73-1120 (Anm. 120): „Si [...] un des organismes prioritaires fait une offre, l'administration intéressée *doit* passer la com-

werden Großaufträge in Lose aufgeteilt. Bis zu fünfzig Prozent dieser Lose werden ausschließlich an kleine und mittelständische Unternehmen vergeben,[146] soweit diese Gebote abgeben.[147]

B. Minderung des Anteils unerwünschter Teilnehmer

Soeben wurden Bestimmungen und Praktiken betrachtet, welche erwünschte potentielle Teilnehmer dem Kreis der Teilnehmer am Vergabeverfahren zuführen. Das Spiegelbild hierzu bilden Bestimmungen, welche einen vollständigen (I.) oder teilweisen (II.) Ausschluß unerwünschter Teilnehmer bewirken.

I. Ausschluß unerwünschter Teilnehmer

Die Eliminierung eines Teilnehmers ist an sich nichts Ungewöhnliches in einem Vergabeverfahren; im Gegenteil ist ein Vergabeverfahren darauf angelegt, aus einer Vielzahl von Teilnehmern fortschreitend die weniger geeigneten zu eliminieren, bis dem Besten der Zuschlag erteilt wird. Alle mitgliedstaatlichen Rechtsordnungen kennen daher Vorschriften, die unzuverlässige und ungeeignete Teilnehmer von der Teilnahme an Vergabeverfahren fernhalten sollen. In den Bereich dieser Untersuchung fallen derartige Vorschriften nur, soweit sie angewendet werden, um Sekundärzwecke zu verfolgen. Der Ausschluß dient dann nicht der Sicherstellung des beschaffungswirtschaftlichen Primärzwecks. In diesen Fällen stellt er vielmehr eine Sanktion für ein Verhalten des Teilnehmers dar, welches als schädlich für den verfolgten Sekundärzweck eingeschätzt wird.

Hierbei lassen sich zwei Gruppen von Fällen unterscheiden, je nachdem, wer diese Einschätzung trifft: die Vergabestelle selbst, oder eine dritte, von nachfragender Behörde und Teilnehmer unabhängige Stelle.

---

mande" (Hervorhebung vom Verfasser); dabei müssen die Werkstätten sich an festgesetzte Mehrpreise halten (siehe unten Text bei Anm. 186).

[146] Nr. 6.2. Abs. 4 der Mittelstandsrichtlinien des Bundes (oben Anm. 122); entsprechend Ziff. 6.2 Abs. 1 der baden-württembergischen Mittelstandsrichtlinien (Anm. 123).

[147] Dabei ist zu bedenken, daß diese Unternehmen erstens um 4 Prozent teurere Angebote abgeben können (Ziff. 6.2. Abs. 2 der Richtlinien, Anm. 122) und zweitens von der Vergabestelle zum Eintritt in die Lose aufgefordert werden (Ziff. 6.2. Abs. 3, *ibid.*).

Eine eigene, dritte Gruppe bildet der Ausschluß wegen einer Verletzung von Vertragsbedingungen bei vorangegangenen Aufträgen.

1. Ausschluß nach Einschätzung der Vergabestelle

a) Offener Ausschluß

Ein Beispiel aus Deutschland stellt § 6 Satz 2 des Arbeitnehmer-Entsendegesetzes[148] dar. Diese Vorschrift erlaubt einen Ausschluß für „angemessene Zeit" von Unternehmern, die vermutlich gegen deutsches Tarifrecht verstoßen, wenn nach der Einschätzung der Vergabestelle „im Einzelfall angesichts der Beweislage kein vernünftiger Zweifel an einer schwerwiegenden Verfehlung" besteht.[149]

Die gleiche Regelungstechnik kennt § 5 Satz 2 des Gesetzes zur Bekämpfung der Schwarzarbeit[150]. Diese Vorschrift erlaubt den Vergabestellen den Ausschluß von der Teilnahme an Vergabeverfahren bis zu zwei Jahren gegenüber Teilnehmern, die sich vermutlich der illegalen Beschäftigung schuldig gemacht haben. Der Ausschluß ist auch nach dieser Vorschrift bereits zulässig, wenn „im Einzelfall angesichts der Beweislage kein vernünftiger Zweifel an einer schwerwiegenden Verfehlung" besteht. Im wesentlichen inhaltsgleiche Regelungen bestehen mit Wirkung für die Landesverwaltungen auch auf Länderebene.[151]

---

[148] Gesetz über zwingende Arbeitsbedingungen bei grenzüberschreitenden Dienstleistungen (Arbeitnehmer-Entsendegesetz - AEntG) vom 26.2.1996, BGBl. I, 227; das AEntG wirft auch aus Gründen, die nicht direkt mit dieser Untersuchung zu tun haben, Probleme hinsichtlich seiner Vereinbarkeit mit Europarecht auf: das ArbG Wiesbaden hat mit Beschluß vom 10.2.1998 - Ca 1672/97; DB 888/98 dem EuGH die Frage der Vereinbarkeit des AEntG mit den Grundfreiheiten zur Vorabentscheidung vorgelegt.

[149] Näher *Koberski/Sahl/Hold*, AEntG, § 6 Randnrn. 2 ff.

[150] Gesetz zur Bekämpfung der Schwarzarbeit in der Fassung der Bekanntmachung vom 29.1.1982 (BGBl. I, 110), §§ 4 und 5 eingefügt durch Ziff. 6 des Gesetzes zur Änderung des Gesetzes zur Bekämpfung der Schwarzarbeit und zur Änderung anderer Gesetze vom 26.7.1994 (BGBl. I, 1792), zu letzterem siehe *J. Grünberger*, NJW 1995, 15 f.

[151] So z.B. Ziff. 3 in Verb. mit Ziff. 2 der Gemeinsamen Verwaltungsvorschrift des Sächsischen Staatsministeriums des Inneren, des Sächsischen Staatsministeriums der Finanzen und des Sächsischen Staatsministeriums für Wirtschaft und Arbeit für den Ausschluß von Unternehmen von der Vergabe öf-

b) Verdeckter Ausschluß

(A) Treue- und Schutzerklärungen

Eine andere Regelungstechnik verfolgen Bestimmungen auf Bundes-[152] und Länderebene[153], die eine Vergabe von öffentlichen Aufträgen von der Abgabe einer „Tariftreue-Erklärung"[154] oder einer „Nachunternehmer-Erklärung"[155] abhängig machen. Soweit diese Erklärung bereits bei

---

fentlicher Aufträge bei illegaler Beschäftigung von Arbeitskräften (VwV „illegale Beschäftigung") vom 6.12.1994, Sächsisches Amtsblatt vom 22.12.1994, 1552.

[152] Erlaß des Bundesbauministeriums zur Einhaltung der Tariflöhne auf Bundesbaustellen vom 7.7.1997, Aktenzeichen B I 2-0 1082-102/31.

[153] Bekanntmachung der Bayerischen Staatsregierung vom 2.7.1996, BayStAnz. vom 5.7.1996, Nr. 27, 1 ff.; Rundschreiben der Berliner Senatsverwaltung für Bau- und Wohnungswesen vom 9.2.1995, Aktenzeichen VI Nr. 7/95; Rundschreiben der Baubehörde der Freien und Hansestadt Hamburg vom 25.4.1995, Aktenzeichen 60.29-5/6; Erlaß der Hessischen Landesregierung vom 27.9.1993, StAnz. Hessen, Nr. 39, 2390 ff.; Runderlaß des Niedersächsischen Ministeriums für Wirtschaft, Technologie und Verkehr vom 2.2.1995, Aktenzeichen 34.2-35.51/33.63.5, MBl. Niedersachsen, Nr. 18 1995, 566 ff.; Runderlaß des Ministeriums für Wirtschaft, Mittelstand,Technologie und Verkehr vom 27.9.1996, Aktenzeichen 424.80-67, MBl. NRW vom 21.10.1996, Nr. 73; Rundschreiben des rheinland-pfälzischen Ministeriums für Finanzen vom 18.Juli 1996; Runderlaß des sächsischen Ministeriums für Wirtschaft, Technologie und Europaangelegenheiten vom 29.11.1996, Aktenzeichen 61-32570/2, MBl. Sachsen vom 22.1.1997, Nr. 2, 48 ff.; Runderlaß der Landesregierung von Schleswig-Holstein vom 19.7.1997, Aktenzeichen -VII 450 a-21.04.01.-; Richtlinie des thüringischen Ministeriums für Wirtschaft und Infrastruktur vom 1.12.1995, Thür. StAnz. Nr. 51, 2103 ff.

[154] Siehe z.B. die als Anlage zum Runderlaß „Angleichung von Wettbewerbsbedingungen im Rahmen des des öffentlichen Bauvergabewesens" des nordrhein-westfälischen Ministeriums für Wirtschaft und Mittelstand, Technologie und Verkehr, zugleich im Namen des Ministerpräsidenten und aller Landesministerien vom 27.9.1996 -424-80-67-, MBl. NRW Nr. 73 vom 21.10.1996, 1660 abgedruckte „Erklärung zur Zahlung von Tariflohn": „1. Der Bewerber/Bieter verpflichtet sich, seine Arbeitnehmer bei der Ausführung der Leistungen mindestens nach den in Nordrhein-Westfalen jeweils für Tarifvertragsparteien geltenden Lohntarifen zu bezahlen. [...]"

[155] Siehe Ziff. 2 des nordrhein-westfälischen Runderlasses (Anm. 154): „2. Der Bewerber/Bieter verpflichtet sich darüber hinaus, nur solchen Unterauf-

der Abgabe des Angebots abzugeben ist,[156] hat dies die Wirkung eines Ausschlusses vom Vergabeverfahren für Teilnehmer, die eine solche Erklärung nicht abgeben. Ähnlich verhält es sich mit der Anordnung der Bayerischen Staatsregierung[157], bei bestimmten Aufträgen[158] von Teilnehmern die Abgabe einer Schutzerklärung[159] des Inhalts zu verlangen, daß sie nichts mit Scientology zu tun haben. Die Nichtabgabe oder die wissentlich falsche Abgabe dieser Erklärung führen zum Ausschluß

---

tragnehmern Leistungen zu übertragen bzw. übertragen zu lassen, die die gleiche Verpflichtung ihm gegenüber schriftlich eingegangen sind. [...]"

[156] Abs. 2 des nordrhein-westfälischen Runderlasses „Angleichung von Wettbewerbsbedingungen im Rahmen des öffentlichen Bauvergabewesens" (Anm. 154): „Öffentliche Bauaufträge des Landes dürfen nur an Bewerber oder Bieter vergeben werden, die mit dem Angebot eine Erklärung zur Zahlung von Tariflohn (Anlage) abgegeben haben."

[157] Bekanntmachung der Bayerischen Staatsregierung „Scientology-Organisation - Verwendung von Schutzerklärungen bei der Vergabe öffentlicher Aufträge", vom 29.10.1996, AllMBl., 701; *Meyer/Uekermann*, Nr. 1238.5, abgedruckt auch in ZVgR 1997, V.

[158] Gem. Ziff. 1 der Bekanntmachung (Anm. 157) sind Schutzerklärungen bei Aufträgen zu verlangen, die dem Auftragnehmer „Möglichkeiten zur Einflußnahme auf die Organisation des Vertragspartners oder seine Beschäftigten eröffnen", die „ein besonderes Vertrauensverhältnis voraussetzen" oder „die Offenlegung von wesentlichen internen Vorgängen und Daten gegenüber dem Vertragspartner erfordern": Dabei ist laut Satz 2 insbesondere an „Unternehmensberatung, Personal- und Managementschulung, Fortbildungs- und Vortragsveranstaltungen, Softwareberatung, -entwicklung und -pflege, Projektentwicklung und -steuerung, Forschungs- und Untersuchungsaufträge" gedacht.

[159] Anlage zur Bekanntmachung (Anm. 157): „2.1 Der Bewerber/Bieter versichert, daß er gegenwärtig sowie während der gesamten Vertragsdauer die Technologie von L.Ron Hubbard nicht anwendet, lehrt oder in sonstiger Weise verbreitet, er keine Kurse oder Seminare nach dieser Technologie besucht und Beschäftigte oder sonst zur Erfüllung des Vertrags eingesetzte Personen keine Kurse oder Seminare nach dieser Technologie besuchen läßt; daß nach seiner Kenntnis keine der zur Erfüllung des Vertrags eingesetzten Personen die Technologie von L.Ron Hubbard anwendet, lehrt oder in sonstiger Weise verbreitet oder Kurse oder Seminare nach dieser Technologie besucht. 2.2 Der Bewerber/Bieter verpflichtet sich, solche zur Erfüllung des Vertrags eingesetzte Personen von der weiteren Durchführung des Vertrags unverzüglich auszuschließen, die während der Vertragsdauer die Technologie von L.Ron Hubbard anwenden, lehren, in sonstiger Weise verbreiten oder Kurse oder Seminare nach dieser Technologie besuchen."

vom Vergabeverfahren.[160] Die Länder Bayern und Baden-Württemberg haben darüber hinaus im Bundesrat eine Entschließung angeregt, welche die Bundesregierung aufforderte, bei Bundesaufträgen inhaltsgleiche Schutzmaßnahmen zu ergreifen.[161] Das Bundeswirtschaftsministerium hat daraufhin eine der Bayerischen Schutzerklärung nachgebildete[162] „Scientology-Schutzklausel“[163] den Bundesbehörden zur Anwendung empfohlen.[164]

---

[160] Anlage zur Bekanntmachung (Anm. 157): „1. [...] Der Bewerber/Bieter nimmt zur Kenntnis, daß die Nichtabgabe der Erklärung nach Nummer 2 oder die Abgabe einer wissentlich falschen Erklärung den Ausschluß von diesem Vergabeverfahren zur Folge hat.“

[161] Antrag der Länder Bayern und Baden-Württemberg vom 17.1.1997, abgedruckt in ZVgR 1997, V: „ [...] Die Bundesregierung wird daher aufgefordert, [...] bei der Vergabe von Aufträgen durch Dienststellen der bundeseigenen Verwaltung oder durch bundesunmittelbare Körperschaften oder Anstalten des Öffentlichen Rechts in Bereichen, die ein besonderes Vertrauensverhältnis voraussetzen, im Rahmen des rechtlich Zulässigen sicherzustellen, daß durch geeignete Gestaltung des Vergabeverfahrens und des Vertrages scientologischen Anbietern keine Möglichkeit zur Einflußnahme i.S.d. Technologie von L.Ron Hubbard gegeben wird.“ Auf Antrag der Bundesländer hat das Bundeswirtschaftsministerium eine Arbeitsgruppe gebildet, die sich mit der Vergabe an Scientology befaßt. Diese favorisierte zunächst eine Lösung des Problems über die Leistungsbeschreibung, statt über Schutzerklärungen, siehe VergR 3/98, 25.

[162] Die Schutzklausel geht allerdings noch etwas über die Bayerische Schutzerklärung hinaus, als sie vom Teilnehmer in Ziffer 3 ausdrücklich die Erklärung fordert, daß er Scientology „ablehnt“. Siehe Anm.163.

[163] Die Schutzklausel lautet: „Das Beratungs- und Schulungsunternehmen verpflichtet sich 1. daß es nicht nach der „Technologie von L.Ron Hubbard“ geführt wird und diese auch nicht im Rahmen des Vertragsverhältnisses anwendet oder sonst verbreitet, 2. daß die Unternehmensleitung im Rahmen der Geschäftsführung ihren Mitarbeiterinnen und Mitarbeitern nicht die Teilnahme an Kursen und Seminaren nach der „Technologie von L.Ron Hubbard“ empfiehlt oder genehmigt, 3. daß die Unternehmensleitung die „Technologie von L.Ron Hubbard“ im Zusammenhang mit (hier wird der jeweilige Branchenbezug genannt) ablehnt. 4. Bei Verstoß gegen Verpflichtungen nach den Ziffern 1-3 ist der Auftraggeber berechtigt, den Vertrag aus wichtigem Grund ohne Einhaltung einer Frist zu kündigen. Weitergehende Rechte bleiben unberührt.“

[164] Schreiben des Bundeswirtschaftsministeriums vom 18.9.1998; gleichzeitig erging an die Innenministerkonferenz die Bitte, die notwendigen Schritte zur Umsetzung auf Landesebene einzuleiten. Siehe näher *Empfehlung* (o. Verf.), Behördenspiegel - Beschaffung special, B IV.

(B) Vorgreifende Regelung der Chancenlosigkeit

Einige Bestimmungen schließen den unerwünschten Teilnehmer nicht von vorne herein aus, lassen ihn also rechtlich am Vergabeverfahren teilnehmen, ordnen aber seine Chancenlosigkeit an und bewirken so wirtschaftlich dasselbe.

§ 13 Abs. 2 des Landesgleichstellungsgesetzes des Landes Berlin von 1993[165] etwa sah für den gesamten Bereich der Berliner Verwaltung[166] vor, daß „Anbieter, die Personen unterhalb der Grenze des § 8 Abs. 1 SGB IV beschäftigen, keinen Zuschlag erhalten" sollen. Hintergrund der Regelung ist die Annahme, daß derartige geringfügige Beschäftigungsverhältnisse in der Praxis zu einer Benachteiligung von Frauen führen. Das bedeutet in der Sache, daß diese Teilnehmer chancenlos und daher von einer sinnvollen Teilnahme am Vergabeverfahren ausgeschlossen sind. Eine ähnliche, allerdings nicht schriftlich fixierte Verwaltungspraxis wird aus Hamburg berichtet.[167]

(C) Mittelbar diskriminierende Produktspezifikationen

Eine weitere Möglichkeit, einen unerwünschten Teilnehmer auszuschließen, ohne seinen Ausschluß offen anzuordnen, besteht darin, die Produktspezifikationen so zu fassen, daß nur erwünschte Bieter sie erfüllen können. Ziff.4.1.6. Satz 2 der Anlage 1 zu den hessischen Umweltrichtlinien[168] etwa ordnet an, daß, wo immer möglich, „Holz, das aus heimischer nachhaltiger Forstwirtschaft stammt" für zu beschaffende Produkte zu verwenden ist. Hier wird der Sekundärzweck des Um-

---

[165] Landesantidiskriminierungsgesetz vom 31.12.1990, GVBl. 1991, 8, in Kraft getreten zum 13.1.1991, Name geändert in „Landesgleichstellungsgesetz" durch Art. I Ziff. 1 Gesetz vom 13.4.1993, GVBl. 1993, 184; § 13 wurde jetzt neugefaßt durch das 5. Gesetz zur Änderung des Landesgleichstellungsgesetzes vom 16.6.1999, GVBl. 1999, 341; präzisiert wird der neue § 13 durch die Verordnung über die Förderung von Frauen und die Vereinbarkeit von Beruf und Familie bei der Vergabe öffentlicher Aufträge (Frauenförderverordnung – FFV) vom 23.8.1999, GVBl. 1999, 498.

[166] Der Geltungsbereich ist in § 1 des Gesetzes genau festgelegt.

[167] *C. MacCrudden*, Study, chapter 6, sub C.11.f., 112 berichtet, daß Reinigungsbetriebe, die in öffentlichen Gebäuden der Freien und Hansestadt putzen, überwiegend nicht-geringfügig Beschäftigte anstellen müssen, wenn sie den Auftrag erhalten wollen.

[168] *Meyer/Uekermann* Nr. 1334.

weltschutzes kombiniert mit dem Sekundärzweck der Regionalförderung.

2. Ausschluß nach Einschätzung einer dritten Stelle

Den soeben betrachteten Beispielen ist gemein, daß jeweils die Vergabestelle selbst angewiesen wird, den Sekundärzweck zu beachten und seine Förderung durchzusetzen. Das ist bei der nun folgenden Gruppe von Ausschlußregelungen anders. Hier gibt es eine unabhängige dritte Instanz, die über die Einhaltung des Sekundärzwecks wacht und in dieser Eigenschaft die Vergabestellen entsprechend anweist.

Ein typisches Beispiel stellt der englische *Fair Employment (Northern Ireland) Act 1989* dar. Er wurde erlassen, um vor dem Hintergrund der Unruhen in Nordirland eine Diskriminierung aus Gründen der Religionszugehörigkeit zu vermeiden. Zu diesem Zweck stellt er weitreichende Gleichbehandlungsvorschriften mit Geltung auch für die Privatwirtschaft auf und schafft insbesondere eine Fair Employment Commission, welche über die Beachtung dieser Vorschriften wacht. Diese Commission kann gem. section 41 und 38 des Act gegenüber Unternehmen, die sich einen Verstoß gegen bestimmte Vorschriften des Act zuschulden kommen lassen, einen sog. „disqualification order" erlassen. Dieser order hat zur Folge, daß keine öffentliche Stelle in Nordirland mit dem derart disqualifizierten Teilnehmer mehr einen Vertrag abschließen darf. Dieses Verbot kann die Commission sogar gegen den Willen der Vergabestelle im Wege des einstweiligen Rechtsschutzes durchsetzen.[169]

Ein weiteres Beispiel ist in Italien anzutreffen, wo das Gesetz vom 10. April 1991[170] über *azioni positive per la realizzazione della parità uomo-donna nel lavoro* Vorschriften zur Gleichbehandlung von Männern und Frauen auch im Bereich der Privatwirtschaft trifft[171]. Die Überwachung dieser Vorschriften ist einer unabhängigen Stelle im Arbeitsministerium anvertraut, dem *ispettore del lavoro.* Dieser hat die Befugnis, Verstöße festzustellen und die zuständigen Fachminister zu unterrichten, die dann bei schweren oder wiederholten Verstößen gegen

---

[169] Siehe näher *S. Arrowsmith*, Procurement, 804 f.

[170] Legge No.125, 10 aprile 1991, Giornale Ufficiale dell'15 aprile 1991, No. 88; *Martino*, voce 200, legge E/XXVIII, 78 E.

[171] Art. 9 sieht Berichtspflichten gleichermaßen für öffentliche wie private Unternehmen mit über 100 Arbeitnehmern vor.

die Vorschriften des Gesetzes Unternehmen für bis zu zwei Jahre von der Vergabe öffentlicher Aufträge ausschließen können.[172]

In Deutschland sieht § 6 Satz 1 in Verbindung mit § 5 Absätze 1 und 2 des Arbeitnehmer-Entsendegesetzes (AEntG)[173] einen Ausschluß von Unternehmen vor, die von der Bundesanstalt für Arbeit oder den Hauptzollämtern[174] wegen Verstoßes gegen Vorschriften des AEntG mit Geldbußen von wenigstens DM 5.000,- belegt worden sind. Die gleiche Regelungstechnik kennt § 5 Satz 1 des Gesetzes zur Bekämpfung der Schwarzarbeit[175], der einen Ausschluß von der Teilnahme an Vergabeverfahren von bis zu zwei Jahren gegenüber Teilnehmern vorsieht, die wegen bestimmter Tatbestände illegaler Beschäftigung von den zuständigen[176] Staatsanwaltschaften oder Landesordnungswidrigkeitsbehörden bestimmten Sanktionen unterworfen wurden. Im wesentlichen inhalts-

---

[172] Diese Befugnis steht in articulo 4 comma 9, welcher lautet: „Ogni accertamento di atti o comportamenti discriminatori [...] posti in essere da imprenditori [...] che abbiano stipulati contratti di appalto attinenti all'esecuzione di opere pubbliche, di servizi o di forniture, viene communicato immediatamente dall'ispettorato del lavoro ai Ministri nelle cui amministrazioni sia stata disposta la concessione [...] dell'appalto. Questi [...] nei casi piú gravi o nel caso di recidiva, possono decidere l'esclusione del responsabile per un periodo di tempo fino a due anni [...] da qualsiasi appalto."

„Alle diskriminierenden Handlungen oder Vorgehensweisen [...] welche von Unternehmern begangen wurden [...], die im Zusammenhang mit der Ausführung öffentlicher Bau-, Liefer- oder Dienstleistungsaufträge öffentliche Aufträge erhalten haben, werden unverzüglich vom Inspektorat für Arbeit denjenigen Ministern gemeldet, in deren Verwaltungen die Vergabe des Auftrags stattgefunden hat. Diese [...] können in besonders schweren Fällen oder im Wiederholungsfalle den Ausschluß des Verantwortlichen für die Dauer von bis zu zwei Jahren [...] von der Vergabe jeglichen Auftrags beschließen." (Übersetzung des Verfassers).

[173] Oben Anm. 148.

[174] Gem. § 5 Abs. 4 in Verb. mit § 2 Abs. 1 sind diese beiden Behörden zuständig für die Ahndung von Ordnungswidrigkeiten nach dem AEntG.

[175] Oben Anm. 150.

[176] Im Unterschied zu der bei Anm. 174 erwähnten Regelung des AEntG ist die dritte unabhängige Stelle hier nicht die Bundesanstalt für Arbeit oder das Hauptzollamt. Die Landesordnungswidrigkeitsbehörden und Staatsanwaltschaften müssen aber mit der Bundesanstalt für Arbeit, den Trägern der Sozialversicherungen, den Ausländer- und Finanzbehörden und den Hauptzollämtern zusammenzuarbeiten (§ 2a SchwArbG).

gleiche Regelungen bestehen mit Wirkung für die Landesverwaltungen vereinzelt auch auf Länderebene.[177]

3. Ausschluß wegen Vertragsverletzung bei vorangegangenen Aufträgen

Vergabestellen versehen Aufträge gelegentlich mit besonderen Bedingungen, welche bestimmte Sekundärzwecke fördern sollen. Hält sich der Auftragnehmer bei der Ausführung des Auftrags nicht an diese Bedingungen, wird er unter Umständen für eine gewisse Zeit von der Teilnahme an späteren Vergaben ausgeschlossen.[178]

II. Rückstufung der Publizität des Verfahrens

Wie bereits gesehen[179], wird mitunter durch Rückstufung der Publizität eine Beschleunigung des Vergabeverfahrens erreicht, die dem Sekundärzweck zugute kommen soll, aber auch Rückwirkungen auf die Zusammensetzung des Teilnehmerkreises hat: Durch die geringere Publizität werden weniger potentielle Teilnehmer von dem Vergabeverfahren informiert. Diese Tatsache kann bewirken, daß sich unter den informierten Interessenten mehr Erwünschte als Unerwünschte befinden und daß die Bedeutung der Aufforderung zur Angebotsabgabe und des Vorschlags dritter Stellen weiter ansteigt. Hierdurch kann ein teilweiser Ausschluß unerwünschter Teilnehmer bewirkt werden.

---

177 Siehe z.B. Ziff. 3 in Verb. mit Ziff. 1 der sächsischen VwV „illegale Beschäftigung" vom 6.12.1994 (oben Anm. 151).

178 Hierbei handelt es sich im wesentlichen um eine Form der Durchsetzung von Vertragsbedingungen. Sie wird deshalb unten Abschnitt Eins, S. 37 ff. behandelt.

179 Oben Text bei Anm. 139 ff.

Abschnitt Zwei: Modifikation der Zuschlagskriterien

Die zuvor betrachteten mitgliedstaatlichen Bestimmungen und Praktiken betrafen die Beeinflussung des Kreises der Teilnehmer am Vergabeverfahren, also die Frage, wer überhaupt teilnehmen darf. Die nun folgende Gruppe von Maßnahmen setzt im darauffolgenden Verfahrensstadium an, wenn es darum geht, aus den Teilnehmern denjenigen auszuwählen, der den Auftrag erhalten soll. Dabei ist die grundsätzliche Überlegung bei allen Vorschriften und Praktiken die gleiche: Der Gesichtspunkt der Förderung des Sekundärzwecks wird (neben anderen Kriterien) zu einem Kriterium der Vergabeentscheidung. Dabei lassen sich im Grundsatz zwei Gruppen unterscheiden:

Als schwächere Form können Bestimmungen und Praktiken gelten, welche dem Sekundärzweck die Funktion zuweisen, maßgebliches Kriterium für einen Stichentscheid zwischen zwei Angeboten zu sein, die das gleiche Preis-Leistungs-Verhältnis bieten. Die stärkere Form bilden Bestimmungen, welche die Förderung des Sekundärzwecks so hoch bewerten, daß sie zur Bevorzugung eines Angebots führen kann, welches ein schlechteres Preis-Leistungs-Verhältnis aufweist.

A. Sekundärzweck als Stichentscheid

Zahlreiche administrative Bestimmungen und einige Gesetze sehen in Deutschland vor, daß bei „gleich wirtschaftlichen oder annehmbaren" Angeboten, derjenige Teilnehmer vorzuziehen ist, der einen bestimmten Sekundärzweck fördert. Das bedeutet zunächst, daß bei gleichem Preis-Leistungs-Verhältnis der jeweilige Sekundärzweck über den Zuschlag entscheidet. Hierfür wird keine strikte Preisgleichheit verlangt. Im Rahmen der Feststellung des wirtschaftlichsten bzw. annehmbarsten Angebots kann ein Mehrpreis durch eine Mehrleistung ausgeglichen werden.

Ein Beispiel stellt der Beschluß der Bundesregierung zur Bevorzugung von Ausbildungsbetrieben dar. Er ordnet die Bevorzugung von Unternehmen, die Ausbildungsplätze bereitstellen „im Rahmen der geltenden

Regelungen von VOL/A und VOB/A bei gleichwertigen Angeboten" an.[180]

Der Bereich eines Stichentscheids wird aber verlassen, wenn die Mehrleistung in der Beachtung des Sekundärzwecks selbst besteht. Dieser ist als politischer Zweck nämlich nicht kommensurabel, jedenfalls nicht im Rahmen des Preis-Leistungs-Kalküls der einzelnen Auftragsvergabe. Wo dies geschieht, wird der Sekundärzweck zum eigenständigen Kriterium neben dem Preis-Leistungs-Verhältnis. Diese Fälle sind daher unter der nächsten Überschrift „B. Bevorzugung des teureren Gebots" eingeordnet.

B. Bevorzugung des teureren Gebots

Eine Reihe von Bestimmungen weist die Vergabestellen an, ein Gebot zu bevorzugen, das ein schlechteres Preis-Leistungs-Verhältnis aufweist, wenn dadurch ein Sekundärzweck gefördert wird. Dabei lassen sich zwei Vorgehensweisen unterscheiden:

I. Festlegung zulässiger Mehrpreise

Bei dieser Vorgehensweise werden bestimmte Margen festgelegt, innerhalb derer das erwünschte Gebot den Preis des wirtschaftlichsten bzw. annehmbarsten Gebots übersteigen darf.

Meist handelt es sich dabei in Deutschland um sogenannte Mehrpreisstaffeln[181], die mehrere bestimmte Prozentsätze an erlaubten Mehrko-

---

[180] Ziff. 1 des Beschlusses der Bundesregierung für die bevorzugte Berücksichtigung von Unternehmen, die Lehrlinge ausbilden, bei der Vergabe von öffentlichen Aufträgen des Bundes, vom 9.9.1997, BAnz. vom 26.9.1997, 12441; angesichts seiner geringen Reichweite und zahlreichen Einschränkungen (Geltung nur unterhalb der Schwellenwerte, nur bei gleichwertigen Angeboten und nur im Rahmen der VOB bzw VOL) ist der Beschluß vom politischen Gegener als „populistischer Schaufensterbeschluß" kritisiert worden, *S. Kaspereit,* Plenarprotokoll 13/230, 21122 B.

[181] § 6 Ziff. 4 der Bevorzugtenrichtlinien des Bundes (Anm. 121) kennt zwei Mehrpreisstaffeln (A und B). Beide erlauben minimal ein halbes Prozent, diejenige für Behindertenwerkstätten (B) maximal sechs, diejenige für die übrigen Bevorzugten (A) fünf Prozent; dieselben Mehrpreisstaffeln werden in den Bevorzugtenrichtlinien der Länder (*ibid.*) verwendet; die Mehrpreisstaffel B wird in der Anlage zu § 13 des Berliner Landesgleichstellungsgesetzes (Anm. 165) zu Zwecken der Frauenförderung übernommen; ehemals verwendete die Staffel B

sten gegenüber dem wirtschaftlichsten Gebot festlegen und umgekehrt proportional zum Auftragsvolumen gestaffelt sind. Die Staffeln erlauben Mehrpreise zwischen einem halben und sechs Prozent. Diese Mehrpreise werden als „geringfügig" fingiert.[182]

Häufig existieren neben oder anstatt dieser Mehrpreisstaffeln sogenannte Eintrittsrechte. Neben Einzelheiten der Berechnung[183] liegt der hauptsächliche Unterschied in dem Zeitpunkt, zu dem diese Instrumente ansetzen: Mehrpreisstaffeln beeinflussen die Auswahl zum Zeitpunkt der Eröffnung der Angebote. Eintrittsrechte können vom Teilnehmer auch noch nach diesem Zeitpunkt geltend gemacht werden. Sie eröffnen dem Teilnehmer also eine zweite Chance. Würde bei der Auswahl zum Zeitpunkt der Angebotseröffnung das Gebot eines anderen Teilnehmers ausgewählt, so kann der erwünschte Teilnehmer durch

---

auch § 3 Abs. 4 der Richtlinien für die bevorzugte Berücksichtigung von Personen und Unternehmen aus dem Zonenrandgebiet und aus Berlin (West) bei der Vergabe öffentlicher Aufträge vom 11.8.1975 (Zonenrandrichtlinien), BAnz. Nr. 152 vom 20.8.1975, erlassen auf der Grundlage von § 2 Nr. 3 des Zonenrandförderungsgesetzes vom 5.8.1971 (BGBl. I, 1237); die Staffel B wurde auch übernommen für Zwecke der Eingliederung von Jugendlichen in das Erwerbsleben in Nordrhein-Westfalen durch Rundschreiben des Ministers für Wirtschaft, Mittelstand und Verkehr des Landes Nordrhein-Westfalen „Bevorzugte Berücksichtigung von Lehrlingsausbildungsbetrieben bei der Vergabe öffentlicher Aufträge", vom 16.6.1982 und 23.8.1983 („darauf hinzuwirken, daß bei etwa gleichwertigen Angeboten im Rahmen von öffentlichen Aufträgen solche Betriebe den Zuschlag erhalten, die Lehrlinge ausbilden" und „das Angebot eines Ausbildungsbetriebs noch als etwa gleichwertig anzusehen, wenn es nur geringfügig über dem wirtschaftlichsten und annehmbarsten Angebot liegt", geringfügig war dabei die Mehrpreisstaffel der Zonenrandförderungsrichtlinien, also die Staffel B); diese letzte Bestimmung war begrenzt bis 1986, wurde aber wegen Verstoßes gegen § 26 Abs. 2 Sätze 1,2 GWB vom Bundeskartellamt mit Schreiben vom 16.1.1984 - B9-123700-1003/83-5 = WuW/E BKartA 2150 beanstandet; kritisch dazu *M. Strohs*, BauR 1988, 147 f.

[182] § 13 Abs. 1 Satz 4 des Berliner Landesgleichstellungsgesetzes (Anm. 165); § 6 Ziff. 4 der Bevorzugtenrichtlinien des Bundes (Anm. 121); dieselbe Fiktion verwenden auch die Bevorzugtenrichtlinien der Länder (Anm. 121); in anderen Bestimmungen wird bisweilen auch ohne konkrete Angaben ein „geringfügiger" Mehrpreis zugelassen. Man wird davon ausgehen können, daß die Praxis sich bei der Anwendung dieser Bestimmungen nicht wesentlich von den traditionellen Mehrpreisstaffeln entfernt.

[183] Die Unterschiede in den Berechnungsmethoden zwischen Mehrpreisstaffeln und Eintrittsrechten sind zum Teil erheblich, siehe näher mit Beispielen *Klein/Witzel* Anhang 2 und 3 zu B.2. und *Daub/Piel/Soergel*, ErlzA 25.192 ff.

Ausübung seines Eintrittsrechts zu einem Preis, der um eine bestimmte Marge über diesem Gebot liegt, in selbiges „eintreten". Diese Marge liegt meist höher als bei den Mehrpreisstaffeln[184] und erreicht im Einzelfall bis zu zwanzig Prozent.[185]

In Frankreich werden von den Präfekturen ähnliche Regelungen festgesetzt, die für die Gebote bestimmter bevorzugter Gruppen Höchstpreise (*prix limites*) bestimmen, die über dem Marktpreis liegen.[186]

In Großbritannien existiert unter dem Namen *Priority Suppliers Scheme* gleichfalls ein System von Eintrittsrechten und Mehrpreismargen.[187] Die Aufforderung zur Ausübung des Eintrittsrechts wird dort mit dem Namen *offering back* versehen. Der Begriff bezeichnet die Möglichkeit der Vergabestelle, den Auftrag einem erwünschten Teilnehmer (*priority supplier*) zu den Konditionen des bestbietenden Teilnehmers anzubieten. Ende der achtziger Jahre geriet dieses System in England in die Diskussion, weil als fragwürdig galt, ob es nicht gemeinschaftsrechtswidrig sei. Es wurde im Zuge dieser Diskussionen zunächst ersatzlos abgeschafft, aber 1994 wieder eingeführt. Dabei wurde es auf Aufträge begrenzt, deren Volumina unterhalb der Schwellenwerte der EG-

---

[184] Ziff. 6.2. Abs. 2 der Mittelstandsrichtlinien des Bundes (Anm. 122) sieht eine feste Marge von vier Prozent vor; Ziff. 6.2 Abs. 4 der baden-württembergischen Mittelstandsrichtlinien (Anm. 123) legt Margen zwischen vier und acht Prozent fest; § 4 Abs. 4 und 5 Abs. 1 der Mittelstandsrichtlinien Neue Länder des Bundeswirtschaftsministeriums vom 25.6.1991 (Anm. 124) sehen fixe Prozentsätze von zweieinhalb, fünf, zehn und zwanzig Prozent Mehrpreis vor; hiermit identisch sind jeweils Ziffern 4 Abs. 3 und 5 der Erlasse des Bundeswirtschaftsministeriums und des Bundesbauministeriums zur Förderung der neuen Länder (Anm. 139).

[185] § 7 Abs. 1 der brandenburgischen Verordnung über die bevorzugte Berücksichtigung von Unternehmen bei der Vergabe öffentlicher Aufträge zur Förderung von Frauen im Erwerbsleben (Frauenförderverordnung - FrauFöV, GVBl. Brandenburg, Teil II, Nr. 22 vom 17.5.1996, 354, abgedruckt auch in VergR 4/97, 43 f.) gibt ein Eintrittsrecht mit einer Marge von bis zu 20 Prozent, allerdings nur bei Vergaben im Preiswettbewerb; diese Verordnung ist die Durchführungsverordnung zu § 14 Abs. 2 des Gesetzes zur Gleichstellung von Frauen und Männern im öffentlichen Dienst im Land Brandenburg (Landesgleichstellungsgesetz - LGG) vom 4.7.1994, GVBl. Brandenburg, Teil I, Nr. 19 vom 5.7.1994, 254.

[186] Art. 6 alinéa 2 du décret no. 73-1120 (Anm. 120): „les prix auxquels sont fournis les articles commandés ne doivent pas dépasser les prix limites spécialement fixés par un barême arrêté par les préfets. "

[187] *S. Arrowsmith*, Procurement, 808.

Vergaberichtlinien liegen und es wurde nominell für Teilnehmer aus anderen Mitgliedstaaten geöffnet.

In Belgien findet sich eine Bestimmung, die eine Bevorzugung durch Ministerbeschluß ermöglicht, wenn das erwünschte Gebot nicht mehr als 10 Prozent oder maximal 100.000 belgische Francs über dem wirtschaftlichsten Gebot liegt.[188]

Diese Mehrpreisregelungen erlauben also bei Vorliegen eines Sekundärzwecks eine Preisüberschreitung innerhalb bestimmter zulässiger Margen. Der Sekundärzweck modifiziert damit die Zuschlagskriterien, indem vom erwünschten Teilnehmer ein weniger gutes Preis-Leistungs-Verhältnis erwartet wird. Der Sekundärzweck wird damit gewissermaßen zu einer Weiche zwischen einem „harten" und einem „weicheren" Auswahlmaßstab. Immerhin aber ist auch der „weichere" Maßstab im Grundsatz klar definiert. Die Mehrpreisstaffeln etwa geben tatsächlich sehr genau an, wieviel der Vergabestelle die Förderung des Sekundärzwecks „wert" zu sein hat. So wird klargestellt, mit welchem Gewicht dieser Gesichtspunkt in die Vergabeentscheidung einfließen darf.

Diese Bestimmtheit fehlt bei der folgenden Gruppe von Bestimmungen, welche dem Sekundärzweck nicht nur diese Weichenfunktion beimessen, sondern ihn direkt zum zusätzlichen Zuschlagskriterium machen.

II. Erweiterung der Zuschlagskriterien

Eine Reihe von Bestimmungen sieht eine Erweiterung der Zuschlagskriterien vor. Hierbei wird der Sekundärzweck als Zusatzkriterium mit einbezogen. Die Inkommensurabilität des Sekundärzwecks hat die Eröffnung von weitgehenden Ermessensspielräumen der Vergabestelle zur Folge.

Umweltschutzbestimmungen in Hessen[189], Sachsen[190] und Niedersachsen[191] etwa ordnen, in Übereinstimmung mit entsprechenden Äußerun-

---

[188] Sec. 34 Abs. 4 de l'Arrêté Royal du 14.10.1964, Moniteur belge du 17.10.1964, 10999 (11008), relatif au marchés passés au nom de l'État.

[189] Ziff. 3.8 der Anlage 1 zum Gemeinsamen Runderlaß des hessischen Ministeriums für Umwelt, Energie und Bundesangelegenheiten im Einvernehmen mit allen hessischen Ressorts vom 15.9.1994, „Vorbildfunktion der Landesverwaltung für umweltfreundliche Verhaltensweisen", StAnz. 45/1994, 3283: „Das wirtschaftlichste bzw. annehmbarste Angebot ist dasjenige Angebot, bei dem das günstigste Verhältnis zwischen der gewünschten Leistung, hierzu zählen

gen des Umweltbundesamtes[192], entweder den volkswirtschaftlichen Gesamtnutzen des Umweltschutzes der Leistungsseite des erwünschten Gebots zu oder erhöhen den Preis des wirtschaftlichsten bzw. annehmbarsten unerwünschten Gebots um die Folgekosten umweltschädigenden Verhaltens.[193] Sowohl Gesamtnutzen als auch Folgekosten lassen sich zwar unter Umständen volkswirtschaftlich berechnen, nicht aber, welcher Anteil einer derart errechneten Summe dem einzelnen Gebot zuzurechnen ist. Daher eröffnet ein solches Vorgehen der Vergabestelle

---

auch die Aspekte des Umweltschutzes, und dem angebotenen Preis, unter Einbeziehung der Folgekosten, erzielt wird."

[190] Ziff. 3 Abs. 2 des Gemeinsamen Erlasses aller sächsischen Staatsministerien zur Berücksichtigung des Umweltschutzes bei der Vergabe öffentlicher Aufträge (Umweltrichtlinien öffentliches Auftragswesen) vom 11.11.1991, sächs. GVBl.Nr. 28 vom 22.11.1992, 377, *Meyer/Uekermann*, Nr. 1454: „Für die Bewertung der Wirtschaftlichkeit der Angebote nach § 25 Nr. 3 VOL/A bzw. § 25 Nr. 2 Abs. 2 VOB/A sind umweltschutzbezogene Merkmale unter Berücksichtigung aller Umstände, die sich aus der Leistungsbeschreibung ergeben [...], in die Wirtschaftlichkeitsprüfung bei der Vergabeentscheidung mit einzubeziehen."

[191] Ziff. 4 Abs. 2 des Runderlasses des niedersächsischen Ministeriums für Wirtschaft, Technologie und Verkehr im Einvernehmen mit den Ministerien für Umwelt, Inneres, Finanzen, Sport und Landwirtschaft, „Öffentliches Auftragswesen; Berücksichtigung des Umweltschutzes (Umweltrichtlinien öffentliches Auftragswesen)" vom 5.5.1992 -34.2-33.28-, Nds. MBl. 32/1992, 1286, *Meyer/Uekermann*, Nr. 1374: „Bei der Prüfung der Wirtschaftlichkeit ist zu berücksichtigen, daß eine wirtschaftliche und sparsame Verwendung der Mittel auch dann gewährleistet ist, wenn durch die energiesparende Gesamtlösung und die umweltverträglichen Eigenschaften den etwaigen direkten Mehrkosten nicht ohne weiteres berechenbare volkswirtschaftliche Kosteneinsparungen gegenüberstehen."

[192] *Umweltbundesamt*, Handbuch, 23 f.

[193] Einen weniger grundsätzlichen Ansatz verfolgt Bayern, das ohne Eingriff in die Ermittlung des wirtschaftlichsten Gebots eine angemessene finanzielle Mehrbelastung bei umweltbedeutsamen öffentlichen Aufträgen zuläßt; Ziff. 1 a.E. der Richtlinien der Bayerischen Staatsregierung über die Berücksichtigung von Umweltgesichtspunkten bei der Vergabe öffentlicher Aufträge (Umweltrichtlinien Öffentliches Auftragswesen), Bekanntmachung der Bayerischen Staatsregierung vom 4.6.1991, Nr. B III 3-5152-2, AllMBl. 1991, 423, ber. 447, geändert durch Bekanntmachung der Bayerischen Staatsregierung vom 17.5.1994, Nr. B III 2-5152-8, AllMBl. 1994, 495, *Meyer/Uekermann*, Nr. 1234: „finanzielle Mehrbelastungen und Minderungen der Gebrauchstauglichkeit sind dabei in angemessenem Umfang hinzunehmen."

ein weites Ermessen. In Niedersachsen wird dieses Ermessen zumindest nominell auf einen „tragbaren“ Mehrpreis[194] begrenzt. In Hessen und Sachsen dagegen ist keine solche Begrenzung vorgesehen.

Als weiteres Beispiel kann die Brandenburgische Frauenförderverordnung[195] gelten. Diese sieht ein System zur Bevorzugung desjenigen Teilnehmers am Vergabeverfahren vor, der die meisten Frauen überhaupt oder die meisten Frauen in höheren Lohngruppen beschäftigt. Bevorzugt wird danach, wer die höchste Summe von zwei Kennziffern aufweist.[196] Die erste Kennziffer[197] bezeichnet den Frauenanteil an der Gesamtzahl der Beschäftigten und Auszubildenden, die zweite[198] den Anteil der Löhne der im Betrieb beschäftigten Frauen an den Gesamtlohnkosten des Unternehmens.[199] Hier wird also große Mühe darauf verwendet, den Sekundärzweck Frauenförderung kommensurabel zu machen. Dennoch bleibt nach der Verordnung unklar, wann und mit welchem Gewicht diese Kennziffernsumme in die Auftragsvergabe ein-

---

[194] Dabei ist unklar, ob damit auf die traditionellen Mehrpreisstaffeln verwiesen werden soll. Die Terminologie spricht eher dagegen, denn dort hat sich der Begriff der „geringfügigen“ Überschreitung eingebürgert, der klare Bezüge zum Preis hat. „Tragbar“ dagegen scheint eher den Wertungsaspekt zu betonen. Konsequent verweist daher die niedersächsische Regelung (Anm. 191) für die Feststellung auch auf das pflichtgemäße Ermessen der Verwaltung: „Ein Angebot/Nebenangebot über umweltverträgliche Leistungen gilt daher auch dann als wirtschaftlicher bzw. annehmbarer, wenn sein Preis in tragbarem, auftragsbezogenem Maße über einem preislich günstigeren Angebot mit weniger umweltverträglichen Eigenschaften liegt. In welcher Höhe der Mehrpreis tragbar ist, entscheidet der öffentliche Auftraggeber nach pflichtgemäßem Ermessen.“

[195] Anm. 185.

[196] § 10 Abs. 4 i.V.m. § 4 Abs. 1 FrauFöV, *ibid.*

[197] § 10 Abs. 1 Ziff. 1 FrauFöV, *ibid.*

[198] § 10 Abs. 1 Ziff. 2 FrauFöV, *ibid.*

[199] Die Verfolgung des Sekundärzwecks Frauenförderung wird noch dadurch effektiviert, daß Geringfügig Beschäftigte im Sinne des § 8 SGB IV bei der Berechnung des Frauenanteils unberücksichtigt bleiben (§ 4 Abs. 2 FrauFöV, Anm. 185). Ebenso werden Leistungen für Kindererziehung und Mutterschutz den Lohnkosten nicht hinzugerechnet (§ 10 Abs. 2 FrauFöV). Dadurch wird dem Teilnehmer also die Möglichkeit abgeschnitten, seine Kennziffern durch Beschäftigung von Frauen unterhalb der Sozialversicherungsgrenze oder durch Hinzurechnung der frauenspezifischen Lohnersatzleistungen zu erhöhen.

fließt.[200] Die Kennziffern vermögen nur verschiedene Grade von „Frauenfreundlichkeit“ zu differenzieren. Die Abwägung dieses Sekundärzwecks mit dem Primärzweck bleibt dagegen ungeregelt und im Ermessen der Vergabestelle.

Bei derartigen Regelungen hat die Vergabestelle weitgehende Möglichkeiten, ihre Zielvorstellungen in die Vergabeentscheidung einfließen zu lassen. Sie entscheidet nach pflichtgemäßen Ermessen, wieviel ihr die Förderung des Sekundärzwecks „wert ist“.[201] Das kann im Einzelfall auch dazu führen, daß dem Sekundärzweck das größte Gewicht unter allen Kriterien beigemessen wird.

---

[200] Zwar ist die Bevorzugung frauenfördernder Betriebe gem. § 14 Abs. 1 LGG (Anm. 185) und § 6 FrauFöV (Anm. 185) nur bei „gleichwertigen“ Angeboten zulässig. Gleichwertigkeit liegt aber gem. § 3 Abs. 2 FrauFöV vor, wenn das Angebot gleich wirtschaftlich oder gleich annehmbar *„unter Würdigung aller für die Auftragsvergabe entscheidenden Kriterien“* ist. Hinsichtlich der Frage, mit welchem Gewicht dieser Gesichtspunkt einfließen soll, findet sich keine Regelung, insbesondere gibt es anders als beim Berliner Landesgleichstellungsgesetz 1993 keine Begrenzungen durch Mehrpreisstaffeln. Hier wird der Vergabestelle also gleichermaßen beim „Ob“ und beim „Wie“ der Gewichtung des Sekundärzwecks ein weiter Spielraum eingeräumt.

[201] Siehe die deutliche Formulierung der niedersächsischen Umweltrichtlinien öffentliches Auftragswesen (Anm. 194).

Abschnitt Drei: Vertragsbedingungen

Die bisher betrachteten Bestimmungen hatten sämtlich den Effekt, die Vergabeentscheidung zu beeinflussen. Ob sie generell den Anteil erwünschter Teilnehmer erhöhen oder ob sie bei der Auswahl unter den Teilnehmern spezifisch die Chancen der erwünschten Teilnehmer erhöhen, die entscheidende Auswirkung ist letztlich die Auftragsvergabe an einen erwünschten Teilnehmer.

Dies ist anders bei der nun zu betrachtenden Gruppe von Praktiken und Bestimmungen. Hier wird erst nach der Zuschlagsentscheidung angesetzt. Gleichgültig, wer den Zuschlag erhält, er wird in aller Regel mit der Vergabestelle oder deren Rechtsträger einen Vertrag über die Erbringung der Leistung abschließen.[202] Eine Reihe von mitgliedstaatlichen Bestimmungen empfiehlt den Vergabestellen oder gibt ihnen sogar auf, diesen Verträgen Klauseln beizufügen, in denen sich der Teilnehmer zu bestimmten Handlungen oder Unterlassungen verpflichtet, die einen Sekundärzweck fördern sollen.[203]

A. Empfohlene Vertragsbedingungen

Die Britische Commission for Racial Equality (CRE)[204] empfiehlt den Auftraggebern im britischen öffentlichen Gesundheitswesen die Einfügung von sog. *standards to ensure equality of opportunity in employment* in die Bedingungen ihrer Beschaffungsverträge.[205] In diesen *standards* verpflichtet sich der Auftragnehmer zur Durchführung einer schriftlich

---

[202] In Deutschland ist die Konstruktion sogar so, daß der Zuschlag als Annahme des Angebots des Teilnehmers fingiert wird, so daß mit dem Zuschlag stets gleichzeitig der zivilrechtliche Vertrag zustandekommt.

[203] Dieses Vorgehen spielt außerhalb Europas in den Vereinigten Staaten von Amerika eine sehr große Rolle im Zusammenhang mit der „affirmative action policy“, siehe ausführlich zu Geschichte, Praxis und Verfassungsdebatte dieser Maßnahmen in den USA *J. Pietzcker*, Staatsauftrag, 145 (55 a.F.) ff.; zusammenfassend und aktuell siehe die Darstellung *A. v. Wahl*, KJ 1996, 180.

[204] Zu Aufbau und Kompetenzen der CRE, siehe *P. Rädler*, Verfahrensmodelle, 174 ff.

[205] Commission for Racial Equality, NHS Contracts and Racial Equality: A Guide; 15 ff.

niedergelegten, innerbetrieblich propagierten und effektiv durchgesetzten Firmenpolitik der Rassengleichbehandlung und der Rücksichtnahme auf kulturelle und religiöse Besonderheiten der minderheitsangehörigen Angestellten.[206] Inhaltlich[207] dürfen diese *standards* auch von kommunalen Auftraggebern zu Auftragsbedingungen gemacht werden.[208]

Das dänische Arbeitsministerium empfiehlt allen Gemeinde-, Regional- und Ministerialverwaltungen, in ihren öffentlichen Bauaufträgen Klauseln vorzusehen, die bestimmte Arbeitsbedingungen für die Beschäftigten festschreiben.[209] Es läßt aber den adressierten Stellen die freie Entscheidung über Ob und Wie der Umsetzung dieser Empfehlung.

B. Verordnete Vertragsbedingungen

In Deutschland existieren auf Länderebene Bestimmungen, die den Vergabestellen eine Einfügung von Vertragsbedingungen zur Verfolgung von Sekundärzwecken aufgeben. In Nordrhein-Westfalen etwa sind die Vergabestellen angewiesen worden, eine Klausel in die Besonderen Vertragsbedingungen aufzunehmen, die den Auftragnehmer verpflichtet, nordrhein-westfälische Tariflöhne zu zahlen, auch wenn er nicht tarifgebunden ist oder seinen Sitz im Ausland hat.[210]

---

[206] Siehe näher *C. MacCrudden*, Study, chapter 7 sub C.4.c., 146 ff.

[207] Section 18(2)(a) des *Local Government Act 1988* in Verbindung mit section 71 des *Race Discrimination Act 1976*; genau genommen erlaubt section 18(5) des *Local Government Act 1988* dem Secretary of State einen Fragebogen festzulegen, anhand dessen die Beachtung der Ziele der section 18(2)(a) festgestellt werden kann. Der Secretary of State hat von dieser Befugnis Gebrauch gemacht und Fragen aufgestellt, die inhaltlich den *standards* entsprechen (abgedruckt in *Current Statutes annotated* in den Erläuterungen zu section 18 des Act). Von besonderer Bedeutung sind die Fragen 5 (über das Maß der innerbetrieblichen Vebreitung der Gleichberechtigungspolitik) und 6 (darüber, ob der Bieter weitestmöglich den Code of Practice der Commission for Racial Equality beachtet).

[208] Siehe näher *S. Arrowsmith*, Procurement, 836 f.

[209] Rundschreiben Nr. 115 des dänischen Arbeitsministeriums vom 27.6.1990 betreffend Klauseln in öffentlichen Bauaufträgen, zitiert nach *C. MacCrudden*, Study, chapter 6 sub C.2.c., 94.

[210] Abs. 3 des nordrhein-westfälischen Runderlasses (Anm. 154):

C. Durchsetzung von Vertragsbedingungen

Da eine Vertragsbedingung erst nach der Zuschlagsentscheidung ansetzt, spielt die Frage nach ihrer Durchsetzbarkeit eine entscheidende Rolle.[211] Weil der erfolgreiche Teilnehmer nicht mehr befürchten muß, beim Zuschlag leer auszugehen, ist er zunächst nur im Rahmen des allgemeinen Vertragsrechts angehalten, sich an die Klausel zu halten. Dieses sanktioniert die Nichterfüllung aber in der Regel nur im Falle der Verursachung quantifizierbarer Schäden. Hieran fehlt es meist, wenn der Auftragnehmer sich nicht an die Klausel hält, die den Sekundärzweck sichern soll. Der Auftrag wird auch bei Nichtbeachtung meist einwandfrei ausgeführt werden, der Schaden ist politischer oder volkswirtschaftlicher Natur und mit den Mitteln der Vertragshaftung nicht zu greifen.

Deshalb haben sich in der Praxis verschiedene Mittel eingebürgert, die eine Beachtung der Vertragsbedingungen sichern sollen:

I. Einwirkung auf das Unternehmen

Die britische Commission for Racial Equality überprüft die Einhaltung ihrer *standards* durch die Auftragnehmer in regelmäßigen Abständen und geht Hinweisen von Mitarbeitern nach, die sich diskriminiert fühlen. Sobald sie auf diese oder andere Weise von einem angeblichen Verstoß gegen ihre *standards* erfährt, tritt sie mit dem Unternehmen in Verhandlungen über einen Zeitplan ein, an dessen Ende die volle Beachtung der Standards stehen soll.

„Die Verpflichtung zur Entlohnung nach geltenden Lohntarifen ist unbeschadet des Wirksamwerdens bundes-oder gemeinschaftsrechtlicher Vorschriften zur Entsendung von Arbeitnehmern in die Besonderen Vertragsbedingungen aufzunehmen. Sie beinhaltet, daß Auftragnehmer und Nachunternehmer mindestens nach den in Nordrhein-Westfalen geltenden Lohntarifen zu entlohnen haben, auch wenn sie nicht tarifgebunden oder ausländische Unternehmer sind."

[211] Das Problem stellt sich hier ähnlich wie bei dem Instrument der Auflage im deutschen Verwaltungsrecht, die, anders als die Bedingung, nicht suspendiert und deshalb zwingen muß, um wirksam zu sein.

II. Ausschluß von künftigen Vergaben

Eine weitere und sehr wirksame Möglichkeit besteht darin, die Vertragsverletzung im Rahmen des vergebenen Auftrages hinzunehmen, dafür aber den Unternehmer bei künftigen Vergaben öffentlicher Aufträge von der Teilnahme am Vergabeverfahren auszuschließen.[212] Dieser Ausschluß wird in der Regel befristet. Eine weitere Steigerung der Sanktionsmöglichkeit liegt darin, den Unternehmer nicht nur von den Vergabeverfahren der eigenen Vergabestelle auszuschließen, sondern von den Verfahren aller Stellen der vergebenden Körperschaft. In manchen Branchen kann eine derartige „koordinierte Vergabesperre“ existenzvernichtend sein.[213]

III. Anfechtung des Vertrages

In Staaten, welche die Vergabe öffentlicher Aufträge zivilrechtlich abwickeln, besteht unter Umständen die Möglichkeit, den Vertrag nach zivilrechtlichen Grundsätzen anzufechten. Dies setzt aber in der Regel eine arglistige Täuschung auf Seiten des Unternehmers voraus und damit den Nachweis, daß dieser bereits bei Vertragsabschluß die Nichterfüllung der Klausel antizipierte. Um diesen Nachweis zu erleichtern, wird bisweilen dem Unternehmer vor dem Entscheid über den Zuschlag die Abgabe einer Erklärung abverlangt, in der er sich mit dem Sekundärzweck einverstanden erklärt und zur Kenntnis nimmt, daß eine Nichtbefolgung die Vergabestelle zur Anfechtung des Vertrags berechtigt.[214] Eine Anfechtung liegt allerdings meist nicht im Interesse der Vergabestelle. Diese will in aller Regel den Auftrag erledigt sehen und

---

212 Ziff. 3 der Nordrhein-Westfälischen Tariftreue-Erklärung (Anm. 154) lautet: „Der Bewerber/Bieter nimmt zur Kenntnis, daß ein Verstoß gegen diese vertraglichen Pflichten durch ihn oder durch einen Unterauftragnehmer in der Regel zum Ausschluß von weiteren Aufträgen für eine Zeit bis zu zwei Jahren führen kann.“

213 Zur Zulässigkeit solchen Vorgehens, siehe näher unten Kapitel Drei, Abschnitt Zwei, A. II. c) Koordinierte Vergabesperre, S. 128.

214 § 11 Abs. 1 der brandenburgischen FrauenFöV (Anm. 185) verlangt für den Zuschlag an einen bevorzugten Bieter die Abgabe einer Erklärung, daß dieser den angegebenen Frauenanteil für die Dauer des Auftrags nicht verändert. Abs. 2 Satz 1 lautet: "In den Verdingungsunterlagen ist klarzustellen, daß die dargelegten Verhältnisse maßgeblich für die Zuschlagsentscheidung sind und bei fehlerhaften Angaben die Vertragserklärung wegen arglistiger Täuschung angefochten werden kann.“

wird deshalb häufig von einer Anfechtung Abstand nehmen, selbst wenn sie rechtlich an sich möglich ist.

IV. Zusammenfassung

In Recht und Praxis der Mitgliedstaaten finden sich Beispiele für eine Instrumentfunktion der Auftragsvergabe, die eine Beeinflussung des Teilnehmerkreises, eine Modifikation der Zuschlagskriterien oder eine nachgeschaltete Verpflichtung des Auftragnehmers bewirkt. Mitunter wird zur Verfolgung desselben Sekundärzwecks auch auf mehreren Ebenen angesetzt, so daß die entsprechenden Regelungen und Anordnungen unter mehr als eine der eben genannten Kategorien fallen und entsprechend mehrfach erwähnt wurden. Am anderen Ende des Spektrums finden sich aber auch Beispiele für ein ungerichtetes Vorgehen derart, daß die Vergabestelle lediglich aufgefordert wird, die Verfolgung des Sekundärzwecks im Rahmen des Vergabeverfahrens irgendwie einfließen zu lassen, ohne daß nähere Vorgaben gemacht werden, auf welcher Stufe des Verfahrens dieser Gesichtspunkt mit welchem Gewicht Eingang finden soll.

Kapitel Drei

Sekundärzwecke und die Koordinierung der Vergabeverfahren durch Richtlinien

Im vorangehenden Kapitel wurde die Verfolgung von Sekundärzwecken im mitgliedstaatlichen Vergabeverfahren betrachtet. Dabei zeigte sich eine Vielfalt verfolgter Sekundärzwecke auf allen Stufen des Verfahrens. In diesem Kapitel soll nun betrachtet werden, welche rechtlichen Aussagen zu diesem Phänomen diejenigen Rechtsakte der Gemeinschaft treffen, die sich spezifisch mit der Vergabe öffentlicher Aufträge befassen.

Trotz des beträchtlichen Umfangs der europäischen Rechtsangleichung im Vergabesektor[215] zeichnen sich die Rechtsakte gerade in dieser Frage

---

[215] Hauptinstrumente der Rechtsangleichung sind die folgenden sechs Richtlinien:

- Richtlinie 92/50/EWG des Rates vom 18.6.1992 über die Koordinierung der Verfahren zur Vergabe öffentlicher Dienstleistungsaufträge, ABl. vom 24.7.1992, Nr. L 209/1, gestützt auf die Art. 57 Abs. 2 und 66 EWG-Vertrag (Dienstleistungskoordinierungsrichtlinie - DKR);
- Richtlinie 93/36/EWG des Rates vom 14.6.1993 über die Koordinierung der Verfahren zur Vergabe öffentlicher Lieferaufträge, ABl. vom 9.8.1993, Nr. L 199/51, gestützt auf Art. 100a (Lieferkoordinierungsrichtlinie 1993 - LKR);
- Richtlinie 93/37/EWG des Rates vom 14.6.1993 zur Koordinierung der Verfahren zur Vergabe öffentlicher Bauaufträge, ABl. vom 9.8.1994, Nr. L 199/54, gestützt auf die Art. 57 Abs. 2, 66 und 100a EWG-Vertrag (Baukoordinierungsrichtlinie 1993 - BKR);
- Richtlinie 93/38/EWG des Rates vom 14.6.1993 zur Koordinierung der Auftragsvergabe durch Auftraggeber im Bereich der Wasser-, Energie- und Verkehrsversorgung sowie im Telekommunikationssektor, ABl. vom 9.8.1993, Nr. L 199/84, gestützt auf die Art. 57 Abs. 2, 66, 100a und 113 EWG-Vertrag (Sektorenkoordinierungsrichtlinie 1993 - SKR);
- Richtlinie 89/665/EWG des Rates vom 21.12.1989 zur Koordinierung der Rechts- und Verwaltungsvorschriften für die Anwendung der Nachprüfungsverfahren im Rahmen der Vergabe öffentlicher Liefer- und Bau-

durch eine große Zurückhaltung aus. Dies liegt daran, daß die an der Normsetzung beteiligten Organe der Gemeinschaft zu keinem Zeitpunkt während der nunmehr gut dreißigjährigen Regelungsgeschichte des europäischen Vergaberechts zu einem schlüssigen Konsens finden konnten, wie die Instrumentfunktion mitgliedstaatlicher Vergabeverfahren gemeinschaftsrechtlich zu bewerten ist. Im Rahmen der durch die Schaffung des Binnenmarktes angestoßenen Novellierung und Erweiterung der Richtlinien kam es in dieser Frage gar zu einem regelrechten Tauziehen zwischen Parlament und Wirtschafts- und Sozialausschuß auf der einen Seite und Kommission und Rat andererseits.[216] Entsprechend fehlt es an einer umfassenden Behandlung der Instrumentfunktion in den Richtlinien. Statt dessen finden sich nur einige wenige Regelungen,

---

aufträge, ABl. vom 30.12.1989, Nr. L 395/33, gestützt auf Art. 100a EWG-Vertrag (Rechtsmittelrichtlinie - RMRL), geändert durch die DKR 92/50/EWG;

- Richtlinie 92/13/EWG des Rates vom 25.2.1992 zur Koordinierung der Rechts- und Verwaltungsvorschriften für die Anwendung der Gemeinschaftsvorschriften über die Auftragsvergabe durch Auftraggeber im Bereich der Wasser-, Energie und Verkehrsversorgung sowie im Telekommunikationssektor, ABl. vom 23.3.1992, Nr. L 76/7, gestützt auf Art. 100a EWG-Vertrag (Sektoren-Rechtsmittel-Richtlinie - SRMRL);

hinzu kommen zahlreiche weitere Rechtsakte und nicht-förmliche Maßnahmen der Gemeinschaftsorgane. Eine umfassende Zusammenstellung wird von der Generaldirektion XV/B der EG-Kommission in regelmäßigen Abständen unter dem Titel *„Present State of the Community's Procurement Rules"* herausgegeben; ein aktueller Überblick findet sich bei *C. Bock*, (1998) 7 P.P.L.R., CS 221 ff.; die EG-Kommission hat zunächst verlauten lassen, sie denke „derzeit nicht an weitreichende Änderungen der geltenden Regelungen" (EG-Kommission, Grünbuch „Das öffentliche Auftragswesen in der Europäischen Union: Überlegungen für die Zukunft", Mitteilung vom 27.11.1996, S. II, Randnr. 6); in ihrer Mitteilung vom 11.3.1998 hat sie aber immerhin festgestellt, daß sie eine Kodifikation der Richtlinien ohne inhaltliche Änderung anstrebe; dies war bereits vorhergesagt von *O. Remien*, RabelsZ (60) 1996, 9.

[216] Siehe unten C. Die Kontroverse um das Problem der Sekundärzwecke bei der Novellierung der Richtlinien, S. 85 ff.

die das Problem überhaupt ansprechen[217] und auch diese sind in ihrer Tragweite nicht ohne weiteres einfach zu durchschauen.[218]

Weil sich so wenige klare und direkte Aussagen zur Zulässigkeit von Sekundärzwecken finden, gewinnt die Frage an Bedeutung, welche rechtliche Wirkung dieses weitgehende Schweigen der Richtlinien hat. Die Regelungstechnik der Richtlinien geht in weiten Teilen dahin, daß den mitgliedstaatlichen Vergabestellen bestimmte Kataloge von Kriterien vorgeschrieben werden, die sie im Rahmen des Vergabeverfahrens anwenden dürfen. Diese Kataloge sehen eine Berücksichtigung von Sekundärzwecken nur im Ausnahmefall vor. Die entscheidende Frage lautet deshalb, inwieweit diese Regelungen abschließend sind. Sind sie abschließend, bedeutet dies, daß Sekundärzwecke nur im Rahmen der Katalogkriterien oder in den ausdrücklich genannten Ausnahmefällen verfolgt werden dürfen. Das Schweigen der Richtlinien hätte Ausschlußwirkung.[219] Sind sie nicht abschließend, bedeutet das Schweigen lediglich, daß die Richtlinien keine rechtliche Aussage zu der Frage treffen.

Bei der Beantwortung der Frage, ob diese Regelungen abschließend sind, ist es von zentraler Bedeutung, zwei Ebenen zu trennen.[220] Die ei-

---

[217] Siehe unten Text bei Anm. 364 und die Darstellung der Regelungen unten B. I. 2. a) Bevorzugung bestimmter Teilnehmer beim Zuschlag aufgrund älterer mitgliedstaatlicher Regelung, S. 140 ff.

[218] Dies ist im europäischen Vergaberecht keine Seltenheit; *D. Medhurst*, EU Procurement Law, Preface, V bezeichnet das EG-Vergaberecht deshalb als „absurdly complicated". Die Klage über Unzugänglichkeit und Komplexität des gemeinschaftlichen Vergaberechts ist Gemeinplatz, siehe nur Ziff. 1 der Stellungnahme des Bundesrates zum Grünbuch der Kommission „Das öffentliche Auftragswesen in der Europäischen Union: Überlegungen für die Zukunft", Beschluß vom 14.3.1997, BR-Drucks. 50/97, abgedruckt in VergR 2/97, 55: „Der Bundesrat weist darauf hin, daß die bisherigen EU-Richtlinien zum öffentlichen Auftragswesen teilweise nur schwer handhabbar und zielgerecht umzusetzen waren."

[219] So *M. Brenner*, Ausschluß, 14 f.

[220] *R. Streinz*, in: Everling/Roth, Mindestharmonisierung, 18: „Die Frage nach der Harmonisierungsintensität ist von der Frage des Gegenstandsbereichs des harmonisierten Rechts abzugrenzen. Beides ist für die Feststellung des verbliebenen mitgliedstaatlichen Gestaltungsspielraums von Bedeutung. Es soll aber systematisch auseinandergehalten werden. Der Gegenstandsbereich steckt Vorrang und Vorgabe der gemeinschaftsrechtlichen Regelung ab und verdrängt insoweit den mitgliedstaatlichen Gestaltungsspielraum. Die Harmonisierungsintensität bestimmt die Dichte der gemeinschaftsrechtlichen Regelung innerhalb

ne Ebene ist die Außenbetrachtung der Richtlinien, also die Analyse der gegenständlichen Reichweite der Koordinierung und damit des inhaltlichen Geltungsanspruchs der Richtlinien (Gegenstandsbereich). Die andere Ebene ist die Binnenbetrachtung der Richtlinien, also die Untersuchung, inwieweit innerhalb des gegenständlichen Geltungsanspruchs der Richtlinien die Kataloge abschließend sind oder Spielräume eröffnen (Harmonisierungsdichte).

Wenn man diese Ebenen trennt,[221] wird die auf den ersten Blick widersprüchlich scheinende[222] Rechtsprechung des Gerichtshofs zur Berücksichtigung von Sekundärzwecken verständlich. Der Gerichtshof hat einerseits zur Harmonisierungsdichte einzelner Kataloge festgestellt, „daß diese Vorschriften die Kriterien für die qualitative Auswahl und den Zuschlag des Auftrags abschließend und zwingend regeln"[223] und zusätzlich geforderte Nachweise verworfen, weil diese „nicht zu den von der Richtlinie abschließend zugelassenen Nachweisen" gehören.[224] Andererseits hat er bei anderen Gesichtspunkten, die zu einer Bevorzugung eines bestimmten Teilnehmers führten, die Auffassung vertreten, diese

---

eines vom Gemeinschaftsrecht erfaßten Gegenstandsbereichs. Die sekundärrechtliche Regelung eröffnet die mitgliedstaatlichen Spielräume selbst."

[221] Die Folgen einer Vermischung dieser Ebenen sind z.B. bei *T. Ax*, ZVgR 1997, 48 gut zu beobachten. Zunächst stellt er ganz richtig fest, daß der Gerichtshof in *Beentjes* Bedingungen, die nicht die Beurteilung der Eignung oder die Kriterien des Zuschlags betreffen, von der Reichweite der Harmonisierung ausnimmt. Gleich im darauffolgenden Absatz kommt er aber zu dem Ergebnis, die von ihm untersuchten Tariftreue-Erklärungen verstießen gegen das Gebot des Zuschlags auf das wirtschaftlich günstigste Gebot. Letzteres ist unmöglich, wenn ersteres zutrifft. Dann nämlich befinden wir uns außerhalb des harmonisierten Bereichs und damit jenseits des Anwendungsbereichs dieses Gebots. Dieser Irrtum beruht offensichtlich auf der unrichtigen Annahme, die Aussagen des Gerichtshofes in *Beentjes* ständen in einem kumulativen Zusammenhang („Zugleich hat der EuGH festgestellt"). Angesichts der nicht ohne weiteres durchschaubaren Struktur des Urteils (dazu unten Kapitel Drei, Abschnitt Drei, B. IV. 3. Unklarheiten in der Redaktion des Urteils, S. 190 ff., besonders Text bei Anm. 619) ist dieser Irrtum verständlich.

[222] *M. Brenner*, Ausschluß, 13: „Hier stellt sich die Rechtsprechung des EuGH durchaus widersprüchlich dar", *H.-J. Prieß*, Auftragswesen, 101: „Eine uneinheitliche Rechtsprechung".

[223] EuGH -*Kommission/Italien, Lottomatica*- Rs. 272/91, vom 26.4.1994, Slg. 1994, I-1431 (I-1442), Randnr. 35.

[224] EuGH -*Transporoute*- Rs. 76/81, vom 10.2.1982, Slg. 1982, 417 (427), Randnr. 10.

seien vom Gegenstandsbereich der Koordinierung durch die Richtlinien nicht umfaßt, denn sie hätten weder mit den Katalogen für die qualitative Auswahl noch mit den Zuschlagskriterien „etwas zu tun".[225] Deshalb seien sie von den Richtlinien „weder erlaubt, noch untersagt".[226]

Die Trennung dieser Ebenen wird in der folgenden Darstellung aufgenommen, indem in Abschnitt Zwei zunächst die Beschränkung der Verfolgung von Sekundärzwecken im koordinierten Vergabeverfahren dargestellt wird. Danach werden in Abschnitt Drei die Grenzen des Gegenstandsbereichs der Koordinierung untersucht. Vorangestellt wird in Abschnitt Eins die Betrachtung der Entwicklung der Koordinierungsrichtlinien unter besonderer Berücksichtigung der Instrumentfunktion mitgliedstaatlicher Vergabe.

[225] EuGH -*Beentjes*- Rs. 31/87 vom 20.9.1988, Slg. 1988, 4635 (4657), Randnr. 28.

[226] EuGH -*CEI*- Rs. 27/86 vom 9.7.1987, Slg. 1987, 3347 (3373), Randnr. 15.

Abschnitt Eins: Sekundärzwecke in der Entwicklung der Koordinierungsrichtlinien

Die Entwicklung der Richtlinien ist ebenso in mehreren Phasen vor sich gegangen wie die Rezeption dieser Entwicklung in der Literatur (sogleich A.). In dieser Entwicklung lassen sich gewisse Konstanten feststellen (unten B.). Erst relativ spät in dieser Entwicklung kam es im Rahmen der binnenmarktbedingten Novellierung der Richtlinien zu einer Kontroverse über das Problem der Sekundärzwecke (unten C.).

A. Entwicklungs- und Rezeptionsphasen der Koordinierungsrichtlinien

Die Koordinierungsrichtlinien haben sich in drei Phasen entwickelt, die mit den Begriffen Koordinierung, Novellierung und Konsolidierung belegt werden.[227] Mit dem Erlaß der ersten Koordinierungsrichtlinien BKR 71 und LKR 76 wurde die erste Phase der Koordinierung der mitgliedstaatlichen Vergabeverfahren eingeleitet. Im Rahmen des Binnenmarktprojekts wurden diese Richtlinien in einer zweiten Phase Ende der achtziger Jahre durch die Änderungsrichtlinien LKR 88 und BKR 89 umfassend novelliert und um SKR 90, RMRL und SRMRL ergänzt. In der dritten Phase wurden 1993 die Änderungen der BKR 71 und LKR 76 in die ursprünglichen Rechtsakte eingearbeitet und es wurden die Richtlinien in konsolidierter Form als BKR und LKR neu bekanntgemacht. Weiter wurden mit der DKR die Dienstleistungen in die Koordinierung einbezogen und die SKR 90 entsprechend um Dienstleistungsaufträge ergänzt und als SKR neu bekanntgemacht.

Die frühen Versuche in der Phase der Koordinierung waren insgesamt wenig erfolgreich.[228] Sie fanden insgesamt gesehen auch nur wenig Wi-

---

227 *M. Razquin Lizzaraga,* Contratos publicos, 39 ff.; Das Vorgehen der Gemeinschaft im Vergabesektor vor Erlaß der ersten Koordinierungsrichtlinie wird von *K. Stolz,* Auftragswesen, im 6. Kapitel, 67 ff., ausführlich dargestellt.

228 So die Einschätzung des *Cecchini*-Berichts, 37 (unter der Überschrift „Ein Schuß in den Ofen“): „Die öffentliche Hand vergab 1986 lediglich grenzüberschreitende Aufträge im Wert von 0,14 Prozent des Bruttoinlandsprodukts.“; zum Scheitern der ersten Koordinierungsrichtlinien siehe auch *C. Bréchon-Moulènes,* in: colloque ADPE, 8 ff.; zusammenfassend zur Rechtslage unmittelbar vor der Novellierung *Thys/Henry,* (1987) 20 Geo.Wash.J.Int.L.&Econ., 445 ff.

derhall in der rechtswissenschaftlichen Literatur.[229] Die Novellierung und Konsolidierung der Richtlinien im Rahmen der Vollendung des Binnenmarktes bewirkte dagegen eine Sensibilisierung für die Rechtsbindung der Vergabe öffentlicher Aufträge, die sich auch in der literarischen Rezeption des Rechts niederschlug. Zahlreiche Beiträge befaßten und befassen sich seither mit der Darstellung des „neuen" Rechts der Auftragsvergabe[230] oder mit Einzelfragen der Neuregelung: dem erwei-

---

[229] Die frühen Stellungnahmen von *J. Schwarze*, in: K. Meessen, Aufträge und Forschungspolitik, 79 ff., *J. Pietzcker*, Staatsauftrag, 330 ff., *P. Oliver*, (1982) 7 E.L.Rev. und *J. Pietzcker*, NVwZ 1983, 122 sind vereinzelt geblieben.

[230] Besonders prägnant *K. Hailbronner*, WiVerw 1994, 173 ff., *H.-J. Prieß*, Auftragswesen und *F. Sterner*, Rechtsbindungen. Im übrigen: Versuche einer systematischen Erfassung des neuen Vergaberechts: *J. Sohrab*, (1990) 10 Oxford J.Leg.Stud., 522 ff.; *F. Lauria*, Appalti, 19 ff.; *J. Winter*, 28 C.M.L.Rev. (1991), 748 ff.; *Schmidhauser/Lauterburg*, in: D. Schindler, Europaverträglichkeit, 263 ff. (aus schweizerischer Sicht); *J.-P. Gohon*, marchés publics, 9 ff.; *B. Gutknecht*, in: Gutknecht/Korinek/Holoubek, Vergaberecht, 19 ff. (aus österreichischer Sicht); *O. Remien*, (1992) 11 Tel Aviv Univ.Stud.L., 189 ff. (topisch rechtsvergleichend); *A. Brabant*, marchés publics, 227 ff.; *I. Seidel*, in: M. Dauses, EG-Wirtschaftsrecht, H.IV. Randnr. 39 ff.; *F. Weiss*, Public Procurement, 18 ff.; *P.-A. Trepte*, Public Procurement, 1 ff.; *C. Bock*, Das europäische Vergaberecht, 41 ff.; *M. Chiti*, 7 ERPL/RDPE (1995), 379 ff.; *P. Schultz*, Eléments, 43 ff., 64 ff., 95 f., 127 f.; *K. Hailbronner*, Vergabe, 10 ff.; *C. Bovis*, (1996) 6 Comp.L.Rev. 157 ff.; *M. Razquin Lizzaraga*, Contratos publicos, 39 ff.; *G. Nicolaysen*, Europarecht II, § 28, 224 ff.; *Hailbronner/Weber*, EWS 1997, 73 ff.; *E. Clerc*, Ouverture, 42 ff.; *Tyrrell/Bedford*, Procurement; *O. Otting*, JA 1998, 505 ff.; *C. Riese*, Vergaberecht. Darstellungen der jeweils aktuellen Rechtsentwicklungen: *C. Bruetschy*, RMC 1989, 593 ff.; *I. v. Bael*, 16 LIEI 1989, 21 ff.; *V. Constantinesco*, RMC 1989, 597 ff.; *C. Bréchon-Moulènes*, RFDA 1989, 834 ff.; *K. Kohlhepp*, NVwZ 1989, 338 ff.; *J. Rideau*, AEAP 1989, 701 ff.; *I. Seidel*, WUR 1990, 157; *G. Boncompagni*, in: colloque ADPE, 17; *T.-L. Margue*, RMUE 2/91, 143 ff., 3/91, 177 ff. und 4/91, 111 ff.; *J. Aicher*, wbl. 1992, 275 ff.; *N. O'Loan*, (1992) 1 P.P.L.R. 40 ff.; *Arrowsmith/Fernández Martín*, (1993) 18 E.L.Rev., 323 ff.; *Guillermin/Hen*, RMC 1993, 853 ff.; *Timm Meyer*, EuVgR 2/94, 25; *W. Bayer*, in: Seidl-Hohenveldern/Schrötter, Völkerrechtliche Fragen, 249 ff.; *Pâques/Dehousse*, (1994) 113 JT, 509 ff.; *D. Carl*, EuZW 1994, 173 ff.; *C. Servenay*, (1994) 3 P.P.L.R., 163 ff.; *L. Horn*, BauR 1995, 20 ff; *J. Gröning*, WuW 1996, 566 ff.; *J. Pietzcker*, NVwZ 1997, 1186 f.; *H. Fischer*, WiB 1997, 1231 f.; *H. Däubler-Gmelin*, EuZW 1997, 709 ff. Praxisorientierte Darstellungen: *P. Korn*, in: C. Lenz, EG-Handbuch, 703 ff.; *Hannemann/Sagert*, Öffentliche Aufträge; *C. Bright*, Handbook; *P. Schäfer*, BB 1996 Beil. 12; *E. Eggenberger*, in: J. Schwappach, EU-Rechtshandbuch, 649 ff.;

terten Begriff des Auftraggebers,[231] der Ausdehnung des Anwendungsbereichs auf die zuvor ausgenommenen Sektoren (Wasser- und Energieversorgung, Verkehr und Telekommunikation)[232] und auf Dienstleistungen,[233] der Auswirkung der innergemeinschaftlichen Rechtsangleichung auf den Verkehr mit Drittstaaten[234] oder mit den neuen sekundärrechtlichen Vorgaben für den mitgliedstaatlichen Rechtsschutz[235] im Vergabeverfahren. Auch wurden erst in den neunziger Jahren die ersten Fachzeitschriften gegründet, welche die Auftragsvergabe als Rechtsgebiet begriffen.[236]

Jestaedt/Seibel in: H.-C. Salger, Handbuch, 1479 f.; *S. Broß*, VerwArch 1993, 395 ff.; *D. Medhurst*, EU Procurement Law.

[231] *K. Hailbronner*, EWS 1995, 285 ff.; *Bornheim/Stockmann*, BB 1996, 577 ff.; *H.-J.Prieß*, EuVgR 4/95, 248 ff.; *I. Seidel*, ZfBR 1995, 227 ff.; *M. Bronckers*, (1996) 23 LIEI, 147 ff.; *L. Horn*, LKV 1996, 82 f.; *M. Razquin Lizzaraga*, Contratos publicos, 223 ff.; *W. Möschel*, WuW 1997, 121 f., *M. Brenner*, in: Kriele-FS, 1437 ff.; *Franke/Höfler*, BB 1998, 433 ff.

[232] *R. Schulte-Braucks*, RMC 1989, 652; *M. Thibierge*, in: colloque ADPE, 23 ff.; *P. Faisandier*, in: colloque ADPE, 26 ff.; *F. Prudhomme*, in: colloque ADPE, 29 ff.; *A. Raoux*, in: colloque ADPE, 33 ff.; *D. Berlin*, AJDA 1991, 13 ff.; *N. O'Loan*, (1992) 1 P.P.L.R., 175 ff.; *G. deGraaf*, (1992) 1 P.P.L.R. 471 ff.; *A. Brabant*, marchés publics, 259 ff.; *Diercks/Scharek*, EuZW 1993, 559ff.; *A. Brown*, (1993) 30 C.M.L.Rev., 721 ff.; *H.-J. Prieß*, EuVgR 2/95, 108 ff.

[233] *S. Arrowsmith*, (1992) 1 P.P.L.R. CS 3 ff.; *G. de Graaf*, (1992) 1 P.P.L.R. 471 ff.; *M. Mensi*, RMUE 3/93, 59 ff.; *G. Greco*, Riv.ital.dir.pub.com. 1995, 1285 ff.; *J. Byok*, WuW 1997, 197 ff.

[234] *I. v. Bael*, (1989) 16 LIEI, 42 ff.; *C. Bovis*, (1993) 20 LIEI, 83 ff.; *C. Bovis*, (1993) 2 P.P.L.R., 210 ff.; *M.Footer*, in: Emiliou/O'Keefe, 293 ff.; *C. Bovis*, (1997) 31 J.W.T, 72 ff.

[235] *Coleman/Margue*, RMC 1989, 546 ff.; *Flamme/Flamme*, (1990) 109 JT 317 ff.; *M. Panebianco*, Riv.dir.eur. 1990, 870 ff.; *M. Schmittmann*, EuZW 1990, 538 f.; *M. Holoubek*, in: Gutknecht/Korinek/Holoubek, Vergaberecht, 81 ff.; *Flamme/Flamme*, (1992) 111 JT 769 ff.; *J. Aichlreiter*, wbl. 1992, 282 ff.; *Arrowsmith/Fernández Martín*, (1993) 18 E.L.Rev., 329 ff.; *Guillermin/Hen*, RMC 1993; *H.-J. Prieß*, Auftragswesen, 112 ff.; *J. Gimeno Feliu*, Control, 59 ff.; *H. Höfler*, Haftung und Kontrolle, 209 ff.; *M. Öhler*, Rechtsschutz, 75 ff. und 131 ff.; *F. Schumacher*, Rechtsschutz, 43 ff.

[236] Allen voran ist hier die 1992 gegründete *Public Procurement Law Review (P.P.L.R.)* zu nennen, für den deutschsprachigen Raum weiterhin die 1997 gegründete *Zeitschrift für deutsches und internationales Vergaberecht (ZVgR)* und *VergabeRecht - Zeitschrift für öffentliche und private Beschaffung (VgR)*, die sich aus der 1995 eingestellten dreisprachigen Zeitschrift *Europäisches Vergabe-*

Viel Aufmerksamkeit erfuhren und erfahren auch die Probleme der Umsetzung. Im deutschsprachigen Raum befaßte sich eine kontrovers geführte Debatte[237] mit der Umsetzung der Richtlinien in deutsches Recht durch Änderung des Haushaltsgrundsätzegesetzes (sog. „haushaltsrechtliche Lösung")[238]. Die Verurteilung Deutschlands wegen Ver-

---

recht (EuVgR) entwickelt hat, aber leider 1998 ihr Erscheinen einstellen mußte und im Rahmen des „Behörden-Spiegel" als unselbständige Veröffentlichung weitergeführt wird. Keinen wissenschaftlichen Anspruch erhebt der aktuelle Informationsdienst des Bundesanzeiger-Verlages *Vergabe-News (VN)*.

[237] Die Stellungnahmen in der Literatur sind ausgesprochen zahlreich; grundlegend für die EG-Konformität der haushaltsrechtlichen Lösung argumentierte *K. Hailbronner* RIW 1992, 559 ff.; grundlegend dagegen *M. Dreher*, ZIP 1995, 1869 ff., in der übrigen Literatur:

halten die Umsetzung im Wege der „haushaltsrechtlichen Lösung" ganz oder teilweise für gemeinschaftsrechtswidrig: *M. Schäfer*, Vergaberichtlinien, 153; *I. Brinker*, EWS 1995, 257; *H. Eidenmüller*, EuZW 1995, 632; *H.-J. Prieß*, EuZW 1995, 793; *M. Dreher*, NVwZ 1996, 345; *A. Boesen*, EuZW 1996, 586; *F. Sterner*, Rechtsbindungen, 98; *U. Hösch*, BayVBl.1997, 200; *M. Dreher*, EWS 1997, 235; *R. Noch*, Subjektiver Rechtsschutz, 85 ff., insbes. 112.

differenzieren: *J. Pietzcker* in Redeker-FS, S. 503 f.; *F. Rittner*, NVwZ 1995, 316; *E. Schmidt-Aßmann*, 7 ERPL/REDP (1995), 1071 f.; *v. Meibom/Byok*, EuZW 1995, 630; *J. Pietzcker*, NVwZ 1996, 314 ff; *G. Nicolaysen*, Europarecht II, 251; *M. Brenner*, in: Schwarze/Müller-Graff, EuR 1996, Beih.1, 36; *J. Gündisch*, in: Schwarze/Müller-Graff, EuR 1996, Beih.1, 70 f.; *T. Schabel*, in: Tyrrell/Bedford, Procurement, 145 f. (mit kritischem Unterton: „this way has caused several, and for outsiders almost incomprehensible, complications"); *F. Schumacher*, Rechtsschutz, 93 ff. insbes.121 f.

verteidigen die „haushaltsrechtliche Lösung": *I. Seidel*, in: M. Dauses, EG-Wirtschaftsrecht, H.IV. Randnr. 188; *H. Eberstein*, BB 1994, 1236; *K. Hailbronner*, WiVerw 1994, 215 f.

In der Rechtsprechung hat das KG Berlin mit Urteil vom 10.4.1995, Kart U 7605/94, EuZW 1995, 645 ff. und mit Beschluß vom 31.5.1995, Kart W 3259/95, EuZW 1996, 30 ff. festgestellt, daß die „haushaltsrechtliche Lösung" eine ordnungsgemäße Umsetzung der EG-Richtlinien darstellt; dagegen hat das LG Hannover mit Urteil vom 17.4.1997, 21 O 38/97 (Kart.), ZVgR 1997, 131 ff = VergR 4/97, 47 f. auf eine unzureichende Umsetzung erkannt; dazu *F. Peters*, VergR 4/97, 19 f.

[238] Zweites Gesetz zur Änderung des Haushaltsgesetzes vom 26.11.1993, BGBl. I, 1928, Verordnung über die Vergabebestimmungen für öffentliche Aufträge (Vergabeverordnung-VgV) vom 22.2.1994, BGBl. I, 321 und Verordnung über das Nachprüfungsverfahren für öffentliche Aufträge (Nachprüfungsverordnung - NpV) vom 22.2.1994, BGBl. I, 324; darstellend *J. Rogmans*,

säumnis der Umsetzungsfrist[239] und die Drohung der EG-Kommission mit einem weiteren Verfahren[240] wegen inhaltlicher Mängel der Umsetzung haben zusammen mit handelspolitischem[241] Druck[242] der Verei-

---

NJW 1994, 3134; grundlegend zur europarechtlichen Problematik der „haushaltsrechtlichen Lösung" *K. Hailbronner*, RIW 1992, 553 ff.

[239] EuGH *-Kommission/Deutschland, Umsetzung 1990-* Rs. C-433/93, vom 11.8.1995, Slg. 1995, I-2303 ff., insbesondere I-2317, Randnr. 19 a.E.: „Ein solcher [von den Richtlinien intendierter] Schutz kann nicht wirksam werden, wenn der Bieter sich nicht gegenüber dem Auftraggeber auf diese Vorschriften berufen und gegebenenfalls deren Verletzung vor den nationalen Gerichten geltend machen kann."

[240] Mit Mahnschreiben vom 31.10.1995, SG (95) D/13624-95/2044, abgedruckt in ZIP 1995, 1940, hat die Kommission wegen inhaltlich mangelhafter Umsetzung der Vergaberichtlinien das Vorverfahren gem. Art. 169 Abs. 1 EG-Vertrag eingeleitet; siehe dazu *H.-J. Prieß*, (1996) 5 P.P.L.R. CS 51 f.

[241] Siehe Office of the U.S. Trade Representative: Annual Report on Discrimination in Foreign Government Procurement, Report to the Congress according to Title VII of the 1988 Omnibus Trade and Competitiveness Act, Washington, D.C. April 30, 1996, sub II.: „The Administration perceives a pervasive institutional problem with Germany's implementation of its obligations. The Lippendorf and Cottbus cases and the EU's 169 action strongly indicate that a 'significant and persistent pattern of discrimination' and failure to adequately implement obligations exists. "; die Verhängung von Handelssanktionen zum 30.9.1996 konnte durch den Kabinettsbeschluß vom 25.9.1996 (Anm. 250) vorläufig abgewendet werden; Hintergrund war einerseits das Unterliegen von General Electric vor dem Landgericht Berlin in *General Electric./.VEAG (Lippendorf)*, vom 18.10.1994, Gesch-Nr. 16.0.660794, abgedruckt in EuVgR 4/94, 52 f. = EuZW 1995, 645 = WuW 1995, 1057; siehe dazu *A. Boesen*, EuVgR 1/95, 47 ff.; siehe auch sogleich Anm. 242; Der andere Stein des Anstoßes war das Unterliegen von Westinghouse vor dem Vergabeüberwachungsausschuß des Landes Brandenburg in *Westinghouse./.Cottbus*, Beschluß vom 9.5.1996, 1 VÜA 3/96, siehe dazu *J. Byok* VergR 4/96, 53 f.

[242] Die Vereinigten Staaten verfolgen die Reformbemühungen ständig kritisch, siehe *U.S. Government Comments on proposed German Procurement Reform*, abgedruckt in ZVgR 1997, 219; siehe auch *H. Schauerte*, Plenarprotokoll 13/230, S. 21118 D: „Sie wissen, daß es zum Beispiel ganz erheblichen Ärger mit der amerikanischen Regierung gibt. Anlaß war ein Vergabefall in Berlin, wo General Electric einen Auftrag nicht bekommen hat. Die haben dann versucht, diesen Auftrag einzuklagen, mußten aber feststellen, daß das nach deutschem Recht nicht geht. Das hat dann bis in die höchsten Regierungsebenen, bis hin zu Präsident Clinton, Wogen geschlagen, und es hat Chefgespräche zwischen Clinton und Kohl gegeben, weil die Amerikaner unter Bezugnahme auf

nigten Staaten und Entscheidungen von Bundeskartellamt[243] und unterinstanzlichen deutschen Gerichten[244] bei der Bundesregierung[245] jedoch neuerliche Reformüberlegungen[246] und letztlich[247] die Überzeu-

---

europäische und internationale Rechtsgepflogenheiten erklärt haben, sie verlangen, daß auch das deutsche Vergaberecht den Entwicklungen angepaßt wird."

243 Untersagungsbeschluß des Bundeskartellamts gegenüber Berlin vom 3.11.1997, B5-75123-VX-61/95, WuW 1998, 207, bestätigt vom Kartellsenat des KG Berlin am 20.5.1998, noch nicht veröffentlicht; siehe auch Schreiben des BKartA an das Land Bayern vom 5.8.1997, unveröffentlicht, 16: „Zusammenfassend ist festzustellen, daß die Praxis der bayerischen Vergabestellen, öffentliche Straßenbauaufträge nur an solche Unternehmen zu vergeben, die eine Tariftreueerklärung abgeben und die Verletzung der Tariftreue mit einem Ausschluß von zwei Jahren von der Vergabe öffentlicher Bauaufträge zu sanktionieren, gegen das Diskriminierungs- und Behinderungsverbot des § 26 Abs. 2 GWB verstößt."; siehe auch das oben Anm. 1 erwähnte Schreiben des BKartA an Nordrhein-Westfalen und die Nachweise unten Anm. 642.

244 Das LG Hannover hat mit Urteil vom 17.4.1997, 21 O 38/97 (Kart.), ZVgR 1997, 131 ff. = VergR 4/97, 47 f. auf eine unzureichende Umsetzung erkannt; dazu *F. Peters*, VergR 4/97, 19 f.; ebenso das VG Regensburg mit Beschluß vom 22.9.1997, Aktenzeichen RN 13 E 97.01.1681 (bestandskräftig), unveröffentlicht; zu beiden und dem verwandten Entscheid des OVG Koblenz vom 9.4.1997, Aktenzeichen: 6 A 12010/96, DÖV 1997, 963 siehe *Prieß/Schindler*, (1998) 7 P.P.L.R., CS 116 ff.; zu den resultierenden Befürchtungen im Gesetzgebungsverfahren siehe *H. Kolb*, Plenarprotokoll 13/230, 21125 D: „Gefährlich würde es für die öffentlichen Investitionen, wenn wir nichts täten, wenn wir den Rechtsschutz der ungeordneten Entwicklung überließen. Dann könnte schon sehr bald der Zustand eingetreten sein, daß praktisch jede Auftragsvergabe von irgendeinem Gericht gestoppt und einer längeren Überpfüfung unterzogen wird. Erste Urteile, die die Richtung deutlich machen, in die die Reise dann ginge, liegen bereits vor."

245 Die Entwicklung des Denkprozesses der zuständigen Fachreferenten im Bundeswirtschaftsministerium ist von diesen selbst dokumentiert worden: *B. Krause-Sigle*, Forum'96 a.E.; *F. Marx*, in: J. Ipsen, Bad Iburger Gespräche, 73 ff.

246 Zu den Vorstufen des Vergaberechtsänderungsgesetzes, siehe den Referentenentwurf in VergR 3/97, 40 ff. und in ZVgR 1997, 162 ff. und den Diskussionsentwurf des Bundeswirtschaftsministeriums, abgedruckt in ZVgR 1997, 50 ff.; Stellungnahmen zu diesen Entwürfen von *F. Marx*, VergR 1/97, 37 ff.; *W. Heiermann*, ZVgR 1997, 56 ff.; *H. Franke*, ZVgR 1997, 145 (55 a.F.) ff.; *R. Noch*, ZfBR 1997, 222 ff.; *J. Gröning*, ZIP 1998, 370; mit europarechtlichen Bedenken *M. Dreher*, EuZW 1997, 522 ff.; kritisch auch die Anmerkungen der US-Regierung *U.S. Government Comments on proposed German Procurement Reform*, abgedruckt in ZVgR 1997, 219; zu alternativen Modellen der Neure-

gung hervorgerufen, daß die Neuregelung durch das Vergaberechtsänderungsgesetz[248] im Rahmen des GWB[249] (sog. „kartellrechtliche Lösung") den europarechtlichen Anforderungen besser gerecht wird, weil sie dem abgewiesenen Teilnehmer den Rechtsweg zu den ordentlichen Gerichten eröffnet.[250]

Nach den Wellen der Darstellung des neuen Rechts und seiner Umsetzungsprobleme wird zunehmend auch die Rechtsprechung des Ge-

---

gelung siehe *H.-J. Prieß*, (1996) 5 P.P.L.R. CS 165 ff., und *H.-J. Prieß*, (1997) 6 P.P.L.R. CS 47.

[247] *O. Graf Lambsdorff*, Plenarprotokoll 13/230, 21123 D: „Die EG-Richtlinie stammt aus dem Jahre 1991. 1994 haben wir sie mit der haushaltsrechtlichen Lösung falsch umgesetzt, wie wir gesehen haben. Dann hatten wir die Europäische Kommission auf dem Hals. Dann ist Herr Kommissar Monti aufgetreten. Dann sind wir von den Amerikanern als diskriminierendes Land bezeichnet worden. Dann kamen die Fälle *Lippendorf*, *Westinghouse* und *General Electric*. Dann hat die Vergabekommission beim Bundeskartellamt schließlich festgestellt, daß die Auftragsvergaben zu Unrecht erfolgten. Jahrelang haben wir über dieser Gesetzgebung gethront."

[248] Gesetz zur Änderung der Rechtsgrundlagen für die Vergabe öffentlicher Aufträge (Vergaberechtsänderungsgesetz – VRÄG) vom 26.8.1998, BGBl. I, Nr. 59 vom 2.9.1998, 2512 in der Fassung der Bekanntmachung der Neufassung des Gesetzes gegen Wettbewerbsbeschränkungen vom 26.8.1998, BGBl. I, Nr. 59 vom 2.9.1998, 2546; kontrovers zur Gesetzgebungstechnik, am gleichen Tag VRÄG und GWB zu verkünden und ersteres in letzteres einzufügen: einerseits *E. Peus*, NJW 1998, 3474 f., andererseits: *J. Byok*, NJW 1998, 3475.

[249] Wohlbegründete grundsätzliche Bedenken gegen die Einfügung in das GWB bei *M. Dreher*, WuW 1997, 949 ff.

[250] Siehe Kabinettsbeschluß „Revision der Rechtsgrundlagen für die Vergabe von öffentlichen Aufträgen" vom 25.9.1996, abgedruckt als Pressemitteilung des BMWi vom 25.9.1996; Vorlage hierzu des Bundesministers für Wirtschaft vom 23.9.1996, I B 3-2605 00/16 Bonn, abgedruckt in VergR 4/96, 57 f.: „Die 1994 eingeführte deutsche Umsetzung der EU-Richtlinien zum öffentlichen Auftragswesen, sogenannte haushaltsrechtliche Lösung, gewährt Bietern [...] keinen Anspruch auf Einhaltung der Vergaberegeln und keinen Rechtsschutz vor Gerichten. Dies ist jedoch nach Ansicht der europäischen Kommission entscheidend für eine EG-rechtskonforme Umsetzung der Richtlinien. Die Kommission betreibt deswegen ein Vertragsverletzungsverfahren gegen die Bundesrepublik Deutschland. Die Regelung führte in letzter Zeit auch zu Belastungen der Handelsbeziehungen mit den USA, die sich für die deutsche Wirtschaft nachteilig auswirken können. [...] die Ressorts haben deshalb Überlegungen zur Neuregelung des Rechtsschutzes im öffentlichen Auftragswesen bei EG-Vergaben geprüft."

richtshofs systematisch auf Fälle untersucht, die mit öffentlichen Auftragsvergaben zu tun haben.[251] Auch grundsätzliche Anliegen und grundsätzliche Probleme des gemeinschaftlichen Vorgehens im Vergabesektor kommen wieder in den Blick.[252]

B. Entwicklungslinien der Koordinierung

Bei allen Veränderungen lassen sich zwei konstante Entwicklungslinien feststellen. Erstens zielten alle Weiterentwicklungen der Koordinierung auf eine Steigerung von Effektivität und Anwendungsbereich der Richtlinien. Zweitens sind die in der ersten Koordinierungsrichtlinie, der BKR 71 entwickelten Regelungsstrukturen, Ziele und Grundsätze weitgehend beibehalten worden.

I. Stetige Ausweitung und Effektivierung

1. Schattendasein der ersten Richtlinien

Die Richtlinien der ersten Phase führten trotz ihrer bereits weitgehenden und klaren Regelungen in der Praxis ein Schattendasein. Dies änderte sich, als sie in der zweiten Phase um die Rechtsmittelrichtlinien ergänzt und ihr Anwendungsbereich weiter ausgedehnt wurde. Dieses Schattendasein erklärte sich durch eine Mischung aus mangelnder Kenntnisnahme mit einer gewissen Widerwilligkeit der mitgliedstaatlichen Vergabestellen, sich in ihrem Vergabeermessen durch europäische Regelungen binden zu lassen, die sich in einer Tendenz manifestierte,

---

[251] Mit ausführlichen Analysen *S. Arrowsmith*, Cases; systematisch zugeordnete Textauszüge bei *N. Michel*, Rechtsprechung; fortlaufend *H.-J. Prieß*, EuZW 1994, 487 ff., EuZW 1996, 357 ff., EuZW 1997, 391 ff.; im übrigen: *C.-O. Lenz*, Forum '92, 39 ff.; *T. Millet*, (1992) 1 P.P.L.R., 70 ff.; *Schabel/Zellmeier-Neunteufel*, BauR 1993, 557 ff.; *M. Dreher*, EuVgR 2/93, 58 ff. und 3/93, 62 ff.; *N. Michel*, RMUE 3/94, 135 ff.; *H. Franke*, ZfBR 1996, 291 ff. und 1997, 1 ff.

[252] Siehe die kritischen Arbeiten von: *A. Cox*, (1992) 1 P.P.L.R., 139 ff.; *A. Cox*, Single Market Rules, und *J. Fernández Martín*, Critical Analysis, die grundsätzliche Bedenken anmelden, ob die Rechtsangleichung ihr Ziel der Marktöffnung erreichen kann.

den Anwendungsbereich der Richtlinien zu umgehen.[253] So erfaßten die Richtlinien der zweiten Phase keine Leasing- oder Mietkauf-Geschäfte. Mit einer Änderung der rechtlichen Einkleidung des Beschaffungsvorgangs ließen sie sich oft umgehen. Ebenso wurde eine Überschreitung der Schwellenwerte durch Stückelung des Auftrags vermieden. Auch wurde ein beachtlicher Teil derjenigen Großaufträge, deren Volumen deutlich über den Schwellenwerten lag, von denjenigen öffentlichen Unternehmen im Verkehrs-, Telekommunikations- und Versorgungsbereich vergeben, die von der Anwendung der Richtlinien ausdrücklich ausgenommen waren. Hinzu kam, daß dem abgewiesenen Teilnehmer in zahlreichen Staaten, unter anderem in Deutschland, keine rechtlichen Möglichkeiten zu Gebote standen, sich unmittelbar gegen Verletzungen der europäischen Normen selbständig zur Wehr zu setzen.

2. Verstärkungen der zweiten und dritten Phase

Dies hat im Rahmen des Binnenmarktprojekts vor allem zwei Reaktionen der europäischen Rechtsetzungsinstanzen ausgelöst: Erstens wurde der sachliche Anwendungsbereich des Sekundärrechts entscheidend ausgedehnt. Die zuvor ausgenommenen Auftraggeber der Energie-, Wasser-, Verkehrsversorgung und der Telekommunikation wurden ohne Rücksicht auf ihre privat- oder öffentlich-rechtliche Organisationsform in der SKR 90 erstmals sekundärrechtlichen Verfahrensregeln unterworfen. Es wurde mit der DKR eine Auffangregelung geschaffen, die generalklauselartig alle Beschaffungsvorgänge erfaßt, die nicht BKR, LKR oder SKR unterfallen, soweit sie sich unter den weiten Begriff der Dienstleistung fassen lassen. Nur noch ausdrücklich genannte Ausnahmebereiche (insbesondere Militärische Beschaffung, wissenschaftliche Forschung u.ä.) entgehen damit der Anwendung des Sekundärrechts. Zweitens wurde den Mitgliedstaaten mit Verabschiedung der beiden

---

[253] Die Kommission äußerte sich wie folgt zu den Gründen für den Mißerfolg (Mitteilung der Kommission an den Rat „Die öffentlichen Beschaffungsmärkte in der Gemeinschaft“ vom 19.6.1986, KOM [86] 375 endg., 4): „Es ist nicht übertrieben, zu behaupten, daß meist weder der Buchstabe noch der Geist der Richtlinien eingehalten wurde. Neben einer extensiven Auslegung der von den Richtlinien ausgeschlossenen Sektoren wäre die absichtliche Fragmentierung der Projekte zum Zweck der Umgehung der Richtlinie sowie schwerer Mißbrauch bei der Anwendung der in den Richtlinien vorgesehenen Verfahren zu nennen.“ Auch *K. Stolz*, Auftragswesen, 128, benennt neben den strukturellen Mängeln der frühen Richtlininien einen Mangel an „gutem Willen“ der Vergabestellen als Ursache für Vollzugsdefizite.

Rechtsmittelrichtlinien (RMRL und SRMRL) aufgegeben, Instanzen zu schaffen, vor denen unter Verletzung des europäischen Vergaberechts abgewiesene Teilnehmer Fehler im Vergabeverfahren wirksam rügen können.

3. Zunehmende Regelungsdichte

Entsprechend ist die Entwicklungsgeschichte des Sekundärrechts auch eine Geschichte zunehmender Regelungsdichte. Umfaßte die LLR schlichte sieben Artikel, die inklusive Begründungserwägungen bequem auf drei Seiten des Amtsblattes Platz fanden, so nahm der Abdruck der 34 Art. der BKR 71 mit Anhängen bereits zehn Seiten des Amtsblattes in Anspruch. Das erscheint heute bescheiden, wo die BKR mit Anhängen allein 30 Seiten belegt, LKR, BKR, SKR und DKR zusammen 131 Seiten des Amtsblattes füllen und die Liste der in Geltung befindlichen Sekundärrechtsakte auf dem Gebiet des Vergaberechts ständig im Wachsen begriffen ist.[254]

II. Kontinuität von Struktur und Grundsätzen

Bei allem quantitativen Wachstum läßt sich dennoch feststellen, daß Struktur und Grundsätze der Koordinierung im wesentlichen dieselben geblieben sind, wie sie bereits in der BKR 71 festgelegt waren. Diese legte bereits die wichtigsten Elemente eines europaweit anzuwendenden Vergabeverfahrens fest. Sie bestimmte, wann und wie auszuschreiben ist, wer als geeignet anzusehen ist und wer den Zuschlag zu erhalten hat.

1. Struktur

Ihr Aufbau (Allgemeine Bestimmungen, Vorschriften auf technischem Gebiet, Gemeinsame Bekanntmachungsvorschriften, Eignungskriterien, Zuschlagskriterien) findet sich in identischer oder leicht veränderter, ergänzter oder angepaßter Form in allen folgenden Rechtsakten wieder, mit denen die Gemeinschaft nach und nach die Gebiete der Lieferauf-

---

[254] Siehe oben Anm. 215.

träge und der sonstigen Dienstleistungsaufträge erschloß.[255] Auch in der SKR, die wegen der besonderen Sensibilität der geregelten Bereiche zahlreiche Sonderregelungen kennt und nach dem äußeren Aufbau zum Teil erheblich von der Struktur der anderen Richtlinien abweicht, läßt sich das Vorbild der BKR 71 noch erkennen.

2. Ziele und Grundsätze

Die Koordinierungsrichtlinien sollen dazu dienen, angesichts der wirtschaftlichen Bedeutung der Staatsnachfrage[256] europaweiten Wettbewerb zu ermöglichen.[257] Die Gemeinschaft befindet sich insoweit in Übereinstimmung mit einer globalen Tendenz.[258] Zur Erreichung dieses Zieles sollen die Vorgaben des Vertrages um besondere Verfahrensregeln ergänzt werden. In der Rechtssache CEI hat der Gerichtshof entsprechend festgestellt, Ziel der BKR 71 sei es, „sicherzustellen, daß zur tatsächlichen Verwirklichung der Niederlassungsfreiheit und des freien Dienstleistungsverkehrs [...] mit der Aufhebung der Beschränkungen eine Koordinierung der einzelstaatlichen Verfahren zur Vergabe öffentlicher Bauaufträge einhergeht."[259]

Die tragenden Grundsätze dieser Koordinierung formulierte der zweite Erwägungsgrund der BKR 71 in heute noch gültiger Weise: Verbot der Beschreibung technischer Merkmale mit diskriminierender Wirkung,

---

[255] Ebenso *I. Seidel*, ZfBR 1995, 227: "In der rechtlichen Fortentwicklung der Vergaberichtlinien ist der Baukoordinierungsrichtlinie stets eine Vorreiterrolle zugekommen."

[256] Der *Cecchini*-Bericht, 37, beziffert das Volumen der öffentlichen Aufträge in der Gemeinschaft auf 15 Prozent des Bruttoinlandsprodukts (BIP) der Gemeinschaft. Aufräge im Volumen von 7 bis 10 Prozent des BIP seien dabei für eine grenzüberschreitende Vergabe geeignet. Eine europaweite Vergabe könne Einsparungen von insgesamt 21,5 Milliarden ECU erbringen. Skepsis hinsichtlich dieser Berechnungen äußert *I. Seidel*, in: M. Dauses, EG-Wirtschaftsrecht, Randnr. 34 ff.

[257] Dies ist nach den Präambeln der Vergaberichtlinien das erklärte Ziel der Rechtsangleichung, siehe Erwägungsgrund 10 der BKR und 14 der LKR: „Damit auf dem Gebiet des öffentlichen Auftragswesens ein echter Wettbewerb entsteht", sowie Erwägungsgrund 19 der DKR: „Um Praktiken zu unterbinden, die zu einer Einschränkung des Wettbewerbs führen".

[258] Siehe Anm. 51.

[259] EuGH -*CEI*- (Anm. 226), 3347 (3374), Randnr. 14.

ausreichende Bekanntmachung der Auftragsvergaben, Festlegung objektiver Teilnahmekriterien und Einführung eines Verfahrens, das eine Gewähr für die gemeinsame Beachtung dieser Grundsätze bietet.[260]

Besonderes Gewicht hat der Gerichtshof in seiner Entscheidungspraxis auch auf die Grundsätze der Transparenz des Vergabeverfahrens und der Gleichbehandlung der Bieter gelegt.[261] Im Zusammenhang mit unserer Fragestellung hat der Gerichtshof insbesondere festgestellt, daß die Vergaberichtlinien die Schaffung von Transparenz durch vorherige Ankündigung der Verfolgung von Sekundärzwecken in der Ausschreibung verlangen.[262]

Insgesamt war und ist das sekundärrechtliche Vorgehen der Gemeinschaft geprägt von einem verfahrensorientierten Ansatz, der die mitgliedstaatlichen Vergabeverfahren möglichst transparent, objektiv und diskriminierungsfrei gestalten will, um potentiellen Wettbewerbern Chancengleichheit zu garantieren. Dieser Ansatz wurde im Bau- und Liefersektor entwickelt und später im Sinne möglichst weitgehender Lückenlosigkeit auf die meisten Vergabeverfahren oberhalb der Schwellenwerte ausgedehnt.

Bei der Entwicklung dieser Grundsätze stand ersichtlich das Bild einer intransparent und bisweilen wenig reflektiert beschaffenden Vergabestelle paradigmatisch im Vordergrund. Der seltenere Fall, daß die Vergabestelle von Vergabegrundsätzen bewußt eine Ausnahme zuläßt, um ein als höher eingestuftes Allgemeininteresse zu fördern, stand nicht im Zentrum der Aufmerksamkeit.

C. Die Kontroverse um das Problem der Sekundärzwecke bei der Novellierung der Richtlinien

Das Problem der Instrumentfunktion mitgliedstaatlicher Vergabe kam im Rahmen der binnenmarktbedingten Novellierung und Erweiterung

---

260 Richtlinie 71/305/EWG des Rates vom 26.7.1971 über die Koordinierung der Verfahren zur Vergabe öffentlicher Bauaufträge, ABl. vom 16.8.1971, Nr. L 185/5; inhaltsgleich hat die Kommission 1987 im Vademekum über öffentliches Auftragswesen in der Gemeinschaft, ABl. vom 31.12.1987 Nr. C 358/1 (15) die drei Grundprizipien der sekundärrechtlichen Harmonisierung zusammengefaßt.

261 EuGH –*Kommission/Belgien, Wallonische Busse*- Rs. C-87/94 vom 25.4.1996, Slg. 1996, I-2043 (I-2084 f.) Randnr. 51 ff., insbes. 54.

262 EuGH -*Beentjes*- (Anm. 225), 4635 (4661) Randnr. 36.

der Vergaberichtlinien ins Blickfeld der europäischen Normsetzungsorgane.

Der Wirtschafts- und Sozialausschuß wies mehrfach generell auf das ordnungspolitische Grundproblem der Liberalisierung des Auftragswesens hin. Im Rahmen der Beratungen zur SKR 90 formulierte er:[263]

> „6.3. Die Liberalisierung der öffentlichen Auftragsvergabe in den hier in Frage kommenden Sektoren ist beispielhaft für das Deregulierungskonzept der Kommission bei der Verwirklichung des europäischen Binnenmarktes. Eine wirtschaftliche Liberalisierung ist nur dann akzeptabel, wenn parallel die notwendigen sozial- und beschäftigungspolitischen Begleitmaßnahmen getroffen werden."

Im Blickfeld des Parlaments standen bestimmte, politisch besonders aktuelle Sekundärzwecke. Es verabschiedete 1987 während der Beratungen über die Novellierung der LKR 76 eine separate legislative Entschließung und nannte in dieser Erklärung zwei Gruppen von Sekundärzwecken. Einerseits regional- und strukturpolitische Gründe, andererseits den Schutz und die Förderung „sozial schwacher Gruppen auf dem Arbeitsmarkt"[264]. Es heißt dort:[265]

> „Das Europäische Parlament [...]
>
> 3. weist darauf hin, daß öffentliche Beschaffungen und Aufträge ein wesentliches Element der Arbeitsbeschaffungs- und Regionalförderungspolitik einer Regierung sein können; betont deshalb, daß eine Regelung über die Vergabe öffentlicher Lieferaufträge der Notwendigkeit Rechnung tragen muß, das regionale Gefälle zu verringern und in solchen Gebieten Arbeitsplätze zu schaffen und Industrie an-

---

[263] Stellungnahme des Wirtschafts- und Sozialausschusses zu dem Vorschlag für die SKR 90, (89/C 139/08), ABl. vom 5.6.1989, Nr. C 139/23 ff., 27; wortgleich Stellungnahme des Wirtschafts- und Sozialausschusses zu dem Vorschlag für eine Richtlinie des Rates über die Auftragsvergabe durch Unternehmen im Telekommunikationssektor, (89/C 139/09) ABl. vom 5.6.1989, Nr. C 139/31, Textziffer 1.3.

[264] So der Oberbegriff des Parlaments im Vorschlag vom 15.5.1991, ABl. vom 17.6.1991, Nr. C 158/90 (101), Änderungen Nr. 82 und 71.

[265] Legislative Entschließung vom 9.7.1987 mit der Stellungnahme des Europäischen Parlaments zu dem Vorschlag der Kommission der Europäischen Gemeinschaften an den Rat für eine Richtlinie zur Änderung der Richtlinie 77/62/EWG über die Koordinierung der Verfahren zur Vergabe öffentlicher Lieferaufträge und zur Streichung einiger Bestimmungen der Richtlinie 80/767/EWG, ABl. vom 14.9.1987, Nr. C 246/84; Dok. A2-100/87.

zusiedeln, die unterentwickelt sind oder sich in akuter wirtschaftlicher Abwärtsentwicklung befinden;

4. weist darauf hin, daß öffentliche Beschaffungen und Aufträge ein wesentliches Element der Politik einer Regierung zur Förderung der Chancengleichheit am Arbeitsplatz sein können; betont deshalb, daß eine Regelung über die Vergabe öffentlicher Lieferaufträge der Notwendigkeit Rechnung tragen muß, die Diskriminierung von Frauen, Angehörigen ethnischer Minderheiten und Behinderten am Arbeitsplatz abzubauen;"

Diesen Zwecken versuchte das Parlament Rechnung zu tragen, indem es im Rahmen seiner Beteiligung am Normsetzungsverfahren mehrfach Regeln vorschlug, welche für diese Zwecke die punktuelle oder generelle Zulässigkeit der Instrumentfunktion mitgliedstaatlicher Auftragsvergabe festgelegt hätten.

Diese Vorschläge fanden in der großen Mehrzahl keinen Eingang in die Richtlinien. Das lag an der im Vergleich zur Kommission schwachen institutionellen Stellung des Parlaments im Rechtsetzungsverfahren. Die Novellierung der Richtlinien im Rahmen des Binnenmarktprojekts ging im Verfahren der Zusammenarbeit (Art. 149 Abs. 2 EWGV, heute Art. 252 EGV) vor sich. In diesen Verfahren hat das Parlament zweimal Gelegenheit, zu dem Entwurf des Rechtsaktes Stellung zu nehmen: in erster Lesung zum ursprünglichen Vorschlag der Kommission und in zweiter Lesung zum Gemeinsamen Standpunkt des Rates. Es hat aber keine rechtlichen Möglichkeiten, seine abweichenden Vorstellungen gegenüber dem Rat durchzusetzen,[266] welcher sich, wie die Kommission, gegenüber einer Normierung der Instrumentfunktion sehr reserviert zeigte.

Im folgenden sollen die Vorschläge des Europäischen Parlaments betrachtet werden. Dabei werden sie nach ihrem Ansatzpunkt im Vergabeverfahren geordnet. Zuerst werden diejenigen betrachtet, die eine mitgliedstaatliche Beeinflussung des Teilnehmerkreises für zulässig erklären, sodann diejenigen, welche eine Modifikation der Zuschlagskriterien erlauben und schließlich diejenigen, die nachgeschaltete Auftragsbedingungen favorisieren wollten.

---

[266] *J. Schoo*, in: Groeben/Thiesing/Ehlermann, Art.189 c, Randnr. 42: „Der Rat behält somit im Verfahren der Zusammenarbeit das letzte Wort [...]."

I. Vorschläge, die eine Beeinflussung des Teilnehmerkreises für zulässig erklärt hätten

1. Rückstufung der Publizität des Verfahrens

Zur Förderung der Chancengleichheit von Frauen, Behinderten und Minderheiten wollte das Parlament eine Rückstufung der Publizität des Vergabeverfahrens bei Lieferaufträgen zulassen. Im Verfahren zur Novellierung der LKR 76 schlug es im Herbst 1987 vor, den mitgliedstaatlichen Vergabestellen die Vergabe im nicht offenen Verfahren zu erlauben, wenn „die Chancengleichheit mit dem Ziel, der Diskriminierung von Frauen, Angehörigen ethnischer Minderheiten und Behinderten am Arbeitsplatz zu begegnen, gefördert werden muß".[267] Dies wäre eine Abweichung vom Gebot der Vergabe im offenen Verfahren gewesen, welches in Art. 4 Abs. 1 verankert werden sollte.[268] Auffällig ist dabei die weite Fassung des Tatbestandes, der allein auf das Vorhandensein des Sekundärzwecks abstellt.

Der Rat übernahm den Vorschlag so nicht in den Gemeinsamen Standpunkt. Er änderte das von der Kommission vorgeschlagene Regel-Ausnahme-Verhältnis:[269] Die Kommission hatte das Gebot der Vergabe

---

[267] Art. 4 Abs. 2 im vom Europäischen Parlament geänderten Text des von der Kommission der Europäischen Gemeinschaften (KOM [86] 297 endg. und KOM [87] 233 endg.) vorgeschlagenen Textes einer Richtlinie zur Änderung der Richtlinie 77/62/EWG über die Koordinierung der Verfahren zur Vergabe öffentlicher Lieferaufträge und zur Streichung einiger Bestimmungen der Richtlinie 80/767/EWG, ABl. vom 14.9.1987 Nr. C 246/79 (80): „In Abweichung von Abs. 1 können die öffentlichen Auftraggeber ein Vergabeverfahren anwenden, bei dem nur die aufgeforderten Unternehmen ein Angebot abgeben können (nicht offenes Verfahren), wenn [...] - die Chancengleichheit mit dem Ziel, der Diskriminierung von Frauen, Angehörigen ethnischer Minderheiten und Behinderten am Arbeitsplatz zu begegnen, gefördert werden muß."

[268] Art. 4 Abs. 1 der LKR 76 sollte gem. Art. 3 des Kommissionsvorschlags einer Richtlinie zur Änderung der Richtlinie 77/62/EWG über die Koordinierung der Verfahren zur Vergabe öffentlicher Lieferaufträge und zur Streichung einiger Bestimmungen der Richtlinie 80/767, KOM (86) 297 endg., vom 19.6.1986, ABl. Nr. C173/ 4 (5) lauten: „Öffentliche Lieferaufträge werden von den öffentlichen Auftraggebern im offenen Verfahren vergeben".

[269] Art. 4 Abs. 1 in der Fassung des Gemeinsamen Standpunktes des Rates, abgedruckt im Beschluß des Europäischen Parlaments vom 16.12.1987 betreffend den Gemeinsamen Standpunkt des Rates zu dem Vorschlag der Kommissi-

im offenen Verfahren festlegen und zwei Ausnahmen hiervon zulassen wollen. Der Rat fügte nun im Gemeinsamen Standpunkt diesem Gebot die Wendung bei: „ausgenommen in den Fällen, in denen sie die Notwendigkeit der Wahl des nicht offenen Verfahrens begründen können". Die beiden Ausnahmefälle wurden zu Beispielsfällen in denen dies „insbesondere" der Fall ist. Weiter sollten die Vergabestellen „einen schriftlichen Bericht mit der Begründung der Wahl des Verfahrens" erstellen. Damit blieb die inhaltliche Frage ungeregelt, ob die vom Parlament vorgebrachten Sekundärzwecke gleichfalls eine solche Notwendigkeit begründen können.

Das Parlament war damit unzufrieden und beharrte auch in zweiter Lesung auf seiner Fassung, ohne sie irgendwie abzuändern.[270] Der Rat beharrte seinerseits auf seinem Vorschlag, der dementsprechend in leicht veränderter Formulierung und ohne schriftliche Begründungspflicht als Art. 6 in die LKR 88 übernommen wurde. Danach war die Vergabe im nicht offenen Verfahren „in begründeten Fällen" zulässig. Abs. 2 nannte zwei Fälle, in denen dies „insbesondere" der Fall sein sollte, zu denen aber die Förderung von Sekundärzwecken nicht zählte.

Im Rahmen der Konsolidierung fiel diese Vorschrift 1993 ersatzlos weg, so daß sie in der aktuellen LKR fehlt. Dies hat den Hintergrund, daß in den konsolidierten Richtlinien allgemein offenes und nicht offenes Verfahren als gleichwertig angesehen und nicht mehr untereinander, sondern nur noch jeweils vom Verhandlungsverfahren abgegrenzt werden.

Das Schicksal dieses Vorschlags zeigt, daß der Rat eine ausdrückliche Regelung der Instrumentfunkion in diesem Fall vermeiden wollte. Statt dessen entschied er sich für eine allgemein formulierte Ausnahmeklausel, bei der offen blieb, ob die Verfolgung von Sekundärzwecken erfaßt sein sollte.

---

on für eine Richtlinie zur Änderung der Richtlinie 77/62/EWG über die Koordinierung der Verfahren zur Vergabe öffentlicher Lieferaufträge und zur Streichung einiger Bestimmungen der Richtlinie 80/767/EWG, ABl. vom 18.1.1988, Nr. C 13/62 (62 f.).

[270] Änderung Nr. 2 im Beschluß des Europäischen Parlaments vom 16.12.1987 betreffend den Gemeinsamen Standpunkt des Rates zu dem Vorschlag der Kommission für eine Richtlinie zur Änderung der Richtlinie 77/62/EWG über die Koordinierung der Verfahren zur Vergabe öffentlicher Lieferaufträge und zur Streichung einiger Bestimmungen der Richtlinie 80/767/EWG, ABl. vom 18.1.1988, Nr. C 13/62 (63).

2. Erweiterung der Kataloge sekundärrechtlich zugelassener Ausschlußkriterien

Eine Reihe weiterer Vorschläge des Parlaments zielte darauf ab, den Mitgliedstaaten den weitergehenden Ausschluß unerwünschter Teilnehmer zu erlauben.

a) Offene Erweiterung

Der erste dieser Vorschläge sollte es den mitgliedstaatlichen Auftraggebern erlauben, Teilnehmer auszuschließen, die sich nicht an Rechtsvorschriften ihres Herkunftslandes zum Schutze von Frauen, Behinderten und Minderheiten hielten. Das Parlament schlug zu diesem Zwecke im Herbst 1987 vor, nach Art. 20 Abs. 1 lit. e) LKR 76 einen Art. 20 Abs. 1 lit. e)a) folgenden Wortlauts einzufügen:[271]

> „Von der Teilnahme am Vergabeverfahren werden Unternehmer ausgeschlossen, [...]
>
> e)a) die ihre Verpflichtungen in bezug auf das Recht auf Arbeit und die Wahrung der Chancengleichheit nach den Rechtsvorschriften des Landes, in dem sie ansässig sind, nicht erfüllen."

Der Tatbestand dieser Norm war im Vergleich zur vorgeschlagenen Rückstufung der Publizität[272] tatbestandlich wesentlich präziser gefaßt. Er forderte den Verstoß gegen Rechtsvorschriften und nicht nur das Vorliegen eines Sekundärzwecks. Die Vorschrift war ersichtlich Art. 20 lit. e) LKR 76 nachgebildet.[273] Zurückhaltender als diese Vorschrift maß

---

[271] Vom Europäischen Parlament geänderter Text des von der Kommission der Europäischen Gemeinschaften (KOM [86] 297 endg. und KOM [87] 233 endg.) vorgeschlagenen Textes einer Richtlinie zur Änderung der Richtlinie 77/62/EWG über die Koordinierung der Verfahren zur Vergabe öffentlicher Lieferaufträge und zur Streichung einiger Bestimmungen der Richtlinie 80/767/EWG, ABl. vom 14.9.1987, Nr. C 246/79 (82), Art. 13a und 13b.

[272] Anm. 267.

[273] Art. 20 *lit.* e) LKR 76 lautete ebenso wie Art. 23 *lit.* e) BKR 71 und wortgleich heute Art. 20 *lit.* e) LKR Art. 24 *lit.* e) BKR und Art. 29 *lit.* e) DKR: „Von der Teilnahme am Vergabeverfahren können Unternehmer ausgeschlossen werden, [...] e) die ihre Verpflichtung zur Zahlung der Sozialbeiträge nach den Rechtsvorschriften des Landes, in dem sie ansässig sind, oder nach den Rechtsvorschriften des Landes des öffentlichen Auftraggebers nicht erfüllt haben."

sie den Teilnehmer aber nur an den Vorschriften seines Herkunftsstaates, nicht auch an denen des Leistungsstaates.

Das Parlament forderte die Kommission auf, diese Änderung in ihren Richtlinienvorschlag zu übernehmen.[274] Die Kommission kam dieser Aufforderung nach und änderte ihren Richtlinienvorschlag entsprechend.[275] Der Rat weigerte sich aber, die Bestimmung in den Gemeinsamen Standpunkt aufzunehmen. Daraufhin änderte das Parlament den Vorschlag in der zweiten Lesung ab. Es sollte nur noch eine Kann-Bestimmung sein, die nicht mehr zur Eliminierung des Teilnehmers zwang, sondern dies in das Ermessen des Auftraggebers stellte. Außerdem sollte nicht mehr das Recht auf Arbeit erwähnt, sondern mehr die Tatsache in den Vordergrund gerückt werden, daß der Preisvorteil, der aus der Verletzung von zwingenden Schutzvorschriften herrührt, ein unlauterer ist:[276]

> „Von der Teilnahme am Vergabeverfahren können Unternehmer ausgeschlossen werden, [...]
>
> a)e) die sich unrechtmäßige wirtschaftliche Vorteile verschaffen, indem sie ihre rechtlichen Verpflichtungen in bezug auf Gesundheit und Sicherheit am Arbeitsplatz sowie Chancengleichheit für Frauen, Behinderte und rassische oder religiöse Minderheiten nach den Rechtsvorschriften des Landes, in dem sie ansässig sind, nicht erfüllen."

---

[274] Legislative Entschließung des Europäischen Parlaments vom 9.7.1987 mit der Stellungnahme des Europäischen Parlaments zu dem Vorschlag der Kommission der Europäischen Gemeinschaften an den Rat für eine Richtlinie zur Änderung der Richtlinie 77/62/EWG über die Koordinierung der Verfahren zur Vergabe öffentlicher Lieferaufträge und zur Streichung einiger Bestimmungen der Richtlinie 80/767/EWG, Dok.A2-100/87, ABl. vom 14.9.1987, Nr. C 246/84, Ziff. 5.

[275] Zweite Änderung des Vorschlags für eine Richtlinie des Rates zur Änderung der Richtlinie 77/62/EWG über die Koordinierung der Verfahren zur Vergabe öffentlicher Lieferaufträge und zur Streichung einiger Bestimmungen der Richtlinie 80/767/EWG, KOM (87) 468 endg., ABl. vom 13.11.1987, Nr. C 303/3 (8), Art. 19.

[276] Beschluß vom 16.12.1987 betreffend den Gemeinsamen Standpunkt des Rates zu dem Vorschlag der Kommission für eine Richtlinie zur Änderung der Richtlinie 77/62/EWG über die Koordinierung der Verfahren zur Vergabe öffentlicher Lieferaufträge und zur Streichung einiger Bestimmungen der Richtlinie 80/767/EWG, ABl. vom 18.1.1988, Nr. C 13/62 (66).

Der Rat behielt aber seine ablehnende Haltung bei. Schriftliche Äußerungen zweier auf deutscher Seite maßgeblich an den Verhandlungen beteiligter Personen legen die Vermutung nahe, daß dies wesentlich auf den Einfluß der Bundesrepublik zurückgeht.[277] Die Vorschrift fand daher keinen Eingang in die novellierte Richtlinie.

Ähnlich ablehnend wurden 1991 methodisch parallele Versuche des Parlaments behandelt, die Zulässigkeit eines mitgliedstaatlichen Verhaltens zu verankern, welches Unternehmer, „die nachweislich die umweltrechtlichen Bestimmungen nicht erfüllen können" von der Teilnahme an der Vergabe ausschließt.[278] Auch hier sollte ein neuer Ausschlußgrund geschaffen werden, der diesmal Art. 20 lit. f) LKR 76 und Art. 23 lit. f) BKR 71 nachgebildet war.[279] Weder Kommission noch Rat übernahmen diesen Vorschlag.

---

[277] *I. Seidel*, in: M. Dauses, EG-Wirtschaftsrecht, Randnr. 111: „Bei der Novellierung der Lieferkoordinierungsrichtlinie war in den EG-Beratungen das auftragsfremde Kriterium Frauenförderung lebhaft diskutiert worden. Das Europäische Parlament hatte für die Berücksichtigung beim Zuschlag eine entspechende Forderung erhoben. Bei den Beratungen im Ministerrat gab es eine Reihe von Mitgliedstaaten, die damit sympathisierten. Die Bundesrepublik hätte einer Richtlinie mit einer derartigen Bestimmung nicht zugestimmt."; *I. Seidel*, in: Rill/Griller, Europäischer Binnenmarkt, 193: „Vor zwei Jahren wäre ein Konsens über die Novellierung der Lieferkoordinierungsrichtlinie fast an der Frauenförderung gescheitert."; *O. Schlecht*, Forum '88, 27: „Grundsätzlich möchte ich aber noch etwas zu einem der Kriterien sagen, an denen im letzten Monat in Brüssel ein Konsens über die Novellierung der Liefer-Koordinierungsrichtlinie fast gescheitert wäre. Es ist die Frauenförderung durch öffentliche Aufträge."

[278] Vom Europäischen Parlament geänderter Text des Vorschlages der Kommission (KOM [90] 372 endg.) für eine Richtlinie des Rates über die Koordinierung der Verfahren zur Vergabe öffentlicher Dienstleistungsaufträge, ABl. vom 17.6.1991, Nr. C 158/90 (101), Änderung Nr. 84: „Von der Teilnahme am Vergabeverfahren können Unternehmer ausgeschlossen werden, [...] fa) die nachweislich die umweltrechtlichen Bestimmungen nicht erfüllen können."

[279] Art. 20 *lit.* f) LKR 76 lautete ebenso wie Art. 23 *lit.* f) BKR 71 und wortgleich heute Art. 20 *lit.* f) LKR Art. 24 *lit.* f) BKR und Art. 29 *lit.* f) DKR: „Von der Teilnahme können Unternehmer ausgeschlossen werden, [...] f) die ihre Verpflichtung zur Zahlung der Steuern und Abgaben nach den Rechtsvorschriften des Landes des öffentlichen Auftraggebers nicht erfüllt haben."

b) Verdeckte Erweiterung

In einem weiteren Vorstoß 1989 versuchte das Parlament diesmal nicht, die Vorschrift selbst zu erweitern, die den Katalog der Ausschlußgründe enthielt. Statt dessen sollte dieser eine Bestimmung vorangestellt werden, die es den mitgliedstaatlichen Vergabestellen erlaubt hätte, „als Vorbedingung für die Beteiligung an Bauaufträgen Maßnahmen mit dem Ziel" zu fordern, „die Bekämpfung der Langzeitarbeitslosigkeit und die Einstellung junger Menschen zu unterstützen".[280] Die Vorschrift war nicht als Ausschlußkriterium formuliert. Die fraglichen Maßnahmen waren aber als „Vorbedingung für die Beteiligung" gedacht. Die Nichterfüllung der Bedingung hätte höchstwahrscheinlich ausschließend gewirkt.

Angesichts der vorangegangenen Erfahrungen versah das Parlament diesen Entwurf mit zahlreichen Kautelen. Es handelte sich um eine Kann-Bestimmung, es sollten ausdrücklich nur diskriminierungsfreie Maßnahmen gedeckt sein und auch diese sollten in Programme eingebettet sein, die von der Kommission genehmigt worden waren. Überdies wäre diese Vorbedingung in der Vergabebekanntmachung bekanntzugeben gewesen. Dennoch fand der Vorschlag nicht die Billigung des Rates.

[280] Beschluß vom 15.2.1989 betreffend den Gemeinsamen Standpunkt des Rates zu dem Vorschlag der Kommission für eine Richtlinie zur Änderung der Richtlinie 71/305/EWG über die Koordinierung der Verfahren zur Vergabe öffentlicher Bauaufträge, ABl. vom 20.3.1989, Nr. C 69/69 (71): „Die öffentlichen Auftraggeber können als Vorbedingung für die Beteiligung an Bauaufträgen Maßnahmen mit dem Ziel fordern, die Bekämpfung der Langzeitarbeitslosigkeit und die Einstellung junger Menschen zu unterstützen, und zwar in der Weise, daß solche Maßnahmen keinerlei direkte oder indirekte Diskriminierung im Hinblick auf Bieter aus anderen Mitgliedstaaten beinhalten, und in der Weise, daß solche Maßnahmen im Kontext operationeller Programme vorgesehen werden, die von den zuständigen Behörden in den Mitgliedstaaten vorgeschlagen und von der Kommission gebilligt werden. In diesem Fall teilen die öffentlichen Auftraggeber diese Bedingungen in der Vergabebekanntmachung mit."

3. Erweiterung der Kataloge sekundärrechtlich zugelassener Eignungskriterien

a) Offene Erweiterung

Im Verfahren zur Novellierung der BKR 1971 scheiterte das Parlament 1988 auch mit einem Vorschlag, die Zulässigkeit eines mitgliedstaatlichen Vorgehens zu verankern, welches als Eignungsnachweis eine Tariftreueerklärung fordert. Zu diesem Zweck sollte diejenige Vorschrift der BKR 1971, welche den Katalog sekundärrechtlich zugelassener Eignungsnachweise enthält, um einen entsprechenden Absatz erweitert werden.[281] Obwohl die vorgeschlagene Regelung lediglich Erklärungen über die Einhaltung der ohnehin für das Unternehmen geltenden tariflichen und arbeitsrechtlichen Bestimmungen gedeckt hätte, wurde sie vom Rat nicht übernommen.

b) Verdeckte Erweiterung

Mit ähnlichem Ziel, aber anderer Vorgehensweise hatte im gleichen Verfahren das Parlament die Einfügung eines neuen Art. 24 a vorgeschlagen. Dieser hätte es den Vergabestellen erlaubt, „die Zweckmäßigkeit der Förderung von Lösungsversuchen für die Probleme der Langzeitarbeitslosen und der Jugendlichen" bei der Vergabe „zu berücksichtigen".[282] Die Bestimmung war nicht ausdrücklich als Eignungsnach-

---

[281] Vom Europäischen Parlament geänderter Text des von der Kommission der Europäischen Gemeinschaften (KOM [86] 679 endg.) vorgeschlagenen Textes einer Richtlinie zur Änderung der Richtlinie 71/305/EWG über die Koordinierung der Verfahren zur Vergabe öffentlicher Bauaufträge, ABl. vom 27.6.1988, Nr. C 167/64 (73), Art. 23d: „Die finanzielle und wirtschaftliche Leistungsfähigkeit des Unternehmers kann in der Regel durch einen oder mehrere der nachstehenden Nachweise nachgewiesen werden: [...] c)a. Erklärung über die Einhaltung der für das Unternehmen geltenden Tarifverträge und sonstigen arbeitsrechtlichen Bestimmungen."

[282] Vom Europäischen Parlament geänderter Text des von der Kommission der Europäischen Gemeinschaften (KOM [86] 679 endg.) vorgeschlagenen Textes einer Richtlinie zur Änderung der Richtlinie 71/305/EWG über die Koordinierung der Verfahren zur Vergabe öffentlicher Bauaufträge, ABl. vom 27.6.1988, Nr. C 167/64 (73), Art. 23c: „Der öffentliche Auftraggeber kann bei der Auftragsvergabe die Zweckmäßigkeit der Förderung von Lösungsversuchen für die Probleme der Langzeitarbeitslosen und der Jugendlichen vor allem in Regionen, Beschäftigungsbereichen und Ballungsräumen, die strukturbedingt

weis formuliert, sollte aber systematisch zwischen die Kataloge der technischen und der finanziellen Eignungskriterien eingefügt werden. Der Rat nahm den Vorschlag nicht in den Gemeinsamen Standpunkt auf.

4. Technische Vorschriften

Ähnlich wie zusätzliche Eignungsnachweise oder besondere Treueerklärungen einen faktischen Ausschluß unerwünschter Teilnehmer bewirken können, kann dies auch bei technischen Spezifikationen der Fall sein. Dies gilt insbesondere, wenn diese technischen Erfordernisse nur von einem bestimmten Teilnehmer oder einer bestimmten Gruppe von Teilnehmern erfüllt werden kann.

Sämtliche Richtlinien sahen und sehen daher ein Verbot der mittelbaren Diskriminierung durch technische Vorschriften vor.[283] Verboten sind danach sämtliche technischen Spezifikationen, die „Erzeugnisse einer bestimmten Produktion oder Herkunft oder besondere Verfahren erwähnen und bewirken, daß bestimmte Unternehmen bevorzugt oder ausgeschlossen werden [...] insbesondere die Angabe von Warenzeichen, Patenten oder Typen sowie die Angabe eines bestimmten Ursprungs oder einer bestimmten Produktion."

In der ersten Lesung zur DKR schlug das Parlament vor, den entsprechenden Artikel der DKR um einen Absatz zu ergänzen, der klarstellt, daß die Vorschrift „Auftraggeber keinesfalls daran hindern [darf], Unternehmer, Bau- und Dienstleistungen aufgrund von Umweltgesichtspunkten gemäß den UN-Resolutionen Restriktionen zu unterwerfen, sofern letztere mit dem EWG-Vertrag vereinbar sind."[284]

---

eine höhere Arbeitslosenzahl aufweisen, als der Durchschnitt der Gemeinschaft, im Rahmen der von den zuständigen Behörden in den Mitgliedstaaten vorgelegten und von der Kommission gebilligten operationellen Programme berücksichtigen."

[283] Art. 10 Abs. 6 BKR, Art. 8 Abs. 6 LKR, Art. 14 Abs. 6 DKR, Art. 18 Abs. 5 SKR (mit Ausnahmen in Abs. 6); früher: Art. 10 Abs. 2 BKR 71, Art. 7 Abs. 2 LKR 76, Art. 10 Abs. 6 BKR 89, Art. 7 Abs. 6 LKR 88.

[284] Art. 16 Abs. 6a des vom Europäischen Parlament geänderten Textes des Vorschlages der Kommission (KOM [90] 372 endg.) für eine Richtlinie des Rates über die Koordinierung der Verfahren zur Vergabe öffentlicher Dienstleistungsaufträge, ABl. vom 17.6.1991, Nr. C 158/90 (99), Änderung Nr. 74.

Hintergrund war offenbar die Sorge, daß das Verbot der Angabe einer bestimmten Herkunft oder eines bestimmten Ursprungs in Konflikt treten könnte mit Umweltresolutionen der Vereinten Nationen, welche die Beschaffung aus bestimmten Regionen der Welt verbieten.

Der Vorschlag fand kein Echo bei Kommission und Rat und erlangte daher keine Geltung.

5. Treueerklärungen

Teilweise durchsetzen konnte sich das Parlament mit einer Initiative, die es den Mitgliedstaaten erlauben sollte, geltende Arbeitsschutz- und Arbeitsbedingungen zum Gegenstand einer Erklärung zu machen, welche potentielle Teilnehmer zu Beginn ihrer Beteiligung am Vergabeverfahren abzugeben hätten.

Dabei hatte das Parlament zunächst den weitergehenden Versuch unternommen, in der BKR 89 zwingend anzuordnen, daß die Beschäftigungsbedingungen, insbesondere Arbeitsschutz- und Lohnbestimmungen für alle Teilnehmer einheitlich festzuschreiben sind. Zu diesem Zwecke schlug das Parlament in erster Lesung vor, einen entsprechenden Art. 22 a neu einzufügen.[285] Mit dieser Vorschrift wären die Vergabestellen verpflichtet worden, für jeden Auftrag einen Kanon von für alle Teilnehmer gleichermaßen verbindlichen Beschäftigungsbedingungen zu benennen. Das Parlament erklärte hierzu, die Bestimmung solle „zur Gewährleistung von Transparenz und Gleichberechtigung bei den geltenden Arbeitsbedingungen für alle Teilnehmer dienen".[286] Hintergrund war die Verhinderung eines Wettbewerbs der Sozialsysteme

---

[285] Vom Europäischen Parlament geänderter Text des von der Kommission der Europäischen Gemeinschaften (KOM [86] 679 endg.) vorgeschlagenen Textes einer Richtlinie zur Änderung der Richtlinie 71/305/EWG über die Koordinierung der Verfahren zur Vergabe öffentlicher Bauaufträge, ABl. vom 27.6.1988 Nr. C 167/64 (72): „Unbeschadet der Bestimmungen der Verträge und der in Übereinstimmung damit angenommenen Maßnahmen legt der öffentliche Auftraggeber in den Verdingungsunterlagen die Auflagen hinsichtlich der in dem Mitgliedstaat, in der Region oder dem Ort, wo die Arbeit durchzuführen ist, bestehenden Beschäftigungsbedingungen fest, die daraufhin für die vor Ort auszuführenden Arbeiten während der Ausführung des Vertrages gelten."

[286] Empfehlung des Ausschusses für Wirtschaft, Währung und Industriepolitik betreffend den Standpunkt des Rates im Hinblick auf die Annahme einer Richtlinie 71/305/EWG über die Koordination der Verfahren zur Vergabe öffentlicher Bauaufträge, PE DOK A 2-361/88 vom 26.1.1989, 13.

durch die Berücksichtigung von Preisunterschieden, die durch unterschiedliche Lohn- und Lohnnebenkosten entstehen.

Der Rat vertrat dagegen die Ansicht, daß die Durchführung einer solchen Bestimmung vor allem in denjenigen Ländern auf große Schwierigkeiten stoßen würde, in denen die Arbeitsbedingungen nicht kodifiziert sind, sondern aus der Rechtsprechung oder den Tarifverträgen hervorgehen.[287] Er nahm deshalb in den Gemeinsamen Standpunkt eine abgeschwächte Version der Bestimmung auf.[288] Unabhängig von der offiziellen Begründung lag der entscheidende Unterschied dieser Fassung zum Vorschlag des Parlaments darin, daß die Vergabestelle nicht für den jeweiligen Auftrag eigens die Beschäftigungsbedingungen zusammenstellen, sondern lediglich die Behörde benennen sollte, bei der man die geltenden Bedingungen erfragen konnte. Vor allem aber sollte sie nicht verpflichtet sein, dies zu tun.

Das Parlament hielt dies für seinen Absichten nicht genügend.[289] Es schlug deshalb in zweiter Lesung vor, die Vergabestelle zur Angabe geltender Bestimmungen zu verpflichten. Diese durchzusetzen sollte die Vergabestelle gleichfalls verpflichtet werden, indem sie vom Teilnehmer

---

[287] Erklärung des Rates, wiedergegeben in der Empfehlung des Ausschusses für Wirtschaft, Währung und Industriepolitik betreffend den Standpunkt des Rates im Hinblick auf die Annahme einer Richtlinie 71/305/EWG über die Koordination der Verfahren zur Vergabe öffentlicher Bauaufträge, PE DOK A 2-361/88 vom 26.1.1989, 13.

[288] Gemeinsamer Standpunkt des Rates zu dem Vorschlag der Kommission für eine Richtlinie zur Änderung der Richtlinie 71/305/EWG über die Koordinierung der Verfahren zur Vergabe öffentlicher Bauaufträge, ABl. vom 20.3.1989, Nr. C 69/69 (71): „Der öffentliche Auftraggeber kann in den Vertragsunterlagen die Behörde/die Behörden angeben, bei der/bei denen die Bieter die einschlägigen Auskünfte über die Verpflichtungen hinsichtlich der Arbeitsschutzbestimmungen und Arbeitsbedingungen erhalten können, die in dem Mitgliedstaat, der Region oder an dem Ort gelten, wo die Bauarbeiten auszuführen sind, und die auf die während der Durchführung des Auftrags auf der Baustelle vorzunehmenden Arbeiten anwendbar sind."

[289] Empfehlung des Parlamentsausschusses für Wirtschaft, Währung und Industriepolitik betreffend den Standpunkt des Rates im Hinblick auf die Annahme einer Richtlinie 71/305/EWG über die Koordination der Verfahren zur Vergabe öffentlicher Bauaufträge, PE DOK A 2-361/88 vom 26.1.1989, 13 f.: „Die vom Rat gewählte Lösung [...] wird [...], dem angestrebten Ziel der Transparenz und Gleichberechtigung der Bieter nicht gerecht."

ebenso zwingend eine Treueerklärung verlangen sollte.[290] Erst auf dieser Stufe des Verfahrens kam die Idee auf, eine gesonderte Erklärung der Beachtung dieser Bestimmungen zu verlangen.

Der Rat hielt das zwingende Element für problematisch. In der Endfassung, wie sie Eingang in die BKR 89 fand, wählte er einen dezentralen Ansatz und überließ die Entscheidung den Mitgliedstaaten. Er ermächtigte sie dazu, die Vergabestellen zur Angabe der Behörden zu verpflichten, bei denen die geltenden Bestimmungen erfragt werden können, indem er den Halbsatz anfügte[291], „er [der öffentliche Auftraggeber] kann durch einen Mitgliedstaat zu dieser Angabe verpflichtet werden." Nur für diejenigen Auftraggeber, die solche Angaben gemacht hatten, ordnete er an, daß sie von den potentiellen Teilnehmern die Angabe verlangen sollten, „daß sie bei der Ausarbeitung ihres Angebots den Verpflichtungen hinsichtlich der Arbeitsschutzbestimmungen und Arbeitsbedingungen Rechnung getragen haben."[292]

Dieser dezentrale Ansatz gilt heute als Art. 23 BKR fort. Auf entsprechende Anregungen des Parlaments[293] hin, deren Diskussion nahezu

---

[290] Beschluß vom 15.2.1989 betreffend den Gemeinsamen Standpunkt des Rates zu dem Vorschlag der Kommission für eine Richtlinie zur Änderung der Richtlinie 71/305/EWG über die Koordinierung der Verfahren zur Vergabe öffentlicher Bauaufträge, ABl. vom 20.3.1989, Nr. C 69/69 (71), Änderung Nr. 7: „(2) Der Bieter teilt in seinem Angebot mit, daß er die Verpflichtungen hinsichtlich der Arbeitsschutzbestimmungen und Arbeitsbedingungen berücksichtigt hat, die an dem Ort gelten, wo die Bauarbeiten auszuführen sind."

[291] Art. 1 Ziff. 18 der Richtlinie 89/440/EWG des Rates vom 18.7.1989 zur Änderung der Richtlinie 71/305/EWG über die Koordination der Verfahren zur Vergabe öffentlicher Bauaufträge, ABl. vom 21.7.1989, Nr. L 210/1 (10), heute Art. 23 BKR.

[292] *Ibid.*

[293] Art. 18 a des vom Europäischen Parlament geänderten Textes des von der Kommission der Europäischen Gemeinschaften (KOM [88] 377 endg.) vorgeschlagenen Textes für eine Richtlinie des Rates betreffend die Auftragsvergabe durch Auftraggeber im Bereich der Wasser-, Energie- und Verkehrsversorgung, ABl. vom 26.6.1989, Nr. C 158/258 (267), Änderung Nr. 21: „1. Unbeschadet der Bestimmungen der Verträge und der [in] Übereinstimmung mit den Verträgen beschlossenen Maßnahmen gibt die auftraggebende Behörde in den Spezifikationen die Verpflichtungen gemäß den Beschäftigungsbedingungen, arbeitsrechtlichen Bestimmungen und Lohnabschlüssen an, die während der Dauer der Durchführung des Auftrags in den Mitgliedstaaten, Regionen oder Gemeinden, in denen die Arbeiten vor Ort durchzuführen sind, gelten. 2. Der Bieter erklärt in seinem Angebot, daß er die Verpflichtungen aufgrund der Ar-

spiegelbildlich zu der eben geschilderten verlief, fand dieser Ansatz auch Eingang in die SKR 90 (heute Art. 29 SKR) und als Art. 28 ebenfalls in die DKR. Allerdings enthält die LKR keine entsprechende Bestimmung. Es wurde für diese Richtlinie auch kein solcher Vorschlag vom Parlament gemacht.

Es ist also den einzelnen Mitgliedstaaten im Bereich von BKR, DKR und SKR ausdrücklich sekundärrechtlich erlaubt, ihre eigenen Vergabestellen anzuweisen, potentiellen Teilnehmern die Behörden mitzuteilen, bei denen die geltenden Arbeits- und Arbeitsschutzbestimmungen zu erfragen sind und dann von diesen eine Treueerklärung hinsichtlich dieser Bedingungen zu verlangen. Es bleibt Sache des Mitgliedstaates, zu entscheiden, ob er dies tun will.

6. Zusammenfassung

Hinsichtlich des Vorschlags, eine Förderung von Sekundärzwecken durch Rückstufung der Publizität zuzulassen, kann ein gewisses Entgegenkommen von Parlament und Rat festgestellt werden. Dagegen stießen die Versuche einer offenen oder verdeckten Einführung zusätzlicher Ausschlußkriterien auf konsequenten und erfolgreichen Widerstand. Die Vorstöße des Parlaments, hier eine Regelung der Instrumentfunktion öffentlicher Auftragsvergabe herbeizuführen, blieben erfolglos. Teilweise erfolgreich waren dagegen die Initiativen des Parlaments, im Bereich grenzüberschreitender Dienstleistungen (BKR, DKR, SKR,

---

beitsschutzbestimmungen und der Arbeitsbedingungen, die an dem Ort, an dem die Arbeiten durchzuführen sind, gelten, berücksichtigt hat."

Vom Europäischen Parlament geänderter Text des Vorschlages der Kommission (KOM [90] 372 endg.)für eine Richtlinie des Rates über die Koordinierung der Verfahren zur Vergabe öffentlicher Dienstleistungsaufträge, ABl. vom 17.6.1991, Nr. C 158/90 (101), Änderungen Nr. 82 und 71: „Unbeschadet der Bestimmungen der Verträge und der in Übereinstimmung mit den Verträgen getroffenen Maßnahmen gibt der Auftraggeber in den Spezifikationen die Verpflichtungen im Hinblick auf Arbeitsbedingungen, arbeitsrechtliche Bestimmungen, Lohnvereinbarungen sowie Gesundheitsschutz und Sicherheit an, die in den Mitgliedstaaten, den Regionen oder an Orten gelten, in denen die Arbeiten während der Durchführung des Auftrages auf der Baustelle auszuführen sind. Der Erbringer von Dienstleistungen gibt in seinem Angebot an, daß er die Verpflichtungen hinsichtlich der arbeitsrechtlichen Bestimmungen, der Lohnvereinbarungen, der Arbeitsschutzbestimmungen, Gesundheitsschutz und Sicherheit und anderer Arbeitsbedingungen berücksichtigt hat, die an dem Ort gelten, an dem die Arbeiten ausgeführt werden."

nicht aber LKR) eine mitgliedstaatliche Praxis zu erlauben, die von potentiellen Teilnehmern die Abgabe von Treueerklärungen hinsichtlich geltender Arbeits- und Arbeitsschutzbestimmungen verlangt.

II. Vorschläge, die eine Modifikation der Zuschlagskriterien erlaubt hätten

Alle Richtlinien sahen und sehen grundsätzlich zwei mögliche Zuschlagskriterien vor: Den absolut niedrigsten Preis oder das relativ beste Preis-Leistungs-Verhältnis. Bereits BKR 71 und LKR 76 ließen hiervon in den Grenzen des Vertrags eine Ausnahme zu für eine mitgliedstaatliche „Regelung, bei der bestimmten Bietern eine Bevorzugung gewährt wird".[294] Dabei galt diese Ausnahme in der BKR 71 noch ohne zeitliche Begrenzung. In der LKR 76 und allen folgenden neuen und überarbeiteten Richtlinien galt sie nur für eine „Regelung, die zum Zeitpunkt der Annahme dieser Richtlinie in Kraft ist", war also als „grandfather clause" ausgestaltet.

Bei der Novellierung von BKR 71 und LKR 76 und auch bei Erlaß der neuen SKR 90 und DKR unternahm das Parlament mehrfach Versuche, die Zahl der ausnahmsweise zulässigen mitgliedstaatlichen Zusatzkriterien auszuweiten bzw. neu einzuführen oder doch zumindest die weitere Beschränkung dieser Ausnahmen zu verhindern.

1. Berücksichtigung der Regionalförderung als zusätzliches Kriterium

Im Rahmen der Novellierung der LKR 76 wollte das Parlament in einer weiteren „grandfather clause" mitgliedstaatliche Regelungen zulassen, die den Sekundärzweck der Regionalförderung verfolgen.[295] Diese Be-

---

[294] Art. 29 Abs. 4 BKR 71, Art. 25 Abs. 4 LKR 76.

[295] Art. 26 des vom Europäischen Parlament geänderten Textes des von der Kommission der Europäischen Gemeinschaften (KOM [86] 297 endg. und KOM [87] 233 endg.) vorgeschlagenen Textes einer Richtlinie zur Änderung der Richtlinie 77/62/EWG über die Koordinierung der Verfahren zur Vergabe öffentlicher Lieferaufträge und zur Streichung einiger Bestimmungen der Richtlinie 80/767/EWG, ABl. vom 14.9.1987 Nr. C 246/79 (83): „Diese Richtlinie steht bis zum 31. Dezember 1991 der Anwendung bestehender nationaler Vorschriften nicht entgegen, die den Abbau regionaler Disparitäten und die Förderung der Schaffung von Arbeitsplätzen in Regionen, die in ihrer Entwicklung zurückgeblieben sind und in im Rückgang befindlichen Industriegebieten zum

stimmung sollte bis 1992 befristet sein, sah aber eine Verlängerungsmöglichkeit des Rates vor.[296] Das Parlament forderte die Kommission auf, diese Änderung in ihren Richtlinienvorschlag zu übernehmen.[297] Die Kommission kam dieser Aufforderung nach und änderte ihren Richtlinienvorschlag, von Formulierungsänderungen abgesehen, im Sinne des Parlaments ab.[298] Der Rat übernahm diesen Vorschlag aber nicht in den Gemeinsamen Standpunkt. Daraufhin beharrte das Parlament in zweiter Lesung nochmals ausdrücklich auf der Einfügung der Vorschrift in der Fassung, welche die Kommission gefunden hatte.[299]

Ziel haben, - wenn diese Regionen für Zuschüsse aus dem Europäischen Entwicklungsfonds [...] in Frage kommen [...]."

[296] *Ibid.*: „Zur Verlängerung der Anwendung der Bestimmungen der genannten bestehenden nationalen Bestimmungen über 1992 hinaus ist ein Beschluß des Rates auf der Grundlage eines Vorschlags der Kommission und nach Konsultation des Europäischen Parlaments erforderlich."

[297] Legislative Entschließung der Europäischen Parlaments vom 9.7.1987 mit der Stellungnahme des Europäischen Parlaments zu dem Vorschlag der Kommission der Europäischen Gemeinschaften an den Rat für eine Richtlinie zur Änderung der Richtlinie 77/62/EWG über die Koordinierung der Verfahren zur Vergabe öffentlicher Lieferaufträge und zur Streichung einiger Bestimmungen der Richtlinie 80/767/EWG, Dok.A2-100/87, ABl. vom 14.9.1987, Nr. C 246/84, Ziff. 5.

[298] Zweite Änderung des Vorschlags für eine Richtlinie des Rates zur Änderung der Richtlinie 77/62/EWG über die Koordinierung der Verfahren zur Vergabe öffentlicher Lieferaufträge und zur Streichung einiger Bestimmungen der Richtlinie 80/767/EWG (KOM [87] 468 endg.), ABl. vom 13.11.1987, Nr. C 303/3 (8), Art. 21: „(1) Diese Richtlinie steht bis 31. Dezember 1992 der Anwendung bestehender nationaler Bestimmungen nicht entgegen, die darauf abzielen, den Abstand zwischen den verschiedenen Regionen zu verringern und die Schaffung von Arbeitsplätzen in Regionen, die in Ihrer Entwicklung zurückgeblieben sind, sowie in im Rückgang befindlichen Industriegebieten zu fördern, sofern die betreffenden Bestimmungen mit dem Vertrag und den internationalen Verpflichtungen der Gemeinschaft vereinbar sind. (2) Abs. 1 schränkt das Initiativrecht der Kommission, insbesondere im Zusammenhang mit den Artikeln 130 a bis 130 e des Vertrags oder hinsichtlich der Verlängerung bestehender nationaler Maßnahmen im Rahmen einer auf die in Abs. 1 genannten Ziele gerichteten Gemeinschaftspolitik in keiner Weise ein."

[299] Beschluß vom 16.12.1987 betreffend den Gemeinsamen Standpunkt des Rates zu dem Vorschlag der Kommission für eine Richtlinie zur Änderung der Richtlinie 77/62/EWG über die Koordinierung der Verfahren zur Vergabe öffentlicher Lieferaufträge und zur Streichung einiger Bestimmungen der Richtlinie 80/767/EWG, ABl. vom 18.1.1988, Nr. C 13/62 (66).

Der Rat übernahm in die Endfassung der LKR 88 nur den ersten Absatz ohne Verlängerungsmöglichkeit in der folgenden Fassung:[300]

> „Diese Richtlinie steht bis 31. Dezember 1992 der Anwendung bestehender nationaler Bestimmungen zur Vergabe öffentlicher Lieferaufträge nicht entgegen, die darauf abzielen, den Abstand zwischen den verschiedenen Regionen zu verringern und die Schaffung von Arbeitsplätzen in Regionen, die in ihrer Entwicklung zurückgeblieben sind sowie in im Rückgang befindlichen Industriegebieten zu fördern, sofern die betreffenden Bestimmungen mit dem Vertrag und den internationalen Verpflichtungen der Gemeinschaft vereinbar sind."

In der aktuellen LKR ist die Vorschrift wegen Zeitablaufs entfallen.[301]

In erster Lesung zur Novellierung der Baukoordinierungsrichtlinie schlug das Parlament ebenfalls eine neue Vorschrift zur Regionalförderung vor[302], die wortgleich mit dem eben behandelten Vorschlag in zweiter Lesung zur Lieferkoordinierungsrichtlinie war. Sie wurde vom Rat sogleich in den Gemeinsamen Standpunkt und sodann als Art. 29 b in die BKR 89[303] in derjenigen Fassung übernommen, in der sie zuvor schon als Art. 26 Eingang in die LKR 88 gefunden hatte. Anders als dort entfiel sie bei der Konsolidierung nicht, sondern wurde wegen Zeitablaufs gegenstandslos.[304]

Der Kommissionsvorschlag zur neuen SKR 90 sah in Übereinstimmung mit LKR 88 und BKR 89 vor, daß Zuschlagskriterien das wirtschaftlich

---

300 Richtlinie 88/295/EWG des Rates vom 22.3.1988 zur Änderung der Richtlinie 77/62/EWG über die Koordinierung der Verfahren zur Vergabe öffentlicher Lieferaufträge und zur Aufhebung einiger Bestimmungen der Richtlinie 80/767/EWG, ABl. vom 20.5.1988, Nr. L 127/1 (7).

301 Richtlinie 93/36/EWG des Rates vom 14.6.1993 über die Koordinierung der Verfahren zur Vergabe öffentlicher Lieferaufträge, ABl. vom 9.8.1993, Nr. L 199/54.

302 Vorgeschlagener Art. 29b im vom Europäischen Parlament geänderten Text des von der Kommission der Europäischen Gemeinschaften (KOM [86] 679 endg.) vorgeschlagenen Textes einer Richtlinie zur Änderung der Richtlinie 71/305/EWG über die Koordinierung der Verfahren zur Vergabe öffentlicher Bauaufträge, ABl. vom 18.5.1988 Nr. C 167/64 (73).

303 Richtlinie des Rates vom 18.7.1989 zur Änderung der Richtlinie 71/305/EWGV über die Koordination der Verfahren zur Vergabe öffentlicher Bauaufträge, ABl. vom 21.7.1989, Nr. L 210/1 (11).

304 Art. 31 BKR.

günstigste Angebot oder der niedrigste Preis sein sollten. Hiervon war, wie in BKR 89 und LKR 88, als Ausnahme eine auf Ende 1992 befristete und mit Vorbehalt hinsichtlich der Grenzen des Vertrags und der internationalen Verpflichtungen der Gemeinschaft versehene „grandfather clause" für den Sekundärzweck der Regionalförderung vorgesehen. Diese Bestimmung fand Eingang in die SKR 90, gilt noch heute als Art. 35 Abs. 2 SKR fort, ist aber wegen Zeitablaufs gegenstandslos geworden.

Einen entsprechenden Vorschlag, in der neuen DKR eine Regelung für den Sekundärzweck der Regionalförderung einzufügen, zog das Parlament nach Erlaß der Entscheidung des Gerichtshofs in der Rechtssache *du Pont de Nemours*[305] zurück.[306]

2. Berücksichtigung anderer Sekundärzwecke als zusätzliches Kriterium

Das Parlament wollte im Rahmen der Beratungen zur neuen SKR 90 zusätzliche, unbefristete „grandfather clauses" für andere Sekundärzwecke einfügen, nämlich für existierende Bestimmungen, die „darauf abzielen, die Gleichberechtigung und die Chancengleichheit für Frauen, Behinderte und Wanderarbeitnehmer zu fördern",[307] ebenso wie für solche, „die darauf abzielen, [...] die städtischen Siedlungsräume neu zu

---

[305] EuGH *-du Pont de Nemours-* Rs. C-21/88 vom 20.3.1990, Slg. 1990, I-889; zu dem Urteil näher unten Text bei Anm. 885.

[306] Das öffentliche Auftragswesen in der Europäischen Gemeinschaft, Europäisches Parlament-Generaldirektion Wissenschaft (Reihe Wirtschaftsfragen Nr. 21), Dezember 1991, DOC-DE/DV/117748 (Sammlung Wissenschaft und Dokumentation), 57: „da der Gerichtshof in seinem Urteil ‚du Pont de Nemours' die regionale Präferenzregelung Italiens als mit Art. 30 des Vertrages unvereinbar erklärt hatte, hat es das Europäische Parlament vorgezogen, sie zu streichen.".

[307] Art. 23 Abs. 2a des vom Europäischen Parlament geänderten Textes des von der Kommission der Europäischen Gemeinschaften (KOM [88] 377 endg.) vorgeschlagenen Textes für eine Richtlinie des Rates betreffend die Auftragsvergabe durch Auftraggeber im Bereich der Wasser-, Energie- und Verkehrsversorgung, ABl. vom 26.6.1989, Nr. C 158/258 (269): „Unbeschadet des Absatzes 1 steht diese Richtlinie der Anwendung bestehender einzelstaatlicher Bestimmungen zur Vergabe von Liefer- und Bauaufträgen nicht entgegen, die darauf abzielen, die Gleichberechtigung und die Chancengleichheit für Frauen, Behinderte und Wanderarbeitnehmer zu fördern, sofern die betreffenden Bestimmungen mit dem Vertrag und den internationalen Verpflichtungen der Gemeinschaft vereinbar sind."

beleben."[308] Die Kommission nahm keine der vorgeschlagenen Änderungen in ihren geänderten Kommissionsvorschlag auf.[309] Dennoch beharrte das Parlament, von unwesentlichen Änderungen der Formulierung abgesehen, in zweiter Lesung unverändert auf der inhaltlichen Erweiterung der „grandfather clauses".[310] Die SKR 90 wurde vom Rat ohne Berücksichtigung dieser Anregungen verabschiedet, so daß diese Vorschläge keine Geltung erlangten.

Im Verfahren zum Erlaß der DKR schlug das Europäische Parlament 1991 noch weitergehend eine Ausnahmeklausel vor, die alle „bestehenden oder künftigen" mitgliedstaatlichen Bestimmungen gedeckt hätte, „deren Ziel die Förderung und der Schutz der Chancengleichheit von sozial schwächeren Gruppen auf dem Arbeitsmarkt" ist.[311] Die Kom-

---

[308] Art. 23 Abs. 2 des vom Europäischen Parlament geänderten Textes des von der Kommission der Europäischen Gemeinschaften (KOM [88] 377 endg.) vorgeschlagenen Textes für eine Richtlinie des Rates betreffend die Auftragsvergabe durch Auftraggeber im Bereich der Wasser-, Energie- und Verkehrsversorgung, ABl. vom 26.6.1989, Nr. C 158/258 (268): „Anwendung bestehender einzelstaatlicher Bestimmungen zur Vergabe von Liefer- und Bauaufträgen [...] die darauf abzielen, [...] die städtischen Siedlungsräume neu zu beleben [...]."

[309] Art. 27 des Geänderten Vorschlags der Kommission für eine Richtlinie des Rates betreffend die Auftragsvergabe durch Auftraggeber im Bereich der Wasser-, Energie- und Verkehrsversorgung sowie im Telekommunikationssektor, KOM (89) 380 endg., ABl. vom 16.10.1989, Nr. C 264/22 (33).

[310] Beschluß des Europäischen Parlaments vom 13.6.1990 betreffend den Gemeinsamen Standpunkt des Rates im Hinblick auf die Annahme einer Richtlinie über die Auftragsvergabe im Bereich der Wasser-, Energie- und Verkehrsversorgung sowie im Telekommunikationssektor, Dok. A3-129/90, ABl. vom 16.7.1990, Nr. C 175/78 (82), Änderungen Nr. 16 und 17; die Formulierung Art. 28 Abs. 1 in der Fassung der Änderung Nr. 16 lautete jetzt: „Art. 27 Abs. 1 findet keine Anwendung bei der Vergabe von Aufträgen im Rahmen einer Regelung, die zum Zeitpunkt der Annahme dieser Richtlinie in Kraft ist und zum Ziel hat, den Schutz gleicher Rechte und Chancen für Frauen, Behinderte oder Arbeitnehmer aus Minderheitengruppen zu fördern [...], sofern die angewandte Regelung mit dem Vertrag vereinbar ist."

[311] Art. 25 Abs. 2 des vom Europäischen Parlament geänderten Textes des Vorschlags der Kommission (KOM [90] 372 endg.) für eine Richtlinie des Rates über die Koordinierung der Verfahren zur Vergabe öffentlicher Dienstleistungsaufträge, ABl. vom 17.6.1991, Nr. C 158/90 (101), Änderungen Nr. 82 und 71: „Die Richtlinie steht nicht der Anwendung bestehender oder künftiger nationaler, regionaler oder lokaler Bestimmungen über die Vergabe öffentlicher Liefer- oder Bauaufträge entgegen, deren Ziel die Förderung und der Schutz der Chancengleichheit von sozial schwächeren Gruppen auf dem Arbeitsmarkt

mission übernahm die Änderung nicht in ihren abgeänderten Vorschlag. Entsprechend fanden sie keine Aufnahme in die DKR.

3. Zusammenfassung

Einen Teilerfolg konnte das Parlament bei den Vorschlägen verbuchen, die eine mitgliedstaatliche Abweichung von den rein wirtschaftlichen Zuschlagskriterien zugunsten des Sekundärzwecks der Regionalförderung zulassen sollten. BKR 89, LKR 88 und SKR 90 wurden mit entsprechenden Bestimmungen ausgestattet. Aus mehreren Gründen muß dies aber als Pyrrhussieg betrachtet werden: Die Bestimmungen waren von vorne herein auf Ende 1992 befristet. Eine Verlängerungsoption konnte das Parlament nicht durchsetzen. Im übrigen galt die Bestimmung stets nur in den Grenzen des Vertrages. Die Vereinbarkeit gerade der regionalpolitischen Instrumentfunktion mit den Regeln des Vertrages ist aber stets problematisch gewesen. Die Entscheidung des Gerichtshofs vom März 1990 in der Rechtssache *du Pont de Nemours*[312] hat hier derartig enge Grenzen gesetzt,[313] daß das Parlament von einem weiteren sekundärrechtlichen Vorgehen im Rahmen der DKR abgesehen hat.

Die Vorschläge das Parlaments, Ausnahmen für weitere Sekundärzwekke und diese gar unbefristet oder auch für zukünftige Regelungen zuzulassen, sind ohne größere Diskussion gescheitert.

(Frauen, Behinderte, Angehörige von ethnischen Minderheitengruppen, Wanderarbeitnehmer, religiöse Gruppierungen, Langzeitarbeitslose, Empfänger von Sozialhilfe usw.) ist, sofern diese Bestimmungen mit dem Vertrag und mit den internationalen Verpflichtungen der Gemeinschaft vereinbar sind." Trotz der allgemeinen Formulierung („Die Richtlinie steht nicht ... entgegen") ergibt sich aus der systematischen Stellung der vorgeschlagenen Norm, daß sie die Zuschlagskriterien modifizieren sollte.

[312] EuGH *-du Pont de Nemours-* (Anm. 305), I-889.

[313] Zu dem Urteil näher unten Text bei Anm. 885.

III. Vorschläge mit Bedeutung für Auftragsbedingungen

1991 schlug das Parlament im Verfahren zum Erlaß der DKR vor, einen neuen Erwägungsgrund in die Präambel der Richtlinie einzufügen. Der Erwägungsgrund sollte lauten:[314]

> „Es wäre angebracht, daß alle Mitgliedstaaten das ILO-Übereinkommen Nr. 94 ratifizieren und anwenden."

Das ILO-Abkommen Nr. 94 vom 29. Juni 1949 ist am 20. September 1952 in Kraft getreten.[315] Acht Mitgliedstaaten[316] haben dieses Abkommen derzeit ratifiziert. Es gilt nur für öffentliche Bauaufträge und eine Reihe sonstiger öffentlicher Dienstleistungsaufträge.[317] In Art. 2 verpflichtet das Abkommen dazu, diesen Aufträgen bestimmte Vertragsbedingungen beizufügen.[318] Diese Bedingungen müssen den bei der Ausführung des Auftrages Beschäftigten Arbeitsbedingungen sichern, deren Standard mindestens dem entspricht, was am Ort der Leistungserbringung üblich ist.[319]

Der Vorschlag fand weder bei der Kommission noch beim Rat Beachtung und wurde daher nicht zu geltendem Gemeinschaftsrecht. Neuere Vorstöße des Parlaments[320] zielen auf eine Berücksichtigung des ILO-

---

[314] Vom Europäischen Parlament geänderter Text des Vorschlages der Kommission (KOM [90] 372 endg.) für eine Richtlinie des Rates über die Koordinierung der Verfahren zur Vergabe öffentlicher Dienstleistungsaufträge, ABl. vom 17.6.1991, Nr. C 158/90 (91), Änderung Nr. 79.

[315] Convention (No. 94) concerning labour clauses in public contracts. Adopted by the General Conference of the International Labour Organization at its thirty-second session, Geneva 29 June 1949, UNTS Vol.138, Nr. I, 1870, 207-223.

[316] Belgien, Dänemark, Finnland, Frankreich, Italien, Niederlande Österreich, Spanien; Großbritannien, welches das Abkommen am 30.6.1950 als erster Staat überhaupt ratifizierte, hat das Abkommen gekündigt.

[317] Art. 1 (c) des Abkommens (Anm. 315).

[318] Näher *H. Nielsen*, (1995) 4 P.P.L.R., 95 f.

[319] „Contracts to which this Convention applies shall include clauses ensuring to the workers concerned wages (including allowances), hours of work and other conditions of labour which are not less favourable than those established for work of the same character in the trade or industry concerned in the district where the work is carried on [...]".

[320] Textziff. 17 der Entschließung des Europäischen Parlaments vom 22.10.1997, A4-0309/97, abgedruckt in VergR 6/97, 48, zu dem Grünbuch der Kommission „Das öffentliche Auftragswesen in der Europäischen Union:

Abkommens Nr. 94 im Rahmen des GATT/WTO-Übereinkommens über das Öffentliche Beschaffungswesen[321].

IV. Zusammenfassung

Nahezu alle parlamentarischen Vorschläge zur sekundärrechtlichen Regelung der Instrumentfunktion öffentlicher Aufträge im Rahmen des Binnenmarktprojekts setzten im Stadium vor der Zuschlagsentscheidung an. Sie spiegeln damit die mitgliedstaatliche Praxis der Verfolgung von Sekundärzwecken wider, die ihrerseits zumeist vor der Zuschlagsentscheidung das Vergabeverfahren zu beeinflussen sucht. Dabei ist auffällig, daß sich das Parlament mehrfach und eindringlich um eine Erweiterung der Kriterienkataloge bemüht hat, die Festlegungen zu Ausschluß und Eignung der Teilnehmer und zur Zuschlagsentscheidung unter den Geboten treffen. Ebenso auffällig ist die Entschlossenheit von Rat und Kommission, gerade eine Aufweichung dieser Kataloge zu vermeiden oder wenigstens zu befristen.

Wo die Vorschläge des Parlaments zu geltendem oder zeitweise geltendem Sekundärrecht wurden, geschah dies meist in einer gegenüber den ursprünglichen Vorschlägen stark abgeschwächten Form oder in einer Formulierung, die mehrere Deutungen zuließ.

D. Fortsetzung der Kontroverse im Rahmen der deutschen innerstaatlichen Umsetzung der Richtlinien

Im Rahmen der Diskussion um die deutsche Umsetzung[322] der Vergaberichtlinien erhielt die Debatte zwischen Parlament und Kommission eine Neuauflage. Wie das Parlament um die Befugnisse der Mitgliedstaaten, so stritt der Bundesrat um die Befugnisse der Länder, Sekundärzwecke verfolgen zu dürfen. Allerdings war der Bundesrat erfolgreicher, da seine Stellung im Gesetzgebungsverfahren stärker ausgestaltet war, als diejenige des Europäischen Parlaments.[323] Es handelte sich um ein

---

Überlegungen für die Zukunft": „fordert die Kommission auf [...] zu prüfen, wie das IAO-Abkommen 94 in das GPA aufgenommen werden kann".

[321] Siehe oben Anm. 258.

[322] Zur deutschen Umsetzungsdebatte siehe oben Text bei Anm. 237 ff., zum Vergaberechtsänderungsgesetz insbes. Anm. 248.

[323] Siehe oben Text bei Anm. 266.

Zustimmungsgesetz und so rief der Bundesrat erfolgreich den Vermittlungsausschuß an,[324] nachdem zuvor die Bundestagsmehrheit eine Fassung des Gesetzes beschlossen hatte, welche die Verfolgung von Sekundärzwecken durch Länderregelungen verboten hätte.[325]

Der Kompromißvorschlag des Vermittlungsausschusses wurde vom Bundestag letztlich gebilligt[326] und damit Gesetz. Die Öffnungsklausel des neuen § 97 Abs. 4 GWB[327] lautet nunmehr:

> „Aufträge werden an fachkundige, leistungsfähige und zuverlässige Unternehmen vergeben; andere oder weitergehende Anforderungen dürfen an Auftragnehmer nur gestellt werden, wenn dies durch Bundes- oder Landesgesetz vorgesehen ist."

Dieser Kompromiß wurde durch eine Übergangsregelung flankiert, der zufolge solche Anforderungen bis zum 30. Juni 2000 fortgelten, auch wenn sie nicht in Bundes- oder Landesgesetzen geregelt sind.[328]

Dieser letztendlich Gesetz gewordene Kompromiß erlaubt demnach die Verfolgung von Sekundärzwecken durch Bundes- oder Landesgesetz und verbietet gleichzeitig konkludent die Instrumentfunktion auf untergesetzlicher Ebene. Die Übergangsbestimmung nimmt untergesetzliche Regelungen allerdings bis zum Ablauf der Übergangsfrist von diesem Verbot aus.

---

[324] Antrag des Landes Hessen vom 6.5.1998 im Bundesrat, BR-Drucks. 372/2/98; Beschluß des Bundesrates vom 8.5.1968, den Vermittlungsausschuß anzurufen, Plenarprotokoll des Bundesrates 725, S. 232 B.

[325] Beschluß der Annahme der BT-Drucks. 13/9340 in zweiter und dritter Beratung vom 23.4.1998, Plenarprotokoll des Bundestages 13/230, S. 21127 B.

[326] Art. 1 (Änderung des Gesetzes gegen Wettbewerbsbeschränkungen), Nummer 1, zu § 106 GWB, des Gesetzes zur Änderung der Rechtsgrundlagen für die Vergabe öffentlicher Aufträge (Vergaberechtsänderungsgesetz - VGRÄG) in der endgültigen Fassung des Beschlusses des Deutschen Bundestages vom 29.5.1998, BR-Drucks. 519/98, 2.

[327] In der Fassung der Bekanntmachung der Neufassung des Gesetzes gegen Wettbewerbsbeschränkungen vom 26.8.1998, BGBl. I, Nr. 59 vom 2.9.1998, 2546.

[328] Art. 3 (Übergangs- und Schlußbestimmungen), Nr. 5 des Gesetzes zur Änderung der Rechtsgrundlagen für die Vergabe öffentlicher Aufträge (Vergaberechtsänderungsgesetz – VRÄG) vom 26.8.1998, BGBl. I, Nr. 59 vom 2.9.1998, 2512 (2520). Interessanterweise wurde diese Übergangsbestimmung nicht in die Bekanntmachung der Neufassung des Gesetzes gegen Wettbewerbsbeschränkungen vom 26.8.1998, BGBl. I, Nr. 59 vom 2.9.1998, 2546 aufgenommen.

Einige Punkte dieser neuen Regelung verdienen Beachtung. Zunächst einmal werden alle möglichen Formen der Instrumentfunktion bei der Auftragsvergabe zugelassen, wenn sie nur gesetzlich vorgesehen sind. Nach dem neuen deutschen Recht kommt es also nicht darauf an, auf welcher Stufe des Vergabeverfahrens die Verfolgung von Sekundärzwecken ansetzt oder ob sie auftragsbezogene Kriterien verwendet. Wichtig ist allein die Existenz einer gesetzlichen Regelung. Davon verspricht sich der Gesetzgeber eine erhöhte öffentliche Kontrolle der Verfolgung von Sekundärzwecken.[329]

Nicht eindeutig ist die Neuregelung hinsichtlich der Frage, ob ein formelles Parlamentsgesetz erforderlich ist oder ob andere und weitergehende Anforderungen auch durch Rechtsverordnung zugelassen werden können. Nach dem Wortlaut muß die Verfolgung der Sekundärzwecke „durch" Gesetz (und nicht „aufgrund" eines Gesetzes) erfolgen. Dies ist vereinzelt dahingehend gewertet worden, daß Vorschriften im Range unter dem Parlamentsgesetz nicht zulässig sein sollen.[330] Andererseits kann ein formelles Bundesgesetz grundsätzlich stets durch ein späteres formelles Bundesgesetz derogiert werden. Verstünde man die Formulierung „durch Gesetz" als Parlamentsvorbehalt,[331] so wäre sie rein deklaratorisch, jedenfalls soweit sie sich auf spätere Bundesgesetze bezieht. Konstitutiv wäre sie allerdings hinsichtlich der Öffnung für spätere formelle Landesgesetze.

Ungeregelte Praktiken und schlichte Verwaltungsübungen sind in jedem Falle seit dem Inkrafttreten des Vergaberechtsänderungsgesetzes am 1. Januar 1999 ohne Übergangsfrist verboten, wenn sie auf eine Aufstellung zusätzlicher Anforderungen hinauslaufen, da die Übergangsbestimmung nur „Regelungen" schützt, die andere oder weitergehende Anforderungen stellen. Allerdings schützt die Übergangsbestimmung ausdrückliche Regelungen, die allein auf der Organisationsgewalt der Verwaltung beruhen, bis Juli 2000.

Die gesetzgeberischen Bemühungen, die zur Verabschiedung dieses Kompromisses geführt haben, sollen nun auszugsweise nähere Be-

---

329 *H. Schauerte*, Plenarprotokoll 13/230, 21120 D: „Das gesetzgeberische Verfahren hat den Vorteil, daß es nicht beliebig ist, sondern daß es einen langen Vorlauf hat, daß es gründlich beraten wird, daß sich Gegenwehr bilden kann und daß eine öffentliche Diskussion gesichert ist, wenn man dann mit Unsinn weitermachen will."

330 In diesem Sinne *F. Drey*, VergR 3/98, 18.

331 Zum Begriff des Parlamentsvorbehalts siehe *F. Ossenbühl*, in: Isensee/Kirchhof, Handbuch des Staatsrechts, § 62 Randnr. 9 und 32 ff.

trachtung finden. Insbesondere ist dabei für unsere Untersuchung interessant, wann und in welcher Weise das Argument europarechtlicher Sachzwänge in die Diskussion eingeführt wurde.

Ausgangspunkt war der Vorschlag der Bundesregierung, die Verfolgung von Sekundärzwecken von der ausdrücklichen Erlaubnis eines Bundesgesetzes abhängig zu machen. Im Regierungsentwurf zum Vergaberechtsänderungsgesetz hieß es insoweit:[332]

> „§ 106 Allgemeine Grundsätze
>
> [...]
>
> (3) Aufträge werden an fachkundige, leistungsfähige und zuverlässige Unternehmen vergeben; weitergehende Anforderungen dürfen an Auftragnehmer nur gestellt werden, wenn dies durch Bundesgesetz vorgesehen ist."

Zur Begründung berief sich die Bundesregierung auf die Notwendigkeit, eine Zersplitterung der Märkte zu vermeiden und die Wirtschaftlichkeit der Beschaffung zu fördern. In der amtlichen Begründung zu Abs. 3 des Entwurfes hieß es entsprechend:[333]

> „Die Festlegung der maßgeblichen Eignungskriterien bedeutet Rechts- und Planungssicherheit für potentielle Auftragnehmer. Müßten sich die Unternehmen auf regional unterschiedliche und aus verschiedenen politischen Vorstellungen fließende, raschem Wandel unterworfene Anforderungen an das Unternehmensprofil jeweils neu einstellen, führte dies zur Zersplitterung der Märkte und einer Verteuerung des Einkaufs. Um dies zu vermeiden, müssen öffentliche Aufträge anhand leistungsbezogener Kriterien vergeben werden."

In Einschränkung dieser ordnungspolitischen Grundrichtung[334] sollten ausnahmsweise gewisse, durch Bundesgesetz zugelassene Sekundärzwecke zulässigerweise verfolgt werden dürfen:[335]

---

[332] Entwurf eines Gesetzes zur Änderung der Rechtsgrundlagen für die Vergabe öffentlicher Aufträge (Vergaberechtsänderungsgesetz - VgRÄG) BT-Drucks. 13/9340 vom 3.12.1997.

[333] *Ibid.*

[334] *H. Schauerte,* Plenarprotokoll 13/230, 21120 B und C: „Ordnungspolitisch wäre es geboten, vernünftig und richtig, jeden vergabefremden Aspekt grundsätzlich auszuschließen. [...] Nun wissen wir aber, daß die Begehrlichkeiten da sind. Deswegen gehen wir einen Kompromiß ein und sagen: Durch Gesetz dürfen auch vergabefremde Aspekte eingeführt werden, und zwar durch Bundesgesetz."

> „Abs. 3 Halbsatz 2 der Vorschrift, stellt jedoch klar, daß weitergehende Kriterien, die in anderen Bundesgesetzen aufgeführt sind, nach Maßgabe der jeweiligen Regeln dieser Gesetze bei der Vergabe berücksichtigt werden. Leistungsfähigkeit, Fachkunde und Zuverlässigkeit sind Kriterien, deren Inhalt allerdings nicht von vornherein und für alle Aufträge feststeht. Für den Auftraggeber besteht hier im Einzelfall ein Bewertungsspielraum."

Dabei ließ die Bundesregierung durchblicken, daß sie besonders die Bekämpfung von Sozialdumping durch Umgehung der Sozialversicherungspflicht als zulässigen Sekundärzweck im Auge hatte:[336]

> „Dies kann auch beispielsweise dazu führen, daß Auftraggeber, je nach Auftragsgegenstand, den Einsatz nicht versicherungspflichtiger Beschäftigter durch die Auftragnehmer ausschließen können."

Die Beschränkung auf Bundesgesetze bedeutete einen deutlichen Versuch, die Instrumentfunktion der Auftragsvergabe auf der Bundesebene zu monopolisieren.[337] Gerechtfertigt wurde sie durch den Verweis auf die vorgebliche Notwendigkeit, eine bundesweit einheitliche Regelung zu schaffen.[338] Inhaltlich hätte der zweite Halbsatz des geplanten § 106 Abs. 3 die Abschaffung von Vergabepräferenzen der Länder und die alleinige Zulässigkeit bundesgesetzlicher Regelungen und Prioritäten bedeutet. Die frauenpolitischen Regelungen von Brandenburg[339] und Berlin[340] etwa wären rechtswidrig gewesen, nur die Bevorzugungen für Behinderte, Blinde, Verfolgte und Spätaussiedler auf Bundesebene[341] hätten fortbestehen können.[342]

---

[335] *Ibid.*

[336] *Ibid.*

[337] Die Parallele zum britischen Beispiel des *Local Government Act 1988* (oben Anm. 62) ist in dieser Hinsicht frappierend.

[338] *H. Schauerte,* Plenarprotokoll 13/230, 21120 D: „Damit wird die Einheitlichkeit in Deutschland hergestellt."

[339] Siehe oben Anm. 196.

[340] Siehe oben Anm. 182.

[341] Siehe oben Anm. 126.

[342] Heftige Kritik von Seiten der Opposition daher bei *I. Schewe-Gerick,* Plenarprotokoll 13/230, 21122 D: „Nur ein Halbsatz im Gesetzeswerk der Koalition ist es, der das Aus der Frauenförderung bei der öffentlichen Auftragsvergabe bedeutet [...] ein Bundesgesetz, das Frauenförderung bei der öffentlichen Auftragsvergabe vorsieht, gibt es bekanntermaßen nicht. Was es aber gibt -

Der sofortige Widerstand des Bundesrates konnte daher nicht überraschen. Der Bundesrat hat in bereits in seiner Stellungnahme[343] gemäß Art. 76 Abs. 2 zahlreiche Änderungen am Gesetzentwurf vorgeschlagen, die sämtlich auf die Beibehaltung und Sicherung bestehender landesrechtlicher Regelung und Praktiken zielten.

Zunächst einmal sollten generell nicht nur „weitergehende" Anforderungen, sondern überhaupt „andere" zulässig sein. Die Prinzipien der leistungsbezogenen Vergabe sollten also nicht nur modifiziert, sondern auch derogiert werden können.[344] Diese Fassung ist vom federführenden Wirtschaftsausschuß des Bundestages aufgegriffen worden.[345] Sie wurde im folgenden Verfahren inhaltlich nicht mehr verändert, aber umnumeriert und ist als § 97 Abs. 4 GWB geltendes Recht geworden.[346] Ebenso wollte der Bundesrat noch einen Sekundärzweck hervorheben,

---

das wird Ihnen nicht neu sein -, ist ein Bundesvertriebenengesetz, nach dem die Spätaussiedler bei öffentlichen Aufträgen bevorzugt Berücksichtigung finden können. Wie erklären Sie eigentlich den Frauen, daß Spätaussiedler bei öffentlichen Aufträgen bevorzugt Berücksichtigung finden können, Frauen aber nicht? Beantworten Sie einmal diese Frage!"

343 In seiner 718. Sitzung am 7.11.1997; abgedruckt oben Anm. 332 als Anlage 2: Stellungnahme des Bundesrates.

344 Oben Anm. 332, Anlage 2: „3. Zu Art. 1 (§106 Abs. 3 GWB)

In Art. 1 sind in § 106 Abs. 3 im zweiten Halbsatz vor dem Wort ‚weitergehende' die Wörter ‚andere oder' einzufügen.

Begründung: Die vorgesehene Regelung der Regierungsvorlage ist zu eng gefaßt. Einmal vermag sie nicht die Fälle zu erfassen, in denen im Verhältnis zu allgemeinen Auftragnehmern keine vergleichbaren oder anderen Anforderungen zu stellen sind (z. B. nach dem Schwerbehindertengesetz an die Leistungsfähigkeit). Zum anderen sind auch länderspezifische Sonderregelungen denkbar, die nach der verfassungsrechtlichen Zuständigkeitsverteilung durch Landesrecht zu regeln sind. Insofern dient die Regelung lediglich der Klarstellung des Gewollten."

345 Beschlußempfehlung und Bericht des Ausschusses für Wirtschaft (9. Ausschuß), vom 1.4.1998, BT-Drucks. 13/10328, 4 (Zusammenstellung des Entwurfs eines Gesetzes zur Änderung der Rechtsgrundlagen für die Vergabe öffentlicher Aufträge [Vergaberechtsänderungsgesetz – VgRÄG] - Drucksache 13/9340 - mit den Beschlüssen des Ausschusses für Wirtschaft [9. Ausschuß]).

346 Gesetz zur Änderung der Rechtsgrundlagen für die Vergabe öffentlicher Aufträge (Vergaberechtsänderungsgesetz – VRÄG) vom 26.8.1998, BGBl. I, Nr. 59 vom 2.9.1998, 2512 in der Fassung der Bekanntmachung der Neufassung des Gesetzes gegen Wettbewerbsbeschränkungen vom 26.8.1998, BGBl. I, Nr. 59 vom 2.9.1998, 2546.

der ihm traditionsgemäß besonders wichtig ist, nämlich die Mittelstandsförderung.[347] Diese Forderung wurde vom federführenden Wirtschaftsausschuß aufgegriffen[348] und im folgenden Verfahren nicht mehr verändert. Sie ist damit ebenso geltendes Recht geworden.[349]

Hauptsächlich ging es dem Bundesrat naturgemäß darum, die Länderbefugnisse bei der Instrumentfunktion der Auftragsvergabe zu sichern:[350]

> „4. Zu Art. 1 (§ 106 Abs. 3 GWB)
>
> In Art. 1 ist in § 106 Abs. 3 im zweiten Halbsatz das Wort „Bundesgesetz" durch die Wörter „Rechts- und Verwaltungsvorschriften des Bundes und der Länder" zu ersetzen.
>
> Begründung

---

[347] Oben Anm. 332, Anlage 2: Stellungnahme des Bundesrates:

„5. Zu Art. 1 (§ 106 Abs. 3 nach Satz 1 GWB): In Art. 1 ist in § 106 Abs. 3 folgender Satz anzufügen: ‚Mittelständische Interessen sind angemessen zu berücksichtigen.'

Begründung: Der Wegfall des im ursprünglichen Entwurf enthaltenen Satzes 3, wonach mittelständische Interessen angemessen zu berücksichtigen sind, entspricht nicht dem in den Verdingungsordnungen verankerten Prinzip der Mittelstandsfreundlichkeit der nationalen Vergaberegeln. Da künftig vergabefremde Aspekte aus dem Vergabeverfahren verbannt sind, bedarf es zwingend der Klarstellung, daß mittelständische Interessen gerade nicht den vergabefremden Aspekten zuzurechnen sind und ihren bisherigen hohen Stellenwert beibehalten."

Nordrhein-Westfalen wollte in einem Änderungsantrag, BR-Drucks. 646/8/97, gleich zwei Sekundärzwecke Mittelstandsförderung und Umweltschutz unterbringen: „In Art. 1 ist in § 106 Abs. 3 folgender Satz anzufügen: ‚Mittelständische Interessen und Kriterien der Umweltverträglichkeit im Sinne einer nachhaltigen und umweltgerechten Wirtschaftsweise sind angemessen zu berücksichtigen'."

[348] Beschlußempfehlung und Bericht des Ausschusses für Wirtschaft (9. Ausschuß), vom 1.4.1998, BT-Drucks. 13/10328, 4 (Zusammenstellung des Entwurfs eines Gesetzes zur Änderung der Rechtsgrundlagen für die Vergabe öffentlicher Aufträge [Vergaberechtsänderungsgesetz – VgRÄG] - Drucksache 13/9340 - mit den Beschlüssen des Ausschusses für Wirtschaft [9. Ausschuß]): „Mittelständische Interessen sind vornehmlich durch Teilung der Aufträge in Fach- und Teillose angemessen zu berücksichtigen."

[349] § 97 Abs. 3 GWB.

[350] Oben Anm. 332, Anlage 2: Stellungnahme des Bundesrates.

> Die Beschränkung auf Bundesgesetze hätte die Unzulässigkeit der von den Ländern teilweise durch Gesetz oder Verordnung, teilweise durch Verwaltungsvorschrift eingeführten Regelungen, insbesondere der Tariftreueerklärung, zur Folge. Es ist daher eine Regelung entsprechend § 2 Nr. 4 VOL/A Ausgabe 1997 vorzuziehen."

Hier war, wohl auch im Hinblick auf das anstehende Kräftemessen zwischen Bundestag und Bundesrat, eine Maximalforderung formuliert worden. Der bestehende Rechtszustand sollte weitgehend konserviert werden. Alle Landesregelungen, auch die untergesetzlichen, sollten zulässig bleiben. Entsprechend reagierte die Bundesregierung scharf ablehnend:[351]

> „Zu Nummer 4
>
> Die Bundesregierung widerspricht diesem Vorschlag. § 106 Abs. 3 ist die grundlegende und wichtigste Vorschrift des gesamten Entwurfs und enthält den materiellen Extrakt aller Bemühungen der EG und ihrer Mitgliedstaaten um einen diskriminierungsfreien Wettbewerb und um mehr Wirtschaftlichkeit bei der Vergabe öffentlicher Aufträge. Alle anderen Vorschriften einschließlich der umfangreichen Nachprüfungsregelungen dienen allein dem Zweck, eine Vergabe nach Fachkunde, Leistungsfähigkeit und Zuverlässigkeit der Bewerber zu verwirklichen. Keinesfalls darf die gesetzliche Regelung durch bloße Verwaltungsvorschriften des Bundes oder jedes Landes außer Kraft gesetzt werden, weil sonst das zentrale Gebot unseres Vergaberechts faktisch unverbindlich wäre."

Diese Begründung ist im Zusammenhang unserer Untersuchung von besonderem Interesse. § 106 wird zur „grundlegenden und wichtigsten Vorschrift des gesamten Entwurfs" erklärt. Und sie enthalte den „materiellen Extrakt" aller Bemühungen der EG und ihrer Mitgliedstaaten um einen diskriminierungsfreien Wettbewerb und um mehr Wirtschaftlichkeit bei der Vergabe öffentlicher Aufträge.[352]

Unabhängig von der Frage, ob es rechtmäßig sein soll oder wünschenswert erscheint, daß die Länder Sekundärzwecke auf ihrem Territorium gemäß ihren jeweiligen politischen Prioritäten verfolgen, muß die Behauptung der Bundesregierung, eine Monopolisierung auf der Bundesebene entspreche dem materiellen Extrakt der Bemühungen der EG,

---

[351] *Ibid.*, Anlage 3: Gegenäußerung der Bundesregierung.

[352] In die gleiche Richtung *H. Schauerte*, Plenarprotokoll 13/230, 21121 A: „Eine vergaberechtsfremde Lösung wird jedoch nicht europafest sein [...]."

doch kritisch daraufhin überprüft werden, ob sie die europarechtlichen Zwänge nicht übersteigert.[353]

Zwar macht das Europarecht im durch Richtlinien koordinierten Bereich ebenso wie außerhalb dieses Bereichs viele Vorgaben. Es gibt aber nicht vor, welche staatliche Ebene in einem bundesstaatlich organisierten Mitgliedstaat Sekundärzwecke verfolgen darf. Für die europarechtliche Beurteilung einer Instrumentfunktion sind alle Bestimmungen und Praktiken mitgliedstaatliche Äußerungen, gleich von welcher Organisationsebene sie vorgenommen werden. Außerdem sind, wie im folgenden[354] zu zeigen sein wird, weder die Richtlinien abschließend in dem Sinne, daß sie jegliche Verfolgung von Sekundärzwecken im koordinierten Bereich ausschlössen, noch verbietet der EG-Vertrag die mitgliedstaatliche Instrumentfunktion zur Gänze. Es scheint, daß die Bundesregierung in den genannten Passagen der Begründung gewissermaßen päpstlicher sein wollte, als der Papst.

Angesichts dieser Überlegungen scheint die Formel des Vermittlungsausschusses, nach der die landesgesetzliche Verfolgung von Sekundärzwecken ebenso möglich ist, wie die bundesgesetzliche, als möglicher Kompromiß. Europarechtlich gefordert wäre die Beschränkung auf Bundesgesetze aber ebensowenig gewesen, wie die Beschränkung auf Gesetze überhaupt. Politisch kann die erhöhte öffentliche Kontrolle durch das vorgeschriebene förmliche Gesetzgebungsverfahren sehr wohl sinnvoll sein. EG-Richtlinien und EG-Vertrag sind in diesem Punkte allerdings indifferent. Das europarechtliche Argument wurde in den Händen der Bundesregierung eher als wohlfeiler Schild zur Abschirmung des eigenen ordnungspolitischen Vorverständnisses[355] geführt. Eine Gesetzgebung, der es tatsächlich um die optimale Umsetzung der europarechtlichen Vorgaben gegangen wäre, hätte sich eher um eine Klarstellung der Tatsache bemühen müssen, daß auch durch ein

---

[353] Heftige Kritik in diesem Punkt deshalb auch von Seiten der Opposition, *I. Schewe-Gerick*, Plenarprotokoll 13/230, 21123 A: „Da können Sie sich auch nicht hinter europäischem Recht verstecken. Das schließt nämlich vergabefremde Kriterien grundsätzlich nicht aus. “; *W. Weiermann*, Plenarprotokoll 13/230, 21126 B: „Sie sind nicht auf dem laufenden, meine Damen und Herren. Der Europäische Gerichtshof hat in letzter Zeit zunehmend die Einbeziehung sozialpolitischer Kriterien bei der Vergabe öffentlicher Gelder berücksichtigt und gerechtfertigt.“

[354] Siehe insbesondere unten Abschnitt Drei, B. Die Rechtsprechung des Gerichtshofs zu den inhaltlichen Grenzen der Koordinierung, S. 161 ff.

[355] Siehe dazu oben Anm. 21 und Text bei Anm. 95.

Gesetz bestimmte binnenmarktgefährliche Vorgehensweisen bei der Verfolgung von Sekundärzwecken nicht europarechtlich legitimiert werden können.

Abschnitt Zwei: Beschränkung der Verfolgung von Sekundärzwecken innerhalb des koordinierten Bereichs

A. Beschränkungen einer Beeinflussung des Teilnehmerkreises

I. Erschwerung einer Rückstufung der Publizität durch Festlegung des Ausnahmecharakters des Verhandlungsverfahrens

Wie gesehen, werden Sekundärzwecke gelegentlich gefördert, indem eine Rückstufung der Publizität des Vergabeverfahrens angeordnet wird. Die Richtlinien treffen bestimmte Festlegungen, wann in welchem Verfahren und mit welchem Grad an Publizität auszuschreiben ist. Die Tendenz ist dabei die Sicherstellung einer möglichst großen Publizität der Vergabe. Einschlägige mitgliedstaatliche Praktiken sind daher im Anwendungsbereich der Richtlinien nur eingeschränkt zulässig.

1. Grundsatz der Vergabe im offenen oder nicht offenen Verfahren

BKR, LKR und DKR stellen Kataloge von Fällen auf, in denen die Vergabe im Verhandlungsverfahren zulässig ist. Am Ende dieser Kataloge wird ausdrücklich festgestellt: „In allen anderen Fällen vergibt der öffentliche Auftraggeber seine [...]Aufträge im offenen oder nicht offenen Verfahren."[356] Nach der Regelungstechnik ist also die Vergabe im offenen oder nicht offenen Verfahren der Grundsatz, während die Vergabe im Verhandlungsverfahren nur in abschließend bestimmten Ausnahmefällen zulässig ist. Die SKR erlaubt den Vergabestellen dagegen grundsätzlich die freie Wahl zwischen den Vergabeverfahren. In allen Fällen, in denen ein Verhandlungsverfahren zulässig ist, muß grundsätzlich ein Aufruf zum Wettbewerb ergehen. Auch von dieser Vorgabe existieren wieder Kataloge von Ausnahmefällen.

---

[356] Art. 7 Abs. 4 BKR, Art. 6 Abs. 4 LKR, Art. 11 Abs. 4 LKR.

2. Kataloge spezifischer Ausnahmen

a) Zulässiges Ausweichen auf das Verhandlungsverfahren

Nach den Katalogen von BKR, LKR und DKR ist die Durchführung eines Verhandlungsverfahrens nur zulässig, wenn ein vorangegangenes offenes oder nicht offenes Verfahren für denselben Ausschreibungsgegenstand fehlgeschlagen ist[357] oder wenn der Gegenstand der Ausschreibung seiner Natur nach nicht für ein anderes Verfahren geeignet ist, etwa weil eine vorherige globale Preisgestaltung nicht möglich ist,[358] weil bei geistig-schöpferischen Dienstleistungen die Spezifikationen nicht genau genug im vorhinein festgelegt werden können oder weil es sich um ein nicht kostendeckendes Forschungs-, Entwicklungs- oder Versuchsvorhaben handelt.[359]

b) Zulässiges Absehen vom Aufruf zum Wettbewerb

Alle vier Richtlinien legen übereinstimmend fest, daß dem Verhandlungsverfahren, wo es zulässig ist, ein Aufruf zum Wettbewerb voranzugehen hat.[360] Von diesem Aufruf wiederum darf ebenfalls nur in eng begrenzten Ausnahmefällen abgesehen werden. Diese Fälle decken sich teilweise mit den eben erwähnten, in denen nach BKR, LKR und DKR ein Verhandlungsverfahren durchgeführt werden darf,[361] zum andern Teil handelt es sich um sehr spezielle Ausnahmefälle, insbesondere solche, in denen ein Anschlußauftrag an denselben Teilnehmer vergeben

---

[357] Art. 7 Abs. 2 *lit.* a BKR, Art. 6 Abs. 2 Satz 1 LKR, Art. 11 Abs. 2 *lit.* a DKR.

[358] Art. 7 Abs. 2 *lit.* b BKR, Art. 11 Abs. 2 *lit.* b DKR.

[359] Art. 6 Abs. 3 *lit.* b LKR.

[360] Art. 7 Abs. 2 BKR, Art. 6 Abs. 2 LKR, Art. 11 Abs. 2 DKR, Art. 20 Abs. 1 i.V.m. Art. 21 SKR.

[361] Fehlschlagen eines vorangegangenen offenen oder nicht offenen Verfahrens: Art. 7 Abs. 3 *lit.* a BKR, Art. 6 Abs. 3 *lit.* a LKR, Art. 11 Abs. 3 *lit.* a DKR, Art. 20 Abs. 2 *lit.* a SKR; Forschungs-, Entwicklungs- oder Versuchsvorhaben: Art. 6 Abs. 3 *lit.* b LKR, Art. 20 Abs. 2 *lit.* b SKR.

werden soll wie ein Erstauftrag.[362] Die SKR kennt noch zusätzliche Ausnahmen.[363]

c) Folgerungen für die Verfolgung von Sekundärzwecken

Nur ein spezifischer Ausnahmefall knüpft ausdrücklich an die Förderung eines Sekundärzwecks an, nämlich die Ausnahme für Forschungs-, Entwicklungs- und Versuchsvorhaben, die nicht kostendeckend sind.[364] Dies bedeutet für alle Sekundärzwecke außer der Forschungs- und Entwicklungsförderung, daß mitgliedstaatliche Praktiken, die eine Rückstufung der Publizität des Verfahrens vorsehen, um einen Sekundärzweck zu fördern, im Anwendungsbereich der Richtlinien unzulässig sind, soweit sie die Durchführung einer nationalen Verfahrensart vorsehen, die dem Verhandlungsverfahren ohne vorherigen Aufruf zum Wettbewerb gleichkommt. Im Anwendungsbereich von BKR, LKR und DKR sind sie auch unzulässig, wenn sie ein Verhandlungsverfahren mit vorherigem Aufruf zum Wettbewerb vorsehen.

Etwas anderes könnte nur gelten, soweit die Verfolgung des Sekundärzwecks unter die Dringlichkeitsklausel fällt.

3. Dringlichkeitsklausel

a) Inhalt der Vorschrift

Neben den spezifischen Ausnahmen erlauben alle Richtlinien das Absehen vom vorherigen Aufruf zum Wettbewerb, „soweit dies zwingend erforderlich ist, wenn dringliche, zwingende Gründe im Zusammenhang mit Ereignissen, die der betreffende Auftraggeber nicht vorhersehen konnte, es nicht zulassen," die Fristen der anderen Verfahren einzuhalten.[365]

---

[362] Art. 7 Abs. 3 *lit.* d BKR, Art. 6 Abs. 3 *lit.* e LKR, Art. 11 Abs. 3 *lit.* e und f DKR, Art. 20 Abs. 2 *lit.* e, f und g SKR.

[363] Art. 1 Nr. 5 i.V.m. Art. 5, Art. 20 Abs. 2 *lit.* h und j und Art. 21 Abs. 3 SKR.

[364] Dazu *S. Eisermann,* ZVgR 1997, 205.

[365] Art. 7 Abs. 3 *lit.* c BKR, Art. 6 Abs. 3 *lit.* d LKR, Art. 11 Abs. 3 *lit.* d DKR, Art. 20 Abs. 2 *lit.* d SKR.

b) Enge Auslegung durch den Gerichtshof

Der Gerichtshof hat wiederholt darauf hingewiesen, daß die Dringlichkeitsklausel eng auszulegen ist, weil sie eine Ausnahmevorschrift zu Bestimmungen darstellt, die einen Schutz von durch den Vertrag eingeräumten Rechten bewirken sollen.[366] Entsprechend müssen drei Tatbestandsmerkmale, deren Vorliegen von der Vergabestelle zu beweisen ist,[367] kumulativ[368] gegeben sein:[369] erstens ein unvorhersehbares Ereignis, zweitens dringliche, zwingende Gründe, die es nicht zulassen, die Fristen des offenen oder des nicht offenen Verfahrens einzuhalten, sowie drittens ein Kausalzusammenhang zwischen Ereignis und zwingenden Gründen. Bei der Anerkennung eines unvorhersehbaren Ereignisses ist der Gerichtshof restriktiv. Dieses darf der Vergabestelle nicht zuzurechnen sein. Ein lang anhaltender äußerer Mißstand ist nicht unvorhersehbar, selbst wenn die Vergabestelle sich zu kurzfristigem Handeln aufgrund dieses Mißstandes entschließt. Wenn ein äußeres Ereignis unbestreitbar unvorhersehbar ist, müssen die Gründe so sein, daß auch die verkürzten Fristen des offenen oder nicht offenen Verfahrens keinesfalls eingehalten werden können.[370] Die Beschleunigungswirkung des Verhandlungsverfahrens allein ist kein ausreichender Grund.

c) Sekundärzwecke und Dringlichkeit - Die Entscheidung in der Rechtssache *Unterems*

Für die Instrumentfunktion öffentlicher Auftragsvergabe bedeutet dies, daß die Beschleunigung eines Vergabeverfahrens zur Förderung eines Sekundärzwecks in aller Regel nicht der Dringlichkeitsklausel unterfällt.

---

[366] EuGH -*Kommission/Italien, Mailänder Recycling*-, Rs. 199/85, vom 10.3.1987, Slg. 1987, 1039, Randnr. 14, EuGH -*Kommission/Spanien, Arzneimittel* - Rs. C-328/92, vom 3.5.1994, Slg. 1994, I-1569, Randnr. 16; EuGH - *Kommission/Spanien, Umsetzung 1987*- Rs. C-71/92, vom 17.11.1993, Slg. 1993, I-5923, Randnr. 36.

[367] EuGH -*Kommission/Spanien, Arzneimittel* - (Anm. 366) Randnr. 16, EuGH -*Kommission/Italien, Mailänder Recycling*- (Anm. 366) Randnr. 14.

[368] EuGH -*Kommission/Spanien, Complutense*- Rs. C-24/91, vom 18.3.1992, Slg. 1992, I-1989, Randnr. 13.

[369] EuGH -*Kommission/Italien, Colle Isarco*- Rs. C-107/92, vom 2.8.1993, Slg. 1993, I-4655, Randnr. 12.

[370] EuGH -*Kommission/Spanien, Complutense*- (Anm. 368), Randnr. 15; EuGH -*Kommission/Italien, Colle Isarco*- (Anm. 369), Randnr. 13.

Auch wenn der Verfolgung einer Reihe von Sekundärzwecken in der politischen Einschätzung einiger Mitgliedstaaten eine besondere Dringlichkeit zukommt, muß man angesichts der ständigen Rechtsprechung des Gerichtshofs davon ausgehen, daß die Dringlichkeitsklausel im Zusammenhang mit der Instrumentfunktion öffentlicher Aufträge keine Rolle spielt. Der verfolgte Sekundärzweck wird, selbst wenn seine Verfolgung als dringlich eingestuft wird, meist nicht auf einen unvorhersehbaren Ereignis beruhen. Falls die Auftragsvergabe wirklich einmal eingesetzt werden sollte, um einer akuten, unvorhersehbaren Krise zu begegnen, wäre immer noch zu beweisen, daß dieser Einsatz keinesfalls im offenen oder nicht offenen Verfahren erfolgen könnte. Die verstärkte Wirksamkeit eines schnelleren Einsatzes reichte jedenfalls nicht aus.

In der Rechtsprechung des Gerichtshofs kam dieser Aspekt in der Rechtssache *Kommission/Deutschland, Unterems* zur Sprache.[371] Die Meyer-Werft als seinerzeit größter Arbeitgeber im Weser-Ems-Kreis hatte sich 1990 bei einer Konventionalstrafe von 80.000 US-Dollar verpflichtet, bis zum 18. Februar 1992 ein Schiff der Panama-Klasse zu bauen und zu liefern. Die Unterems, welche die Werft mit der Nordsee verbindet, hatte für ein Schiff dieser Klasse nicht ausreichend Tiefgang. Das zuständige Wasser- und Schiffahrtsamt Emden hatte aber bereits 1989 Planungen eingeleitet, die zu einer Ausbaggerung der Unterems auf die nötige Tiefe zielten. Dieses Projekt machte ein Planfeststellungsverfahren notwendig. Noch vor Abschluß dieses Verfahrens begann das Wasser- und Schiffahrtsamt Emden, ein offenes Verfahren zur Vergabe der Ausbaggerungsarbeiten einzuleiten. Kurz darauf versagte überraschend die Bezirksregierung Weser-Ems aus ökologischen Gründen ihre notwendige Zustimmung im Planfeststellungsverfahren. Um die fristgemäße Lieferung des Schiffes zu ermöglichen, beschloß das Wasser- und Schiffahrtsamt zweierlei: erstens das Planfeststellungsverfahren auf den Teil des ursprünglichen Vorhabens zu beschränken, der eine vorübergehende Vertiefung der Unterems ermöglichte und zweitens von der Vergabe im offenen Verfahren abzusehen. Am gleichen Tage, als das reduzierte Feststellungsverfahren abgeschlossen war, vergab das Amt den Auftrag für die Ausbaggerungsarbeiten im Verhandlungsverfahren ohne vorherigen Aufruf zum Wettbewerb.

In diesem Falle hatte sich das Wasser- und Schiffahrtsamt also als Vergabestelle bemüht, durch Rückstufung der Publizität des Verfahrens eine Beschleunigungswirkung zu erzielen, die der Werft und damit letzt-

---

[371] EuGH *-Kommission/Deutschland, Unterems-* Rs. C-318/94, vom 28.3.1996, Slg. 1996, I-1949.

lich der regionalen Wirtschafts- und Beschäftigungsstruktur zugute kommen sollte. Dabei handelte das Amt nicht aufgrund bestimmter, für diesen Fall vorgesehener Vorschriften, sondern *ad hoc* in Reaktion auf die besondere Situation und letztlich unter Rücksicht auf die wirtschaftliche Bedeutung der Werft für die Region.

Die Kommission strengte hierauf ein Vertragsverletzungsverfahren vor dem Gerichtshof an. Die Verurteilung Deutschlands kann als exemplarisch für den verfahrensbezogenen Ansatz des Gerichtshofs im Vergaberecht gelten. Der Gerichtshof prüfte, ob die drei Voraussetzungen der Dringlichkeitsklausel gegeben sind und verneinte bereits das Vorliegen eines unvorhersehbaren Ereignisses. Die Tatsache, daß eine mitwirkungspflichtige Stelle im Rahmen des Planfeststellungsverfahrens ihre Zustimmung verweigere, sei nicht unvorhersehbar, sondern eine normale rechtlich vorgesehene Möglichkeit.[372] Dieser Befund reichte dem Gerichtshof zur Verurteilung aus.[373] Der Sekundärzweck der regionalen Beschäftigungsförderung hat in diesem Prüfungsansatz keinen Raum und wurde entsprechend mit keinem Wort erörtert.

4. Zusammenfassung

Die Richtlinien sehen die Vergabe im offenen oder nicht offenen Verfahren als Regelfall vor. Eine Beschleunigung der Vergabe durch Rückstufung der Publizität auf das Verhandlungsverfahren ist dadurch im Anwendungsbereich der Richtlinien, außer im Falle der Vergabe von Forschungs- und Entwicklungsaufträgen, weitgehend unzulässig. Die Dringlichkeitsklausel ist eng auszulegen und läßt in aller Regel keinen Raum für die Berücksichtigung von Sekundärzwecken.

---

[372] EuGH -*Kommission/Deutschland, Unterems*- (Anm. 371), Randnr. 18.

[373] *Ibid.*, Randnr. 20: „Ohne daß zu prüfen wäre, ob die weiteren Voraussetzungen für eine Ausnahme im vorliegenden Fall gegeben sind, ist somit festzustellen, daß die Bundesrepublik Deutschland dadurch gegen ihre Verpflichtungen [...] verstoßen hat, daß das Wasser- und Schiffahrtsamt Emden einen öffentlichen Bauauftrag [...] ohne vorherige Veröffentlichung einer Vergabebekanntmachung im Amtsblatt der Europäischen Gemeinschaften vergeben hat."

II. Erschwerung des Ausschlusses unerwünschter Teilnehmer durch die Festlegung von Katalogen zulässiger Ausschlußgründe und Eignungsnachweise.

Wie gesehen,[374] spielt der Ausschluß unerwünschter Teilnehmer eine wichtige Rolle bei der mitgliedstaatlichen Verfolgung von Sekundärzwecken. Der Ausschluß geschieht dabei offen durch die Festlegung von zusätzlichen Ausschlußkriterien oder verdeckt, indem die Förderung des Sekundärzwecks zu einem Eignungskriterium erhoben oder indem etwa Teilnehmer ausgeschlossen werden, die sich weigern, eine Treueerklärung abzugeben. Die Vergaberichtlinien legen Kataloge zulässiger Ausschluß- und Eignungskriterien fest, die Auswirkungen auf die Zulässigkeit eines derartigen Vorgehens haben.

1. Abschließender Charakter der Kataloge

a) Normative Grundlagen

Anders als bei denjenigen Katalogen, welche die Zulässigkeit der Durchführung eines Verhandlungsverfahrens festlegen,[375] findet sich am Ende der Kataloge der Ausschlußgründe und Eignungsnachweise keine Vorschrift, die den abschließenden Charakter dieser Kataloge ausdrücklich festlegte. Die Kataloge selbst sind neutral formuliert. Sie zählen Fälle auf, ohne die Beifügung von klarstellenden Worten wie „nur" oder „lediglich" oder „insbesondere". Eine Ausnahme stellt der Katalog der Nachweise über die finanzielle und wirtschaftliche Leistungsfähigkeit der Teilnehmer dar.[376] Die dort aufgezählten Nachweise gelten „in der Regel". Art. 32 DKR stellt eine weitere Ausnahme dar. Er stellt fest, daß die Eignung von Dienstleistungserbringern „insbesondere" aufgrund ihrer Fachkunde, Leistungsfähigkeit, Erfahrung und Zuverlässigkeit beurteilt werden kann.[377]

Allerdings findet sich zu Beginn des Abschnitts IV „Gemeinsame Teilnahmebestimmungen" aller Richtlinien eine Vorschrift, die bestimmt:

---

[374] Oben Kapitel Zwei, Abschnitt Eins, B. I. Ausschluß unerwünschter Teilnehmer, S. 47 ff.

[375] Siehe oben A. I. 2. Kataloge spezifischer Ausnahmen, S. 118 ff.

[376] Art. 26 BKR, Art. 22 LKR, Art. 31 DKR.

[377] Dazu *H.-J. Prieß*, Auftragswesen, 90.

„der Zuschlag des Auftrags erfolgt aufgrund der in Kapitel 3 dieses Abschnitts vorgesehenen [Zuschlags-]kriterien [...], nachdem die Öffentlichen Auftraggeber die fachliche Eignung der Unternehmer, die nicht aufgrund von Art. [...] ausgeschlossen wurden, nach den in den Artikeln [...] genannten Kriterien der wirtschaftlichen, finanziellen und technischen Leistungsfähigkeit geprüft haben."[378]

b) Die Rechtsprechung des Gerichtshofes

(A) Die Entscheidung in der Rechtssache *Transporoute*

Im Zusammenhang mit Ausschreibungen für einen Bauabschnitt einer luxemburgischen Autobahn hatte die belgische Gesellschaft Transporoute das niedrigste Angebot abgegeben und war dennoch nicht berücksichtigt worden.[379] Dies war damit begründet worden, daß Transporoute keine luxemburgische Niederlassungsgenehmigung habe. Die Firma Transporoute erhob Klage zum luxemburgischen *Conseil d'État* mit dem Begehren, die ablehnende Vergabeentscheidung aufzuheben.[380] Der Conseil d'État richtete daraufhin ein Vorabentscheidungsersuchen an den Gerichtshof, mit der Frage, ob es die BKR 71 verbiete, von einem Teilnehmer eine Niederlassungsgenehmigung zu verlangen, der in seinem Herkunftsstaat in das Berufsregister eingetragen ist.[381]

Die Firma Transporoute hatte in ihren Anträgen vor dem Conseil d'État insbesondere auf Art. 24 BKR 71 abgestellt,[382] welcher es zuläßt, daß die Vergabestellen vom Teilnehmer den Nachweis der Eintragung in das Berufsregister des Heimatstaates fordern. Der Gerichtshof hält in seiner

---

[378] Art. 18 BKR, Art. 15 LKR, Art. 23 DKR; Schlußanträge Generalanwalt *Reischl* zu EuGH -*Transporoute*- (Anm. 224), 430 (433) haben u.a. aus dieser Vorschrift gefolgert, daß die Mitgliedstaaten keine zusätzlichen Voraussetzungen für die Teilnahme an Vergabeverfahren festlegen können; der deutsche Bundesgerichtshof hat mit Urteil vom 8.9.1998 – X ZR 109/96, abgedruckt in BB 1998, 2180 f. aus Art. 20 BKR 89 (heute Art. 18 BKR) gefolgert, daß eine nochmalige Prüfung von Eignungsvoraussetzungen im Rahmen des Zuschlags unzulässig ist.

[379] EuGH -*Transporoute*- *ibid.*, 417 (419).

[380] *Ibid.*

[381] *Ibid.*, 420.

[382] *Ibid.*

Begründung dagegen nicht einen bestimmten Artikel der BKR 71 für entscheidend, sondern schließt aus der Systematik und dem Koordinierungsziel der Richtlinie auf die Unzulässigkeit des Erfordernisses, eine Niederlassungsgenehmigung vorzuweisen. Kapitel 1 des Abschnitts IV der BKR 71 zähle die Kriterien auf, nach denen die Vergabestellen bestimmte Teilnehmer ausschließen könnten[383] und bestimme auch, auf welche Art die Teilnehmer nachweisen können, daß sie diesen Kriterien genügen.[384] Die Art. 23 bis 26 der BKR 71 ließen es nur im Falle der Beurteilung der finanziellen und wirtschaftlichen Leistungsfähigkeit (Art. 25) zu, daß die Vergabestelle weitere Nachweise fordere. Die luxemburgische Niederlassungsgenehmigung diene aber nicht zum Nachweis der finanziellen und wirtschaftlichen Leistungsfähigkeit, sondern dem Nachweis der beruflichen Befähigung und Zuverlässigkeit des Teilnehmers. Art. 25 sei daher nicht anwendbar. Damit handele es sich um „eine Art des Nachweises, die nicht zu den durch die Richtlinie abschließend zugelassenen Nachweisen gehört".[385] Die BKR 71 verbiete es daher den mitgliedstaatlichen Vergabestellen, einen derartigen Nachweis von einem Teilnehmer zu verlangen, der in einem anderen Mitgliedstaat niedergelassen ist.[386]

Damit hat der Gerichtshof entschieden, daß die Kataloge der Ausschlußgründe und Eignungsnachweise abschließend in dem Sinne sind, daß die Mitgliedstaaten keine darüber hinausgehenden Ausschlußgründe aufstellen oder Eignungsnachweise fordern dürfen, es sei denn, dies wird von der Richtlinie ausdrücklich zugelassen.[387]

---

[383] Der Gerichtshof verwendet den bestimmten Artikel. Das kann man als Hinweis darauf verstehen, daß die Aufzählung der Ausschlußgründe im Kapitel 1 des Abschnitts IV vom Gerichtshof als abschließend verstanden wird. *Ibid.*, 417 (426), Randnr. 8: „eine Aufzählung *der* Zuschlagskriterien, nach *denen* bestimmte Unternehmer vom öffentlichen Auftraggeber ausgeschlossen werden können"; ebenso frz.: „énumérer *les* critères de sélection, sur base *desquelles* certains entrepreneurs peuvent être exclus par le pouvoir adjudicateur" und engl.: „stating *the* criteria for selection *on the basis of which* contractors may be excluded from participation by the authority amending the contract". (Hervorhebungen vom Verfasser).

[384] *Ibid.*

[385] *Ibid.*, 427, Randnr. 10.

[386] *Ibid.*, 428, Randnr. 15.

[387] So auch *P. Oliver* (1982) 7 E.L.Rev. 234: „The real question raised by the Conseil d'État was: are Articles 23 to 28 of the Directive exhaustive or may Member States impose additional requirements as to good conduct or financial

(B) Die Entscheidung in der Rechtssache *Lottomatica*

In der Entscheidung in der Rechtssache *Kommission/Italien, Lottomatica* stellte der Gerichtshof fest, daß die Teilnahmebestimmungen des Abschnitts IV der LKR 88 „die Kriterien für die qualitative Auswahl und den Zuschlag des Auftrags abschließend und zwingend regeln"[388] Er verwarf deshalb eine nationale Bestimmung des italienischen Rechts, welche die Teilnahme an Ausschreibungen im Zusammenhang mit einem System des automatisierten Glücksspiels bestimmten Gesellschaften vorbehalten sollte, deren Kapital sich mehrheitlich in öffentlicher Hand befindet.

(C) Zusammenfassung

Der Gerichtshof hat klargestellt, daß die Kataloge der Ausschlußgründe und Eignungsnachweise abschließend sind, wo diese nicht selbst das Gegenteil vorsehen. Diese Rechtsprechung betrifft die Frage, inwieweit die Kataloge der Richtlinien den Mitgliedstaaten noch Spielräume lassen, also die Harmonisierungsdichte der Richtlinien. Hiervon unabhängig[389] ist die Frage, welche Lebenssachverhalte von der Harmonisierung überhaupt erfaßt werden. Diese Frage nach dem Gegenstandsbereich der Harmonisierung und seinen Grenzen wird später erörtert werden.[390]

2. Ausschlußgründe

BKR, LKR und DKR kennen inhaltsgleiche Kataloge von Ausschlußgründen.[391] Die SKR nimmt in Art. 31 Abs. 2 für das nicht offene und für das Verhandlungsverfahren Bezug auf den Katalog der Ausschluß-

---

or professional standing? Nowhere in the Directive is it expressly stated that these provisions are exhaustive, but this is an assumption underlying them and indeed is strongly implied by such provisions as Article 27 quoted above. Consequently, the Court, following the Commission and the Advocate-General, found that these provisions were exhaustive."

[388] EuGH -*Kommission/Italien, Lottomatica*- Rs. C-272/91 vom 26.4.1994, Slg. 1994, I-1431 (I-1442), Randnr. 35.

[389] Zu dieser Trennung siehe oben Anm. 220 und zugehöriger Text.

[390] Siehe unten Abschnitt Drei, Grenzen der Koordinierung, S. 158 ff.

[391] Art. 24 BKR, Art. 20 LKR, Art. 29 DKR.

kriterien der anderen Richtlinien. Für das offene Verfahren werden keine Ausschlußgründe genannt.

a) Inhalt der Kataloge

Diese Kataloge umfassen vor allem die Fälle manifester Unzuverlässigkeit des Teilnehmers, weil dieser einschlägig vorbestraft ist oder sich im Konkurs befindet, weil er im Vergabeverfahren falsche Angaben gemacht hat, oder weil er sich nachweislich eine schwere Verfehlung hat zuschulden kommen lassen.[392] Neben diesen Fällen schwerer Unzuverlässigkeit ist der Ausschluß auch möglich, wenn der Teilnehmer gegen Rechtsvorschriften des Herkunfts- oder des Zielstaates verstoßen hat, die ihn zur Zahlung von Steuern, Abgaben und Sozialbeiträgen verpflichten.[393]

b) Sekundärzwecke

Alle diese Ausschlußgründe betreffen die Feststellung der Zuverlässigkeit des Teilnehmers und damit die Sicherung des Primärzwecks. Die zweite Gruppe von Ausschlußgründen erlaubt aber darüber hinaus in gewissen Grenzen die Verfolgung von Sekundärzwecken. Während in Fällen manifester Unzuverlässigkeit der Vertrauensbruch und die Gefährdung der primären Bedürfnisbefriedigung der Verwaltung ganz im Vordergrund steht, stellen die Fälle der Nichtbeachtung von Steuer- und Sozialvorschriften die Fähigkeit des Teilnehmers, den primären Beschaffungszweck zu erfüllen, nicht im gleichen Maße in Frage. Hier erfolgt der Ausschluß auch zur Förderung der Steuerehrlichkeit und zum Schutz der Tarifordnung.

Die Kataloge zulässiger Ausschlußgründe sind also zwar vorwiegend an der Sicherung des Primärzwecks orientiert. Mit den Ausschlußgründen der Nichtbeachtung von Sozial- oder Steuervorschriften tolerieren sie allerdings auch eine Förderung der Sekundärzwecke Steuerehrlichkeit und Schutz der Tarifordnung. Vermutlich sind seriöse Unternehmen, die ihren steuer- und sozialrechtlichen Verpflichtungen nachkommen, meist auch eher in der Lage die primär geforderte Leistung zuverlässig zu erbringen. Die Verfolgung der Sekundärzwecke geschieht hier also

---

[392] Jeweils Buchstaben a), b), c), d) und g) der Art. 24 BKR, 20 LKR, bzw. 29 DKR.

[393] Jeweils Buchstaben e), f) der Art. 24 BKR, 20 LKR, bzw. 29 DKR.

„beiläufig“ in einem Motivbündel zusammen mit der Verfolgung des Primärzwecks.

c) Koordinierte Vergabesperre

Eine praktisch wichtige und umstrittene[394] Frage geht dahin, ob ein Ausschluß nach den Richtlinien nur im Einzelfall zulässig ist, oder ob nicht vielleicht ein Teilnehmer, der in einem konkreten Vergabeverfahren sich als unzuverlässig erwiesen hat, für eine gewisse Frist von allen weiteren Vergabeverfahren aller Vergabestellen eines bestimmten Landes ausgeschlossen werden kann (sogenannte „koordinierte Vergabesperre“).[395]

Kern der Problematik ist die Frage, wie die Formulierung der Richtlinien auszulegen ist, der zufolge Unternehmer bei Vorliegen der Ausschlußgründe „von der Teilnahme am Vergabeverfahren“ ausgeschlossen werden können.[396] Der Wortlaut „am Vergabeverfahren“ scheint zunächst eher für eine Beschränkung des Ausschlusses auf das jeweilige, konkrete Verfahren zu sprechen.[397] Ein abstraktes Verständnis des „Vergabeverfahrens“ ist andererseits nicht eindeutig vom Wortlaut ausgeschlossen.[398]

In Deutschland sind die einschlägigen Richtlinienbestimmungen in § 8 Ziff. 5, Abs. 1 VOB/A und § 7 Ziff. 5 VOL/A im abstrakten Sinne umgesetzt worden. Diese Vorschriften erlauben den Ausschluß „vom Wettbewerb“. § 11 VOF hingegen hat genau den Wortlaut der Richtli-

---

[394] Für die Zulässigkeit koordinierter Vergabesperren *J. Pietzcker,* in: H. Noack, Seminar, 57 f.; OLG Frankfurt, Urteil vom 3.12.1996, WRP 1997, 203 ff.; *T. Schabel,* VergR 6/97, 16; dagegen: *Mestmäcker/Bremer,* BB 1995, Beil.19, 32, unter III.; *G. Quardt,* BB 1997, 479.

[395] Exemplarisch ist in diesem Zusammenhang der Gemeinsame Runderlaß der Hessischen Landesregierung über Vergabesperren zur Korruptionsbekämpfung, StAnz. Hessen vom 24.4.1995, 431, nach dessen Ziffer 4.1. Bewerber, die sich bestimmte Verfehlungen haben zuschulden kommen lassen, „bei Aufträgen, die von Dienststellen des Landes erteilt werden oder im wesentlichen aus Zuschüssen des Landes bezahlt werden, grundsätzlich von der Teilnahme am Wettbewerb ausgeschlossen“ werden.

[396] Art. 24 Abs. 1 BKR, Art. 20 Abs. 1 LKR, Art. 29 Abs. 1 DKR.

[397] In diesem Sinne auch *J. Pietzcker,* in: H. Noack, Seminar, 58: „was man sprachlich zunächst einmal auf ein individuelles Vergabeverfahren beziehen möchte.“

[398] In diesem Punkte zutreffend *J. Pietzcker,* ZHR 162 (1998) 427 (462).

nien übernommen und spricht vom Ausschluß „von der Teilnahme am Vergabeverfahren". Angesichts der Umsetzung in VOL/A und VOB/A überrascht es nicht, daß gerade in Deutschland die Ansicht geäußert wurde, daß die Richtlinien die koordinierte Vergabesperre „mit Sicherheit nicht ausschließen"[399] wollten.

Der im Deutschen nicht eindeutige Wortlaut der Richtlinien ist aber in anderen Sprachfassungen eindeutig. Im Englischen[400] lautet die Formulierung „may be excluded from participation in the contract", im Französischen „Peut être exclu de la participation au marché". Gemeint ist also stets die jeweilige konkrete Vergabe des Auftrags, der „contract" bzw. der „marché public".

Eine koordinierte Vergabesperre ist im Geltungsbereich der Richtlinien daher nicht zulässig. § 8 Ziff. 5, Abs. 1 VOB/A und § 7 Ziff. 5 VOL/A sind richtlinienkonform dahingehend auszulegen, daß sie den Ausschluß vom Wettbewerb nur im konkreten Einzelfall erlauben. Ein Austausch von Informationen unter den Behörden über frühere Verfehlungen von Teilnehmern wird von den Richtlinien nicht verboten, darf aber nicht zum automatischen Ausschluß im neuen Verfahren führen.[401] Nur wenn der Ausschlußgrund auch im neuen Vergabeverfahren vorliegt, ist der Ausschluß zulässig.[402]

---

[399] *J. Pietzcker*, in: H. Noack, Seminar, 58; siehe auch *J. Pietzcker*, in: Ipsen, Bad Iburger Gespräche, 58: „Was nach innerstaatlichem Recht sowohl unter dem grundrechtlichen Aspekt der Verhältnismäßigkeit wie in kartellrechtlicher Hinsicht zulässig ist, begegnet auch keinen europarechtlichen Bedenken."; zu den kartellrechtlichen Aspekten siehe Schreiben des Bundeskartellamts, Grundsatzabteilung an das Bundesministerium für Wirtschaft vom 13.3.1996.

[400] Hierauf wiesen bereits *Mestmäcker/Bremer*, BB 1995, Beil.19, 16, unter V. und *G. Quardt*, BB 1997, 479 hin.

[401] So nunmehr auch *J. Pietzcker*, ZHR 162 (1998), 427 (462): „Es gibt keinen Sachgrund, weshalb sich die verschiedenen Auftraggeber nicht hierüber informieren dürften – und um mehr kann es sich bei der sog. „koordinierten Auftragssperre" nicht handeln."

[402] *Pietzcker, ibid.*, will hier eine Vermutung annehmen: „Wer aus den genannten Gründen unzuverlässig ist, ist es grundsätzlich in gleicher Weise für alle öffentlichen Aufträge". Dabei wird übersehen, daß von den Richtlinien, anders als etwa von § 8 Ziff. 3 Abs. 1 VOB/A oder § 7 Ziff. 4 VOL/A keine „Zuverlässigkeit" gefordert wird. Sie verlangen nur fachliche Eignung und wirtschaftliche, finanzielle und technische Leistungsfähigkeit (siehe z.B. Art. 18 BKR). Mit dem deutschen gewerberechtlichen Begriff der „Zuverlässigkeit" sollte im Europäischen Verwaltungsrecht vorsichtig umgegangen werden.

3. Eignungsnachweise

BKR, LKR und DKR setzen drei verschiedene Arten von Katalogen für Nachweise fest, welche die Vergabestelle vom Teilnehmer verlangen kann, um dessen Eignung für den konkreten Auftrag zu prüfen: Nachweise einer formellen Qualifikation, Nachweise der finanziellen und wirtschaftlichen Leistungsfähigkeit und Nachweise der technischen Leistungsfähigkeit. Ein Teil dieser Nachweise kann durch den Nachweis der Eintragung in Listen zugelassener Bieter ersetzt werden. Die SKR kennt weitgehende Sonderregeln.

a) Nachweise einer formellen Qualifikation

(A) Inhalt der Kataloge

Die Vergabestellen können von den Teilnehmern den Nachweis der Eintragung in einschlägige Berufsregister ihres Herkunftsstaates verlangen.[403] Da bestimmte Dienstleistungen nur von Personen erbracht werden dürfen, die besondere Berechtigungen hierfür erworben habe, erlaubt die DKR auch das Verlangen des Nachweises dieser dienstleistungstypischen Berechtigung.[404]

(B) Sekundärzwecke und Nachweise der formellen Qualifikation

Mitgliedstaaten haben wiederholt versucht, zusätzliche Nachweise, insbesondere inländische Nachweise einer formellen Qualifikation zu fordern. Der Gerichtshof hat die Unzulässigkeit eines solchen Verlangens mit der Begründung festgestellt, daß derartige Nachweise nicht von den Katalogen der Richtlinie vorgesehen sind.[405]

Der Ausschluß eines unerwünschten Bieters im Wege der Einforderung zusätzlicher formeller Qualifikationsnachweise ist angesichts dieser Rechtsprechung in aller Regel im Anwendungsbereich der Vergaberichtlinien unmöglich.

---

[403] Art. 25 BKR, Art. 21 LKR, Art. 30 Abs. 2 DKR.

[404] Art. 30 Abs. 1 DKR.

[405] Für den Nachweis der Eintragung in einer spanischen Liste bzw. den Nachweis der formellen Befreiung von dieser Eintragung EuGH - *Kommission/Spanien, Umsetzung 1987*- (Anm. 366), Randnr. 46.

b) Nachweise der finanziellen und wirtschaftlichen Leistungsfähigkeit

(A) Inhalt der Kataloge

Bankerklärungen, Bilanzauszüge und Erklärungen über den Gesamtumsatz werden von den Richtlinien als Nachweise genannt, mit denen „in der Regel" die finanzielle und wirtschaftliche Leistungsfähigkeit nachgewiesen werden kann.[406] Das Verlangen weiterer Nachweise wirtschaftlicher Leistungsfähigkeit wird von den Richtlinien ausdrücklich zugelassen.[407]

(B) Sekundärzwecke im Rahmen zulässiger Nachweise wirtschaftlicher Leistungsfähigkeit - Die Entscheidung in der Rechtssache *CEI*

Da die Bestimmungen der Richtlinien ausdrücklich zusätzliche Nachweise wirtschaftlicher Leistungsfähigkeit zu denjenigen zulassen, die im Katalog aufgezählt sind, scheint hier zunächst ein gewisser Spielraum für mitgliedstaatliches Handeln vorzuliegen. Ein Ausschluß von unerwünschten Teilnehmern durch die Aufstellung weiterer Eignungsmerkmale scheint im Bereich des Zulässigen zu liegen. Allerdings sind zusätzliche Nachweise der wirtschaftlichen Leistungsfähigkeit nur eingeschränkt als Ansatzpunkte einer Instrumentfunktion öffentlicher Auftragsvergabe einsetzbar. Im allgemeinen ist diese Art des Nachweises deutlich bezogen auf die Sicherung des Primärzwecks.

Der Gerichtshof hat in der Rechtssache *Transporoute* geprüft, ob ein zusätzlich von einem Mitgliedstaat verlangter Nachweis tatsächlich inhaltlich auf die Feststellung der wirtschaftlichen Leistungsfähigkeit zielt und, da dies nicht der Fall war, diesen verworfen.[408] Eine Instrumentfunktion der Vergabe, die hier ansetzt, muß also einer kritischen Betrachtung standhalten, ob sie tatsächlich den Nachweis wirtschaftlicher Leistungsfähigkeit verfolgt.

Allerdings ist es möglich, daß ein zusätzlicher Nachweis wirtschaftlicher Leistungsfähigkeit ein Bündel von Motiven verfolgt, unter denen die Sicherung des Primärzwecks nur einer ist. In der Rechtssache *CEI* kam die Zulässigkeit eines solchen zusätzlichen Nachweises, der mehre-

---

[406] Art. 26 BKR, Art. 22 LKR, Art. 31 DKR.

[407] Art. 26 Abs. 2 BKR, Art. 22 Abs. 2 LKR, Art. 31 Abs. 2 DKR.

[408] EuGH -*Transporoute*- (Anm. 224), 417 (427), Randnr. 9 und 10; siehe oben Text nach Anm. 384.

re Zwecke verfolgte, vor den Gerichtshof. Eine belgische Vergabestelle hatte Bauaufträge ausgeschrieben. Die Firma CEI hatte das niedrigste Angebot abgegeben[409] und war dennoch nicht berücksichtigt worden, weil sie bereits andere Aufträge in einem Gesamtvolumen oberhalb eines Schwellenwertes übernommen hatte, den eine Verordnung als Obergrenze für Unternehmen von der Größenordnung der Firma CEI bestimmte. Jenseits dieser Schwelle durften Unternehmen dieser Größe nur nach vorheriger besonderer Genehmigung weitere Aufträge übernehmen.[410] CEI erhielt keine solche Genehmigung.

Der belgische Staat verfolgte mit dieser Regelung mehrere Ziele:[411] Es sollte erstens die „Bildung von Monopolen" verhindert werden. Man versprach sich auch „eine vernünftige Zuteilung der Aufträge". „Ungezügelter Wettbewerb" sollte weiterhin ebenso vermieden werden, wie „ein spekulatives Verhalten von Unternehmen mit der Folge, daß sie Verpflichtungen eingehen, die ihre Leistungsfähigkeit übersteigen". Die ersten drei dieser Motive stellen ordnungs- und verteilungspolitische Sekundärzwecke dar. Nur das vierte Motiv nimmt bezug auf die tatsächliche wirtschaftliche Leistungsfähigkeit des Unternehmens und damit auf die Sicherung des Primärzwecks der Auftragsvergabe.

Dennoch hob der Gerichtshof bei der Prüfung der Vorschrift ohne weitere Erörterung lediglich darauf ab, daß die Einrichtung eines Schwellenwertes ein brauchbares Mittel sein kann, im konkreten Fall die wirtschaftliche und finanzielle Leistungsfähigkeit eines Teilnehmers zu ermitteln. Da der Katalog dieser Art von Nachweisen nicht abschließend sei, hindere nichts die Annahme, daß es sich um einen zulässigen Nachweis handele.[412]

Dies bedeutet, daß es nicht schadet, wenn ein zusätzlicher Nachweis wirtschaftlicher Leistungsfähigkeit einen Sekundärzweck verfolgt, solange er zumindest „auch" der Prüfung der finanziellen und wirtschaftlichen Leistungsfähigkeit der Teilnehmer dienen soll.[413] Allerdings

---

[409] EuGH -*CEI*- (Anm. 226), 3347 (3351).

[410] Die rechtliche Konstruktion dieses Erfordernisses wird in EuGH -*CEI*- *ibid.*, 3350 genauer geschildert.

[411] Laut Aussage des vorlegenden belgischen Conseil d'État, wie sie in EuGH -*CEI*- (Anm. 226), 3352 f. wiedergegeben ist.

[412] *Ibid.*, 3372, Randnr. 11.

[413] So auch Schlußanträge Generalanwalt *Mischo* zu EuGH -*CEI*- *ibid.*, 3359 (3363): „Nach meiner Ansicht genügt es indes, daß das Anliegen, die Unternehmen an der Eingehung von Verpflichtungen zu hindern, die ihre Leistungs-

dürfte der Kreis der Sekundärzwecke, die sich mit der Einforderung eines zusätzlichen Nachweises wirtschaftlicher Leistungsfähigkeit verfolgen lassen, begrenzt sein.

c) Nachweise der technischen Leistungsfähigkeit

(A) Die Kataloge zugelassener Nachweise

(i) Inhalt der Kataloge

Die Kataloge der Nachweise technischer Leistungsfähigkeit umfassen Befähigungszeugnisse, Muster und Beschreibungen der zu erbringenden Leistung, Auskünfte über Ausstattung und technische Ausrüstung, über die Zahl der Beschäftigten und der Führungskräfte, über durchgeführte Aufträge in den letzten drei Jahren und über unternehmensinterne Maßnahmen der Qualitätssicherung und -kontrolle.[414]

(ii) Sekundärzwecke als technische Leistungsmerkmale - Die Entscheidung des englischen High Court in der Rechtssache *General Building and Maintenance* v. *Greenwich Borough Council*

Eine weitere Frage geht dahin, ob unter „Eignung" im Sinne der Richtlinie nur diejenigen technischen oder wirtschaftlichen Eigenschaften des Teilnehmers zu verstehen sind, die dieser unbedingt mitbringen muß, damit der Primärzweck gesichert erscheint, oder ob der Begriff der „Eignung" im Sinne der Richtlinie mit weiteren Inhalten „aufladbar" ist. Im letzteren Falle gilt als geeignet derjenige, welcher gerade der konkreten Vergabestelle angesichts des von ihr verfolgten Zweckbündels am geeignetsten erscheint. Im ersteren Falle dagegen derjenige, der die ausgeschriebene Leistung objektiv jeder Vergabestelle erbringen könnte.

Der Gerichtshof hat entschieden, daß es den Mitgliedstaaten nur im Rahmen der Beurteilung der finanziellen und wirtschaftlichen Leistungsfähigkeit gestattet ist, andere als die in der Richtlinie ausdrücklich

---

fähigkeit übersteigen, *eines* der Ziele ist, die den belgischen Gesetzgeber zur Einführung dieses Kriteriums bewogen haben, [...]". (Hervorhebung vom Verfasser).

[414] Art. 27 BKR, Art. 23 LKR, Art. 32 DKR.

genannten Nachweise zu fordern.[415] Der Ausschluß eines unerwünschten Bieters im Wege der Einforderung zusätzlicher Nachweise technischer Leistungsfähigkeit ist angesichts dieser Rechtsprechung in aller Regel im Anwendungsbereich der Vergaberichtlinien unmöglich.

Im Widerspruch hierzu hat der englische High Court in einem Fall aus dem Jahre 1993 Kriterien des Gesundheitsschutzes und der Sicherheit am Arbeitsplatz als zulässige Nachweise der technischen Leistungsfähigkeit angesehen.[416] In dem Verfahren klagte ein Teilnehmer gegen seinen Ausschluß[417] in einem Vergabeverfahren für Reparaturarbeiten an öffentlich geförderten Wohnungen. Der Teilnehmer war ausgeschlossen worden, weil die Vergabestelle seine Vorkehrungen zum Gesundheitsschutz und zur Sicherheit am Arbeitsplatz nicht für ausreichend hielt. Er wandte sich hiergegen, mit dem Argument, daß in den Richtlinien solche Gründe nicht vorgesehen seien. Der Richter, Sir Godfray Le-Quesne, ging zunächst in Übereinstimmung mit dem Gerichtshof davon aus, daß die Kataloge der Richtlinien bis auf die Nachweise wirtschaftlicher Leistungsfähigkeit abschließend und dort keine einschlägigen Ausschlußgründe oder Eignungsnachweise ausdrücklich vorgesehen seien. Er subsumierte aber die Anforderungen der Vergabestelle unter den Begriff der „technischen Leistungsfähigkeit“. Dieser Begriff meine die Fähigkeit, „in kompetenter Weise die Angelegenheiten des Auftraggebers auszuführen“[418]. Kompetent bedeute „mit der gebotenen Rücksichtnahme auf die Gesundheit und Sicherheit der Beschäftigten und betroffener Dritter“.[419]

Die Entscheidung ist in England zunächst auf positive Resonanz gestoßen.[420] Es liegt aber auf der Hand, daß mit einer derartig weit gefaßten

---

[415] EuGH *-Transporoute-* (Anm. 224), Randnr. 9, siehe näher oben II. 1. b), S. 123.

[416] *General Building and Maintenance v. Greenwich Borough Council*, High Court, judgment of March 5, 1993, (1993) I.R.L.R. 535.

[417] Es handelte sich um ein nicht offenes Verfahren; der Teilnehmer beschwerte sich darüber, daß er aus den genannten Gründen nicht zur Abgabe eines Angebotes aufgefordert wurde.

[418] „The ability competently to carry out the necessary operations of the contractors trade“.

[419] „With proper regard for the health and safety of those whom they employ and members of the public whom they affect“.

[420] *C. MacCrudden*, Study, chapter 8 sub D.4.b., 190; *S. Arrowsmith*, (1993) 2 P.P.L.R., CS 100: „There is nothing in the Regulations to suggest that such a term could not be included in a contract by the United Kingdom Government;

Definition des Begriffes letztlich jedes Kriterium zu einem Merkmal technischer Leistungsfähigkeit und damit zum Eignungskriterium gemacht werden könnte. Die Argumentation macht die Kataloge überflüssig. Sie mißachtet die Regelungstechnik der Vergaberichtlinien, welche die Einforderung bestimmter Eignungsnachweise für zulässig erklären. Die Richtlinien enthalten keine generelle Erlaubnis für Nachweise technischer Leistungsfähigkeit.

Zusätzliche Nachweise der technischen Leistungsfähigkeit sind demnach unzulässig. Allerdings ist es denkbar, daß die im Katalog zugelassenen Nachweise auch zur Verfolgung von Sekundärzwecken dienen können. Im Einzelfall mag es sein, daß die nach Art. 27 Abs. 1 lit. a) BKR erlaubten Bescheinigungen über die berufliche Befähigung der Führungskräfte zum Nachweis darüber dienen können, ob ein Unternehmen die in Frauenförderplänen festgelegten Quoten für Frauen in Führungspositionen beachtet.[421] Generell wird man aber sagen müssen, daß der Kreis der Sekundärzwecke, der mit den in den Vorschriften über die technische Leistungsfähigkeit aufgezählten Nachweismöglichkeiten gefördert werden kann, begrenzt ist.

(B) Listen zugelassener Bieter

Belgien, Italien und Spanien kennen offizielle Listen zugelassener Bieter.[422] Der Nachweis der Eintragung in diesen Listen kann bestimmte Eignungsnachweise ersetzen[423] und begründet insoweit eine Eignungsvermutung.

(C) Sonderregeln der SKR - Verfahren der Präqualifikation

Die SKR stellt keine Kataloge von zulässigen Eignungsnachweisen auf. Nur für diejenigen Auftraggeber „die dies wünschen", sieht sie vor, daß diese ein System der Eignungsprüfung, ein sogenanntes Präqualifikati-

---

and whether the contractor is able to fulfil it in practice would be an issue to be considered under the general question of technical capacity to fulfil the contract."; widerrufen *S. Arrowsmith*, (1995) 111 L.Quart.Rev. 277: „On reflection it is submitted that this may not have been intended".

421 *S. Arrowsmith*, (1995) 111 L.Quart.Rev. 277 nennt dasselbe Beispiel mit Ausbildungsplätzen.

422 *H.-J. Prieß*, Auftragsvergabe, 95, Fußnote 196.

423 Art. 29 Abs. 3 BKR, Art. 25 Abs. 3 LKR, Art. Art. 35 Abs. 3 DKR.

onsverfahren, einführen können[424] und stellt für diesen Fall gewisse Vorgaben auf. Diese sind allgemein gehalten: Das System soll „auf der Grundlage objektiver Regeln und Kriterien" gehandhabt werden.[425] Diese Regeln und Kriterien und ihre Überarbeitungen sind Interessenten mitzuteilen[426] und das System ist im Amtsblatt bekanntzumachen.[427] Die Vorgaben der SKR für das Präqualifikationsverfahren sehen damit objektive Regeln und Kriterien und eine gewisse Transparenz dieser Regeln vor. Hinsichtlich des Inhalts dieser Regeln läßt die SKR den Sektorenauftraggebern weitgehend freie Hand. Eine Instrumentfunktion der Auftragsvergabe wird also im Bereich der Sektoren durch die Richtlinien nicht verboten, solange sie auf objektiven Regeln beruht.

(D) Nichtabgabe von Treueerklärungen als Ausschlußgrund und Treueerklärung als Eignungsnachweis

Soweit mitgliedstaatliche Bestimmungen und Praktiken vorsehen, daß potentielle Teilnehmer, welche die verlangte Treueerklärung nicht abgeben, vom Vergabeverfahren auszuschließen sind, gelten die Regeln für zusätzliche Ausschlußgründe. Diese Regeln laufen, wie gesehen, auf eine generelle Unzulässigkeit zusätzlicher Ausschlußgründe im Anwendungsbereich der Richtlinien hinaus. Soweit vorgesehen ist, daß nur potentielle Teilnehmer, welche eine bestimmte Treueerklärung abgeben, als geeignet anzusehen sind, gelten die Regeln für zusätzliche Nachweise der technischen Leistungsfähigkeit. Auch dies kommt auf eine generelle Unzulässigkeit im Anwendungsbereich der Richtlinien heraus. Dies gilt wohlgemerkt nur, soweit die Treueerklärungen innerhalb des Gegenstandsbereichs der Harmonisierung liegen.[428]

(E) Spezielles Ausschlußverbot von Bietergemeinschaften

Im Bereich der Förderung kleiner und mittelständischer Betriebe ist es für kleinere Unternehmen wichtig, daß sie ohne rechtsförmlichen Zusammenschluß als Bietergemeinschaft auftreten können und in dieser

---

[424] Art. 30 Abs. 1 SKR.

[425] Art. 30 Abs. 2 SKR.

[426] Art. 30 Abs. 3 SKR.

[427] Art. 30 Abs. 9 SKR.

[428] Zur Abgrenzung des Gegenstandsbereichs der Harmonisierung siehe unten Abschnitt Drei, Grenzen der Koordinierung, S. 158 ff.

Form bei der Vergabe ebenso behandelt werden, wie Großunternehmen.

Sämtliche Richtlinien enthalten ein spezielles Verbot des Ausschlusses von Bietergemeinschaften.[429] Danach muß Bietergemeinschaften das Recht eingeräumt werden, Angebote abzugeben. Insbesondere kann von den in der Bietergemeinschaft verbundenen Teilnehmern nur dann ein rechtsförmlicher Zusammenschluß verlangt werden, wenn dies für die Durchführung des Auftrags notwendig ist und den Teilnehmern der Auftrag auch erteilt wird.

(F) Zusammenfassung

Die Vergaberichtlinien legen Kataloge zulässiger Ausschlußgründe und Eignungsnachweise fest. Ein Ausschluß von unerwünschten Teilnehmern wird dadurch im Anwendungsbereich der Vergaberichtlinien signifikant erschwert, soweit er mit zusätzlichen Ausschlußgründen oder Eignungsnachweisen operiert. Die Einforderung zusätzlicher Nachweise wirtschaftlicher Leistungsfähigkeit wird von den Richtlinien ausdrücklich zugelassen, doch ist dies für die Instrumentfunktion von beschränktem Wert, da der Gerichtshof zusätzliche Nachweise auf ihre Natur überprüft und mit zusätzlichen Nachweisen wirtschaftlicher Leistungsfähigkeit Sekundärzwecke nur eingeschränkt verfolgbar sind.

Eine Verfolgung von Sekundärzwecken mit anerkannten oder zulässigen zusätzlichen Eignungsnachweisen scheint allerdings von den Richtlinien nicht verboten zu werden. Der Kreis der auf diese Weise im Motivbündel verfolgbaren Sekundärzwecke ist allerdings wegen der notwendigen engen inhaltlichen Verbindung zu diesen Nachweisen zwangsläufig begrenzt.

III. Zusammenfassung

Das geltende Sekundärrecht trifft für seinen Anwendungsbereich Regelungen mit weitreichender Bedeutung für die Beeinflussung des Teilnehmerkreises durch mitgliedstaatliche Vergabestellen.

Am engsten ist das mitgliedstaatliche Ermessen bei der Wahl des Vergabeverfahrens beschränkt. Außer im Bereich der SKR ist eine Rückstufung der Publizität zur Förderung eines Sekundärzwecks praktisch unmöglich, wenn sie auf die Durchführung eines Verhandlungsverfahrens

[429] Art. 21 BKR, Art. 18 LKR, Art. 26 Abs. 1 DKR, Art. 33 Abs. 1 SKR.

hinausläuft. Einzige Ausnahme ist die Vergabe eines nicht kostendekkenden Forschungs- und Entwicklungsauftrages, also die Forschungsförderung. Frei sind die Vergabestellen allerdings in der Wahl zwischen offenem und nicht offenem Verfahren.

Recht weitgehend beschränkt sind auch die Möglichkeiten der Mitgliedstaaten, unerwünschte Teilnehmer durch die Aufstellung zusätzlicher Ausschlußgründe und Eignungsnachweise vom Vergabeverfahren fernzuhalten. Außer im Falle zusätzlicher Nachweise der wirtschaftlichen Leistungsfähigkeit stellen die Richtlinien abschließende Kataloge von Nachweisen und Ausschlußgründen auf. Der Gerichtshof hat Versuche, weitere Nachweise zu verlangen oder aufgrund anderer Gesichtspunkte auszuschließen, wiederholt für unzulässig erklärt. Im Falle zusätzlicher Nachweise der wirtschaftlichen Leistungsfähigkeit prüft der Gerichtshof, ob es sich tatsächlich um einen solchen handelt. Nicht ausgeschlossen scheint hingegen die Verfolgung von Sekundärzwecken mit zugelassenen Nachweisen und Ausschlußgründen zu sein. Der Kreis der in diesem Rahmen verfolgbaren Sekundärzwecke ist allerdings begrenzt. Mehr Freiheit bei der Auswahl haben die Auftraggeber im Bereich der SKR. Zudem wird der Sekundärzweck der Mittelstandsförderung in den Richtlinien durch ein besonderes Benachteiligungsverbot für Bietergemeinschaften berücksichtigt.

B. Beschränkungen einer Modifikation von Zuschlagskriterien

I. Erschwerung der offenen Berücksichtigung von Sekundärzwecken durch den Grundsatz des Zuschlags nach auftragsbezogenen Kriterien

1. Grundsatz des Zuschlags nach auftragsbezogenen Kriterien

Alle Richtlinien räumen der Vergabestelle die Wahl zwischen zwei Zuschlagskriterien ein.[430] Der Zuschlag kann erstens nach dem alleinigen Kriterium des niedrigsten Preises erfolgen (Billigstgebot). Die zweite Möglichkeit ist der Zuschlag nach einer Reihe von „auf den jeweiligen Auftrag bezogenen“ Kriterien (wirtschaftlich günstigstes Gebot). LKR und SKR formulieren abweichend, aber inhaltsgleich „verschiedene

[430] Art. 30 Abs. 1 BKR, Art. 26 Abs. 1 LKR, Art. 36 Abs. 1 DKR, Art. 34 Abs. 1 SKR.

Kriterien, die je nach Auftrag wechseln" bzw. mehrere „von Auftrag zu Auftrag wechselnde Kriterien".

In den Richtlinien werden einige Beispiele für Kriterien zur Ermittlung des wirtschaftlich günstigsten Gebots genannt. Bei der Aufzählung dieser Kriterien ist durch Voranstellen der Wendungen „z.B." oder „wie etwa" ausdrücklich klargestellt, daß die Aufzählung nicht abschließend ist. Genannt werden die Faktoren Preis, Ausführungsfrist, Betriebskosten, Rentabilität und technischer Wert.

Einerseits sind die Mitgliedstaaten also frei, zusätzliche Kriterien aufzustellen. Andererseits dürfen diese Kriterien nur „auftragsbezogene" Kriterien sein. Der Gerichtshof hat ausdrücklich festgestellt, daß die Richtlinien zwar den öffentlichen Auftraggebern die Auswahl der Kriterien überlassen, auf die sie für die Erteilung des Zuschlags abzustellen beabsichtigen, daß aber diese Auswahl sich nur auf Kriterien erstrecken könne, die der Ermittlung des wirtschaftlich günstigsten Angebots dienen.[431] Dabei hat der Gerichtshof sich auf das systematische Argument berufen, daß Art. 29 Abs. 4 BKR 71 (jetzt Art. 30 Abs. 3 BKR)[432] eine Berücksichtigung anderer Kriterien „nur ausnahmsweise" zulasse.[433]

Für die Verfolgung von Sekundärzwecken im Wege der Modifikation von Zuschlagskriterien bedeutet dies zunächst eine grundsätzliche und vollständige Unzulässigkeit im Anwendungsbereich der Richtlinien. Und zwar gilt dies sowohl für Bestimmungen und Praktiken, die den Sekundärzweck lediglich zum Stichentscheid heranziehen, wie auch für solche, die zur Verfolgung von Sekundärzwecken eine Berücksichtigung des teureren Gebots zulassen. Beide Gruppen von Bestimmungen stellen nämlich auf den Sekundärzweck als Kriterium ab, und sei es nur als „Zünglein an der Waage" bei ansonsten völlig gleichwertigen Angeboten. Dieses ist aber gerade verboten, da nur und insoweit ausschließlich zulässige Kriterien entweder alleine das Kriterium des niedrigsten Preises ist oder Kriterien, die der Ermittlung des wirtschaftlich günstigsten Gebots dienen. Kriterien, die der Ermittlung des wirtschaftlich günstigsten Gebots dienen, verfolgen aber definitionsgemäß den Primärzweck der Funktionsfähigkeit der Verwaltung.

Im Rahmen dieser Regelung könnte allenfalls eine „beiläufige" Verfolgung von Sekundärzwecken zulässig sein, die mit Kriterien, die in den Richtlinien aufgezählt sind oder sonst offensichtlich der Ermittlung des

---

[431] EuGH *-Beentjes-* (Anm. 225), 4657, Randnr. 19.

[432] Zu dieser Vorschrift näher unten I. 2. a), S. 140 ff.

[433] EuGH *-Beentjes-* (Anm. 225).

wirtschaftlich günstigsten Gebots dienen, zusätzliche Interessen verfolgt. Durch Betonung der Ausführungsfrist als Zuschlagskriterium bei Bauvorhaben könnte vermutlich der weitergehende Zweck verfolgt werden, bei Bauunternehmen Anreize für einen hohen Beschäftigtenstand oder zumindest für die kurzfristige Anwerbung zusätzlicher Arbeitskräfte zu schaffen. Von einer Betonung des technischen Wertes der zu beschaffenden Güter oder Dienstleistungen kann vermutlich ein zulässiger Impuls für technische Innovationen in der betreffenden Branche ausgehen. Das Abstellen allein auf den geringsten Preis kann dagegen im Sinne einer neo-liberalen Politik zu verschärftem Wettbewerbsdruck und zur Beschleunigung eines notwendigen Strukturwandels führen.

Diese Möglichkeiten sind nicht gering zu schätzen und stehen im Widerspruch zu einer in der Praxis weitverbreiteten Wahrnehmung nationaler Vergabestellen, die sich häufig für europarechtlich verpflichtet halten, in den weitaus meisten Fällen strikt an den billigsten Teilnehmer zu vergeben.[434] Allerdings erlauben sie nur recht generelle Beeinflussungen und bleiben weit hinter den Steuerungsmöglichkeiten zurück, die in der mitgliedstaatlichen Praxis im Wege von Weisungen und Verwaltungsvorschriften Usus sind.

2. Ausnahmen

a) Bevorzugung bestimmter Teilnehmer beim Zuschlag aufgrund älterer mitgliedstaatlicher Regelung

Art. 30 Abs. 3 BKR und Art. 35 Abs. 1 SKR kennen eine ausdrückliche Ausnahme von den grundsätzlichen Zuschlagskriterien für eine mitgliedstaatliche „Regelung, die bestimmten Bietern eine Bevorzugung gewährt". Diese Ausnahme ist als „grandfather clause" ausgestaltet, er-

---

[434] Dies betont neuerdings auch das Europäische Parlament in Textziff. 15 seiner Entschließung vom 22.10.1997, A4-0309/97, abgedruckt in VergR 6/97, 48, zu dem Grünbuch der Kommission „Das öffentliche Auftragswesen in der Europäischen Union: Überlegungen für die Zukunft": „stellt fest, daß die Auftraggeber bereits bei der Festlegung der Qualifikationen der Bieter oder bei der Ausarbeitung der Ausschreibungsbedingungen die Einhaltung von Rechtsvorschriften auf dem Gebiet Soziales, Qualität, Nachhaltigkeit und Gesundheit berücksichtigen können, weist darauf hin, daß der niedrigste Preis nur ein Kriterium für die Auftragsvergabe neben dem des finanziell günstigsten Angebots ist"; siehe auch EuGH -*Evans*-, Slg. 1995, I-563, Rdnr. 41 ff.

faßt also nur mitgliedstaatliche Regelungen, die bereits vor Inkrafttreten der Richtlinien galten. Zudem gewährt sie die Ausnahme nur, „sofern die angewandte Regelung mit dem Vertrag vereinbar ist". DKR und LKR dagegen kennen keine entsprechende Vorschrift bzw. keine mehr.

(A) Art. 30 Abs. 3 BKR

(i) Geschichte der Vorschrift

Bereits die erste Baukoordinierungsrichtlinie von 1971 erlaubte eine Abweichung vom Zuschlag auf das wirtschaftlichste Gebot,

> „wenn ein Mitgliedstaat bei der Vergabe von Bauaufträgen im Rahmen einer Regelung, bei der bestimmten Bietern eine Bevorzugung im Sinne einer Beihilfe gewährt wird, andere Kriterien zugrunde legt, sofern die angewandte Regelung mit dem Vertrag, insbesondere mit den Art. 92 ff., vereinbar ist.[435]"

Auffällig ist zunächst, daß der Normgeber in dieser Fassung die Bevorzugung bestimmter Gruppen ganz natürlich als mögliche Form der Beihilfe betrachtete. Die erste Baukoordinierungsrichtlinie sollte aber nach ihrer Präambel die „gleichzeitige Verwirklichung der Niederlassungsfreiheit und des freien Dienstleistungsverkehrs auf dem Gebiet der öffentlichen Bauaufträge" zum Ziel haben.[436] Betrachtet man die Bevorzugung von Teilnehmern als Frage des Beihilferechts,[437] so fällt sie notwendig aus dem Rahmen eines Koordinierungsvorhabens heraus, welches der Verwirklichung von Grundfreiheiten dienen soll. Es lag daher nahe, derartige Beihilfen vom Prinzip des Zuschlags auf das günstigste Gebot auszunehmen und lediglich auf die ohnehin anwendbaren Wettbewerbsregeln des Vertrages zu verweisen.

Im Rahmen der Novellierung der Baukoordinierungsrichtlinie wurde die Vorschrift umformuliert. In der Fassung des Art. 29 Abs. 4 BKR 89

---

[435] Art. 29 Abs. 4 BKR 71.

[436] Erster Erwägungsgrund der BKR 71.

[437] Siehe dazu unten Kapitel Vier, Abschnitt Vier, C. I. 1. Sachliche Anwendbarkeit, S. 245 ff.

erlaubte sie die Abweichung vom Prinzip des wirtschaftlichsten Gebots nunmehr:[438]

> „wenn ein Mitgliedstaat bei der Vergabe von Aufträgen im Rahmen einer Regelung, die zum Zeitpunkt des Erlasses dieser Richtlinie in Kraft ist und bestimmten Bietern eine Bevorzugung gewährt, andere Kriterien zugrunde legt, sofern die angewandte Regelung mit dem Vertrag vereinbar ist."

Die Bezugnahme auf die Beihilferegeln entfiel damit. Statt einer Bevorzugung im Sinne einer Beihilfe wurde nunmehr eine Bevorzugungsregelung gefordert, die älter ist, als die Richtlinie. Die Vorschrift wurde zur „grandfather clause". Im Rahmen der Konsolidierung wurde die Vorschrift als Art. 30 Abs. 3 BKR wortgleich übernommen.[439]

(ii) Tatbestandsvoraussetzungen

Gefordert ist eine „Regelung". Nicht normierte *ad hoc*-Bevorzugungspraktiken werden also nicht von der Ausnahmevorschrift erfaßt. Andererseits ist keine gesetzliche Regelung gefordert. Regelungen auf untergesetzlicher Ebene genügen. Nicht ohne weiteres klar ist, ob Normierungen ohne Außenwirkung, etwa Verwaltungsvorschriften, den Tatbestand der „Regelung" erfüllen. Der Vergleich mit der englischen und französischen Fassung der Richtlinie, die von „rules" bzw. „réglementation" sprechen, zeigt jedoch, daß mit „Regelung" lediglich eine feststehende Entscheidungsnorm gemeint und eine Außenwirkung nicht erforderlich ist.[440] Auch Verwaltungsvorschriften werden daher erfaßt.

Die Regelung muß „bestimmten Bietern eine Bevorzugung gewähr[en]". Die Formulierung der Vorschrift („gewähren") gibt keine Auskunft darüber, ob die Regelung gerade auf die Bevorzugung bestimmter Gruppen abzielen muß, oder ob ein faktisch privilegierender Effekt der Regelung für bestimmte Gruppen ausreicht. In letzterem Falle wären die allermeisten mitgliedstaatlichen Bestimmungen zur Verfolgung von Sekundärzwecken gedeckt, insbesondere auch solche,

---

[438] Art. 1 Ziff. 20 der Richtlinie 89/440/EWG des Rates vom 18.7.1989 zur Änderung der Richtlinie 71/305/EWG über die Koordinierung der Verfahren zur Vergabe öffentlicher Bauaufträge, ABl. vom 21.7.1989, Nr. L 210/1 (11).

[439] Art. 30 Abs. 3 BKR.

[440] Zur Notwendigkeit sprachvergleichender Auslegung von Rechtsakten der Gemeinschaft siehe bereits EuGH -*Stauder*- Rs. 29/69 vom 12.11.1969, Randnr. 3.

die nicht an eine Gruppenzugehörigkeit des Teilnehmers anknüpfen, sondern etwa regionale Bevorzugungen anordnen. Grundsätzlich führt die Instrumentfunktion mitgliedstaatlicher Auftragsvergabe stets zur Bevorzugung bestimmter erwünschter Teilnehmer. Der Vergleich mit den insoweit deutlicheren französischen und englischen Fassungen gibt mehr Aufschluß. Die verlangen nämlich eine Regelung, „qui vise à faire bénéficier certains soumissionnaires d'une préférence" bzw. „whose aim is to give preference to certain tenderers". Die Regelung muß also auf die Privilegierung bestimmter Gruppen abzielen und gerade an die Zugehörigkeit des Teilnehmers zu einer als förderungswürdig eingestuften Gruppe anknüpfen.

Die Ausnahmevorschrift bezieht sich nach der systematischen Stellung im Kapitel 3 des Abschnitts IV nur auf zusätzliche Zuschlagskriterien. Der Wortlaut stellt dies durch den Verweis „Abs. 1 findet keine Anwendung" ausdrücklich fest. Dies bedeutet, daß die mitgliedstaatliche Regelung nur von der Ausnahme erfaßt wird, soweit sie gebotsbezogen ist und die Zuschlagsentscheidung beeinflußt. Ein Ausschluß von nicht Gruppenzugehörigen oder die Behandlung der Gruppenzugehörigkeit als Eignungskriterium wird nicht gedeckt.

Die Ausnahmevorschrift deckt nur Regelungen, die „zum Zeitpunkt des Erlasses dieser Richtlinie in Kraft" sind. Es stellt sich die Frage, welches der entscheidende Zeitpunkt ist, ob also die Worte „diese Richtlinie" sich auf die am 26. Juli 1971 erlassene BKR 71 oder auf die BKR 89 vom 18. Juni 1989 bezieht, oder ob mit der wortgleichen Übernahme der Zeitpunkt des Erlasses der BKR (14. März 1993) maßgeblich geworden ist.

Der Vorgang der Konsolidierung der Richtlinien brachte lediglich die auf zwei Richtlinien verstreuten Normen der Richtlinien in einen einheitlichen Text. Vorher war das geltende Recht nur der Zusammenschau der ursprünglichen mit der novellierten Koordinierungsrichtlinie zu entnehmen. Mit der Konsolidierung wurde der geänderte Text der Novellierung in die ursprüngliche Richtlinie eingearbeitet. Neue Bestimmungen kamen aber nicht hinzu. Im Gegenteil wurden sogar Bestimmungen in die konsolidierte Fassung der Richtlinie übernommen, die mittlerweile durch Zeitablauf erledigt waren. Dies gilt beispielsweise für die Öffnungsklausel für Regionalbeihilfen, die zeitlich bis zum 31. Dezember 1992 beschränkt, also bei Veröffentlichung der konsolidierten Richtlinie bereits gegenstandslos war.[441] Geht man deshalb da-

---

[441] Siehe oben Kapitel Drei, Abschnitt Eins, C. II. 1. Berücksichtigung der Regionalförderung als zusätzliches Kriterium, S. 100 ff.

von aus, daß die Konsolidierung kein neues Recht schaffte, sondern nur die Zusammenfassung des in mehreren Texten verstreuten Rechts zwecks besserer Übersichtlichkeit bewirken sollte, muß man die Schlußfolgerung ziehen, daß „diese" Richtlinie jedenfalls nicht im Sinne der aktuellen BKR gemeint ist.

Es bleibt damit die Frage, ob „diese" Richtlinie die ändernde novellierende Richtlinie von 1989 meint oder das Objekt der Änderung, also die BKR 71. Die Novellierung ändert unmittelbar den Wortlaut der Vorschriften der BKR 71.[442] Nach dem formulierten Willen des Normgebers sollte also Art. 29 Abs. 4 der BKR 71 einen anderen Wortlaut erhalten, ohne aus der BKR 71 herausgelöst zu werden. Nach diesem neuen Wortlaut enthält die Vorschrift nunmehr die Formulierung „zum Zeitpunkt des Erlasses dieser Richtlinie". Es handelt sich also um die nachträgliche Einfügung einer Binnenverweisung innerhalb der BKR 71. Daraus ergibt sich, daß die in bezug genommene Richtlinie die BKR 71 selbst ist. Maßgeblicher Zeitpunkt ist damit der 26. Juli 1971.

Die sekundärrechtliche Ausnahmevorschrift befreit lediglich von der sekundärrechtlichen Verpflichtung zum Zuschlag auf das absolut oder relativ billigste Gebot. Als niederrangige Norm kann sie nicht von Verpflichtungen des höherrangigen Vertrages befreien. Die entsprechende Feststellung im Text der Vorschrift „sofern die angewandte Regelung mit dem Vertrag vereinbar ist" hat daher nur deklaratorischen Charakter.

(B) Art. 35 Abs. 1 SKR

(i) Geschichte der Vorschrift

Bereits der erste Kommissionsvorschlag zur SKR 90 übernahm Art. 29 Abs. 4 BKR 89 wortgleich in den Entwurf der Sektorenrichtlinie.[443] Mit

---

[442] Art. 1 Ziff. 20 Richtlinie 89/440/EWG des Rates vom 18.7.1989 zur Änderung der Richtlinie 71/305/EWG über die Koordination der Verfahren zur Vergabe öffentlicher Bauaufträge, ABl. vom 21.7.1989, Nr. L 210/1 (11) lautet: „Die Richtlinie 71/305/EWG wird wie folgt geändert: 20. In Art. 29 wird Abs. 3 aufgehoben; die Absätze 4 und 5 erhalten folgende Fassung".

[443] Art. 23 Abs. 1 des Vorschlags der Kommission für eine Richtlinie des Rates betreffend die Auftragsvergabe durch Auftraggeber im Bereich der Wasser-, Energie- und Verkehrsversorgung, KOM (88) 377 endg., vom 11.10.1988, ABl. vom 12.12.1988, Nr. C 319/2 (11).

einer leichten Formulierungsänderung („Vorzugsbehandlung“ statt „Bevorzugung“) erlangte dieser Vorschlag als Art. 28 Abs. 1 SKR 90 Geltung. Die aktuelle SKR hat diese Bestimmung in Art. 35 Abs. 1 übernommen und erlaubt nunmehr Ausnahmen vom Prinzip des Zuschlags auf das wirtschaftlichste Gebot,

> „wenn ein Mitgliedstaat bei der Vergabe von Aufträgen im Rahmen einer Regelung, die zum Zeitpunkt der Annahme dieser Richtlinie in Kraft ist und bestimmten Bietern eine Vorzugsbehandlung gewährt, andere Kriterien zugrunde legt, sofern die angewandte Regelung mit dem Vertrag vereinbar ist.“[444]

(ii) Tatbestandsmerkmale

Da die Vorschrift Art. 30 Abs. 3 BKR bzw. dessen Vorgängernorm Art. 29 Abs. 4 BKR 89 nachgebildet ist, sind die Tatbestandsmerkmale und ihre Auslegung in weiten Teilen identisch.

Gefordert ist auch hier eine „Regelung“ im Sinne einer feststehenden Entscheidungsnorm, für die eine Außenwirkung nicht unbedingt erforderlich ist. Die Regelung muß „bestimmten Bietern eine Vorzugsbehandlung gewähr[en]“. Der leichte Formulierungsunterschied zu Art. 29 Abs. 4 BKR 89 hat keine Auswirkungen. Die englischen Fassungen von Art. 29 Abs. 4 BKR und Art. 35 Abs. 1 SKR verlangen sogar wortgleich eine Regelung „whose aim is to give preference to certain tenderers“. Die Regelung muß also auch hier auf die Privilegierung bestimmter Gruppen abzielen und gerade an die Zugehörigkeit des Teilnehmers zu einer als förderungswürdig eingestuften Gruppe anknüpfen. Die Ausnahmevorschrift bezieht sich nach der systematischen Stellung nur auf zusätzliche Zuschlagskriterien. Der Wortlaut stellt dies durch den Verweis „Art. 34 Abs. 1 findet keine Anwendung“ fest. Auch hier wird also die mitgliedstaatliche Regelung nur erfaßt, soweit sie gebotsbezogen ist und die Zuschlagsentscheidung beeinflußt. Ein Ausschluß von nicht Gruppenzugehörigen oder die Behandlung der Gruppenzugehörigkeit als Eignungskriterium wird nicht gedeckt.

Die Ausnahmevorschrift deckt nur Regelungen, die „zum Zeitpunkt des Erlasses dieser Richtlinie in Kraft“ sind. Art. 35 Abs. 1 SKR übernimmt wortgleich Art. 28 Abs. 1 SKR 90. Die Neufassung der SKR wurde notwendig, um den zwischenzeitlichen Erlaß der DKR in die SKR 90 einzuarbeiten. Weitergehende Änderungen sollten nicht vorgenommen

---

[444] Richtlinie 93/38/EWG des Rates vom 14.6. 1993, ABl. vom 9.8.1993 Nr. L 199/84 (102).

werden. Der Verweis auf „diese Richtlinie“ bezieht sich daher nach wie vor auf die SKR 90. Maßgeblicher Zeitpunkt ist daher der 17. September 1990.

Ebenso wie im Falle des Art. 30 Abs. 3 BKR hat die Wendung „sofern die angewandte Regelung mit dem Vertrag vereinbar ist“ als niederrangige Norm nur deklaratorischen Charakter.

(C) Keine entsprechende Bestimmung in der LKR

Art. 25 Abs. 4 LKR 76 kannte eine Vorschrift, die Art. 29 Abs. 4 BKR 89 entsprach. Diese wurde im Rahmen der Novellierung ohne Änderung als Art. 25 Abs. 4 LKR 88 übernommen. Bei der Konsolidierung wurde die Vorschrift aber aufgehoben. Entsprechend kennt die aktuelle LKR keine solche Bestimmung mehr.

Die Mitgliedstaaten waren zuvor befragt worden, ob Art. 25 Abs. 4 LKR 88 eine praktische Funktion erfülle. Sie hatten sich gegenüber der Kommission mehrheitlich dahingehend geäußert, daß keine nationalen Vorschriften existierten, die unter diese Bestimmung fallen.[445] Deshalb strich die Kommission die Vorschrift als bedeutungslos.[446]

(D) Keine entsprechende Bestimmung in der DKR

Der erste Kommissionsvorschlag zur DKR enthielt noch einen Art. 33 Abs. 3, der Art. 29 Abs. 4 BKR 89 wortgleich nachgebildet war.[447] Im

---

[445] Im gleichen Sinne die Expertenmeinungen, die auf dem vierzehnten FIDE-Kongreß zu dieser Frage geäußert wurden: *Hannequart/Delvaux*, in: FIDE 1990, 41 (für Belgien); *G. Larsen*, in: FIDE 1990, 63, Textziff. 35 (für Dänemark); *L. Cosculluela* in: FIDE 1990, 137 (für Spanien); *M. Robinson*, in: FIDE 1990, 173 (für Irland); *Glazener/Pijnacker Hordijk/van der Riet*, in: FIDE 1990, 230 (für die Niederlande); *R. Machete*, in: FIDE 1990, 274 (für Portugal); Vorsichtiger dagegen *P. Birkinshaw*, in: FIDE 1990, 293 (für das Vereinigte Königreich): „H.M. Treasury had no knowledge of the use of Art.25 (4) of Directive 77/62/EEC by central government departments and agencies to gain exemption and favour for local or regional initiatives“. Nur *C. Bréchon-Moulènes* in: FIDE 1990, 154 benannte für Frankreich drei Anwendungsfälle des Art. 25 Abs. 4.

[446] So *C. Servenay*, (1995) 4 P.P.L.R., 166 ff.

[447] Vorschlag der Kommission für eine Richtlinie des Rates über die Koordinierung der Verfahren zur Vergabe öffentlicher Dienstleistungsaufträge, KOM (90) 372 endg., vom 13.12.1990, ABl. vom 31.1.1991, Nr. C 23/1 (13).

Geänderten Vorschlag vom August 1991 fehlte diese Vorschrift aber.[448] Daher kennt die geltende DKR keine entsprechende Regelung.

(E) Zusammenfassung

BKR und SKR sehen für mitgliedstaatliche Regelungen, die im Rahmen der Zuschlagsentscheidung von Angehörigen bestimmter Gruppen eine Bevorzugung anordnen, eine Ausnahme vom Grundsatz des Zuschlags nach auftragsbezogenen Kriterien vor. Diese Ausnahme gilt nur für Regelungen, die bereits vor dem 26. Juli 1971 (BKR) bzw. dem 17. September 1990 (SKR) in Kraft waren und sie dispensiert nur von den Vorgaben der Richtlinien hinsichtlich der Zuschlagskriterien. Sie befreit nicht von den übrigen Bestimmungen der Richtlinien und nicht von den Vorgaben des Vertrags.

b) Drittlandsklausel

Die SKR kennt eine besondere Ausnahmebestimmung, die im Rahmen von Lieferaufträgen das Abstellen auf die Herkunft der gelieferten Güter erlaubt.[449] Sie teilt Gebote nach dem *local content* der zu liefernden Waren ein in Drittlandsgebote und Gemeinschaftsgebote.[450] Ein Drittlandsgebot kann von der Vergabestelle zurückgewiesen werden.[451] Darüber hinaus erlaubt die Vorschrift die Bevorzugung eines Gemeinschaftsgebots gegenüber einem bis zu 3 Prozent billigeren Drittlandsgebot.[452]

---

[448] Art. 32 des Geänderten Vorschlags der Kommission für eine Richtlinie des Rates über die Koordinierung der Verfahren zur Vergabe öffentlicher Dienstleistungsaufträge, KOM (91) 322 endg., vom 28.8.1991, ABl. vom 25.9.1991, Nr. C 250/4 (17).

[449] Art. 36 SKR.

[450] Gemeinschaftsgebote müssen Waren anbieten, deren *local content* mindestens 50 Prozent beträgt, Art. 36 Abs. 2 Unterabs. 1 SKR; für die Feststellung, ob eine Ware aus der Gemeinschaft stammt, verweist die Norm auf die Verordnung (EWG) Nr. 802/68 des Rates, ABl. vom 28.6.1968, Nr. L 148/1 über die gemeinsame Begriffsbestimmung für den Warenursprung; diese Verordnung wurde mittlerweile durch den Zollkodex der Gemeinschaft ersetzt (Verordnung [EWG] des Rates vom 12.10.1992, ABl. vom 19.10.1992, Nr. L 302/1 zur Festlegung des Zollkodex der Gemeinschaften).

[451] Art. 36 Abs. 2 Unterabs. 1 SKR.

[452] Art. 36 Abs. 3 SKR.

Diese Ausnahmebestimmung wurde als Verhandlungsmasse der Gemeinschaft in den multilateralen Verhandlungen zum WTO-Abkommen über Beschaffungswesen[453] konzipiert und sollte insbesondere als Gegengewicht zu entsprechenden amerikanischen nationalen Präferenzen im Rahmen des *Buy American* Act dienen.[454] Deutschland hat unter Berufung auf den deutsch-amerikanischen Freundschafts-, Handels- und Schiffahrtsvertrag vom 26. Oktober 1954[455] die Umsetzung der Bestimmung verweigert.[456]

Die Vorschrift ist mit einer Reziprozitätsklausel versehen. Sie gilt nur gegenüber Drittstaaten, „mit denen die Gemeinschaft keine Übereinkunft in einem multilateralen oder bilateralen Rahmen geschlossen hat, durch die ein vergleichbarer und tatsächlicher Zugang der Unternehmen der Gemeinschaft zu den Märkten dieser Drittländer gewährleistet wird."[457] Die Kommission berichtet jährlich über dieses Reziprozitätserfordernis.[458] Seit dem Abschluß des WTO-Übereinkommens[459] gilt die Reziprozität gegenüber den Vereinigten Staaten als gewährleistet und es ist bisher zu keinem Anwendungsfall gekommen.

Die Klausel erlaubt den mitgliedstaatlichen Sektorenauftraggebern also im Rahmen der Vergabe von Lieferaufträgen ausdrücklich die Verfolgung eines Sekundärzwecks durch Ausschluß oder Benachteiligung im Rahmen des Vergabeverfahrens. Die Vorschrift trägt allerdings den handelspolitischen Zielen der Gemeinschaft eher Rechnung als denjenigen Anliegen, die von den Mitgliedstaaten typischerweise über die Instrumenfunktion der Auftragsvergabe verfolgt werden. Sie ist zudem zwar geltendes Recht, aber bislang ohne Anwendung geblieben. Eine Anwendung setzt zudem die entsprechende Einstufung des Drittstaats durch die Kommission voraus.

---

[453] Siehe oben Anm. 258.

[454] Näher *v. Bogdandy/Wernicke*, EuZW 1997, 219 f.; *C. Bovis*, Utilities L. Rev. 1993, 86; *C. Bovis*, (1993) 20 LIEI, 91.

[455] In Kraft getreten am 14.7.1956, BGBl. 1956, Teil II, 488 und 763.

[456] Näher hierzu *Schuster/Stoll*, RIW 1996, 89; *J. Grimes*, (1994) 35 Harvard Int.L.J., 535 ff.

[457] Art. 36 Abs. 1 SKR.

[458] Art. 36 Abs. 6 SKR.

[459] Siehe oben Anm. 258.

II. Erschwerung der verdeckten Berücksichtigung von Sekundärzwecken durch Prüfungspflicht bei der Zurückweisung „ungewöhnlich niedriger" Angebote

Die Richtlinien kennen besondere Regelungen zum Problem der Zurückweisung „ungewöhnlich niedriger" Gebote. Diese Regeln erschließen sich hinsichtlich ihres wirtschaftlichen Hintergrundes und hinsichtlich ihres Verhältnisses zu den grundsätzlichen Zuschlagskriterien nicht ohne weiteres. Ihr Inhalt ist durch die Rechtsprechung des Gerichtshofs weitgehend geklärt, über ihre Bedeutung für die Verfolgung von Sekundärzwecken gibt es Uneinigkeiten.

1. Wirtschaftlicher Hintergrund der Regelung

Eine Reihe mitgliedstaatlicher Vergabeordnungen sieht die Möglichkeit vor, ungewöhnlich niedrige Gebote ohne weitere Prüfung zu verwerfen. Die Existenz dieser Regelungen erklärt sich teilweise daraus, daß ungewöhnlich niedrige Gebote eine Vermutung der Unseriosität begründen. Ein ungewöhnlich günstiger Preis legt Zweifel an der Qualität der Leistung nahe. Geht man davon aus, daß die Erbringung einer ordentlichen Leistung unweigerlich gewisse Mindestkosten verursacht, so erscheint zunächst die Annahme nur natürlich, ein Teilnehmer, der unterhalb dieser Kosten bietet, könne eben eine ordentliche Leistung nicht erbringen.

Andererseits eignen sich derartige Regelungen aber auch hervorragend dazu, einen echten Preiswettbewerb zu unterdrücken und die Sekundärzwecke des Schutzes des heimischen Marktes und der Regionalförderung zu verfolgen. Ein ausländischer Teilnehmer, der an seinem Produktionsstandort geringere Stückkosten hat und nun mit einem „ungewöhnlich niedrigen" Preis auf dem Inlandsmarkt erstmals anbietet, läuft angesichts derartiger Regelungen stets Gefahr, wegen vermuteter Unseriosität von vornherein aus dem Wettbewerb eliminiert zu werden. Aber auch ein wahrhaft innovativer Teilnehmer, der sich neuer, kostensparender Produktionsverfahren bedient und deshalb entscheidend günstiger anbieten kann, ebenso wie ein besonders leistungsfähiger Teilnehmer, der sich dazu entscheidet, nicht kostendeckend anzubieten, um Marktanteile zu gewinnen, können von solchen Bestimmungen benachteiligt werden. Insgesamt leisten also derartige Regelungen einem wettbewerbsfeindlichen Beharren auf dem Status Quo Vorschub. Wer einen Preiswettbewerb beginnt und „ungewöhnlich niedrig" bietet, wird ausgeschlossen.

2. Verhältnis zum Grundsatz des Zuschlags nach auftragsbezogenen Kriterien

Zum Verständnis der systematischen Stellung der Regelungen der Richtlinien zum Problem der „ungewöhnlich niedrigen" Gebote, ist es wichtig zu sehen, daß die Richtlinien den Vergabestellen lediglich die Anwendung bestimmter Kriterien vorschreiben. Die Wertung dieser Kriterien ist nicht geregelt. Das angewendete Kriterium in Fällen des „ungewöhnlich niedrigen" Angebots ist der Preis, also das auftragsbezogene Kriterium, das in den beiden Katalogen der Richtlinien zur Ermittlung des Billigstgebots und des wirtschaftlich günstigsten Angebots ausdrücklich aufgeführt ist. Die Vergabestelle, die ein „ungewöhnlich niedriges" Angebot eben wegen des niedrigen Preises verwirft, wendet also kein verbotenes Kriterium im Sinne der Richtlinien an. Sie wertet es lediglich in einer besonderen Weise.

Um dennoch eine verdeckte Abschottung der Märkte zu verhindern und andererseits den Ausschluß von tatsächlich unseriösen Teilnehmern[460] zuzulassen, treffen die Richtlinien eine Sonderregelung, die eine erhöhte Transparenz des Ausschlusses „ungewöhnlich niedriger" Angebote bewirken sollen. Diese Regeln stellen also keine Ausnahme vom Grundsatz des Zuschlags nach auftragsbezogenen Kriterien dar, sondern ergänzen im Gegenteil diesen Grundsatz um spezifische Transparenzvorschriften. Entsprechend fehlt in den einschlägigen Bestimmungen der Richtlinien eine Passage, die wie bei der Ausnahme für ältere Bevorzugungsregeln[461] anordnete „Abs. 1 findet keine Anwendung".

---

[460] Der Gerichtshof hat in EuGH -*Bellini*- verb.Rs. 28 und 29/86 vom 9.7.1987, Slg. 1987, 3347 die Nichtberücksichtigung eines italienischen Bieters für zulässig erklärt, der nicht die notwendigen Voraussetzungen für die Erbringung der ausgeschriebenen Leistung vorweisen konnte; näher unten Text bei Anm. 521.

[461] Siehe die Darstellung der Regelungen oben B. I. 2. a) Bevorzugung bestimmter Teilnehmer beim Zuschlag aufgrund älterer mitgliedstaatlicher Regelung, S. 140 ff.

3. Regelungen der Richtlinien

a) Verbot der *a limine*-Abweisung

Alle Richtlinien enthalten Vorschriften, die eine Abweisung von Geboten als „ungewöhnlich niedrig“ für den Fall verbieten, daß dies ohne vorherige Anhörung des Teilnehmers geschieht. Weiterhin verpflichten sie die Vergabestellen zur Berücksichtigung der Erklärungen, die der Teilnehmer in dieser Anhörung abgibt. Dieser Ansatz lautet in der Fassung des Art. 30 Abs. 4 Unterabs. 1 BKR:[462]

> „Scheinen bei einem Auftrag Angebote im Verhältnis zur Leistung ungewöhnlich niedrig, so muß der öffentliche Auftraggeber vor der Ablehnung dieser Angebote schriftlich Aufklärung über die Einzelposten der Angebote verlangen, wo er dies für angezeigt hält; die anschließende Prüfung der Einzelposten erfolgt unter Berücksichtigung der eingegangenen Erläuterungen.“

Eine Sonderregelung zur Verknüpfung von ungewöhnlich niedrigen Angeboten und Subventionen enthält die SKR in Art. 34 Abs. 5 a.E.[463] Diese Vorschrift verbietet für den Fall, daß das ungewöhnlich niedrige Angebot auf einer staatlichen Beihilfe beruht, den Ausschluß des Angebots, ohne daß dem Teilnehmer Gelegenheit gegeben wurde, die Ordnungsmäßigkeit der Beihilfe nach den Beihilferegeln des Vertrags nachzuweisen.

Das Sekundärrecht verbietet also die Ablehnung von ungewöhnlich günstigen Teilnehmern nicht grundsätzlich. Im Gegenteil gehen die genannten Vorschriften von einer Möglichkeit der „Ablehnung dieser Angebote“ aus. Sie verpflichten aber die Vergabestelle zu einer Einzelfall-

---

[462] Die anderen Richtlinien enthalten inhaltsgleiche Bestimmungen. Die Formulierung weicht minimal ab, indem sie am Anfang lautet: „Scheinen im Fall eines bestimmten Auftrages Angebote im Verhältnis zur Leistung ...“. Diese Fassung findet sich wortgleich in Art 27 Abs. 1 LKR, in Art. 37 Abs. 1 DKR und in Art. 34 Abs. 5 Unterabs. 1 SKR. Alle diese Bestimmungen gehen zurück auf Art. 29 Abs. 5 BKR 71 zu dessen Auslegung die meisten Entscheidungen des Gerichtshofs ergangen sind, die sich mit dem Problem befassen.

[463] Art. 33 Abs. 3 des Geänderten Vorschlags der Kommission für eine Richtlinie des Rates über die Koordinierung der Verfahren zur Vergabe öffentlicher Dienstleistungsaufträge, KOM (91) 322 endg., vom 28.8.1991, ABl. vom 25.9.1991, Nr. C 250/4 (17) sah eine inhaltsgleiche Regelung für die DKR vor, die aber nicht in die Endfassung übernommen wurde.

prüfung. Damit verbieten sie die *a limine*-Abweisung günstiger Teilnehmer.

b) Willkürverbot als *ratio* - Die Rechtssache *Transporoute*

Die ausdrücklichen Verpflichtungen der Vergabestellen zur Einzelfallprüfung in den geltenden Richtlinien kodifizieren die Aussagen, die der Gerichtshof in der Rechtssache *Transporoute* zur seinerzeit weniger eindeutigen Fassung des Art. 29 Abs. 5 BKR 71 getroffen hat. Der Wortlaut dieser Vorschrift sah vor, daß der öffentliche Auftraggeber im Falle „ungewöhnlich niedriger Angebote" die Einzelposten „überprüft"; zu diesem Zweck „fordert" er den Teilnehmer zur Beibringung von Belegen auf und „teilt ihm gegebenenfalls mit, welche Belege als unannehmbar erachtet werden".

Die verteidigende luxemburgische Regierung wollte aus der Passage der Vorschrift, welche es der Vergabestelle erlaubt, einzelne Belege als unannehmbar abzulehnen, ein Ermessen in der Frage ableiten, ob sie vor der Ablehnung eines Gebots als „ungewöhnlich niedrig" dem Teilnehmer überhaupt Gelegenheit gibt, durch Beibringung von Belegen die Seriosität seines Angebots darzutun.[464] Das Argument ging dahin, daß es der Vergabestelle ja erlaubt sei, nach ihrem Ermessen Belege als unannehmbar zurückzuweisen. Also können sie auch nach pflichtgemäßem Ermessen jegliche Vorlage von Belegen von vorne herein ablehnen, wenn sie das Angebot als Ganzes für unannehmbar halte.

Dieser Argumentation erteilte der Gerichtshof unter Berufung auf den Zweck der Vorschrift eine Absage. Ziel des Art. 29 Abs. 5 BKR 71 sei es, den „Bieter vor der Willkür des öffentlichen Auftraggebers zu schützen"[465]. In der Tat dient Art. 29 Abs. 5 zu nichts anderem, als der (nach wie vor möglichen) Ablehnung eines Angebots als „ungewöhnlich niedrig" eine Einzelfallprüfung voranzuschalten, um intransparente, willkürnahe Vergabeentscheidungen zu vermeiden. Die von der luxemburgischen Regierung vorgeschlagene Auslegung hätte das Ermessen so weit ausgedehnt, daß der Vergabestelle faktisch die Macht zugefallen wäre, über das Ob der Durchführung dieser Einzelfallprüfung zu entscheiden. Damit wäre der Zweck der Vorschrift vereitelt worden.

Die Neufassungen der einschlägigen Richtlinienvorschriften im Zuge der Novellierung der Richtlinien berücksichtigen diesen Gesichtspunkt

---

[464] EuGH -*Transporoute*- (Anm. 224), 428, Randnr. 17.

[465] *Ibid.*

des teilnehmerschützenden Willkürverbots ausdrücklich. Die Passage zur Zurückweisung von Belegen ist weggefallen und es ist ausdrücklich angeordnet, daß die Vergabestelle vor der Ablehnung schriftliche Aufklärung verlangen „muß“.

c) Willkür und „objektive“ mathematische Zuschlagsverfahren - Die Rechtssachen *Fratelli Costanzo* und *Doná Alfonso*

Der Gerichtshof mußte sich wiederholt mit der Einwendung auseinandersetzen, daß Zuschlagsverfahren, die in einem strikt mathematischen Vorgehen bestimmte Gebote als auffällig niedrig eliminieren, wegen ihrer wesengemäßen Objektivität nicht mit dem Grundsatz in Konflikt geraten könnten, daß der „Bieter vor der Willkür der öffentlichen Auftraggeber zu schützen“ sei.[466]

Dieses war die zentrale Verteidigung Italiens in den beiden Vertragsverletzungsverfahren *Fratelli Costanzo*[467] und *Doná Alfonso*[468]. Italien verwendete seinerzeit Verfahren, in welchen ein Durchschnittspreis der Angebote gebildet und diejenigen automatisch ausgeschieden wurden, welche einen bestimmten Prozentsatz unterhalb dieses Durchschnittswertes liegen. Dies gab dem Gerichtshof Gelegenheit, das in Art. 29 Abs. 5 enthaltene Willkürverbot dahingehend zu konkretisieren, daß es eine Verpflichtung zur kontradiktorischen Einzelfallprüfung umfasse. Derartige automatische Ausschlußverfahren ständen daher, objektiv oder nicht, im Widerspruch zu den Vorgaben der Richtlinie.[469]

---

[466] *Ibid.*

[467] EuGH -*Fratelli Costanzo*- Rs. 103/88 vom 22.6.1989, Slg. 1989, 1839 (1868), Randnr. 17: „Die Stadt Mailand und die italienische Regierung [...] weisen darauf hin, daß [das Ziel des Art. 29 Abs. 5] darin bestehe, den Bieter vor der Willkür des öffentlichen Auftraggebers zu schützen. Ein mathematisches Ausschlußkriterium biete hierfür eine absolute Garantie.“

[468] EuGH -*Doná Alfonso*- Rs. 295/89 vom 18.6.1991, Slg. 1991, I-2967.

[469] EuGH -*Fratelli Costanzo*- (Anm. 467) Randnr. 19: „... daß Art. 29 Abs. 5 der Richtlinie 71/305 des Rates es den Mitgliedstaaten verbietet, Bestimmungen zu erlassen, wonach bestimmte nach einem mathematischen Kriterium ermittelte Angebote von der Vergabe öffentlicher Bauaufträge ausgeschlossen werden, statt den öffentlichen Auftraggeber zu verpflichten, das in der Richtlinie vorgesehene Verfahren der kontradiktorischen Überprüfung anzuwenden.“; zu dem Urteil *T. Schabel*, BauR 1993, 45 (55 a.F.) ff; ebenso EuGH -*Doná Alfonso*- (Anm. 468), Randnr. 19.

d) Notifikationspflichten

Die Anordnung einer willkürfreien kontradiktorischen Einzelfallprüfung wird ergänzt durch Notifikationspflichten gegenüber der Kommission. Für den Fall, daß die Auftragsunterlagen einen Zuschlag auf das niedrigste Gebot vorsahen, bestimmten BKR, LKR, und DKR eine Pflicht der Vergabestellen, die Zurückweisung eines Gebots als „ungewöhnlich niedrig" der Kommission anzuzeigen.[470] Die SKR kennt eine solche Pflicht nur für den Fall, daß Angebote aufgrund einer staatlichen Beihilfe als ungewöhnlich niedrig zurückgewiesen worden sind.[471]

4. Sekundärzwecke und „ungewöhnlich niedrige" Angebote

Durch die Richtlinien und die zu ihnen ergangene Rechtsprechung ist also klargestellt, daß die Mitgliedstaaten verpflichtet sind, jedes Angebot im Einzelfall willkürfrei zu prüfen.[472] Es ist ihnen aber nicht verwehrt, nach Überprüfung das Angebot als ungewöhnlich niedrig zurückzuweisen. Zu dieser Möglichkeit trifft die Richtlinie keine Aussage. Sie regelt lediglich, wie die Vergabestelle zu verfahren hat, wenn sie ein Gebot als ungewöhnlich niedrig ablehnen möchte. Die Richtlinie ermächtigt weder zur Verwerfung, noch verbietet sie die Verwerfung, wenn das Verfahren eingehalten wird. Befürworter einer Instrumentfunktion der Auftragsvergabe haben hierin einen möglichen Ansatzpunkt gesehen.

a) Förderung von Sekundärzwecken durch weite Auslegung des Begriffs „ungewöhnlich niedrig"

Überlegungen wurden dahingehend angestellt, ein Gebot als „ungewöhnlich niedrig" anzusehen, wenn sein niedriger Preis auf Tatsachen beruht, die im Sinne eines als schutzwürdig angesehenen Sekundärzwecks unerwünscht sind; etwa weil der Teilnehmer in seinem Herkunftsstaat geringere soziale Schutzniveaus zu beachten hat oder weil er

---

470 Art. 30 Abs. 4 Unterabs. 2 BKR, Art. 27 Abs. 3 LKR, Art. 37 Abs. 3 DKR.

471 Art. 34 Abs. 5 Unterabs. 3 SKR.

472 Art. 29 Abs. 5 Unterabs. 4 BKR 89 (heute: Art. 30 Abs. 4 Unterabs. 4 BKR) kennt eine Ausnahmeregel, die aber mittlerweile durch Zeitablauf erledigt ist.

unter Verstoß gegen das Prinzip der gleichen Entlohnung gem. Art. 119 a.F. (nunmehr Art. 141) EGV unterbezahlte Frauen beschäftigt.[473]

b) Kritik der weiten Auslegung

Die Bestimmung über ungewöhnlich niedrige Angebote stellt nach der Systematik der Richtlinien keine Ausnahme vom Grundsatz des Zuschlags nach auftragsbezogenen Kriterien dar, sondern ergänzt diesen Grundsatz um Transparenzpflichten. Die weite Auslegung führte aber nur dann zu einer besonderen Beurteilung der angeführten Sekundärzwecke, wenn die Vorschriften über „ungewöhnlich niedrige" Gebote von diesem Grundsatz befreiten. So aber wendet die Vergabestelle, die ein „ungewöhnlich niedriges" Angebot im Sinne dieser weiten Auslegung zurückweist, nicht das Kriterium des Preises an, sondern das Kriterium der unerwünschten Tatsachen.

Selbst wenn man mit der weiten Auslegung annehmen würde, daß es sich um eine Ausnahmevorschrift handelt, wäre zu beachten, daß der Gerichtshof mehrfach darauf hingewiesen hat, daß die Ausnahmebestimmungen der Richtlinie eng auszulegen sind, damit die Rechte, die den Teilnehmern verliehen werden, möglichst weitgehend gewahrt bleiben.[474] Die vorgeschlagene Auslegung läuft aber auf eine weitgehende Aushöhlung des Grundsatzes hinaus. Es erscheint evident, daß mit einer derartigen Auslegung des Begriffs des „ungewöhnlich niedrigen Angebots" praktisch jeder Sekundärzweck im Rahmen der Zuschlagsentscheidung berücksichtigt werden könnte, soweit nur seine Förderung den Angebotspreis erhöht. Dann nämlich könnte das günstigere Gebot eines Teilnehmers, der diese Förderung nicht betreibt, als „ungewöhnlich niedrig" zurückgewiesen werden, indem vermutet wird, daß er gerade deswegen billiger anbieten kann.

Weiterhin hat der Gerichtshof in der Rechtssache *Fratelli Costanzo* das angewandte mathematische Ausschlußkriterium deshalb für unzulässig erklärt, weil es den Teilnehmern die Möglichkeit nehme, nachzuweisen, daß ihre Angebote seriös sind.[475] Es stehe deshalb im Widerspruch zu dem Ziel der Richtlinie, die Entwicklung eines echten Wettbewerbs auf dem Gebiet der öffentlichen Bauaufträge zu fördern.[476] Der Gerichtshof

---

[473] C. *MacCrudden*, Study, chapter 8 sub D.2.c.(2), 183 f.

[474] Siehe Anm. 379 ff.

[475] EuGH -*Fratelli Costanzo*- (Anm. 467), 1868, Randnr. 18.

[476] *Ibid.*

hat also die Bestimmung über den Ausschluß öffentlicher Aufträge im Lichte des Normzieles „Wettbewerbsförderung" ausgelegt. Eine Ausweitung des Ausschlusses „ungewöhnlich niedriger" Angebote führt aber zu einer Behinderung des Preiswettbewerbs. Die Kommission hat in diesem Zusammenhang hervorgehoben, daß keinesfalls ein Angebot als ungewöhnlich niedrig abgelehnt werden dürfe, das in Übereinstimmung mit den geltenden Marktbedingungen des Mitgliedstaates, in dem der Bieter seine Niederlassung hat, aufgestellt wurde und den Anforderungen der durchzuführenden Lieferungen Rechnung trägt.[477]

Nach alledem ist die Förderung von Sekundärzwecken durch eine weite Auslegung des Begriffs „ungewöhnlich niedrig" abzulehnen.

c) Zusammenfasssung

Die Bestimmungen der Richtlinien über die Behandlung „ungewöhnlich niedriger" Angebote stellen besondere Transparenzpflichten auf und erschweren so eine verdeckte Marktabschottung durch eine intransparente Zurückweisung wettbewerblich orientierter Gebote als ungewöhnlich niedrig. Sie treffen keine Festlegung zur Zulässigkeit einer solchen Zurückweisung, insbesondere stellen sie keine Ausnahme von den grundsätzlichen Zuschlagsregeln dar. Eine Förderung von Sekundärzwecken durch eine weite Auslegung des Begriffs „ungewöhnlich niedrig" scheitert an diesem mangelnden Ausnahmecharakter.

C. Keine Beschränkungen für Auftragsbedingungen

Normierungen mit besonderer Bedeutung für nachgeschaltete Auftragsbedingungen existieren nicht, da die Richtlinien, abgesehen von bestimmten nachwirkenden Publizitätspflichten,[478] nur das Verfahren bis zum Zuschlag regeln.

---

[477] Vademekum über öffentliches Auftragswesen in der Gemeinschaft, ABl. vom 31.12.1987 Nr. C 358/1 (26 und 37), ebenso *P.-A. Trepte,* Public Procurement, 166 f.

[478] V. a. Art. 8 BKR, Art. 7 LKR, Art. 12 DKR, Art. 24 Abs. 1 SKR; Darstellung der nachwirkenden Pflichten bei *H.-J. Prieß,* Auftragswesen, 110 f.

D. Zusammenfassung

Die Vergaberichtlinien stellen ein Regelwerk auf, das im Wege der Festsetzung von Katalogen zulässiger Kriterien eine signifikante Beschränkung der mitgliedstaatlichen Instrumentfunktion bewirkt, soweit diese mit Publizitätsbegrenzungen oder zusätzlichen Eignungsnachweisen und Ausschlußgründen arbeitet. Der Gerichtshof hat klargestellt, daß die Richtlinienkataloge nur dort um zusätzliche Kriterien erweitert werden dürfen, wo dies ausdrücklich in den Richtlinien vorgesehen ist, d.h. insbesondere bei den Nachweisen der wirtschaftlichen und finanziellen Leistungsfähigkeit. Eine Instrumentfunktion, die mit zugelassenen Katalogkriterien arbeitet, wurde allerdings nicht beanstandet. Der Kreis der Sekundärzwecke, die sich mit den Katalogkriterien verfolgen lassen, ist aber eng begrenzt und deckt sich nicht mit den Sekundärzwecken, die in der mitgliedstaatlichen Praxis von besonderem Interesse sind.

Ausnahmsweise zugelassen wird durch die Regelungen der Richtlinien die Forschungs- und Entwicklungsförderung durch Rückstufung der Publizität, die Förderung bestimmter Personengruppen durch Modifikation der Zuschlagskriterien im Bereich von BKR und SKR im Rahmen einer Regelung, die bereits vor dem 26. Juli 1971 (BKR) bzw. dem 17. September 1990 (SKR) in Kraft war und die Benachteiligung von Drittstaatsgeboten bei der Vergabe von Lieferaufträgen durch Sektorenauftraggeber. Diese Ausnahmen befreien allerdings nicht von den höherrangigen Vorgaben des EG-Vertrags.[479]

Das Regelwerk der Vergabekoordinierung kennt Grenzen. Die Richtlinien koordinieren nicht alle Auftragsvergaben und auch innerhalb der Vergabeverfahren, auf die sie grundsätzlich Anwendung finden, sind nicht alle auftauchenden inhaltlichen Fragestellungen koordiniert. Eine Instrumentfunktion, die in diesen ausgenommenen Bereichen stattfindet oder die nicht mit Publizitätsbegrenzungen, zusätzlichen Eignungsnachweisen oder Ausschlußgründen arbeitet, wird daher nicht in der dargestellten Weise beschränkt. Diese Grenzen der Koordinierung sind im folgenden zu untersuchen.

---

[479] Dazu näher unten Kapitel Vier: Sekundärzwecke und Vorschriften des EG-Vertrags, S. 197 ff.

Abschnitt Drei: Grenzen der Koordinierung

In Abschnitt Zwei wurden die Beschränkungen dargestellt, die sich für im koordinierten Bereich für die mitgliedstaatliche Verfolgung von Sekundärzwecken ergeben. Diese Beschränkungen gelten nur, soweit die Instrumentfunktion sich eines Mittels bedient, das von der Koordinierung umfaßt wird.

Die Richtlinien definieren Gruppen von Aufträgen, auf die sie keine Anwendung finden (A.). Aber auch bei der Vergabe von Aufträgen, die in den Anwendungsbereich der Richtlinien fallen, findet lediglich eine punktuelle Koordinierung statt (B.).

A. Die Vorschriften der Richtlinien über von der Koordinierung ausgenommene Bereiche

Die Richtlinien kennen ganze Bereiche von Aufträgen, die von ihrer Anwendung ausgenommen sind. Auf die Vergabe in diesen Bereichen finden naturgemäß die Beschränkungen für Sekundärzwecke, die im koordinierten Bereich gelten, keine Anwendung.

I. Schwellenwerte

1. Schwellen

Die Richtlinien gelten nur für Aufträge, deren geschätzter Auftragswert ohne Mehrwertsteuer mindestens einen bestimmten Schwellenwert erreicht. Dieser Schwellenwert liegt für Bauaufträge stets bei 5 Millionen EURO.[480] Für Dienstleistungsaufträge existieren drei verschiedene Schwellenwerte von 200.000.-, 400.000.- und 600.000.- EURO.[481] Diese drei Schwellenwerte gelten grundsätzlich auch für Lieferaufträge.[482]

---

[480] Art. 6 Abs. 1 BKR, Art. 14 Abs. 1 *lit.* c) SKR.

[481] Art. 7 Abs. 1 DKR, Art. 14 Abs. 1 *lit.* b) und c) SKR.

[482] Art. 5 Abs. 1 *lit.* a) erster Spiegelstrich LKR, Art. 14 Abs. 1 *lit.* b) und c) SKR.

Hier findet aber für bestimmte Aufträge der Schwellenwert von 130.000.- SZR des GATT/WTO-Übereinkommens über das Öffentliche Beschaffungswesen[483] Anwendung.[484] Die Gegenwerte in nationaler Währung dieser in EURO und SZR bestimmten Schwellen werden von der EG-Kommission jeweils für einen Zeitraum von zwei Jahren im Amtsblatt veröffentlicht[485] und von den zuständigen Fachministern der Mitgliedstaaten den Vergabestellen mitgeteilt.[486]

Die Richtlinien versuchen die Beachtung dieser Schwellenwerte zu sichern, indem sie ein generelles Umgehungsverbot festlegen[487] und dieses durch besondere Vorschriften für die Berechnung des Auftragswertes bei Losvergaben,[488] regelmäßig zu vergebenden Aufträgen,[489] Dauerschuldverhältnissen[490] Optionsrechten[491] und Provisionen[492] konkretisieren.

2. Bagatellklausel für Teillose

Bei der Aufteilung eines Großauftrags in Lose kennen die Vergaberichtlinien einen Ausnahmemechanismus, der besondere Bedeutung für den Sekundärzweck der Mittelstandsförderung hat.

---

[483] Siehe Anm. 258.

[484] Art. 5 Abs. 1 *lit.* a) zweiter Spiegelstrich LKR.

[485] Art. 6 Abs. 2 BKR, Art. 5 Abs. 1 *lit.* c und d LKR, Art. 7 Abs. 8 DKR.

[486] Für den Gegenwert in DM im Zeitraum 1/96 bis 12/97 siehe Bekanntmachung des Bundesministers für Wirtschaft zur Vergabe öffentlicher Aufträge nach Maßgabe der EU-Richtlinien vom 27.12.1995, BAnz. Nr. 6 vom 10.1.1996, 197.

[487] Art. 14 Abs. 13 SKR z.B. lautet: „Die Auftraggeber dürfen diese Richtlinie nicht dadurch umgehen, daß sie die Aufträge aufteilen oder für die Berechnung des Auftragswertes besondere Modalitäten aufstellen." Entsprechende Vorschriften enthalten Art. 6 Abs. 4 BKR, Art. 5 Abs. 6 LKR, Art. 7 Abs. 3 DKR.

[488] Art. 6 Abs. 3 Satz 1 BKR, Art. 5 Abs. 4 LKR, Art. 7 Abs. 4 Unterabs. 2 DKR, Art. 14 Abs. 10 Unterabs. 2 Satz 1 SKR.

[489] Art. 5 Abs. 3 LKR, Art. 7 Abs. 6 DKR, Art. 14 Abs. 7 SKR.

[490] Art. 5 Abs. 2 LKR, Art. 14 Abs. 4 *lit.* a und b SKR.

[491] Art. 5 Abs. 5 LKR, Art. 7 Abs. 7 DKR, Art. 14 Abs. 6 SKR.

[492] Art. 7 Abs. 4 Unterabs. 1 DKR, Art. 14 Abs. 3 SKR.

Die Richtlinien sehen grundsätzlich vor, daß auf den Gesamtwert aller zu diesem Auftrag gehörenden Lose abgestellt wird. Die Regeln der Richtlinien gelten dann für alle Lose, auch wenn deren Einzelwert unter dem Anwendungs-Schwellenwert der Richtlinien liegt.[493] BKR, DKR und SKR sehen hiervon eine Ausnahme in Form einer sogenannten Bagatellklausel vor, die es den Mitgliedstaaten ermöglicht, für einen Teil der Lose von der Anwendung der Richtlinien abzusehen.[494] Diese greift für Lose, deren Wert unter einem bestimmten Betrag[495] bleibt, soweit der Gesamtwert dieser Lose 20 Prozent des Wertes des Gesamtauftrags nicht überschreitet. Die LKR kennt keine entsprechende Regelung.

Der Effekt dieser Regelung liegt darin, daß hinsichtlich der Lose, die unter die Bagatellklausel fallen, die Richtlinien nicht anwendbar sind und damit auch alle spezifischen Vorgaben hinsichtlich Eignungsprüfung und Zuschlag unanwendbar bleiben. Ein Gutteil der Bevorzugungsvorschriften, Eintrittsrechte und Mehrpreisstaffeln der deutschen Mittelstandsrichtlinien bleibt auf diese Weise von einschlägigen Vorgaben des Sekundärrechts ausgenommen, soweit es um diese Teillose geht. Allerdings gelten auch für diese Teillose die Vorgaben des Vertrags, von denen die sekundärrechtliche Bagatellklausel wegen ihres niedrigeren Ranges naturgemäß nicht befreien kann.

Auf diese Weise wird eine beträchtliche Ausnahme vom Anwendungsbereich der Richtlinien geschaffen. Die „Bagatellen", auf die sich die Klausel bezieht, sind im Falle von SKR und BKR immerhin Lose im Wert von bis zu einer Million EURO. Gering ist ihr Wert nur im Vergleich zur Auftragsgesamtsumme. Dies gibt den mitgliedstaatlichen Vergabestellen die Macht, über einige gewichtige Teillose im Rahmen von Großaufträgen ohne die Beschränkungen der Richtlinien zu entscheiden. Dies bedeutet auch, daß hier noch ein vergleichsweise größerer Spielraum für eine mitgliedstaatliche Verfolgung von Sekundärzwecken existiert, der lediglich durch die Vorschriften des Vertrags begrenzt ist.

---

[493] Art. 6 Abs. 3 Satz 2 BKR, Art. 7 Abs. 2 Unterabs. 3 Satz 1 LKR, Art. 14 Abs. 10 Unterabs. 2 Satz 2 SKR.

[494] Art. 6 Abs. 3 Satz 3 BKR, Art. 7 Abs. 4 Unterabs. 3 Satz 2 DKR, Art. 14 Abs. 10 Unterabs. 2 Satz 3 SKR.

[495] 1.000.000,- EURO im Bereich von BKR und SKR, 80.000,- EURO im Bereich der DKR.

II. Ausgenommene Sachbereiche

Die Richtlinien sehen Ausnahmen für bestimmte Sachbereiche vor.[496] Dazu zählen Vergaben im Rahmen von projektbezogenen Abkommen zwischen einem Mitgliedstaat und Drittstaaten,[497] Vergaben aufgrund von Truppenstationierungsabkommen,[498] Vergaben aufgrund eines besonderen Verfahrens einer internationalen Organisation[499] und Vergaben, die gemäß den Rechts- und Verwaltungsvorschriften eines Mitgliedstaates für geheim erklärt werden.[500] Dazu existieren in einigen Richtlinien einige spezielle Ausschlußtatbestände.[501] Diese Ausnahmen sind abschließend.[502]

B. Die Rechtsprechung des Gerichtshofs zu den inhaltlichen Grenzen der Koordinierung

Der Gerichtshof hat in einer Reihe von Entscheidungen den Gedanken der Koordinierung betont und festgestellt, daß die Angleichung des Vergaberechts durch die Richtlinien inhaltlich nicht abschließend ist. Eine zentrale Rolle hat in diesen Entscheidungen die folgende Feststellung in den Präambeln einiger Koordinierungsrichtlinien gespielt: „Bei dieser Koordinierung sind die in den einzelnen Mitgliedstaaten geltenden Verfahren und Verwaltungspraktiken so weit wie möglich zu berücksichtigen."[503]

Diese Rechtsprechung hat sich in dem Urteil zu den verbundenen Rechtssachen *CEI* und *Bellini* zunächst in der Auseinandersetzung mit recht technischen Vorschriften mitgliedstaatlicher Vergabeordnungen entwickelt (sogleich I. und II.). Sie wurde dann in der Rechtssache *Be-*

---

[496] Näher *H.-J. Prieß*, Auftragswesen, 62 ff.

[497] Art. 5 *lit.* a BKR, Art. 4 *lit.* a LKR, Art. 5 *lit.* a DKR, Art. 12 Nr. 1 SKR.

[498] Art. 5 *lit.* b BKR, Art. 4 *lit.* b LKR, Art. 5 *lit.* b DKR, Art. 12 Nr. 2 SKR.

[499] Art. 5 *lit.* b BKR, Art. 4 *lit.* b LKR, Art. 5 *lit.* c DKR, Art. 12 Nr. 3 SKR.

[500] Art. 4 *lit.* b BKR, Art. 2 Abs. 1 *lit.* b LKR, Art. 4 Abs. 2 DKR, Art. 10 SKR.

[501] Art. 2 Abs. 2 LKR, Art. 6 DKR, Art. 11 SKR.

[502] EuGH *-Kommission/Spanien, Umsetzung 1987-* Rs. C-71/92, vom 17.11.1993, Slg. 1993, I-5923, Randnr. 10 und 22.

[503] Erwägungsgrund 3 der BKR; wortgleich Erwägungsgrund 6 der LKR. In der Sektoren- und der DKR findet sich kein entsprechender Erwägungsgrund.

entjes auf eine mitgliedstaatliche Vorschrift übertragen, die im Rahmen der Vergabe arbeitsmarkt- und sozialpolitische Sekundärzwecke verfolgte (unten III.).

I. Die Entscheidung des Gerichtshofs in der Rechtssache *CEI*

Den Beginn der Rechtsprechung zu den inhaltlichen Grenzen der Koordinierung markiert die Entscheidung in der Rechtssache *CEI*.[504] In ihr hat der Gerichtshof zum ersten Male ausgesprochen, daß auch bei Aufträgen, die vom Anwendungsbereich einer Richtlinie umfaßt werden, bestimmte Fragestellungen nicht ausdrücklich von der Richtlinie geregelt werden. Zugleich hat er aus der Gesamtsystematik der Richtlinie Beurteilungsmaßstäbe für diese ungeregelten Fragestellungen entwickelt.

In *CEI* ging es um die Bestimmung einer belgischen Verordnung, die „ein spekulatives Verhalten von Unternehmen mit der Folge, daß sie Verpflichtungen eingehen, die ihre Leistungsfähigkeit übersteigen" verhindern sollte.[505] Sie zielte also auf die Sicherstellung der finanziellen und wirtschaftlichen Leistungsfähigkeit ab. Art. 25 der einschlägigen BKR 71 enthielt ausdrückliche Bestimmungen über den Nachweis finanzieller und wirtschaftlicher Leistungsfähigkeit. Er ließ zusätzliche Nachweise ausdrücklich zu. Der Gerichtshof stellte dennoch fest, daß Art. 25 hinsichtlich der Zulässigkeit dieser Bestimmung keine spezifische Aussage enthalte. Sie sei deshalb von Art. 25 weder erlaubt noch untersagt.

1. Die problematische Bestimmung

Eine belgische Vergabestelle hatte für ein Teilstück der Ardennenautobahn Bauaufträge ausgeschrieben. Die Firma CEI hatte das niedrigste Angebot abgegeben und war dennoch nicht berücksichtigt worden. Dies war damit begründet worden, daß CEI zum Zeitpunkt der Vergabe nach eigenen Angaben bereits andere Aufträge in einem Gesamtvolumen von über 1,2 Milliarden belgischen Francs übernommen hatte. Diese Summe war der Schwellenwert, den eine belgische Verordnung als oberste Grenze für Unternehmen von der Größenordnung der Firma

---

[504] EuGH -*CEI*- (Anm. 226), 3347 (3351).

[505] Zu den übrigen Motiven der Regelung siehe oben Text bei Anm. 411.

CEI bestimmte. Jenseits dieser Schwelle durften Unternehmen dieser Größe nur nach vorheriger besonderer Genehmigung weitere Aufträge übernehmen.[506] Auf Erteilung dieser besonderen Genehmigung bestand kein Rechtsanspruch und CEI hatte auch keine solche Genehmigung erhalten. Die Vergabestelle hatte sich daraufhin für einen teureren Teilnehmer entschieden, dessen Gesamtvolumen an Aufträgen noch unterhalb der Schwelle lag. CEI war gegen diese Vergabeentscheidung verwaltungsgerichtlich vorgegangen. Als Teilnehmerin mit dem niedrigsten Angebot habe ihr der Zuschlag gebührt. Die Bestimmung der Verordnung sei nach der BKR 71 unzulässig.[507]

2. Die Vorlagefragen des Conseil d'État

Der mit der Sache befaßte belgische Conseil d'État setzte das Verfahren aus und faßte die europarechtliche Problematik in zwei Vorlagefragen:[508] Erstens fragte er, ob der Katalog der Nachweise der finanziellen und wirtschaftlichen Leistungsfähigkeit in Art. 25 der BKR 71 abschließend ist. Für den Fall, daß das nicht so sein sollte, fragte er zweitens, ob der Auftrags-Gesamtwert als ein (weiterer) solcher Nachweis angesehen werden kann. Die erste Frage entschied der Gerichtshof mit Blick auf den insoweit eindeutigen Wortlaut der Vorschrift mit Nein.[509] Der Katalog sei nicht abschließend. Zur zweiten Frage stellte er fest, daß der Auftrags-Gesamtwert ein brauchbares Kriterium zur Feststellung der wirtschaftlichen Leistungsfähigkeit darstellen kann.[510]

3. Die Umdeutung der zweiten Vorlagefrage durch den Gerichtshof

Der Gerichtshof beließ es nicht bei der Prüfung der vorgelegten Fragen. Zusätzlich zu den beiden Fragen des Conseil d'État hielt er es für nötig, eine dritte Frage zu beantworten, nämlich: Ist es mit der Richtlinie ver-

---

[506] Die rechtliche Konstruktion dieses Erfordernisses wird in EuGH *-CEI-* (Anm. 226), 3350 genauer geschildert.

[507] *Ibid.*, 3351.

[508] *Ibid.*, 3352.

[509] *Ibid.*, 3372, Randnr. 9: „Schon aus dem Wortlaut dieses Artikels und insbesondere des Absatzes 2 ergibt sich, daß der Katalog der dort genannten Nachweise nicht erschöpfend ist".

[510] *Ibid.*, Randnr. 11.

einbar, wenn das nationale Recht eine Obergrenze für das Auftrags-Gesamtvolumen festlegt? Hierauf ziele die zweite Frage des Conseil bei zutreffender Deutung „außerdem" ab.[511]

Mit dieser Interpretation der Vorlagefrage verneinte der Gerichtshof eine Annahme, die dem Vorlagebeschluß des Conseil d'État implizit zugrundelag. Natürlich wollte der Conseil wissen, ob die Richtlinie der Anwendung der fraglichen belgischen Bestimmung entgegensteht. Er nahm aber an, daß sich diese Frage mit den beiden gestellten Vorlagefragen beantworten ließe. Für den Fall, daß die einschlägige Richtlinienbestimmung weitere Nachweise zuließ und es sich bei der Einforderung einer Genehmigung für das Überschreiten der Obergrenze um einen solchen weiteren Nachweis handelte, schien dem Conseil die Frage der Zulässigkeit geklärt.

4. Die Regelungslücke

Der Gerichtshof stellte hingegen fest, es sei zu unterscheiden zwischen dem materiellen Standard der wirtschaftlichen und finanziellen Leistungsfähigkeit einerseits und den formellen Nachweisen dieses Standards andererseits. Art. 25 BKR 71 regele nur Nachweise, nicht aber materielle Standards.[512] Deshalb werde die Festlegung einer Obergrenze von Art. 25 „weder erlaubt, noch untersagt".[513] Während die Vorschrift es also ausdrücklich erlaubt, als weiteren formellen Nachweis der wirtschaftlichen Leistungsfähigkeit die Angabe des Auftrags-Gesamtvolumens zu verlangen, trifft sie nach Ansicht des Gerichtshofs keine Aussage über die Zulässigkeit der Einführung eines neuen materiellen Standards durch die Festsetzung eines Höchstvolumens.

Dabei betrachtete er Sinn und Zweck der Richtlinie[514] und hob besonders auf die zweite Begründungserwägung der Richtlinie ab, der zufolge die in den Mitgliedstaaten geltenden Verfahren und Verwaltungspraktiken soweit wie möglich zu berücksichtigen sind. Auch verwies er auf Art. 2 BKR 71, dem zufolge die Vergabestellen ihre „an die Richtlinie angepaßten einzelstaatlichen Verfahren" anwenden. Aus alledem zieht

---

[511] *Ibid.*, Randnr. 12.

[512] *Ibid.*, 3373, Randnr. 13.

[513] *Ibid.*

[514] *Ibid.*, Randnr. 14.

er zunächst den Schluß, daß die Richtlinie kein einheitliches und erschöpfendes Gemeinschaftsrecht schaffe.[515]

5. Maßstäbe aus der Gesamtsystematik der Richtlinie

Daß die Richtlinie kein erschöpfendes Gemeinschaftsrecht schafft und keine ausdrückliche Regelung bereithält, bedeutet nach der Auffassung des Gerichtshofs aber keinen Freibrief für nationale Regelungen. Der Gerichtshof prüft in einem eigenen weiteren Prüfungsschritt, „ob eine solche Grenze mit der Gesamtsystematik der Richtlinie vereinbar ist".[516] Der Gerichtshof hielt es also für möglich, daß der Gesamtsystematik der Richtlinie eine Aussage zur Zulässigkeit der nationalen Bestimmung zu entnehmen ist, wenn eine unmittelbar einschlägige Vorschrift fehlt.

Zwar bleibe es den Mitgliedstaaten „unbenommen, materiellrechtliche oder verfahrensrechtliche Bestimmungen auf dem Gebiet der öffentlichen Bauaufträge aufrechtzuerhalten oder zu erlassen." Dies gelte aber nur unter zwei Voraussetzungen: „Im Rahmen der gemeinsamen Bestimmungen, die sie [die Richtlinie] enthält" und „vorbehaltlich der Beachtung aller einschlägigen Vorschriften des Gemeinschaftsrechts und insbesondere der Verbote, die aus den vom Vertrag bekräftigten Grundsätzen auf dem Gebiet des Niederlassungsrechts und des freien Dienstleistungsverkehrs folgen".[517]

Sodann prüft der Gerichtshof summarisch, ob die Festsetzung einer Obergrenze diesen Grundsätzen widerspricht.[518] Da dies nicht der Fall sei, begegne sie keinen Bedenken.[519]

Dies führt den Gerichtshof zu dem Ergebnis, daß weder Art. 25 „noch eine sonstige Bestimmung der Richtlinie" es einem Mitgliedstaat verwehrt, den Wert der Aufträge, die gleichzeitig ausgeführt werden dürfen, festzulegen.[520] Wenn also Belgien oder sonst ein Mitgliedstaat nur Teilnehmer für finanziell solide hält, die nicht mehr als ein bestimmtes

---

[515] *Ibid.*, Randnr. 15.

[516] *Ibid.*, Randnrn.14-16.

[517] *Ibid.*, Randnr. 15.

[518] *Ibid.*, 3374, Randnr. 16.

[519] *Ibid.*, Randnr. 17.

[520] *Ibid.*, Randnr. 18.

Auftragsvolumen gleichzeitig übernehmen, ist dies aus der Sicht der Richtlinie nicht zu beanstanden.

II. Die Entscheidung in den Rechtssachen *Bellini*

In den Rechtssachen *Bellini* hat der Gerichtshof seine Rechtsprechung zu den Grenzen der Koordinierung fortgesetzt.[521] Er hat eine weitere eignungsbezogene Fragestellung ausgemacht, die von einer für den Auftrag einschlägigen Richtlinie nicht angeglichen werde und daher in der Regelungsbefugnis der Mitgliedstaaten verbleibe.

In diesem Fall ging es um die mitgliedstaatlichen Bestimmungen, die in Italien und Belgien die Eintragung von Bietern in Listen Geeigneter Unternehmer regeln. *Bellini* hatte sich in Belgien um Aufträge beworben, für die es nach seiner heimatlichen italienischen Klassifizierung als geeignet galt, nach der belgischen aber nicht. Es ging um Fragen der technischen und wirtschaftlichen Leistungsfähigkeit. Art. 28 Abs. 3 BKR 71,[522] stellte in diesem Zusammenhang eine Eignungsvermutung auf. Nach dieser Vorschrift gilt ein Unternehmer, der in einem Mitgliedstaat in einer offiziellen Liste für öffentliche Bauarbeiten zugelassen ist, gegenüber Vergabestellen in anderen Mitgliedstaaten als „für die seiner Klassifizierung entsprechenden Arbeiten geeignet". Dennoch hat der Gerichtshof die Problematik des Falles als von der Regelung nicht umfaßt angesehen.

1. Die problematischen Bestimmungen

Das belgische Recht klassiert Teilnehmer nach ihrer Größe und Wirtschaftskraft in acht verschiedene Klassen. Wer in eine dieser Klassen aufgenommen ist, gilt als in technischer und wirtschaftlicher Hinsicht leistungsfähig für Aufträge einer bestimmten Größenordnung. Zwei öffentliche Aufträge waren ausdrücklich für Unternehmer der Klasse 6 und 7 ausgeschrieben worden. Aus den Verdingungsunterlagen ging klar hervor, daß Teilnehmer anderer Klassen zum Wettbewerb nicht zugelassen würden. Die Firma Bellini erfüllte die Voraussetzungen für eine Einordnung in die Klasse 6 oder 7 nicht, denn ihre Eigenmittel und ihre Beschäftigtenzahl blieben weit hinter dem zurück, was das belgische

---

[521] EuGH -*Bellini*- verb. Rs. 28 und 29/86 vom 9.7.1987, Slg. 1987, 3347.

[522] Entsprechend Art. 29 Abs. 3 BKR.

Recht für eine solche Einordnung verlangte. Die Firma Bellini war also nach der Wertung des belgischen Rechts zu klein und schwach für einen Auftrag dieser Größenordnung. Das Problem lag in der Tatsache, daß die Firma Bellini nach den Wertungen ihres italienischen Heimatrechts groß und leistungsfähig genug für einen derartigen Auftrag war. Auch das italienische Vergaberecht klassiert die Teilnehmer in Klassen und die Klasse, welcher Bellini vom italienischen Ministerium für öffentliche Arbeiten zugeordnet worden war, berechtigte sie dazu, Aufträge der fraglichen Größenordnung zu übernehmen. In Italien durfte also ein Unternehmer mit den Eigenmitteln und der Beschäftigtenzahl der Firma Bellini einen Auftrag dieser Größe übernehmen, in Belgien dagegen nicht.

Die Firma Bellini klagte vor dem belgischen Conseil d'État gegen die beiden ablehnenden Vergabeentscheidungen. Die Eignungsvermutung des Art. 28 Abs. 3 BKR 71 streite für sie.[523] In Art. 28 Abs. 3 heißt es: „Die von den zuständigen Stellen bescheinigte Aufnahme in solche Listen stellt für die öffentlichen Auftraggeber der anderen Mitgliedstaaten [...] eine Vermutung dar, daß der betreffende Unternehmer für die seiner Klassifizierung entsprechenden Arbeiten geeignet ist". Aus dem Satzzusammenhang könnte man entnehmen, daß „seine Klassifizierung" diejenige ist, welche von den „zuständigen Stellen" des Herkunftsstaates im Sinne des Art. 28 Abs. 2 „bescheinigt" wurde, also die Klassifizierung im Heimatstaat. Bellini sah daher in der Tatsache, daß die belgische Vergabestelle bei der Vergabeentscheidung auf diese Faktoren abgestellt hatte, einen Verstoß gegen Art. 28 Abs. 3.

2. Die Regelungslücke

Der Gerichtshof unterschied zwischen der Klassifizierung und den Tatsachen, die der Klassifizierung zugrunde lagen. Durch die Klassifizierung im Heimatstaat werde nur nachgewiesen, daß die Tatsachen vorliegen, die nach dem *dortigen* Recht für eine solche Klassifizierung nachgewiesen werden müssen. Der Eintragung im Heimatstaat komme also nur die Wirkung zu, daß sie bestimmte im Zielstaat geforderte Nachweise der technischen und wirtschaftlichen Leistungsfähigkeit ersetzen könne, wenn sie auf gleichwertigen Angaben beruht.[524] Es werde aber keine Vermutung dahingehend geschaffen, daß die so nachgewiesenen

---

[523] Entsprechend Art. 29 Abs. 3 BKR.

[524] EuGH -*Bellini*- (Anm. 521), 3375, Randnr. 25.

Tatsachen auch eine bestimmte rechtliche Wertung begründen. Die rechtliche Beurteilung der nachgewiesenen Tatsachen, insbesondere die Beantwortung der Frage, ob diese einem Standard zur Übernahme von Aufträgen einer bestimmten Größenordnung genügen, verbleibe vielmehr in der Kompetenz der Mitgliedstaaten.[525]

Dabei stellte der Gerichtshof zentral darauf ab, daß die durch Art. 28 angestrebte Harmonisierung eine begrenzte Reichweite habe. Art. 28 Abs. 1 verpflichte zwar diejenigen Mitgliedstaaten, welche offizielle Listen Geeigneter Unternehmer führen, dazu, diese Listen anzugleichen. Diese Angleichung betreffe jedoch nur bestimmte Nachweise technischer und wirtschaftlicher Leistungsfähigkeit und nicht etwa die Kriterien für die Klassifizierung der Unternehmen.[526] Entsprechend begrenzt sieht der Gerichtshof auch die Vermutungswirkung des Abs. 3. Ein Unternehmer, der in eine offizielle Liste eingetragen ist, könne die Bescheinigung über die Eintragung als alternatives Beweismittel statt bestimmter Einzelnachweise verwenden,[527] „wenn sie auf gleichwertigen Angaben beruht". Die Wertung dieser Tatsachen im Heimatstaat habe aber nicht an der Vermutungswirkung teil.

Der Gerichtshof unterscheidet ganz wie in der Rechtssache *CEI* zwischen materiellem Standard und dem formellen Nachweis dieses Standards.[528] Die Festsetzung des Standards verbleibt in der Regelungskompetenz der Mitgliedstaaten. Die Koordinierung umfaßt nur bestimmte Methoden, die Erfüllung dieses Standards nachzuweisen. Damit ist die Funktion des Art. 28 darauf reduziert, daß dem Teilnehmer der doppelte Nachweis bestimmter Merkmale seiner Leistungsfähigkeit bei seiner heimatstaatlichen Behörde und bei der Vergabestelle erspart bleiben soll.[529] Durch diese Interpretation wird verhindert, daß sich die niedrigsten Standards europaweit durchsetzten.[530] Hierin steckt eine Absage an das *Cassis*-Prinzip der gegenseitigen Anerkennung von Standards für diesen Bereich.

---

[525] *Ibid.*, 3375, Randnr. 26.

[526] *Ibid.*, 3374 f., Randnr. 22.

[527] *Ibid.*, 3375, Randnr. 24 unter Berufung auf EuGH -*Transporoute*- (Anm. 224), 427, Randnr. 13.

[528] EuGH -*Bellini*- (Anm. 521), 3375, Randnr. 26.

[529] *S. Arrowsmith,* Cases, 53 f.

[530] *Ibid.*

III. Die Entscheidung des Europäischen Gerichtshofs in der Rechtssache *Gebroeders Beentjes*

In der Rechtssache *Beentjes* hat der Gerichtshof die in *CEI* und *Bellini* entwickelte Rechtsprechung auf einen Fall der Instrumentfunktion mitgliedstaatlicher Auftragsvergabe übertragen.[531]

Es ging um eine Bestimmung in den Verdingungsunterlagen einer niederländischen Vergabestelle, welche die Beschäftigung von Langzeitarbeitslosen bei der Ausführung des Auftrags anordnete. Die niederländische[532] Firma Beentjes war bei der Vergabe unter anderem deshalb nicht berücksichtigt worden, weil sie nicht in der Lage schien, dieser Bestimmung nachzukommen. Beentjes vertrat die Auffassung, daß dieses Vorgehen gegen die Gemeinsamen Teilnahmebestimmungen des Abschnitts IV der BKR 71 verstoße. Der Gerichtshof vertrat dagegen die Auffassung, dieses Vorgehen habe nichts mit den Teilnahmebestimmungen zu tun. Unter Verweis auf seine Rechtsprechung in *CEI* hielt er lediglich die allgemeinen Maßstäbe der Gesamtsystematik der Richtlinie für anwendbar.

1. Die problematische Bestimmung

Die Bedingung, so wie sie in der Bekanntmachung der Ausschreibung angegeben war, forderte, daß „das beschäftigte Personal sich zu mindestens 70% aus Langzeitarbeitslosen zusammensetzen muß, die von der örtlichen Arbeitsbeschaffungsstelle vermittelt wurden."[533] Darüber hinaus hatte die Vergabestelle zwei weitere Gründe genannt, warum der Auftrag nicht an die Firma Beentjes zu vergeben sei: Erstens fehle es ihr an der nötigen spezifischen Erfahrung und zweitens sei ihr Angebot weniger „günstig" als diejenigen der Konkurrenten. Beide Kriterien „Erfahrung" und „Günstigkeit" ergaben sich aus einer Vorschrift des

---

[531] EuGH -*Beentjes*- Rs. 31/87 vom 20.9.1988, Slg. 1988, 4635.

[532] Die Firma Gebroeders Beentjes B.V. war in der 5.000-Seelen-Gemeinde Akersloot in der Region Kennemerland der Provinz Nord-Holland niedergelassen. Akersloot liegt nur etwa 25 Kilometer von der Region Waterland entfernt, in welcher die Flurbereinigungsarbeiten ausgeschrieben worden waren.

[533] Wörtlich mitgeteilt in den Schlußanträgen Generalanwalt *Darmon* vom 4.5.1988 in der Rechtssache EuGH -*Beentjes*- (Anm. 225), 4643 (4648), Textziff. 32.

staatlichen niederländischen Rechts.[534] Die Bestimmung über die Langzeitarbeitslosen dagegen war nicht rechtlich vorgegeben.

Die Firma Beentjes hatte für die ausgeschriebenen Flurbereinigungsmaßnahmen der Region Waterland das billigste Angebot abgegeben und war dennoch nicht berücksichtigt worden. Dies war damit begründet worden, daß Beentjes nicht in der Lage sei, bei der Ausführung des Auftrages Langzeitarbeitslose zu beschäftigen,[535] obwohl die Verdingungsunterlagen dies verlangten und in der Vergabe-Bekanntmachung hierauf hingewiesen worden war.[536]

Die Firma Beentjes war der Auffassung, als billigstem Teilnehmer hätte ihr der Zuschlag gebührt. Alle drei von der Vergabestelle angeführten Gründe seien nach Wortlaut und Systematik der BKR 71 unzulässig[537].

---

[534] Nämlich aus Art. 21 Abs. 2 (Erfahrung) und 3 (Günstigkeit) Uniform Aanbestedingsreglement (UAR), deren Wortlaut in EuGH *-Beentjes- ibid.*, 4638 wie folgt wiedergegeben wird: „2. Für die Vergabe von Bauaufträgen kommen nur diejenigen Bieter in Betracht, deren fachliche Eignung zur Ausführung der Arbeiten nach Ansicht des Auftraggebers weder in technischer noch in finanzieller Hinsicht zweifelhaft ist. 3. Unbeschadet der Bestimmungen von Abs. 2 wird der Zuschlag dem Bieter erteilt, dessen Angebot dem Auftraggeber am günstigsten erscheint."

[535] EuGH *-Beentjes- ibid.*, 4635 (4639).

[536] Sowohl in den Verdingungsunterlagen, als auch in der Bekanntmachung im Amtsblatt war ausdrücklich darauf hingewiesen worden, daß die vergebende Stelle eine Bereitschaft zur Beschäftigung von Langzeitarbeitslosen als wichtiges Kriterium ansehen würde; siehe *ibid.*, 4660, Randnr. 32 a. E.

[537] Vorlagebeschluß des Bezirksgerichts Den Haag vom 28.1.1987 (Arondissementsrechtsbank S'Gravenhage, Vonnis van 28 januari 1987), 60RP01/01, S. 6: „6.1. Beentjes betoogt dat uit text en system van de Richtlijn blijkt dat uitsluiting van haar, als degene die tegen de laagste prijs heeft ingeschreven, op grond von argumenten als door de Commissie gehanteerd - te weten: dat de Commissie Beentjes minder geschikt achtte omdat Beentjes voor het werk onvoldoende specifieke ervaring had, gezien de in het verleden door haar uitgevoerde werken, omdat de aanbieding van Beentjes de Commissie minder aannemlijk voorkwam en omdat Beentjes niet naar de wens van de Commissie in staat leek te geraken tot de inzet van langdurig werklozen, over welke inzet het bestek specifieke bepalingen bevatte - niet is toegelaten."

„6.1. Beentjes behauptet, daß sich aus Wortlaut und Systematik der Richtlinie ergibt, daß ihr Ausschluß als diejenige, welche zum niedrigsten Preis geboten habe, aufgrund von Argumenten wie sie von der [Flurbereinigungs-]Kommission verwendet wurden - nämlich: daß die [Flurbereinigungs-]Kommission Beentjes für weniger geeignet gehalten habe, weil Beentjes

Sie strengte daraufhin vor dem Bezirksgericht Den Haag eine Schadensersatzklage gegen den niederländischen Staat an.[538] Dieser verteidigte sich in Übereinstimmung mit dem Urteil in der Rechtssache *CEI* dahingehend, daß die Vorschriften der Richtlinie über Teilnahmekriterien keine inhaltlichen Standards festsetzten, sondern lediglich das Verfahren zum Nachweis der mitgliedstaatlich festgesetzten Standards koordinierten.[539] Auch seien die Kriterien der spezifischen Erfahrung und der Günstigkeit stets als richtlinienkonform angesehen worden.[540] Das Be-

---

für die Arbeit unzureichende spezifische Erfahrungen habe, angesichts der in der Vergangenheit durch sie ausgeführten Arbeiten, weil das Angebot von Beentjes der [Flurbereinigungs-]Kommission weniger günstig erschien und weil Beentjes nicht in der Lage schien nach dem Wunsch der [Flurbereinigungs-]Kommission zum Einsatz von Langzeitarbeitslosen gelangen zu können, über deren Einsatz die Verdingungsunterlagen besondere Bestimmungen beinhalteten. - nicht zulässig ist."

538 *Gebr. Beentjes. B.V./de Staat der Nederlanden (Ministerie van Landbouw en Visserij)*, Rolnummer: 85/6575.

539 Vorlagebeschluß (Anm. 537), 6f.: „6.2. De Staat stelt tegenover dat de door Beentjes genoemde bepalingen, met name die van Hoofdstuk 1 van Titel IV van de Richtlijn (voor zover hier van belang) slechts regels geven over de bij het gebruik van kwalitatieve selctiecriteria te hanteren referenties en te vragen bescheiden, maar niet in dit verband relevante beperkingen aanleggen aan de door de aanbesteder te hanteren (inhoudelijke) criteria zelf."

„6.2. Der Staat behauptet dagegen, daß die durch Beentjes genannten Bestimmungen, nämlich diejenigen des Kapitels 1 des Abschnitts IV der Richtlinie (sofern sie hier von Belang sind) nur Bestimmungen über die bei Gebrauch von qualitativen Zuschlagskriterien zu verwendenden Nachweise und anzufordernden Bescheinigungen enthalten, aber keine in diesem Zusammenhang relevante Beschränkungen der vom Bieter zu verwendenden (inhaltlichen) Kriterien selbst auferlegen."

Diese Bezugnahme auf die Gedanken des Urteils in der Rechtssache *CEI* wird in der Darstellung des Ausgangsverfahrens in EuGH *-Beentjes-* (Anm. 225), 4639 nicht wiedergegeben. Allerdings nimmt der Gerichtshof an zentraler Stelle in den Gründen die Rechtssache *CEI* mehrfach in bezug, siehe näher unten Text bei Anm. 552.

540 Vorlagebeschluß (Anm. 537), 7: „6.2. [...] De Staat wijst er daarbij op dat in Art. 21, lid 2, van het Uniform Aanbestedingsreglement, op grond van het bestek van toepassing, is bepaald dat slechts die inschrijvers in aanmerking komen „... omtrent wier geschiktheid om het werk uit te voeren naar het oordeel van de opdrachtgever zowel in technisch, in financieel-economisch als in organisatorisch opzicht geen twijfel bestaat', en dat de Staat steeds heeft aangenomen dat een dergelijke restrictie niet in strijd met de Richtlijn is."

zirksgericht sah sich angesichts dieser Meinungsverschiedenheit veranlaßt, das Verfahren auszusetzen und gem. Art. 177 EWG-Vertrag dem Gerichtshof vorzulegen.[541]

2. Die Vorlagefrage des Bezirksgerichts Den Haag

Das vorlegende Gericht bat wörtlich nur um Entscheidung der Frage, ob die BKR 71 es verbiete, einen Teilnehmer aufgrund von Kriterien der Erfahrung und der Günstigkeit von der Vergabe auszuschließen.[542] Die Frage lautete: „Läßt es die unter (1) genannte Richtlinie zu oder nicht zu, daß ein Bieter aufgrund von Überlegungen, die in Punkt 6.2. dieser Entscheidung genannt werden, ausgeschlossen wird?" Im Punkt 6.2. des Vorlagebeschlusses[543] ist nur von den Kriterien der Erfahrung und der Günstigkeit[544] die Rede. Die Bedingung, Langzeitarbeitslose zu beschäftigen wird nur in dem vorangehenden Punkt 6.1. erwähnt[545] und daher von der Vorlagefrage nicht in bezug genommen.

„6.2. [...] Der Staat weist darauf hin, daß in Art. 21 Abs. 2 des UAR, welcher nach den Verdingungsunterlagen anzuwenden ist, bestimmt ist, daß nur diejenigen Bieter in Betracht kommen, ‚hinsichtlich deren Geeignetheit, das Werk auszuführen, nach dem Urteil des Auftraggebers sowohl in technischer, in finanziell-wirtschaftlicher, als auch in organisatorischer Hinsicht kein Zweifel besteht' und daß der Staat bisher immer angenommen hat, daß eine solche Beschränkung nicht im Widerspruch zur Richtlinie steht."

541 Vorlagebeschluß (Anm. 537), 7: „Het onder 6.1. en 6.2. bedoelde verschil van inzicht leent zich voor beslechting in het kader van een prejudiciële procedure; de rechtsbank zal ook daarover ex art. 177 EEG-Verdrag een vraag stellen."

„Die unter 6.1. und 6.2. angeführte Meinungsverschiedenheit bietet sich an für eine Beilegung im Rahmen eines Vorabentscheidungsverfahrens; das Gericht wird auch über diese nach Art. 177 EGV eine Frage stellen."

542 Vorlagebeschluß (Anm. 537), 7 f.: „Laat de onder (1) bedoelde Richtlijn al dan niet toe dat een inschrijver wordt uitgesloten op grond van overwegingen als in dit Vonnis onder 6.2. bedoeld?"

543 Siehe Anm. 539 und 540.

544 Siehe Anm. 534.

545 Siehe Anm. 537.

3. Die Umdeutung der Vorlagefrage durch den Gerichtshof

Im Sitzungsbericht[546] wird die Vorlagefrage des Bezirksgerichts noch wörtlich wiedergegeben. In den Entscheidungsgründen deutet der Gerichtshof die Frage implizit dahin aus, daß sie auch die Zulässigkeit der Bestimmung, Langzeitarbeitslose zu beschäftigen umfaßt:[547]

> „Mit seiner zweiten Frage möchte das vorlegende Gericht zunächst darüber Auskunft erhalten, ob die Richtlinie 71/305 dem Ausschluß eines Bieters aus einem der folgenden Gründe entgegensteht:
> - Dem Bieter fehlt es an der für die auszuführenden Arbeiten erforderlichen spezifischen Erfahrung;
> - sein Angebot ist nach Ansicht des öffentlichen Auftraggebers nicht das günstigste;
> - er ist nicht in der Lage, Langzeitarbeitslose zu beschäftigen."

Der Gerichtshof ist zwar im Rahmen des Vorabentscheidungsverfahrens grundsätzlich an die Frage des vorlegenden Gerichts gebunden.[548] Dabei ist aber nicht deren genaue Fassung entscheidend, sondern der Sinn und Zweck des Vorabentscheidungsverfahrens, nämlich dem vorlegenden Gericht die Entscheidung der in seinem Rechtsstreit aufgeworfenen europarechtlichen Fragen zu ermöglichen.[549] Der Gerichtshof nimmt daher eine Auslegung der Vorlagefrage vor, die auf einer Untersuchung des Ausgangsfalls beruht.[550] Angesichts des Vorbringens der Beteiligten des Ausgangsrechtsstreits war die erweiternde Auslegung der Vorlagefrage völlig sachgerecht. Anders als in *CEI* tat er dies allerdings nicht offen, sondern implizit bei der Wiedergabe der Vorlagefrage in den Entscheidungsgründen.

---

[546] EuGH -*Beentjes*- (Anm. 225), 4640.

[547] *Ibid.*, 4656, Randnr. 14.

[548] *J. Wohlfahrt* in:Grabitz/Hilf, Art. 177 Randnr. 31.

[549] *M. Dauses*, Vorabentscheidungsverfahren, 146; *Rengeling/Middeke/Gellermann*, Rechtsschutz, 211, Randnr. 393.

[550] Näher *D. Anderson*, References, 186 f., Textziff. 7-036 mit Nachweisen zur Rechtsprechung des Gerichtshofes.

4. Die Regelungslücke hinsichtlich der Bestimmung, Langzeitarbeitslose zu beschäftigen

Hinsichtlich der Zulässigkeit des Kriteriums, Langzeitarbeitslose zu beschäftigen, stellt der Gerichtshof fest, daß die Bedingung, Langzeitarbeitslose zu beschäftigen, „weder mit der Prüfung der fachlichen Eignung der Unternehmer im Hinblick auf deren wirtschaftliche, finanzielle und technische Leistungsfähigkeit noch mit den in Art. 29 genannten Kriterien für die Erteilung des Zuschlags etwas zu tun hat.“[551]

Er verweist sodann auf das Urteil in der Rechtssache *CEI*. Er erklärt die Maßstäbe, die er in *CEI* für nicht ausdrücklich geregelte zusätzliche Eignungsstandards entwickelt hat, für anwendbar auf „eine solche Bedingung“.[552] Damit stellt er klar, daß er die Zulässigkeit der Bedingung, Langzeitarbeitslose zu beschäftigen, für ebensowenig von der Richtlinie ausdrücklich geregelt hält, wie die Zulässigkeit der Festsetzung einer Obergrenze in *CEI*.[553]

Auch aus der Systematik des Urteilsaufbaus ergibt sich, daß der Gerichtshof hier eine Regelungslücke sieht. Bevor er sich der Bedingung zuwendet, Langzeitarbeitslose zu beschäftigen, prüft der Gerichtshof nämlich die Zulässigkeit der anderen beiden Gesichtspunkte, die bei der Auswahlentscheidung der Vergabestelle eine Rolle spielten. Hinsichtlich dieser Kriterien sieht er keine Regelungslücke, sondern er mißt sie an konkreten Richtlinienbestimmungen. Das Kriterium der „Günstigkeit“ mißt der Gerichtshof an den Vorschriften für Zuschlagskriterien und stellt fest, daß es nur dann mit der Richtlinie vereinbar sein kann, wenn es den Vergabestellen keine „uneingeschränkte Freiheit bei der Auswahl des Bieters“[554] beläßt, sondern eine Entscheidung „aufgrund objektiver Kriterien wie den in Art. 29 Abs. 2 der Richtlinie beispielhaft aufgezählten“[555] fordert. Ebenso hält er das Kriterium der mangelnden Erfahrung deshalb für zulässig, weil es „ein zulässiges Kriterium für die Prüfung der fachlichen Eignung der Unternehmer im Sinne der Art. 20 und 26 der Richtlinie“[556] darstellt. Von den drei Gründen, die Beentjes entgegengehalten wurden, hält der Gerichtshof also nur die Bedingung,

---

551 EuGH -*Beentjes*- (Anm. 225), 4659, Randnr. 28.

552 *Ibid.*, Randnr. 29.

553 *M. Fierstra*, SEW (38) 1990, 78.

554 EuGH -*Beentjes*- (Anm. 225), 4658, Randnr. 26.

555 *Ibid.*, 4659, Randnr. 27.

556 *Ibid.*, 4658, Randnr. 24.

Langzeitarbeitslose zu beschäftigen, für ungeregelt. Die anderen beiden Gründe, mangelnde Erfahrung und Günstigkeit des Angebots, hält er für einen Eignungsgesichtspunkt bzw. ein Zuschlagskriterium.

Der Gerichtshof weicht mit seiner Begründung bewußt von der Stellungnahme seines Generalanwalts *Darmon* in dessen Schlußanträgen ab. Dieser hatte die Teilnahmebestimmungen der Richtlinie als abschließend in dem Sinne verstanden, daß diese lediglich zwei Kategorien von Auswahlgesichtspunkten zuließen[557]: Eignungsnachweise und Zuschlagskriterien, *tertium non datur.*[558] Entsprechend hatte sein Entscheidungsvorschlag gelautet, festzustellen, daß ein Ausschluß einzig und allein in den Fällen rechtmäßig ist, in welchen der Teilnehmer die nach der Richtlinie zulässigen Eignungs- oder Zuschlagskriterien nicht erfüllt.[559]

Bemerkenswert ist, daß der Generalanwalt insoweit die gleiche Ansicht vertrat wie der Gerichtshof, als auch er ausdrücklich feststellte, daß die Bedingung, Langzeitarbeitslose zu beschäftigen, kein Eignungskriterium darstelle[560] und ebensowenig ein Zuschlagskriterium, denn als solche seien nur „produktbezogene" Kriterien zulässig.[561]

---

[557] Schlußanträge Generalanwalt *Darmon* in der Rechtssache EuGH - *Beentjes- ibid.*, 4643 (4650), Textziff. 39: „Ich schlage ihnen daher vor, die zweite Frage mit der Feststellung zu beantworten, daß nach der Richtlinie ein Unternehmer *nur* aufgrund eines oder mehrerer Eignungskriterien, die sich auf die in den Artikeln 25 und 26 vorgesehenen Faktoren beziehen und in der Bekanntmachung der Ausschreibung spezifiziert sind, oder aufgrund eines oder mehrerer der in Art. 29 vorgesehenen, in der Ausschreibungsbekanntmachung oder in den Verdingungsunterlagen spezifizierten Kriterien für die Erteilung des Zuschlags [...] ausgeschlossen werden kann." (Hervorhebung vom Verfasser).

[558] Auf diese Formel bringt *J. Winter* 28 C.M.L.Rev. (1991) 773 die Position des Generalanwalts.

[559] Schlußantrag 2) Generalanwalt *Darmon* in der Rechtssache EuGH - *Beentjes-* (Anm. 225), 4643 (4651), Textziff. 43: [...] kann ein Unternehmer *nur* aufgrund eines oder mehrerer der Eignungskriterien, die sich auf in Art. 25 vorgesehene oder in Art. 26 niedergelegte Faktoren beziehen und in der Bekanntmachung der Ausschreibung spezifiziert sind, oder eines oder mehrerer der in Art. 29 vorgesehenen, in der Ausschreibungsbekanntmachung oder in den Verdingungsunterlagen spezifizierten Kriterien für die Erteilung des Zuschlags ausgeschlossen werden [...]". (Hervorhebung vom Verfasser).

[560] Schlußanträge Generalanwalt *Darmon* in der Rechtssache EuGH - *Beentjes- ibid.*, Textziff. 32: „Eine Anforderung wie die vorstehend wiedergegebene hat nun aber begriffsnotwendig nichts mit den Nachweisen zu tun, die nach Art. 25 geeignet sind, die wirtschaftliche und finanzielle Leistungsfähigkeit

Der Generalanwalt zog aus diesem Befund den Schluß: weil sich die Bedingung weder unter die Vorschriften über Eignungskriterien, noch unter diejenigen über Zuschlagskriterien fassen lasse, sei sie unzulässig und hätte nicht zum Ausschluß des Teilnehmers führen dürfen.[562] Der Gerichtshof zog den gegenteiligen Schluß: es handele sich also um eine besondere zusätzliche Bedingung, die mit Eignungsprüfung und Zuschlag nichts zu tun habe und infolgedessen nicht ausdrücklich geregelt sei.

5. Die Maßstäbe aus der Systematik der Richtlinie

Indem der Gerichtshof auf seine Entscheidung in der Rechtssache *CEI* verweist, erklärt er zugleich ausdrücklich die dort entwickelten allgemeinen Maßstäbe für ungeregelte Fragestellungen[563] für anwendbar. Eine Bedingung, Langzeitarbeitslose zu beschäftigen müsse, „um mit der Richtlinie vereinbar zu sein, alle einschlägigen Vorschriften des Gemeinschaftsrechts beachten, und zwar insbesondere die Verbote, die aus den für das Gebiet des Niederlassungsrechts und des freien Dienstleistungsverkehrs vom Vertrag aufgestellten Grundsätzen folgen."[564] Ebenso müsse eine solche Bedingung „unter Beachtung aller Verfahrensvor-

---

darzutun; sie dürfte sich auch schwerlich in eine der Rubriken von Art. 26 einfügen lassen ...".

[561] *Ibid.*, Textziff. 35: „Sie müssen [...] die zu erbringende Leistung oder die Modalitäten ihrer Ausführung betreffen, dürfen sich jedoch nicht auf die Person des ‚Leistungserbringers' beziehen. Einfacher ausgedrückt: Die Kriterien für die Erteilung des Zuschlags ‚auf das wirtschaftlich günstigste Angebot' betreffen das ‚Produkt' und nicht den ‚Produzenten', die Eigenschaften der ‚Arbeit' und nicht diejenigen des Bauunternehmers."

[562] *Ibid.*, Textziff. 38: „Das einzige in der Bekanntmachung genannte Kriterium war die bereits erwähnte Forderung, bei der Ausführung der Arbeiten eine bestimmte Quote von Arbeitslosen einzusetzen. Aber dieses Kriterium, das keinerlei Beziehung zu den eigentlichen Merkmalen der auszuführenden Arbeiten, der zu erbringenden Leistung, des „Produkts" also, aufwies, durfte nicht als Kriterium für die Erteilung des Zuschlags im Sinne der Richtlinie herangezogen werden und infolgedessen nicht zu einem Ausschluß des Bieters führen."

[563] Siehe oben I. 5. Maßstäbe aus der Gesamtsystematik der Richtlinie, S. 165.

[564] EuGH *-Beentjes-* (Anm. 225), 4659, Randnr. 29 f.

schriften der Richtlinie, insbesondere der Publizitätsvorschriften, angewendet werden".[565]

Der Gerichtshof prüft die streitige Bestimmung sodann an diesen beiden Maßstäben.

Hinsichtlich der Vertragsvorschriften begnügt er sich damit, einige Leitlinien zu formulieren und überläßt es dem vorlegenden Gericht, die nötigen Tatsachenfeststellungen hinsichtlich der Frage zu treffen, ob im konkreten Fall ein Verstoß gegen Gemeinschaftsrecht vorlag.[566] Dies sei insbesondere der Fall, „wenn sich herausstellen sollte, daß eine solche Bedingung nur von einheimischen Bietern oder daß sie von Bietern aus anderen Mitgliedstaaten nur mit größeren Schwierigkeiten erfüllt werden könnte."[567] Interessant erscheint in diesem Zusammenhang, daß der Gerichtshof diesen Diskriminierungsmaßstab für wichtig hält, obwohl die Klägerin im Ausgangsverfahren eine niederländische, also einheimische Firma war.[568]

Die Frage der Beachtung der Publizitätsvorschriften der Richtlinie prüft der Gerichtshof selbst vollständig durch. Er entnimmt der BKR 71 eine Pflicht, die streitige Bestimmung im voraus bekanntzugeben. Bei der Herleitung dieser Publizitätspflicht stützt der Gerichtshof sich mittelbar auf die zehnte Begründungserwägung[569] der BKR 71, die bestimmt „Die zusätzlichen Angaben über die Aufträge müssen - wie in den Mit-

---

[565] *Ibid.*, 4659.

[566] Diese Tatsachenfeststellungen sind niemals getroffen worden, da die Parteien im Ausgangsrechtsstreit sich gütlich einigten (Schriftliche Auskunft der Geschäftsstelle des Bezirksgerichts Den Haag an den Verfasser vom 22.8.1996).

[567] EuGH -*Beentjes*- (Anm. 225), 4659, Randnr. 30.

[568] Siehe Anm. 532.

[569] Dieser Erwägungsgrund wurde bei Novellierung und Konsolidierung wortgleich übernommen; siehe heute 11. Begründungserwägung der BKR. Allerdings unternahm die Kommission im Rahmen der Konsolidierung den erfolglosen Versuch, diesen Erwägungsgrund zu streichen: Ihr Vorschlag für eine Richtlinie des Rates zur Kodifizierung der Richtlinien zur Koordinierung der Verfahren zur Vergabe öffentlicher Bauaufträge (92/C46/04), SEK (91) 2360 endg. vom 10.1.1992, ABl. vom 20.2.1992, Nr. C 46/79 enthielt statt dieser eine neue Begründungserwägung, welche lautete: „Es bedarf ferner gemeinsamer Vorschriften für die Beteiligung an öffentlichen Bauaufträgen, die sowohl Kriterien für die qualitative Auswahl als auch Kriterien für die Auftragsvergabe umfassen müssen." In der endgültigen, heute geltenden Fassung ist diese neue Begründungserwägung als zwölfte aufgenommen worden, aber zusätzlich, nicht statt dessen.

gliedstaaten üblich - in den Verdingungsunterlagen für jeden einzelnen Auftrag bzw. in allen gleichwertigen Unterlagen enthalten sein.“ Der Gerichtshof nimmt diese Erwägung in Randnummer 22 des Urteils in bezug und zitiert sie wörtlich.[570] An der einschlägigen Stelle des Urteils[571], scheint er diese Erwägung im Auge zu haben, wenn er formuliert: „Was eine Bedingung wie die Beschäftigung von Langzeitarbeitslosen betrifft, so handelt es sich um eine besondere zusätzliche Bedingung, die in der Bekanntmachung erwähnt werden muß, damit die Unternehmer in der Lage sind, von ihrem Bestehen Kenntnis zu nehmen.“[572] Dies stellte im konkreten Fall kein Problem dar, denn diese war im voraus ausdrücklich bekannt gemacht worden.[573]

Damit hat der Gerichtshof die Frage der Zulässigkeit der Bedingung, Langzeitarbeitslose zu beschäftigen, im konkreten Fall zum Teil selbst entschieden, zum Teil an das vorlegende Gericht zurückverwiesen.

IV. Würdigung

1. Das gemeinsame Konzept der Urteile

In allen Fällen war allein nach der Auslegung einer anwendbaren Koordinierungsrichtlinie gefragt, nicht nach einer Auslegung der Verträge oder anderen Sekundärrechts. Es war zweitens für den Ausgangsfall entscheidungserheblich, ob die problematischen nationalen Bestimmungen sich derart auswirken durften, daß der billigste Teilnehmer den Zuschlag nicht erhielt.

In allen drei Entscheidungen hat der Gerichtshof sich bemüht, den Regelungsgehalt der einschlägigen Richtlinie genau daraufhin zu untersuchen, ob die Fragestellung des Falles von der sekundärrechtlichen Koordinierung umfaßt ist. In allen drei Entscheidungen hat er dies verneint. Er hat dabei jeweils Sinn und Zweck der Richtlinie betrachtet und festgestellt, daß eine abschließende Harmonisierung nicht angestrebt wird. In einer am genauen Wortlaut der Richtlinie orientierten Analyse hat er getrennt zwischen Gesichtspunkten, die koordiniert sind, und

---

[570] EuGH -*Beentjes*- (Anm. 225), 4658, Randnr. 22 a.E.

[571] *Ibid.*, 4661, Randnr. 36.

[572] *Ibid.*

[573] Siehe oben Anm. 536.

anderen, die keine spezifische Regelung in der Richtlinie erfahren haben. Dabei hat sich als gemeinsamer Ansatzpunkt die Unterscheidung zwischen einem inhaltlichen Standard und seinem formellen Nachweis ergeben. Der Gerichtshof ist davon ausgegangen, daß hinsichtlich zusätzlicher inhaltlicher Eignungsstandards die Richtlinie keine ausdrückliche Regelung enthält.

Ungeachtet des Fehlens einer ausdrücklichen Regelung hat der Gerichtshof aber aus der Gesamtsystematik der Richtlinie Maßstäbe für zusätzliche Standards abgeleitet. Danach müssen derartige zusätzliche inhaltliche Anforderungen alle einschlägigen Vorschriften des Gemeinschaftsrechts, insbesondere die Vorschriften des Vertrages, und die gemeinsamen Bestimmungen der jeweils einschlägigen Richtlinie, insbesondere die Publizitätsvorschriften beachten.

2. Reaktionen auf die Rechtsprechung zu den inhaltlichen Grenzen der Koordinierung

Die Entscheidungen in den verbundenen Rechtssachen *CEI* und *Bellini* blieben beinahe unbemerkt. Die Übertragung der Grundsätze der *CEI*-Entscheidung auf einen Fall der mitgliedstaatlichen Verfolgung von Sekundärzwecken in *Beentjes* bewirkte dagegen heftige Reaktionen. Die Entscheidung ist wie kaum eine andere Entscheidung des Gerichtshofs zwischen die Fronten einer ordnungspolitischen Auseinandersetzung um die Berücksichtigung von Sekundärzwecken geraten. Dies hat einen Grund darin, daß der Erlaß des Urteils zeitlich mit der Kontroverse um die Sekundärzwecke zusammenfiel, die sich im Rahmen des Binnenmarktprojekts zwischen den Europäischen Organen abspielte (sogleich a)). Ein weiterer Grund liegt darin, daß die Kommission bis heute[574] nicht aufgehört hat, gegen die Entscheidung zu opponieren (sogleich b)).

---

[574] Grünbuch der Kommission „Das öffentliche Auftragswesen in der Europäischen Union: Überlegungen für die Zukunft" vom 27.11.1996, Textziff. 5.42., näher unten Text bei Anm. 580 ff; zum Grünbuch siehe die Stellungnahme von *S. Arrowsmith,* (1997) 3 Eur.Publ.L., 389 ff.

a) Der Einfluß des *Beentjes*-Urteils auf die Debatte im Europäischen Parlament

Als das Urteil erging, befand sich das Europäische Parlament gerade in den Beratungen zum Erlaß der BKR 89. Es hatte in erster Lesung eine Regelung vorgeschlagen, die es den öffentlichen Auftraggebern erlaubt hätte, „als Vorbedingung für eine Beteiligung" an Bauaufträgen von den Unternehmern im Rahmen des Diskriminierungsverbots die Durchführung beschäftigungswirksamer Maßnahmen einzufordern.[575]

Die Entscheidung in der Rechtssache *Beentjes* wertete das Parlament als Bestätigung seiner politischen Auffassung. Es formulierte die Fassung der zweiten Lesung nach dem Vorbild des Urteils um.[576] In der Begründung des Vorschlags nimmt das Parlament sogar direkt auf das Urteil bezug:[577]

> „e) Anreize für die Beschäftigung von Langzeitarbeitslosen und Jugendlichen [...]
>
> Hierbei handelt es sich um einen der wesentlichen Änderungsanträge des Parlaments in erster Lesung. Inzwischen wurde durch ein Urteil des Gerichtshofs [...] in der Rechtssache 31/87 (*Beentjes B.V. gegen den niederländischen Staat*) bestätigt, daß derartige Anreize mit der Richtlinie vereinbar sind, wenn sie keine unmittelbare oder mittelbare diskriminierende Wirkung gegenüber Bietern aus anderen Mitgliedstaaten haben."

Rat und Kommission wehrten sich gegen eine Aufnahme der vorgeschlagenen Bestimmung in die novellierte Richtlinie. In einer Gemeinsamen Erklärung erklärten sie eine ausdrückliche Wiederholung des

---

[575] Siehe Text bei Anm. 282.

[576] Empfehlung des Ausschusses für Wirtschaft, Währung und Industriepolitik betreffend den Standpunkt des Rates im Hinblick auf die Annahme einer Richtlinie 71/305/EWG über die Koordination der Verfahren zur Vergabe öffentlicher Bauaufträge, PE DOK A 2-361/88 vom 26.1.1989, 13: „... wurde Änderungsantrag Nr. 5 eingereicht, in dem das vorgenannte Urteil berücksichtigt wird".

[577] Empfehlung des Ausschusses für Wirtschaft, Währung und Industriepolitik betreffend den Standpunkt des Rates im Hinblick auf die Annahme einer Richtlinie 71/305/EWG über die Koordination der Verfahren zur Vergabe öffentlicher Bauaufträge, PE DOK A 2-361/88 vom 26.1.1989, 13.

Urteils in der Richtlinie für überflüssig und deklarierten ohne rechtlich bindende Wirkung:[578]

> „Der Rat und die Kommission sind der Ansicht, daß öffentliche Bauaufträge unter bestimmten Bedingungen dazu beitragen können, Lösungen für die Probleme der Langzeitarbeitslosigkeit und die Beschäftigungsprobleme bei Jugendlichen zu finden. In diesem Zusammenhang berücksichtigen sie das Urteil des Gerichtshofs in der Rechtssache 31/87, und zwar insbesondere den letzten Absatz der RandNr. 37 der Entscheidungsgründe.[579]"

Die vorgeschlagene Regelung fand daher keinen Eingang in die novellierte Baukoordinierungsrichtlinie. Damit vermied der Rat es auch, sich auf die Auslegung des Urteils in der Rechtssache *Beentjes* in der Version des Parlaments festzulegen.

b) Die Opposition der Kommission gegen die Rechtsprechung zu den inhaltlichen Grenzen der Koordinierung

(A) Standpunkt der Kommission vor dem Erlaß des *Beentjes*-Urteils

Die Kommission hatte zehn Monate vor Erlaß des Urteils in ihrem „Vademekum zum öffentlichen Auftragswesen"[580] einen Standpunkt vertreten, welcher mit demjenigen des Generalanwalts *Darmon*[581] übereinstimmt: Die Richtlinie diene dem Schutz der Teilnehmer vor diskriminierender Willkür. Hierzu stelle sie Eignungskriterien auf, „an die sich der öffentliche Auftraggeber halten muß, *ohne andere Kriterien*

---

[578] Erklärung des Rates, wiedergegeben in der Empfehlung des Ausschusses für Wirtschaft, Währung und Industriepolitik betreffend den Standpunkt des Rates im Hinblick auf die Annahme einer Richtlinie 71/305/EWG über die Koordination der Verfahren zur Vergabe öffentlicher Bauaufträge, PE DOK A 2-361/88 vom 26.1.1989, 13.

[579] Dieser Absatz lautet: „Die Bedingung der Beschäftigung von Langzeitarbeitslosen ist mit der Richtlinie vereinbar, wenn sie nicht unmittelbar oder mittelbar zu einer Diskriminierung der Bieter aus anderen Mitgliedstaaten der Gemeinschaft führt. Eine solche besondere zusätzliche Bedingung muß in der Bekanntmachung der Ausschreibung angegeben werden."

[580] Vademekum über das öffentliche Auftragswesen in der Gemeinschaft, Mitteilung 87/C 358/01 der Kommission, ABl. vom 31.12.1987, Nr. C 358/1.

[581] Siehe Text bei Anm. 401 ff.

anwenden zu dürfen, um die Unternehmer auszuwählen"[582]. Die Zuschlagskriterien der Richtlinie seien ebenfalls „die einzigen Kriterien, auf die sich der öffentliche Auftraggeber zur Erteilung des Zuschlags stützen darf"[583]. Als Zuschlagskriterien seien nur „objektive, für alle Angebote geltende und direkt an den Gegenstand des Auftrags geknüpfte Kriterien" zulässig.[584]

Das Vademekum enthält einen allgemeinen Teil, welcher Aussagen darüber trifft, wie die Kommission Ziele und Systematik der Richtlinien zur Vergabe von Liefer- und von Bauaufträgen[585] zum damaligen Zeitpunkt sah: Ein Grundprinzip der Vergaberichtlinien sei „die Anwendung objektiver Teilnahme- und Vergabekriterien"[586]. Der Verwirklichung dieses Prinzips diene u.a. „die Festlegung von zwei Kriterien, dem Kriterium des Mindestpreises und dem Kriterium des wirtschaftlich vorteilhaftesten Angebots als *einzigen* Kriterien, die bei der Auftragsvergabe zugrunde gelegt werden dürfen"[587]. Bei den Erläuterungen des Vademekum zu den einzelnen Bestimmungen der Lieferkoordinierungsrichtlinie[588] bzw. der Baukoordinierungsrichtlinie[589] finden sich entsprechende Aussagen.[590]

---

[582] Vademekum (Anm. 580), 33, Hervorhebung vom Verfasser.

[583] Die Richtlinie sehe nur „eine einzige Ausnahme" vor, nämlich Art. 29 Abs. 4, der bei der Vergabe von Bauaufträgen im Rahmen einer älteren mitgliedstaatlichen Bevorzugungsregelung eine Abweichung von den Kriterien erlaubt, Vademekum (Anm. 580), 36 f., Hervorhebung vom Verfasser.

[584] *Ibid.*, 36.

[585] Die Kommission behandelte beide Richtlinien parallel. Im Vademekum findet sich folgende Aussage: „Wie bereits dargelegt, sind die gemeinschaftlichen Vorschriften über öffentliche Liefer- und Bauaufträge im wesentlichen ähnlich und ist ihre Auslegung praktisch die gleiche."; Vademekum (Anm. 580), 16.

[586] *Ibid.*, 15.

[587] *Ibid.*, Hervorhebung vom Verfasser.

[588] Für die Schaffung eines „echten gemeinschaftlichen Wettbewerbs im Bereich der öffentlichen Lieferaufträge" seien Vorkehrungen zu treffen, daß die Auswahl der Auftragnehmer nicht „an Hand von seitens des öffentlichen Auftraggebers *willkürlich* ausgesuchten Kriterien erfolgt" (*ibid.*, 23); zu diesem Zweck nenne die Richtlinie in Abschnitt IV „die *einzigen* Eignungskriterien, die der öffentliche Auftraggeber anwenden darf" (*ibid.*, 25), bzw. „die *einzigen* Kriterien, auf die sich der öffentliche Auftraggeber zur Erteilung des Zuschlags stützen darf" (*ibid.*, 25); Die Richtlinie kenne hiervon nur „eine einzige Ausnahme" (*ibid.*, 23), nämlich Art. 25 Abs. 4, welcher bei der Vergabe von Lie-

(B) Standpunkt der Kommission im Gerichtsverfahren

Während des Vorabentscheidungsverfahrens machte die Kommission von ihrem Recht aus Art. 20 Abs. 2 der Satzung des Gerichtshofes Gebrauch und reichte eine schriftliche Stellungnahme ein.[591] In dieser vertrat sie gleichfalls eine enge Auslegung der Teilnahmebestimmungen der Richtlinie. Art. 29 BKR 71 sehe den Zuschlag auf das niedrigste Gebot vor, soweit nicht in der Bekanntmachung der Ausschreibung ausdrücklich der Zuschlag auf das wirtschaftlich günstigste Gebot angeordnet werde.[592] Der Zuschlag hätte daher auf das niedrigste Gebot erteilt werden müssen. Der Generalanwalt *Darmon* folgte der Auffassung der Kommission.[593]

(C) Standpunkt der Kommission nach dem Erlaß des *Beentjes*-Urteils

Nachdem der Gerichtshof bewußt gegen die Auffassung von Generalanwalt und Kommission entschieden hatte, unternahm die Kommission den Versuch, das Urteil dahingehend zu interpretieren, daß „besondere zusätzliche Bedingungen“ sich nicht wie Teilnahmebestimmun-

---

feraufträgen im Rahmen von älteren Bevorzugungsregelungen eine Abweichung von den Zuschlagskriterien der Richtlinie zuließ.

[589] Zur Zielsetzung der Baukoordinierungsrichtlinie führt die Kommission aus, es sei im Rahmen der Koordinierung der Verfahren zur Vergabe öffentlicher Aufträge wesentlich gewesen, „zu vermeiden, daß die Auftragnehmer auf der Grundlage diskriminierender Kriterien *willkürlich* ausgewählt werden; Vademekum (Anm. 580), 33, Hervorhebung vom Verfasser.

[590] Ein grundfreiheits-dogmatischer Unterschied zwischen den jeweiligen Aussagen zu den Richtlinien besteht allerdings darin, daß die Kommission bei den Bauaufträgen, also im Rahmen der Dienstleistungs- und Niederlassungsfreiheit auf „diskriminierende“ Kriterien abstellt (*ibid.*, 33 unter 7.), während sie bei den Lieferaufträgen, also im Bereich der Warenverkehrsfreiheit die Herstellung eines echten Wettbewerbs durch jegliches willkürliche (*ibid.*, 23 unter 7.), also nicht nur durch ein diskriminierend willkürliches Element gefährdet sieht. Die praktischen Folgerungen der Kommission für die Auslegung der konkreten Bestimmungen über die Teilnahmekriterien sind jedoch wie eben Anm. 588 und 589 gesehen weitgehend identisch.

[591] EuGH -*Beentjes*- (Anm. 225), 4640.

[592] *Ibid.*, 4642.

[593] Schlußanträge Generalanwalt *Darmon* in der Rechtssache EuGH -*Beentjes*- *ibid.*, 4643 (4650 f.), Textziff. 38.

gen *auswirken*, also insbesondere nicht zur Abweisung eines Teilnehmers oder seines Gebots führen dürften.

Sie setzte dabei an der Formulierung des Gerichtshofs an, die Bedingung, Arbeitslose zu beschäftigen, hätte weder mit den Eignungs- noch mit den Zuschlagskriterien der Richtlinie „etwas zu tun“[594]. Diese Formulierung ist für sich genommen in der Tat nicht besonders scharf.[595]

Die Kommission nutzte diese Unschärfe für folgende in sich logische Argumentation: Die Bedingungen haben mit Eignungs- und Zuschlagskriterien nichts zu tun. Das Charakteristische an Eignungs- und Zuschlagskriterien ist aber gerade, daß sie die Ablehnung eines Teilnehmers oder seines Gebotes erlauben. Also erlaubt die Bedingung nicht die Ablehnung eines Teilnehmers oder seines Gebotes. Andernfalls hätte sie ja etwas „mit ihnen zu tun“. In dieser Argumentation wird also die Auswirkung der Bedingung zum entscheidenden Element. Die Bedingung darf sich nach dieser Auffassung also nicht so auswirken, wie eine Teilnahmebestimmung.

Die Kommission machte sich weiterhin zunutze, daß der Gerichtshof im Zusammenhang mit den Publizitätserfordernissen auf die Bedingung, Langzeitarbeitslose zu beschäftigen mit den Worten bezug nimmt, „eine derartige besondere zusätzliche Bedingung“. Die Kommission sieht hierin die Schaffung einer eigenen Kategorie „besonderer zusätzlicher Bedingungen“.

Es bleibt die Frage, was man mit „besonderen zusätzlichen Bedingungen“ tun kann, wenn man sie nicht bei der Auswahl des Teilnehmers oder eines Gebots heranziehen darf. Die Antwort der Kommission auf diese Frage lautet: Man darf sie dem erfolgreichen Teilnehmer als nachgeschaltete Auftragsbedingungen auferlegen. Die Konzeption ist also die folgende: Zunächst ist der Teilnehmer allein aufgrund der in der Richtlinie ausdrücklich vorgesehenen Eignungs- und Zuschlagskriterien auszuwählen. Wenn die Zuschlagsentscheidung dann gefallen ist, kann man den siegreichen Teilnehmer bei der konkreten Vertragsgestaltung mit den besonderen zusätzlichen Bedingungen konfrontieren und ihn dazu verpflichten, bei der Durchführung des Vertrages auf ihre Einhaltung zu achten.

---

[594] *Ibid.*, 4659, Textziff. 28.

[595] Dies gilt ebenso für die französische Fassung: „une telle condition *n'a trait* ni à la verification de l'aptitude [...], ni aux critères d'attribution du marché“, und die englische Version „such a condition *has no relation* to the checking of the contractor's suitability [...] or to the criteria for the award of contracts“ (Hervorhebungen vom Verfasser).

In ihrem Papier „Öffentliches Auftragswesen - Regionale und soziale Aspekte“ hat die Kommission diese Interpretation wie folgt formuliert:[596]

> „Der Gerichtshof machte einen Unterschied zwischen der Auftragsbedingung „Beschäftigung von Langzeitarbeitslosen“ einerseits und den Kriterien für die Auswahl der Unternehmen sowie den Zuschlagskriterien andererseits. Die erwähnte Auftragsbedingung habe nichts mit der Beurteilung der wirtschaftlichen, finanziellen oder technischen Leistungsfähigkeit der Bieter im Hinblick auf die Ausführung des Bauvorhabens zu tun. Ebensowenig gehöre sie zu den Zuschlagskriterien des öffentlichen Auftraggebers. Es handele sich lediglich um eine Verpflichtung, die das Unternehmen, dem der Zuschlag erteilt wird, zu akzeptieren hätte.“

Beachtung verdient die Tatsache, daß diese Wiedergabe des Urteils durch die Kommission Darstellung und Auslegung unmerklich vermischt. Die ersten drei Sätze dieser Passage geben tragende Gründe des Urteils wieder. Der letzte Satz findet sich nicht im Urteil. Er enthält die Auslegung der Kommission. Diese Auslegung wird allerdings im Konjunktiv der indirekten Rede wiedergegeben und ruft so den Eindruck der Autorität des Gerichtshofs hervor.

(D) Kritik des Standpunktes der Kommission

Diese Auslegung des Urteils begegnet mehreren Bedenken:

Erstens steht sie in direktem Widerspruch zu der Tatsache, daß Beentjes im Ausgangsfall übergangen worden war. Im Ausgangsverfahren selbst hatte die besondere zusätzliche Bedingung, Arbeitslose zu beschäftigen, sich genau so *ausgewirkt* wie dies nach der Auslegung der Kommission eben nicht möglich sein sollte: sie führte zur Abweisung des Teilnehmers. Der Gerichtshof hat dies gesehen, er hat sogar die Vorlagefrage dahingehend konkretisiert, daß sie auch den Ausschluß aufgrund dieses Kriteriums erfaßte[597] und er hat entschieden, daß dieses von der Richtlinie grundsätzlich nicht verboten wird.

---

[596] Mitteilung der Kommission „Öffentliches Auftragswesen - Regionale und soziale Aspekte“ vom 22.9.1989, KOM (89), 400 endg., ABl. vom 12.12.1989, Nr. C 311/7 (12), Randnr. 47.

[597] Siehe oben Kapitel Drei, Abschnitt Drei, B. III. 2. Die Vorlagefrage des Bezirksgerichts Den Haag und 03. Die Umdeutung der Vorlagefrage durch den Gerichtshof, S. 172 ff.

Zweitens beruht sie auf einer Verkennung der Worte des Gerichtshofs, daß die fragliche Bedingung weder mit den Eignungs- noch mit den Zuschlagskriterien der Richtlinie „etwas zu tun habe". Aus dem Zusammenhang des Urteils gerissen mag diese Formulierung sich so interpretieren lassen, wie von der Kommission vorgeschlagen. Im Zusammenhang gelesen ergibt sich aber aus der Systematik des Urteils etwas anderes: Der Gerichtshof hatte drei Kriterien auf ihre Zulässigkeit nach den Bestimmungen der BKR 71 zu untersuchen und tat dies der Reihe nach: In Randnummer 24 qualifiziert er das erste Kriterium „spezifische Erfahrung" als Eignungskriterium im Sinne der Richtlinie, in Randnummern 25-27 qualifiziert er das zweite Kriterium „Günstigkeit" als Zuschlagskriterium im Sinne der Richtlinie und in den Randnummern 28-30 untersucht er das dritte Kriterium „Beschäftigung von Langzeitarbeitslosen". Eben hier[598] tätigt er die Äußerung, daß dieses Kriterium (das bedeutet: anders als die beiden zuvor untersuchten) weder mit den Eignungs- noch mit den Zuschlagskriterien der Richtlinie etwas zu tun habe. Dennoch hält der Gerichtshof den Ausschluß aufgrund dieses Kriteriums für zulässig, wenn es vorher bekanntgemacht wurde (dieses war der Fall) und wenn es mit dem übrigen Gemeinschaftsrecht in Einklang steht (ob dies der Fall war, überließ der Gerichtshof der Würdigung des vorlegenden Gerichts).[599] Im Zusammenhang des Urteils gelesen bedeutet die fragliche Formulierung also die Feststellung der Existenz einer weiteren Kategorie von Gründen, welche die Abweisung des Teilnehmers rechtfertigen können, und die mit den in der Richtlinie geregelten „nichts zu tun hat", da sie nicht vom Gegenstandsbereich der Harmonisierung umfaßt ist.[600] Die Interpretation der Kommission verkehrt diese Aussage in ihr Gegenteil, indem sie die Konstellation des Ausgangsfalls nicht berücksichtigt, eine Formulierung des Gerichtshofs aus dem Zusammenhang reißt und mit einer entgegengesetzten Bedeutung auflädt.

Drittens kann die Interpretation der Kommission nicht erklären, warum der Gerichtshof an zentraler Stelle das Urteil in der Rechtssache *CEI* in bezug nimmt.[601] In diesem Urteil ging es ja gerade um zusätzliche in-

---

[598] Zu Beginn der Randnummer 28.

[599] Siehe oben Kapitel Drei, Abschnitt Drei, B. III. 5. Die Maßstäbe aus der Systematik der Richtlinie, 176 ff.

[600] Zum Begriff des Gegenstandsbereichs siehe *R. Streinz* (Anm. 220).

[601] EuGH *-Beentjes-* (Anm. 225), 4659, Randnr. 29; siehe auch oben Kapitel Drei, Abschnitt Drei, B. III. 4. Die Regelungslücke hinsichtlich der Bestimmung, Langzeitarbeitslose zu beschäftigen, S. 174 ff.

haltliche Eignungsstandards, die sich auch konkret dahingehend ausgewirkt hatten, daß *CEI* bei der Vergabe nicht berücksichtigt wurde.[602] Nach den Worten des Gerichtshofes handelte es sich bei der Bestimmung, Langzeitarbeitslose zu beschäftigen, um „eine solche" Bestimmung im Sinne der *CEI*-Entscheidung.[603]

Viertens leidet die Interpretation der Kommission an konzeptionellen Widersprüchen. Es ist schon nicht ohne weiteres ersichtlich, wieso die Verfolgung von Sekundärzwecken gerade dann erlaubt sein soll, wenn sie zum Gegenstand einer Vetragsbedingung gemacht wird, obwohl sie ansonsten verboten ist.[604] Wenn man sich aber auf die Vorstellung einläßt, besondere zusätzliche Bedingungen seien ausschließlich getrennt vom Auswahlverfahren zu behandeln und u.U. als Auftragsbedingungen „nachzuschalten", stellt sich die Frage nach dem praktischen Wert einer solchen nachgeschalteten Bedingung. Die Vergabestelle darf dann ja nicht denjenigen Bewerber bevorzugen, welcher nach ihrer Prognose am besten geeignet wäre, diese Bedingung nach dem Zuschlag auch zu erfüllen. Denn dadurch würden sich die besonderen zusätzlichen Bedingungen ja auf die Auswahl auswirken.[605] Die Kommission hat daher in der Mitteilung zu den regionalen und sozialen Aspekten des Auftragswesens betont,[606] daß diese Prüfung der Fähigkeit, eine besondere zusätzliche Bedingung zu erfüllen, vom Vergabeverfahren getrennt vorzunehmen sei und diesen Standpunkt jüngst im Grünbuch zum öffentlichen Auftragswesen bekräftigt.[607] Die Vergabestelle wird also nach die-

---

[602] Siehe oben Kapitel Drei, Abschnitt Drei, I. Die Entscheidung des Gerichtshofs in der Rechtssache *CEI*, S. 162 ff.

[603] Oben Anm. 601.

[604] Aus diesem Grund hält *S. Arrowsmith* (1992) 1 P.P.L.R., 411 die Interpretation der Kommission für „wholly unmeritorious".

[605] Siehe oben Kapitel Eins, D. II. 4. c) Ausschluß wegen antizipierter Unfähigkeit, eine Vertragsbedingung zu erfüllen, S. 32 f.

[606] Mitteilung der Kommission „Öffentliches Auftragswesen - Regionale und soziale Aspekte" (Anm. 596), 12, Randnr. 48: „Würde beispielsweise für die Auswahl des wirtschaftlich günstigsten Angebots als Kriterium mitberücksichtigt, in welchem Umfang der Bieter Langzeitarbeitslose beschäftigen würde, so wäre dies, selbst wenn die Verpflichtung zur Beschäftigung einer bestimmten Anzahl von Langzeitarbeitslosen im Angebot ausdrücklich als eine Auftragsbedingung bezeichnet würde, im Hinblick auf Art. 29 der Richtlinie über öffentliche Bauaufträge problematisch."

[607] Grünbuch der Kommission „Das öffentliche Auftragswesen in der Europäischen Union: Überlegungen für die Zukunft" vom 27.11.1996, Textziff. 5.42:

ser Ansicht durch die Richtlinie dazu gezwungen, einem Bewerber den Zuschlag zu erteilen, welcher unter Umständen die ihm *ex post* gestellte besondere zusätzliche Bedingung nicht oder schlechter erfüllen kann, als ein anderer. Es erscheint merkwürdig, daß der Vergabestelle einerseits das Recht zugestanden wird, besondere zusätzliche Bedingungen zu formulieren, daß sie andererseits aber kein Recht haben soll, einen Teilnehmer auszuwählen, der diese Bedingung auch erfüllen wird. Dieser Widerspruch hat die Kommission nicht dazu angeregt, ihre Interpretation des Urteils zu überdenken. Vielmehr hat sie, ausgehend von ihrer Konzeption, dazu geraten, derartige Auftragsbedingungen vorher mit ihr abzusprechen.[608] Generell sei „gegenwärtig unbedingt Vorsicht geboten".[609]

Angesichts dieser Äußerungen scheint es, daß die Betrachtungsweise der Kommission im Ergebnis darauf hinausläuft, die Rechtsprechung des Gerichtshofs ihrer Wirksamkeit zu berauben. Nimmt man diesen Ansatz zusammen mit der Art und Weise, wie die Kommission ihre Ansicht als diejenige des Gerichtshofes ausgibt,[610] ergibt sich ein Bild, welches die Kommission in dieser Angelegenheit weniger als ehrliche Maklerin des Vertrages zeigt, denn als schlechte Verliererin bei dem Versuch der Schadensbegrenzung. Es scheint, als sei es der Kommission angesichts des Urteils des Gerichtshofs unmöglich gewesen, die These von der abschließenden Regelung der Teilnahmebestimmungen durch die Kataloge der Richtlinien aufrechtzuerhalten und als habe sie sich deshalb darauf verlegt, diese ungeliebten Bedingungen möglichst unschädlich zu machen, indem sie diese wenigstens vom Auswahlverfahren fernzuhalten und als ungefährliche *ex post*-Auflagen zu interpretieren versucht.

„die Überprüfung eines solchen Kriteriums müßte in diesem Fall außerhalb des Vergabeverfahrens erfolgen" und 5.52: „Die Prüfung der Fähigkeit des Auftragnehmers, den Auftrag unter Berücksichtigung der ihm auferlegten Bedingungen auszuführen, müßte außerhalb des Vergabeverfahrens stattfinden".

[608] Mitteilung der Kommission „Öffentliches Auftragswesen - Regionale und soziale Aspekte" (Anm. 596), 14, Randnr. 64.

[609] *Ibid.*, Randnr. 63.

[610] Siehe Text bei Anm. 596.

(E) Neuere Tendenzen einer Aufweichung des Standpunktes der Kommission?

In einer Mitteilung[611] vom 11. März 1998 hat die Kommission angekündigt, daß sie zu einem nicht näher bestimmten zukünftigen Zeitpunkt in einem „gesonderten Auslegungstext“[612] die europarechtlich zulässigen Möglichkeiten einer Berücksichtigung von sozialen und umweltpolitischen Sekundärzwecken präzisieren will.[613]

In dieser Mitteilung finden sich einige generelle Bemerkungen, welche auf eine freundlichere Haltung der Kommission gegenüber der Verfolgung von Sekundärzwecken, insbesondere im Bereich der Umwelt- und Sozialpolitik hinzudeuten scheinen. So betont die Kommission etwa, daß die Umweltpolitik „zu einer immer wichtigeren Komponente jeder modernen Wirtschaftspolitik“ werde.[614] Ebenso sei die Sozialpolitik „für die Europäische Union von entscheidender Bedeutung“[615] Sie hat sich für diese scheinbare Abweichung vom rechten ordnungspolitischen Weg bereits Kritik zugezogen.[616]

Es kann aber bezweifelt werden, ob die Kommission mit diesen Bemerkungen wirklich rechtlich einen neuen Weg einschlagen möchte. Trotz aller umwelt- und sozialpolitischen Rhetorik scheint es doch, als ob insgesamt die Trennung von Vergabeverfahren und Instrumentfunktion beibehalten werden soll. Entsprechend betont die Kommission, daß es

---

611 Mitteilung der Kommission „Das öffentliche Auftragswesen in der Europäischen Union“, KOM (98), 143.

612 Kritisch *F. Rittner*, VergR 3/98, 30 (31): „Der Jurist, und wohl nicht nur er, fragt sich, wie ein „Auslegungstext“ den klaren Wortlaut von Art. 29 *[gemeint ist: 30]* BKR, Art. 26 LKR oder Art. 27 *[gemeint ist: 34]* SKR, die sämtlich auf das wirtschaftlichste Angebot abstellen, in dem gedachten Sinne ändern könnte. Ein solches Verfahren war wohl selbst der Kaiserlichen Kanzlei in der Spätzeit des Römischen Reiches verschlossen.“; freilich gelten die genannten Artikel der Richtlinien keineswegs ausnahmslos, siehe oben Kapitel Drei, Abschnitt Zwei, B. I. 1. Grundsatz des Zuschlags nach auftragsbezogenen Kriterien, S. 138 ff., und erfassen nur die Auftragsvergaben im koordinierten Bereich, siehe oben Kapitel Drei, Abschnitt Drei: Grenzen der Koordinierung, S. 158 ff.

613 Oben Anm. 611, 31 ff.

614 *Ibid.*, unter 4.3.

615 *Ibid.*, 33, unter 4.4.

616 *F. Rittner*, VergR 3/98, 30 (31): „auch in der Sache selbst begibt sich die Kommission mit diesen Vorschlägen auf einen überaus gefährlichen Weg, der ihr gesamtes Werk in seinen Grundlagen bedroht.“

unmöglich sei, „im Rahmen eines Auslegungstextes Lösungen zu präsentieren, die über die bestehenden Regeln des Beschaffungswesens hinausgehen."[617] Auch die vorgeschlagenen Möglichkeiten der Berücksichtigung von Sekundärzwecken gehen nicht über das von der Kommission bereits früher vorgeschlagene hinaus. Man wird daher bis auf weiteres nicht davon ausgehen können, daß die Kommission ihre Opposition gegen die Beentjes-Rechtsprechung tatsächlich aufgeben wird.

3. Unklarheiten in der Redaktion des Urteils

Die Interpretation der Kommission wäre vermutlich nicht so häufig und dankbar aufgegriffen worden, wenn nicht das Urteil selbst durch seinen recht komplexen Aufbau und eine ungenaue Zusammenfassung der Gründe im Leitsatz einige Verständnishürden aufstellte. Diese erschweren es dem Leser des Urteils wesentlich, die Ausführungen zum Sekundärzweck der Beschäftigung von Langzeitarbeitslosen in seiner Tragweite auf Anhieb richtig einzuordnen. Dies gilt naturgemäß insbesondere für einen Leser, der sich ein schnelles Urteil bilden muß, weil das Urteil Gegenstand einer aktuellen politischen Auseinandersetzung ist.

a) Aufbau und Systematik des Urteils

In der Entscheidung werden drei wichtige Fragen des europäischen Vergaberechts abgehandelt: Ist die Flurbereinigungskommission ein öffentlicher Auftraggeber im Sinne der Richtlinien; wurde Beentjes zu Recht ausgeschlossen; sind bestimmte Vorschriften der Richtlinie unmittelbar anwendbar. Die Ausführungen zum Sekundärzweck Langzeitarbeitslosigkeit sind Teil der Beantwortung der zweiten Frage. Die zweite Frage umfaßt ihrerseits drei Gesichtspunkte: Ausschluß wegen mangelnder „spezifischer Erfahrung", wegen mangelnder „Günstigkeit" und wegen mangelnder Bereitschaft, Langzeitarbeitslose zu beschäftigen.[618]

Der Leser des Urteils muß die Überlegungen zur Zulässigkeit des Sekundärzwecks also zunächst aus einer Fülle von Fragen herausdestillieren. Dabei geschieht es leicht, daß die Ausführungen zum zweiten Ge-

---

[617] Oben Anm. 611, 32, unter 4.3.

[618] Oben Kapitel Drei, Abschnitt Drei, B. I. 1. Die problematische Bestimmung, S. 169 ff.

sichtspunkt der zweiten Frage mit denen zum dritten Gesichtspunkt der zweiten Frage vermischt werden.[619]

Die Komplexität wird weiter dadurch gesteigert, daß der Gerichtshof bei der Erörterung der drei Gesichtspunkte der zweiten Frage so vorgeht, daß er eine Art „allgemeinen Teil" voranstellt. Vor der rechtlichen Bewertung[620] der einzelnen Gesichtspunkte werden zunächst Ziel und Systematik der Richtlinie erörtert. Diese bilden dann die Grundlage für die Einzelbeurteilung[621] der Kriterien. Der Gerichtshof verwendet einen eigenen Absatz, um klarzustellen, daß die Erwägungen in den Randnrn. 15-22 den Hintergrund für die Einzelbeurteilung in den Randnrn. 24-36 darstellen.[622]

Dieser „besondere Teil" wiederum ist zweigeteilt in Überlegungen bezüglich Abschnitt IV (Teilnahmebestimmungen) und solche bezüglich Abschnitt III (Bekanntmachungsvorschriften) der Richtlinie.[623] Erst prüft der Gerichtshof Stück für Stück die Vereinbarkeit der Kriterien mit Abschnitt IV der Richtlinie.[624] Erst nachdem er diese Kriterien „als

---

[619] Dieses Versehen unterläuft z.B. *T. Ax*, oben Anm. 221.

[620] Selbstverständlich „beurteilt" der Gerichtshof im Verfahren der Vorabentscheidung gem. Art. 177 EGV den Sachverhalt des Ausgangsverfahrens nicht in dem strengen Sinne, daß er selbst die Zulässigkeit oder Unzulässigkeit der angewendeten Kriterien feststellt. Er liefert dem vorlegenden Gericht lediglich die Obersätze und überläßt es diesem unter jene zu subsumieren (siehe hierzu näher *M. Dauses*, Vorabentscheidungsverfahren, 145 f.). Wenn im folgenden dennoch im untechnischen Sinne von „Bewertung" und „Einzelbeurteilung" gesprochen wird, so geschieht dies der Anschaulichkeit halber und angesichts der Tatsache, daß der Gerichtshof im vorliegenden Fall die einschlägigen Normen des Sekundärrechts ausgesprochen genau und jeweils auf das im Ausgangsfall verwendete Kriterium bezogen aufarbeitet. Die Obersätze sind also derartig spezifisch, daß sie durchaus eine europarechtliche Beurteilung des jeweilig betrachteten Kriteriums erkennen lassen.

[621] Siehe Anm. 620.

[622] *EuGH -Beentjes-* (Anm. 225), 4656, Randnr. 23: "Vor diesem Hintergrund sind die verschiedenen Aspekte der Frage des vorlegenden Gerichts zu prüfen."

[623] *Ibid.*, Randnrn.15-20 bzw. 21-22 des Urteils.

[624] *Ibid.*, Randnrn.24-30 des Urteils.

solche"[625] abgehandelt hat, prüft er, ob sie ordnungsgemäß im Sinne des Abschnitts III der Richtlinie bekanntgemacht wurden.[626]

Eine weitere Erschwernis besteht darin, daß an der Stelle, an der nach dieser Systematik des Urteilsaufbaus das Problem des Sekundärzwecks erörtert wird,[627] ein Teil der tragenden Ausführungen auf das Urteil in der Rechtssache *CEI* verweist.[628] Die Tragweite der Ausführungen ist ohne den Nachvollzug dieses Verweises nicht erkennbar.[629]

b) Die Zusammenfassung im Leitsatz des Urteils

Die Dinge wurden auch dadurch nicht vereinfacht, daß die Zusammenfassung der Erwägungen zur Zulässigkeit des Sekundärzwecks im Leitsatz stark verkürzt wiedergegeben wurde:[630]

> „Die Bedingung der Beschäftigung von Langzeitarbeitslosen ist mit der Richtlinie vereinbar, wenn sie nicht unmittelbar oder mittelbar zu einer Diskriminierung der Bieter aus anderen Mitgliedstaaten der Gemeinschaft führt. Eine solche besondere zusätzliche Bedingung muß in der Bekanntmachung der Ausschreibung angegeben werden."

Diese Zusammenfassung ist eine Vergröberung. Die erste Unschärfe liegt darin, daß alleine das Diskriminierungsverbot als Schranke genannt wird, während im Urteil das gesamte Gemeinschaftsrecht zum Maßstab erklärt wird. Zweitens unterschlägt die Formulierung, daß der Gerichtshof einen Unterschied macht zwischen Eignungs- und Zuschlagskriterien einerseits und anderen, nicht harmonisierten Gesichtspunkten andererseits. Drittens wird als einzige anzuwendende Verfahrensvorschrift das Gebot der Bekanntmachung genannt.

Eine Vergröberung im Leitsatz ist grundsätzlich erlaubt, ja erwünscht. Schließlich hatte das Gericht eine größere Anzahl von Rechtsfragen behandelt und diese sämtlich möglichst kurz zusammenzufassen. Leitsätze

---

625 *Ibid.*, 4660, Randnr. 31.

626 *Ibid.*, Randnrn.31-36 des Urteils.

627 *Ibid.*, Randnrn.28 und 29 des Urteils.

628 *Ibid.*, Randnr. 29 des Urteils.

629 Siehe dazu oben Kapitel Drei, Abschnitt Drei, B. III. 4. Die Regelungslücke hinsichtlich der Bestimmung, Langzeitarbeitslose zu beschäftigen, S. 174 ff.

630 *EuGH -Beentjes-* (Anm. 225), 4664 unter 2), dritter Spiegelstrich.

sollen Entscheidungen ja gerade prägnant zusammenfassen. Allerdings binden die Leitsätze in ihrem Wortlaut den Gerichtshof nicht und sind in keiner Weise als amtliche Auslegung der Entscheidungen anzusehen, welche sie zusammenfassen.[631] Die Gründe des Urteils bleiben entscheidend.

Dem Gerichtshof ist also in diesem Zusammenhang kein Vorwurf zu machen. Dennoch ist der Leitsatz losgelöst vom Urteil in den politischen Prozeß und auch in die Literatur geraten und löst dort gewisse Mißverständnisse aus.

4. Verbreitete Mißverständnisse über das *Beentjes*-Urteil

Angesichts der unmittelbaren Wechselwirkungen zwischen dem Urteil und dem politischen Prozeß im Parlament und angesichts der kontinuierlichen Umdeutungsversuche der Kommission kann es nicht verwundern, daß sich in der mittlerweile gut zehnjährigen Rezeptionsgeschichte des Urteils gewisse Mißverständnisse perpetuieren. Der komplexe Aufbau des Urteils und die ungenaue Zusammenfassung der Entscheidungsgründe im Leitsatz taten ein übriges. Es sind vor allem drei irrige Gedanken, die sich immer wieder finden:

Ein erstes Mißverständnis ist die Behauptung, der Gerichtshof habe in dem Fall generell entschieden, daß sozialpolitische Präferenzregelungen mit Gemeinschaftsrecht vereinbar seien.[632] Zwar war es in der Tat so, daß der Gerichtshof die konkrete Maßnahme als mit den Vergaberichtlinien vereinbar angesehen hat, da diese nicht den Anspruch erheben, derartige „besondere zusätzliche Bedingungen“ zu regeln. Der Gerichtshof hat es damit abgelehnt, die konkrete Maßnahme ohne eingehendere Prüfung schon allein deshalb zu verwerfen, weil sie sich auf einen Gesichtspunkt stützte, der nicht ausdrücklich in der BKR 71 genannt war.

Eine umfassende europarechtlichen Beurteilung der sozialpolitischen Instrumentfunktion hat der Gerichtshof aber nicht getroffen: Er hat keinerlei abstrakte Maßstäbe dafür gegeben, wann eine Bedingung eine „besondere zusätzliche Bedingung“ und damit nicht vom Regelungsanspruch der Richtlinie umfaßt ist. Er hat weiterhin nicht über die Vereinbarkeit der konkreten Maßnahme mit dem EG-Vertrag entschieden.

---

[631] Dieser Hinweis findet sich zu Beginn eines jeden Bandes der amtlichen Sammlung.

[632] Z.B. O. *Schlecht*, Forum ‘90, 19.

Vielmehr hat er insoweit die Sache zur Entscheidung an das vorlegende Gericht zurückverwiesen[633], welches gleichfalls in der Sache nie entschieden hat. Die Sache wurde gütlich beigelegt.[634] Zudem bot der Fall wenig Anlaß, auf die Vorschriften des Vertrags einzugehen, da die Vorlagefrage allein auf die Auslegung der Richtlinie gerichtet war und da die Klägerin im Ausgangsverfahren ein niederländisches, also einheimisches Unternehmen gewesen war.

Ein zweites Mißverständnis besteht in der Annahme, der Gerichtshof habe als einzigen Maßstab für besondere zusätzliche Bedingungen das gemeinschaftsrechtliche Diskriminierungsverbot anerkannt.[635] In Wirklichkeit hat der Gerichtshof den gesamten Vertrag und die Vergaberichtlinien zum Maßstab erklärt. Nur in der (nicht bindenden) Zusammenfassung der Entscheidungsgründe im Leitsatz hat der Gerichtshof allein das Diskriminierungsverbot ausdrücklich genannt.

Eine dritte weit verbreitete Behauptung geht dahin, daß der Gerichtshof nur „nachgeschaltete" Auftragsbedingungen, die nach der Zuschlagsentscheidung in den Auftrag einfließen, als von der Richtlinie nicht ausdrücklich verboten angesehen habe.[636] Tatsächlich aber war die Firma Beentjes bereits vor der Zuschlagsentscheidung von der Vergabe ausgeschlossen worden, weil sie nicht in der Lage zu sein schien, die besondere Auftragsbedingung zu erfüllen. Die Bedingung selbst wäre in der Tat Bestandteil des Vertrags, also „nachgeschaltet" gewesen. Im konkreten Fall wirkte sich aber bereits die Prognose der Vergabestelle, daß Beentjes diese Bedingung nicht würde erfüllen können, entscheidend auf die Auswahlentscheidung aus.

V. Zusammenfassung

Sinn und Zweck der Koordinierungsrichtlinien versteht der Gerichtshof dahingehend, daß eine abschließende Harmonisierung nicht angestrebt wird. Entsprechend untersucht er im Einzelfall, ob eine bestimmte Fragestellung von der sekundärrechtlichen Koordinierung umfaßt ist. Dabei orientiert er sich zunächst am genauen Wortlaut der Richtlinie und nicht an der Auswirkung der fraglichen nationalen Bestimmung. Er geht

---

[633] Hierauf weist auch *H. Eberstein,* Berliner Anhörung I, 66 hin.

[634] Siehe Anm. 566.

[635] *L. Gormley,* (1992) 17 E.L.Rev. 67.

[636] Siehe oben Anm. 606 und 607.

davon aus, daß die Richtlinien hinsichtlich zusätzlicher inhaltlicher Eignungsstandards keine ausdrückliche Regelung enthalten. Entsprechend bleibt die sozialpolitische Differenzierung bei der Vergabe generell Gegenstand mitgliedstaatlicher Regelung.[637]

Ungeachtet des Fehlens einer ausdrücklichen Regelung hat der Gerichtshof aber aus der Gesamtsystematik der Richtlinie Maßstäbe für derartige ungeregelte Anforderungen abgeleitet. Danach müssen diese Anforderungen alle einschlägigen Vorschriften des Gemeinschaftsrechts, insbesondere die Vorschriften des Vertrages, und die gemeinsamen Bestimmungen der jeweils einschlägigen Richtlinie, insbesondere die Publizitätsvorschriften beachten.[638]

Der Gerichtshof hat damit den Koordinierungsgedanken betont und an der Stelle einer von der Kommission[639] vertretenen weitgehenden Harmonisierung ein differenziertes Modell des Miteinanders von mitgliedstaatlichen und gemeinschaftlichen Kompetenzen gesetzt. Er hat die Auslegung der Koordinierungsrichtlinien dahingehend entwickelt, daß diese nur bestimmte Aspekte der Fragestellung regeln, während andere nicht angeglichen sind. Dies beläßt den Mitgliedstaaten im Bereich jenseits der Koodinierungswirkung der Richtlinien einigen regulatorischen Freiraum. Hier bleiben aber die Grenzen des EG-Vertrags und der allgemeinen Bestimmungen der Richtlinien wirksam. Auf diese Weise wird der Freiraum gleichzeitig eröffnet und an die Vorgaben der Gemeinschaftsverfassung gebunden.

Für die Instrumentfunktion mitgliedstaatlicher Auftragsvergabe bedeutet dies, daß sie generell in der Regelungszuständigkeit der Mitgliedstaaten verbleibt, soweit sie sich nicht derjenigen Mittel bedient, die vom Gegenstandsbereich der Harmonisierung der Vergabeverfahren umfaßt sind, insbesondere also keine zusätzlichen formellen Eignungsnachweise fordert, zusätzlichen Ausschlußgründe aufstellt oder unerlaubte Publizitätsrückstufungen auf das Verhandlungsverfahren vor-

---

[637] *S. Arrowsmith*, Cases, 78: „The European Court in Beentjes [...] emphasised that the Directives are not intended to regulate exhaustively procurement in the member states (see para.18 *[müßte heißen: 20, der Verfasser]* of the judgment), and on this basis appeared to take the view that secondary policies may still be pursued by individual states. "

[638] Siehe oben Kapitel Drei, Abschnitt Drei, B. I. und III. 5. Maßstäbe aus der Gesamtsystematik der Richtlinie, S. 165 und 176.

[639] Siehe oben Kapitel Drei, Abschnitt Drei, B. IV. 2 b) Die Opposition der Kommission gegen die Rechtsprechung zu den inhaltlichen Grenzen der Koordinierung, S. 181 ff.

sieht. Dabei ist sie aber an die Vorgaben des Vertrages und an die allgemeinen Vorschriften der Richtlinie, insbesondere die Publizitätsvorschriften gebunden.

C. Zusammenfassung

Das Problem der Instrumentfunktion mitgliedstaatlicher Auftragsvergabe hat im Rahmen der Koordinierung der mitgliedstaatlichen Vergabeverfahren durch Richtlinien nur eine untergeordnete Rolle gespielt. Die existierenden Vorschriften, die das Problem behandeln, sind bruchstückhaft und wenig kohärent. Versuche des Parlaments, weitere punktuelle Regelungen der Instrumentfunktion im Rahmen der binnenmarktbedingten Novellierung der Richtlinien zu verankern, sind weitgehend gescheitert.

Auf dieser defizitären normativen Grundlage hat der Gerichtshof einen Interpretationsansatz entwickelt, der den Mitgliedstaaten einerseits Freiräume eröffnet, diese aber andererseits an die Vorgaben der Gemeinschaftsverfassung bindet. Der Gerichtshof hat die hohe Harmonisierungsdichte der Richtlinienkataloge betont. Gleichzeitig hat er den Gedanken entwickelt, daß die Richtlinien wegen ihres begrenzten Gegenstandsbereichs „kein erschöpfendes Gemeinschaftsrecht“ schaffen und die Verfolgung eines Sekundärzwecks zugelassen, wenn diese sich nicht der Instrumente bedient, die koordiniert sind und soweit sie sich im Rahmen der Vorgaben des Vertrages und der Gemeinsamen Bestimmungen der Richtlinien hält.

Kapitel Vier

Sekundärzwecke und Vorschriften des EG-Vertrags

Aus dem Blickwinkel des Vertrages liegt der wichtigste Aspekt der Instrumentfunktion mitgliedstaatlicher Vergabe darin, daß die nationale oder regionale Verfolgung von Sekundärzwecken den innergemeinschaftlichen Verkehr von Waren, Personen oder Dienstleistungen dadurch behindern kann, daß sie sich diskriminierend oder unverhältnismäßig beschränkend auf Anbieter aus anderen Mitgliedstaaten auswirkt. In der Entwicklung des gemeinschaftlichen Vergaberechts war es meist dieser Aspekt der Behinderung von Grundfreiheiten, der von den europäischen Organen herangezogen wurde.

Die Gründe sind historisch: Die ersten Vergaberichtlinien waren auf die Kompetenzen der Art. 33 Abs. 7 und Art. 54 Abs. 2 in Verbindung mit 63 Abs. 2 EWG-Vertrag gestützt und sahen Lieferaufträge als Problem des Freien Warenverkehrs und Bauaufträge als Problem der Dienstleistungs- und Niederlassungsfreiheit. Aus diesen ersten Sekundärrechtsakten hat sich unter Anwendung der Kompetenz aus Art. 100 und später 100a. EWGV in mehreren Schüben das heutige Sekundärrecht entwickelt.[640]

Weitere Gründe für den grundfreiheitlichen Ansatz der Gemeinschaft liegen in der unmittelbaren Anwendbarkeit, die den Grundfreiheiten schon früh von der Rechtsprechung zuerkannt wurde, während bei der Anwendung der Beihilferegeln eine gewisse Zurückhaltung herrschte,[641] und darin, daß die öffentliche Auftragsvergabe innerhalb der Kommission der Generaldirektion XV (Binnenmarkt) und nicht etwa der Generaldirektion IV (Wettbewerb) zugeordnet ist. Auch läßt der Ansatz eine gewisse Zurückhaltung der europäischen Organe gegenüber der mit-

---

640 Siehe oben Kapitel Drei, Abschnitt Eins, B. I. 2., S. 82 ff.

641 *M. Caspari*, v.d.Groeben-FS, 89 unter VI.2.; *M. Seidel*, in: KSE 32, 55: „Die Rechtsprechung des Europäischen Gerichtshofs zu Fragen des Subventionsrechts ist sehr kärglich und mit der Rechtsprechung beispielsweise zur Freiheit des Warenverkehrs, zur Freizügigkeit der Arbeit oder zum Kartellrecht nicht vergleichbar".

gliedstaatlichen wirtschaftspolitischen Souveränität erkennen: Während die Anwendung der Wettbewerbsregeln eine unmittelbare Beanstandung des mitgliedstaatlichen Handelns bedeutet, verbieten die Grundfreiheiten dem Anspruch nach lediglich gewisse Auswirkungen solchen Handelns. Man kann im übrigen bezweifeln, ob eine Anwendung der Wettbewerbsregeln[642] dazu geeignet gewesen wäre, tatsächlich auf breiter Front eine Mehrheit der nationalen und regionalen Auftragsvergaben zu erfassen.[643]

---

[642] In Deutschland hat der parallele Aspekt einer Verletzung von § 22 und 26 GWB stets eine zentrale Rolle bei der Bewertung „vergabefremder Umstände" gespielt, siehe *F. Rittner*, Rechtsgrundlagen, 45 (55 a.F.) ff. Randnrn. 82 ff.; Die Problematik des Art. 86 EGV im vorliegenden Zusammenhang haben *Thomas Meyer*, Beschränkung der Wirtschaftspolitik, 119 ff. und *S. Flach*, Instrumentalisierung, 123 ff., insbesondere 143 ff. erarbeitet; kurz und zutreffend auch *F. Sterner*, Rechtsbindungen, 41 ff.; siehe auch das Schreiben des BKartA oben Anm. 243.

[643] So auch *F. Sterner*, Rechtsbindungen, 42.

Abschnitt Eins: Rückgriff auf den Vertrag und „Sperrwirkung" der Richtlinien

Die Vorschriften des Vertrages gelten grundsätzlich im koordinierten Bereich genauso wie außerhalb dieses Bereiches. Sie gelten auch unterhalb der Schwellenwerte der Richtlinien ebenso wie oberhalb. Die Vertragsvorschriften gehen bei Unvereinbarkeiten zwischen Richtlinie und Vertrag den Richtlinienbestimmungen stets vor. Solche Unvereinbarkeiten sind im Bereich dieser Untersuchung allerdings nicht ersichtlich. Wegen des Vorrangs des Vertragsrechts können grundsätzlich auch Rechtfertigungsnormen des Vertrages, wie etwa Art. 30 (36 a.F.), 45 (55 a.F.), 46 (56 a.F.) EGV, einen Verstoß gegen die Richtlinien rechtfertigen.[644]

A. „Sperrwirkung" bei abschließender Harmonisierung

Trotz dieses weitgehenden Vorrangs des Vertrages können die Richtlinien im Einzelfall eine „Sperrwirkung" gegenüber den Vertragsvorschriften entfalten.[645] Dies ist der Fall, wenn eine Richtlinie oder eine andere Harmonisierungsmaßnahme ein nationales Schutzbedürfnis abschließend harmonisiert, welches nach dem Vertrag eine Beschränkung von Grundfreiheiten rechtfertigen kann.[646] Wäre es nach Erlaß einer Harmonisierungsmaßnahme einem Mitgliedstaat noch erlaubt, unter Berufung auf den Vertrag einseitige Maßnahmen zu ergreifen, die über das Schutzniveau der Harmonisierung hinausgehen, so bestünde die Gefahr einer Aushöhlung des Harmonisierungsstandes.[647]

Wenn also die Vergaberichtlinien als abschließende Harmonisierung bestimmter nationaler Schutzbedürfnisse zu verstehen wären, die ein Mitgliedstaat durch oder angelegentlich der Vergabe öffentlicher Aufträge verfolgen kann oder will, so wäre ein Rückgriff auf die Rechtferti-

---

[644] *K. Hailbronner*, in: J. Ipsen, Bad Iburger Gespräche, 24.

[645] Siehe allgemein *A. Furrer*, Sperrwirkung, der die Sperrwirkung allerdings auf mitgliedstaatliche Maßnahmen bezieht.

[646] *P.-C. Müller-Graff* in: Groeben/Thiesing/Ehlermann, Art. 30 Randnr. 198 und Art. 36, Randnr. 14 ff.

[647] *Ibid.*

gungsnormen des Vertrages im Bereich dieser Schutzbedürfnisse unmöglich.

B. Keine Total-, aber Teilharmonisierung

Die Richtlinien streben aus mehreren Gründen keine Totalharmonisierung der Verfolgung von Sekundärzwecken an.

Erstens sind die Vergaberichtlinien nach ihrer gesamten Stoßrichtung darauf angelegt, bestimmte „Verwaltungs"-Verfahren zu koordinieren. Sie sind in ihrer Natur und Gestaltung ausgesprochen technisch und hinsichtlich des Problems der Sekundärzwecke, von den dargestellten[648] Ausnahmen abgesehen, weitgehend indifferent. Dies ist auch Ergebnis der dargestellten[649] Kontroverse um die Sekundärzwecke, welche die Artikulation eines dahingehenden Konsenses der normsetzenden Organe verhinderte.

Der Gerichtshof hat weiterhin festgestellt, daß die Richtlinien nicht darauf angelegt sind, die Vergabeverfahren abschließend zu koordinieren. Im Gegenteil geht der Gerichtshof in Übereinstimmung mit den Präambeln davon aus, daß mitgliedstaatliche Verwaltungspraktiken soweit als möglich zu berücksichtigen sind.[650]

Obwohl keine abschließende Harmonisierung angestrebt und ein Rückgriff somit in weiten Bereichen möglich ist, führen die Richtlinien dennoch insoweit eine Teilharmonisierung durch, als sie die Förderung von Sekundärzwecken insoweit abschließend verbieten, als diese sich bestimmter Vorgehensweisen bedient, insbesondere zusätzliche formelle Nachweise technischer Leistungsfähigkeit verlangt oder nicht auftragsbezogene Zuschlagskriterien aufstellt. In dieser Hinsicht ist der Regelungsanspruch der Richtlinien umfassend.[651]

---

[648] Siehe oben B. I. 2. Ausnahmen, S. 140 ff.

[649] Siehe oben Kapitel Drei, C. Die Kontroverse um das Problem der Sekundärzwecke bei der Novellierung der Richtlinien, S. 85 ff.

[650] Siehe insbesondere oben Abschnitt Drei, B. Die Rechtsprechung des Gerichtshofs zu den inhaltlichen Grenzen der Koordinierung, S. 161 ff.

[651] Siehe oben Kapitel Drei, Abschnitt Zwei, A. II. 1. Abschließender Charakter der Kataloge, S. 123 f.

C. Abgrenzung des harmonisierten Bereichs

Damit stellt sich die Frage der Abgrenzung des derartig harmonisierten Bereichs im Kontext dieser Untersuchung. Hier ist die Unterscheidung aufzugreifen, die der Gerichtshof in seiner Rechtsprechung zu den Grenzen der Koordinierung[652] getroffen hat. Dabei darf man insbesondere nicht die Unterscheidung zwischen Innenbetrachtung der Harmonisierungsdichte und Außenbetrachtung des Gegenstandsbereichs der Richtlinien[653] aus den Augen verlieren.

Der Gerichtshof hatte in *Beentjes* drei verschiedene Gesichtspunkte zu prüfen, von denen ein jeder für sich eine Nichtberücksichtigung der Firma Beentjes gerechtfertigt hätte. Nur einen davon, die Bedingung Langzeitarbeitslose zu beschäftigen, sah er als nicht von der Harmonisierung umfaßt an. Zur Begründung führte er an, dieser Gesichtspunkt habe weder mit der Prüfung der fachlichen Eignung der Unternehmer, noch mit den Kriterien für den Zuschlag etwas zu tun.[654] Damit zog der Gerichtshof die Grenze des sachgegenständlichen Bereichs der Harmonisierung, indem er auf den objektiven Inhalt und Zweck der beanstandeten Vergabebedingung abstellte.

Abstrakte Ausführungen, wann im einzelnen eine Bedingung etwas mit der Eignung oder dem Zuschlag zu tun hat und wann nicht, machte der Gerichtshof nicht. In dieser Hinsicht ist es aber aufschlußreich, die Ausführungen des Generalanwalts zu betrachten, der in diesem Punkt[655] gleicher Auffassung war, wie der Gerichtshof. Auch er war der Ansicht, daß die Bedingung, Langzeitarbeitslose zu beschäftigen, „begriffsnotwendig nichts mit den Nachweisen zu tun [habe], die nach Art. 25 geeignet sind, die wirtschaftliche und finanzielle Leistungsfähigkeit darzutun; sie dürfte sich auch schwerlich in eine der Rubriken von Art. 26 einfügen lassen."[656]

Der Generalanwalt führte näher aus, was seiner Ansicht nach den Gegenstand der Harmonisierung der Zuschlagskriterien ausmacht. Die harmonisierten Zuschlagskriterien beträfen das „Produkt" und nicht

---

[652] Siehe oben Kapitel Drei, Abschnitt Drei, B. Die Rechtsprechung des Gerichtshofs zu den inhaltlichen Grenzen der Koordinierung, S. 161 ff.

[653] Siehe oben Text bei Anm. 221.

[654] EuGH -*Beentjes*- (Anm. 225), 4658, Randnr. 28.

[655] Siehe Text bei Anm. 559 f.

[656] Schlußanträge Generalanwalt *Darmon* in der Rechtssache EuGH -*Beentjes*- (Anm. 225), 4651, Textziff. 32.

den „Produzenten", die Eigenschaften der „Arbeit" und nicht diejenigen des Bauunternehmers.[657] Sie beträfen also die zu erbringende Leistung oder die Modalitäten ihrer Ausführung, bezögen sich jedoch nicht auf die Person des „Leistungserbringers".[658] Die Forderung, bei der Ausführung der Arbeiten eine bestimmte Quote von Arbeitslosen einzusetzen, weise hingegen keinerlei Beziehung auf zu den eigentlichen Merkmalen der auszuführenden Arbeiten oder zur geforderten Leistung, also zum „Produkt".[659]

Der Generalanwalt stellt also die Unterscheidung zwischen einerseits produktbezogenen Standards und andererseits nicht-produktbezogenen Standards, die sich auf die Person des Leistungserbringers beziehen, in den Vordergrund. Wie gesehen,[660] zieht er aus dieser Unterscheidung einen anderen Schluß als der Gerichtshof. Er hielt den nicht-produktbezogenen Standard für nicht von den Richtlinien zugelassen und deshalb verboten. Der Gerichtshof hielt ihn für nicht von der Harmonisierung der Richtlinie umfaßt und deshalb grundsätzlich erlaubt.

In der Rechtssache CEI[661] hat der Gerichtshof selbst eine ähnliche Abgrenzungslinie für den Bereich der Eignungsprüfung formuliert. Er unterschied zwischen dem materiellen Eignungsstandard, den ein Mitgliedstaat aufstellt und den formalen Nachweisen dieses Standards, die er von Teilnehmern verlangen darf. Nur letztere seien harmonisiert.[662] Die materiellen Standards verblieben in der Regelungsbefugnis der Mitgliedstaaten. Der Gerichtshof stellt also die Abgrenzung materielle Standards einerseits und formelle Nachweise andererseits in den Vordergrund.

Der Gerichtshof hat die Rechtssache CEI an entscheidender Stelle des *Beentjes*-Urteils in bezug genommen.[663] Dies spricht dafür, daß er auch die Entscheidung der niederländischen Vergabestelle, nur an Teilnehmer vergeben zu wollen, die Langzeitarbeitslose beschäftigen, als einen sol-

---

[657] *Ibid.*, 4649, Textziff. 35.

[658] *Ibid.*

[659] *Ibid*, 4651, Textziff. 38.

[660] Text bei Anm. 557.

[661] Siehe oben B. I. Die Entscheidung des Gerichtshofs in der Rechtssache *CEI*, S. 162 ff.

[662] Siehe oben Kapitel Drei, Abschnitt Drei, B, I. 4. Die Regelungslücke, S. 164 ff.

[663] EuGH -*Beentjes*- (Anm. 225), 4658, Randnr. 29.

chen materiellen Standard ansieht, dessen Festsetzung der Kompetenz der Mitgliedstaaten anheimfällt.

Gegenstand der Harmonisierung durch die Vergaberichtlinien sind demnach bei der Eignungsprüfung nur die formellen Eignungsnachweise, nicht aber die materiellen Eignungsstandards. Bei der Zuschlagsentscheidung erfaßt sie nur produktbezogene Zuschlagskriterien, nicht aber personen- oder produktionsbezogene Kriterien.

Nur soweit also Sekundärzwecke durch Bestimmungen oder Praktiken verfolgt werden, die zusätzliche formelle Eignungsnachweise fordern oder produktbezogene Zuschlagskriterien aufstellen, entfalten die Richtlinien eine Sperrwirkung gegenüber Rechtfertigungsgründen des EG-Vertrags.

Abschnitt Zwei: Die Verfolgung von Sekundärzwecken als Maßnahme gleicher Wirkung im Sinne des Art. 28 EGV

A. Anwendbarkeit des Art. 28 EGV auf die Verfolgung von Sekundärzwecken

I. Praxis der Gemeinschaftsorgane im Vergabesektor

Die Praxis der Gemeinschaftsorgane ist stets von einer Anwendbarkeit der Grundsätze des Freien Warenverkehrs auf die öffentliche Auftragsvergabe, insbesondere im Bereich der Lieferaufträge ausgegangen. Die ersten Sekundärrechtsakte im Bereich der öffentlichen Lieferaufträge nehmen ausdrücklich die Vorschriften über den Freien Warenverkehr in Bezug.[664] Die Kommission hat im Weißbuch zur Vollendung des Binnenmarktes klargestellt, daß die Grundsätze des Freien Warenverkehrs „auf die Lieferung von Waren an öffentliche Vergabestellen voll Anwendung" finden.[665] Der Gerichtshof hat in seiner Rechtsprechung wiederholt Vergabeentscheidungen oder -bedingungen an Art. 30 a.F. gemessen.[666] Im Schrifttum herrscht trotz einiger im einzelnen abweichender Meinungen[667] ebenfalls weitgehende Einigkeit über die grund-

---

[664] Erwägungsgrund 4, 5 und 8 der LLR; Erwägungsgrund 1 der LKR 76.

[665] Weißbuch der Kommission an den Europäischen Rat „Vollendung des Binnenmarktes" vom 14.6.1985, KOM (85), 310 endg., Luxemburg, 1985, Zweiter Teil: Beseitigung der technischen Schranken, II. Öffentliches Auftragswesen, Randnr. 82.

[666] EuGH *-Dundalk III-* Rs. 45/87 vom 22.9.1988, Slg. 1988, 4929, Randnr. 18 (4963); EuGH *-du Pont de Nemours-* (Anm. 305), I-889, Randnr. 10; EuGH *-Laboratori Bruneau-* Rs. C-351/88 vom 11.7.1991, Slg. 1991, I-3641, Randnr. 7.; EuGH *-Storebaelt-* Rs. C-243/89 vom 22.6.1993, Slg. 1993, I-3353, Randnr. 23.

[667] *K. Stolz*, Auftragswesen, 5 ff. mit eingehender Darstellung des Meinungsstandes.

sätzliche Anwendbarkeit der Artikel über die Warenverkehrsfreiheit auf das Vergabewesen.[668]

II. Keine Anwendung auf Private

Allerdings bindet Art. 28 nur staatliche Stellen.[669] Der Gerichtshof hat in der Rechtssache *van de Haar* festgestellt, daß Art. 30 a.F. zu den Regeln gehört, welche die „nationalen Maßnahmen der Mitgliedstaaten beseitigen sollen".[670] Sogenannte Sektorenauftraggeber, also außerhalb des Staatsverbandes stehende Stellen, die dennoch über die SKR an die Vergaberegeln der Gemeinschaft gebunden sind, werden von der Geltung des Art. 28 nicht unmittelbar erfaßt. Soweit sie Öffentliche Unternehmen im Sinne des Art. 86 EG-Vertrag darstellen, sind sie aber unter Umständen mittelbar an Art. 28 gebunden.

III. Spezifische Probleme der Anwendung auf die mitgliedstaatliche Instrumentfunktion

Art. 28 verbietet „Maßnahmen gleicher Wirkung". Jede Handelsregelung der Mitgliedstaaten, die geeignet ist, den innergemeinschaftlichen Handel unmittelbar oder mittelbar, tatsächlich oder potentiell zu behindern, ist als Maßnahme gleicher Wirkung anzusehen.[671] Die Feststellung, inwiefern Praktiken der mitgliedstaatlichen Verfolgung von Sekundärzwecken eine solche Handelsregelung darstellen, birgt einige spezifische Anwendungsprobleme, welche mit der meist verdeckten Natur mitgliedstaatlicher Instrumentfunktion zusammenhängen. Oft geschieht die Verfolgung von Sekundärzwecken *ad hoc* ohne rechtlich bindende Anordnung. Es stellt sich daher die Frage, ob Art. 28 auch auf derartiges nicht-förmliches Verwaltungshandeln anwendbar ist (sogleich 1.). Eine weitere Frage betrifft die Anwendbarkeit von Art. 28 auf

---

[668] *J. Schwarze*, in: K. Meessen, Aufträge und Forschungspolitik, 79 (86 ff.), *P.-C. Müller-Graff* in: Groeben/Thiesing/Ehlermann, Art. 30, Randnr. 155.

[669] Dies ist nicht unbestritten, siehe eingehend zum Meinungsstand *P. Oliver*, Free Movement of Goods, 56 ff., Textziff. 4.24 ff.; *L. Gormley*, Prohibiting Restrictions on Trade, 259 ff.

[670] EuGH *-van de Haar-* Rs. 177 und 178/82 vom 5.4.1984, Slg. 1984, 1797 (1812), Randnr. 12.

[671] EuGH *-Dassonville-* Rs. 8/74 vom 11.7.1974, Slg. 1974, 873, Randnr. 5.

die Verfolgung von Sekundärzwecken im Rahmen einer einzelnen Vergabeentscheidung (unten 2.).

1. Nicht-förmliche Verwaltungspraxis als Maßnahme

a) Standpunkt der Kommission

Die Kommission hat stets die Auffassung vertreten, daß alle Verwaltungspraktiken, auch diejenigen, die selbst keine unmittelbare rechtliche Bindungswirkung entfalten, von dem Begriff der „Maßnahme gleicher Wirkung" gedeckt sind. In der Präambel der Richtlinie 70/50 der Kommission[672] heißt es hierzu, daß als Maßnahmen im Sinne der Art. 30 ff. a.F. EG-Vertrag „Rechts- und Verwaltungsvorschriften, Verwaltungspraktiken sowie alle Akte, die von einer öffentlichen Behörde ausgehen, einschließlich der Anregungen" anzusehen seien. Anregungen seien „alle Akte, die von einer öffentlichen Behörde ausgehen und die, ohne ihre Bestimmungsperson rechtlich zu binden, diese veranlassen, ein bestimmtes Verhalten einzunehmen."

b) Die Rechtsprechung des Gerichtshofes

(A) Aufforderungen, national einzukaufen - Die Rechtssache *Buy Irish*

In der Entscheidung in der Rechtssache *Buy Irish* ist der Gerichtshof der Auffassung sehr nahegekommen, daß auch rechtlich nicht bindende Aufforderungen eine „Maßnahme gleicher Wirkung" darstellen können. Die irische Regierung hatte umfangreiche Werbemaßnahmen ergriffen, um den Absatz irischer Produkte auf dem heimischen Markt zu steigern. Gegen die Klage der Kommission im Vertragsverletzungsverfahren verteidigte die irische Regierung sich unter anderem damit, daß die Werbung für einheimische Produkte keine „Maßnahme gleicher Wirkung" darstelle, weil sie nur unverbindliche Äußerungen beinhalte, die

---

[672] Richtlinie 70/50/EWG der Kommission vom 22.12.1969, gestützt auf die Vorschriften des Artikels 33 Abs. 7 über die Beseitigung von Maßnahmen gleicher Wirkung, wie mengenmäßige Einfuhrbeschränkungen, die nicht unter andere auf Grund des EWG-Vertrages erlassene Vorschriften fallen, ABl. vom 19.1.1970, Nr. L 13/29.

von den Adressaten auch einfach ignoriert werden könnten.[673] Der Gerichtshof hielt Art. 30 a.F. aber für anwendbar, weil die Werbemaßnahmen „ungeachtet ihrer Wirksamkeit, Teil eines Regierungsprogramms bilden, mit dem beabsichtigt ist, eingeführte Produkte durch inländische Waren zu ersetzen, und das geeignet ist, das Handelsvolumen zwischen den Mitgliedstaaten zu beeinträchtigen."[674] Eine solche Praxis könne „nicht dem Verbot des Art. 30 des Vertrages entgehen, nur weil sie sich nicht auf Entscheidungen gründet, die für Unternehmen verbindlich sind."[675] Allerdings ging der Gerichtshof nicht so weit, daß er ausdrücklich generell alle nicht-verbindlichen mitgliedstaatlichen Entscheidungen als „Maßnahme gleicher Wirkung" angesehen hätte. Auch enthält die Entscheidung keine klare Abgrenzung zwischen Praktiken, die Art. 30 a.F. unterfallen und solchen, die das nicht tun.

(B) Diskriminierende Verwaltungspraxis - Die Rechtssache *Frankiermaschinen*

In der Rechtssache *Frankiermaschinen* hat der Gerichtshof eine dilatorische und diskriminierende Verwaltungspraxis der französischen Behörden bei der Zulassung von britischen Frankiermaschinen als Maßnahme gleicher Wirkung angesehen. Dabei hat er sich ausdrücklich auf die Anwendungspraxis bezogen, ohne die einschlägigen französischen Rechtsvorschriften selbst zu beanstanden: „Unter dem Deckmantel einer Vorschrift von allgemeiner Geltung, die die Zulassung aus anderen Mitgliedstaaten eingeführter Maschinen gestattet, könnte die Verwaltung nämlich eine gegenüber importierten Maschinen systematisch ungünstige Haltung einnehmen, indem sie es bei der Bescheidung der Zulassungsanträge oder der Durchführung des Prüfungsverfahrens zu erheblichen Verzögerungen kommen läßt"[676] Die praktische Wirksamkeit des Art. 30 a.F. verlange eine Einbeziehung derartiger Praktiken.[677] Allerdings sei eine Verwaltungspraxis nur dann eine Maßnahme gleicher Wirkung „wenn sie sich hinreichend verfestigt hat und einen bestimm-

---

[673] EuGH *-Kommission/Irland, Buy Irish-* Rs. 249/81 vom 24.11.1982, Slg. 1982, 4005 (4012).

[674] *Ibid.*, 4022, Randnr. 25.

[675] *Ibid.*, 4023, Randnr. 28.

[676] EuGH *-Kommission/Frankreich, Frankiermaschinen-* Rs. 21/84 vom 9.5.1985, Slg. 1985, 1345 (1364) Randnr. 11.

[677] *Ibid.*, 1364, Randnr. 12.

ten Grad an Allgemeinheit aufweist".[678] Auf einem Markt mit einer geringen Zahl von Anbietern wie demjenigen für Frankiermaschinen könne auch ein Verhalten nur gegenüber einem einzigen Unternehmen bereits eine Maßnahme gleicher Wirkung darstellen.[679] Daher verstoße die Praxis der französischen Behörden im konkreten Fall gegen Art. 30 a.F.

(C) Interne Anweisungen - Die Rechtssache *Griechische Landwirtschaftsbank*

In der Rechtssache *Griechische Landwirtschaftsbank* hat der Gerichtshof Art. 30 a.F. auf interne Anweisungen einer mitgliedstaatlichen Verwaltung angewendet. Im Zusammenhang mit der Gewährung von Krediten zur Anschaffung von landwirtschaftlichen Maschinen hatte das zuständige griechische Ministerium gegenüber der Griechischen Landwirtschaftsbank, welche die Gewährung der Kredite durchführte, angeordnet, nur dann Kredite für ausländische Maschinen zu gewähren, wenn die fragliche Maschine nicht auch im Inland beschafft werden könne. Kurz darauf hatte das Ministerium die Anordnung widerrufen. Der Gerichtshof vertrat die Auffassung, daß bereits die „mehrdeutige und ungewisse Lage", die durch das widersprüchliche Verhalten des Ministeriums „zum Nachteil der importierten Maschinen" entstanden sei, „per se eine Maßnahme gleicher Wirkung im Sinne von Art. 30" darstelle.[680]

---

[678] *Ibid.*, Randnr. 13.

[679] *Ibid.*; kritisch hierzu *P. Oliver*, Free Movement of Goods, 78, Textziff. 6.15: „While it is clearly right to exclude purely ephemeral acts, the criterion laid down here seems excessively narrow: taken at its face value it would appear to leave the door open to abuse by Member States in sectors served by a large number of traders. Why should the lawfulness of an unjustified restriction depend on the number of competitors on the market? Moreover, the test propounded by the Court opens a Pandora's box of conceptual diffculties: „few", „numerous", „traders" and „market" may all have to be defined."; *ibid.*, Fußnote 32: „One is reminded of the difficulties encountered in defining the relevant market under Art. 86".

[680] EuGH *-Kommission/Griechenland, Landwirtschaftsbank-* Rs. 192/84 vom 11.12.1985, Slg. 1985, 3973 (3978), Randnr. 17; ähnlich für Art. 34 Schlußanträge Generalanwalt *Lenz* in EuGH *-Kommission/Frankreich, Altöle-* Rs. 173/83, Slg. 1985, 491 (494 f.): „daß sich nach der [...] Auslegung der französischen Bestimmungen im Hinblick auf die Ausfuhrmöglichkeiten zumindest *Unsicherheiten und Unklarheiten* ergeben. Auch das ist aber geeignet - mehr ist für Art. 34 nicht notwendig - die Ausfuhren zu behindern." (Hervorhebung im

c) Ergebnis

Der Gerichtshof hat, ohne dabei ausdrücklich so weit zu gehen wie die Kommission, Art. 30 a.F. wiederholt auf Fälle informellen Verwaltungshandelns angewendet. Dabei hat er immer eine gewisse Vorsicht walten lassen, aber letztlich stets den Bestimmungen über den Freien Warenverkehr zu praktischer Wirksamkeit verholfen. Es ist daher davon auszugehen, daß eine Instrumentfunktion mitgliedstaatlicher Auftragsvergabe dem Anwendungsbereich des Art. 28 (30 a.F.) unterfällt, auch wenn sie sich in nicht rechtlich bindender Form vollzieht.[681]

2. Einzelentscheidung als Maßnahme

Ein verwandtes Problem liegt in der Frage, ob nur generelle Vergaberegelungen oder auch einzelne Vergabeentscheidungen eine „Maßnahme gleicher Wirkung“ darstellen können. Im Schrifttum findet sich sowohl die Auffassung, daß einzelne Vergabeentscheidungen generell von Art. 30 a.F. erfaßt werden[682], als auch einschränkende Stimmen.[683] Für eine umfassende Anwendung des Art. 30 a.F. auf Einzelvergaben wurde oft ein teleologisches Argument ins Feld geführt:[684] Das Vertragsziel „Binnenmarkt“ gebiete eine Anwendung auf die Einzelentscheidung. Diese sei nämlich praktisch viel wichtiger als die generellen Vergabevorschriften und berge wegen des weiten Ermessensspielraums größere Diskriminierungspotentiale.[685]

Original); siehe auch EuGH -*Kommission/Frankreich, Coordination rurale-*, oben Anm. 114; ähnlich auch Generalanwalt *Darmon* in seinen Schlußanträgen vom 21.6.1989 in EuGH -*Dundalk III*-, unten Anm. 696.

[681] So auch (bezogen auf die nationalprotektionistische Instrumentfunktion) *W. Dona-Viscardini*, RMC 1973, 228, Textziff. 12 a.E.

[682] *K. Stolz*, Auftragswesen, 35 (mit ausführlicher Diskussion und Darstellung des Meinungsstandes bis 1988 auf 32 ff.); *P.-C. Müller-Graff*, in: Groeben/Thiesing/Ehlermann, Art. 30, Randnrn.157 und 291.

[683] *H. Matthies* in: Grabitz/Hilf, Art. 30, Randnrn. 5 und 55.

[684] *K. Stolz*, Auftragswesen, 35.

[685] *Ibid.*; ähnlich *P.-C.Müller-Graff* in: Groeben/Thiesing/Ehlermann, Art. 30, Randnr. 291: „Auch Einzelakte der Verwaltung sollten nicht ausgenommen werden, da sie im Einzelfall durchaus eine gravierende Handelsbehinderung auslösen können.“; siehe auch Generalanwalt *Darmon* in seinen Schlußanträgen vom 21.6.1989 in EuGH -*Dundalk III*-, unten Anm. 696.

Der Gerichtshof hat in einer Reihe von Entscheidungen Art. 30 a.F. auf einzelne Vergabeentscheidungen oder Vergabebedingungen angewendet:

In der Rechtssache *Dundalk III* vom September 1988 war der Gerichtshof im Zusammenhang mit der Vergabe eines Bauauftrages für Wasserleitungen in Irland angerufen worden. Die Verdingungsunterlagen enthielten eine diskriminierende Klausel.[686] Bauaufträge im Bereich der Wasserversorgung sind von der Geltung der BKR 71 ausgenommen[687] und die SKR war seinerzeit noch nicht erlassen. Der Gerichtshof konnte also kein Sekundärrecht anwenden.[688] Er maß die Klausel an Art. 30 a.F. Entsprechend lautet der Leitsatz der Entscheidung, daß Irland Art. 30 a.F. des Vertrages dadurch verletzt habe, daß es die Einfügung der streitigen Klausel in die Verdingungsunterlagen für einen öffentlichen Bauauftrag zugelassen habe.[689]

Dieses Vorgehen des Gerichtshofs ist kein Einzelfall geblieben. Im Juni 1993 hat der Gerichtshof in der Rechtssache *Storebaelt* wiederum Art. 30 a.F. auf eine Klausel in Verdingungsunterlagen angewandt, die einem bestimmten Bauauftrag zugrunde gelegt werden sollte.[690] Auch hier hat er sich nicht weiter mit der Frage auseinandergesetzt, ob Art. 30 a.F. etwa deshalb unanwendbar sei, weil es sich um eine einzelne Vergabeentscheidung handelte. Dänemarks Vertragsverletzung wurde bereits darin gesehen, daß die Vergabestelle im dem konkreten Fall „zur Abgabe von Angeboten auf der Grundlage“ dieser Klausel aufgefordert hatte.[691]

Ebenso verhielt es sich in der Rechtssache *UNIX* vom Januar 1995.[692] Der Gerichtshof wandte Art. 30 a.F. an auf eine problematische Bestimmung in den Verdingungsunterlagen für einen Lieferauftrag über Computersysteme.[693] Die Frage der Geltung für Einzelakte wurde dabei

---

686 Siehe unten Text bei Anm. 707.

687 Art. 3 Abs. 5 BKR 71, entsprechend heute Art. 4 Buchst.a) BKR.

688 EuGH -*Dundalk III*- (Anm. 666), Randnr. 10 f., (4962).

689 *Ibid.*, Leitsatz Ziff. 1, entspricht Randnr. 27 (4965).

690 EuGH -*Storebaelt*- (Anm. 666), I-3353, Randnr. 23.

691 *Ibid.*, Randnr. 45, entsprechend Leitsatz Ziff. 1.

692 EuGH -*UNIX*- Rs. C-359/93 vom 24.1.1995, Slg. 1995, I-168.

693 *Ibid.*, I-176, Randnr. 27.

weder vom Gerichtshof, noch von Generalanwalt *Tesauro*[694] problematisiert.

Der Gerichtshof legt im Vergabesektor demnach einen weiten Begriff der Maßnahme zugrunde.[695] Auch einzelne Vergabeentscheidungen werden als Maßnahme gleicher Wirkung behandelt und am Maßstab des Art. 30 a.F. gemessen. Dies erscheint sachgerecht, denn anders als ein beiläufiges schlichtes Verwaltungshandeln sind Vergabeentscheidungen für die Unternehmer in der betroffenen Branche von besonderer Wichtigkeit und entfalten Signalwirkung für zukünftiges Angebotsverhalten.[696] Es handelt sich um einen wohlerwogenen Schritt der Behörde in eine bestimmte Richtung, der erhebliche Auswirkungen auf die Teilnehmer hat.[697]

---

[694] Dieser wendet Art. 30 in Randnr. 9 seiner Schlußanträge in *EuGH - UNIX- ibid.*, I-157 (166) ohne weiteres an. Er beruft sich dabei namentlich auf EuGH -*Dundalk III*-(Anm. 666), Randnrn.12-27 (4962 ff.).

[695] *J. Schwarze*, in: K. Meessen, Aufträge und Forschungspolitik, 87; *K. Stolz*, Auftragsvergabe, 35.

[696] Diesen Punkt betonte Generalanwalt *Darmon* in seinen Schlußanträgen vom 21.6.1989 in EuGH -*Dundalk III*-(Anm. 666), Textziff. 67 (4956): „It is not an everyday occurrence for sizeable contracts to be put out to tender, and each such contract has major commercial consequences in two respects. Each contract represents in itself a commercial project for manufacturers and, depending on the size of the contract, a barrier to imports erected with respect to a given contract may have significant consequences immediately. But it must be borne in mind that a barrier set up with respect to a particular contract may have implications for later contracts, and hence future commercial projects, in so far as in the light of their first experience public works contractors will tend not to provide for the use of imported material in their tenders. "

[697] Ähnlich *S. Arrowsmith*, 6 PPLR (1995), 245 (55 a.F.) (257): „It is difficult to see, however, the justification for an approach which limits the application of the Treaty to purchasing practices of a general nature where these involve a definite and positive act such as a restrictive description of products or the express exclusion of foreign providers“.

B. Inhaltliche Beschränkung der Verfolgung von Sekundärzwecken durch Art. 28 EGV

I. Verbotstatbestände

1. Verbot offener Diskriminierung

Art. 28 verbietet Vergabeentscheidungen oder -bedingungen, die zwischen Produkten aus verschiedenen Mitgliedstaaten offen diskriminieren.

In der Rechtssache *Storebaelt* war der Aufforderung zur Abgabe von Angeboten eine Bedingung beigefügt worden, der zufolge der Ausführende u.a. möglichst Baustoffe und Verbrauchsgüter dänischer Herkunft verwenden sollte.[698] Die Vergabestelle verfolgte damit offensichtlich den Sekundärzweck der Absatzförderung heimischer Güter. Die Diskriminierung durch diese Klausel war dermaßen offensichtlich, daß die Regierung Dänemarks sie vor dem Gerichtshof in der Sache gar nicht erst bestritt.[699] Die Feststellung des Verstoßes gegen Art. 30 a.F. nimmt in den Entscheidungsgründen nur einen Satz in Anspruch.[700]

Eine ähnlich deutliche offene Diskriminierung hat der Gerichtshof in der Rechtssache *du Pont de Nemours* verworfen. Die italienische Regierung hatte gesetzlich vorgeschrieben, daß staatliche und staatlich kontrollierte Stellen 30 Prozent ihres Bedarfs von Betrieben aus Süditalien beziehen müssen.[701] Der Gerichtshof sah hierin eine Diskriminierung gegenüber Produkten aus anderen Mitgliedstaaten und stellte einen Verstoß gegen Art. 30 a.F. fest.[702]

Beschaffungsvorschriften und -praktiken, welche die Verwendung heimischer Materialien begünstigen, erfüllen demnach den Tatbestand des

---

698 EuGH -*Storebaelt*- (Anm. 666), I-3353, Randnr. 4.

699 *Ibid.*, Randnr. 23.

700 *Ibid.*: „Vorab ist festzustellen, daß die in Art. 6 Abs. 2 der Gemeinsamen Bedingungen der Verdingungsunterlagen enthaltene Klausel betreffend den dänischen Vertragsanteil mit den Art. 30, 48 und 59 unvereinbar ist, was die dänische Regierung im übrigen auch nicht bestreitet."

701 EuGH -*du Pont de Nemours*- (Anm. 305), I-889, Randnr. 3.

702 *Ibid.*, Randnr. 11.

Diskriminierungsverbots aus Art. 28 EG-Vertrag.[703] Der Sekundärzweck des Schutzes des heimischen Absatzmarktes kann daher im Binnenmarkt nur verfolgt werden, wenn er einer Ausnahme[704] von diesem Verbot zugeordnet werden kann oder wenn die Beschaffung ausschließlich aus Drittstaaten erfolgt.[705] Auch der Sekundärzweck der Regionalförderung ist durch die Entscheidung *Du Pont de Nemours* weitgehend verboten.[706]

2. Verbot versteckter Diskriminierung

Art. 28 verbietet auch Regelungen und Praktiken, die nicht an die Herkunft des Produkts selbst anknüpfen, aber dennoch in ihren tatsächlichen Auswirkungen Produkte aus anderen Mitgliedstaaten benachteiligen.

In der Rechtssache *Dundalk III* war von der irischen Vergabestelle für die zu verwendenden Wasserröhren eine bestimmte (irische) Norm vorgeschrieben worden. Dieses Kriterium ist zunächst unterschiedslos anwendbar. Irische wie nicht-irische Hersteller müssen sich an die Norm halten. Tatsächlich erfüllte aber seinerzeit nur ein einziger Hersteller die Norm und dieser befand sich in Irland.[707] Der Gerichtshof erkannte auf eine versteckte Diskriminierung.[708]

---

[703] Ziff. 4.1.6. Satz 2 der Anlage 1 zu den hessischen Umweltrichtlinien, *Meyer/Uekermann*, Nr. 1334 („Wo immer möglich, ist Holz, das aus *heimischer* nachhaltiger Forstwirtschaft stammt, für diese Teile und Gegenstände zu verwenden") dürfte deshalb gegen Art. 30 verstoßen; ebenso Ziff. 4.1.1. Abs. 3, *ibid.*; als Beispiel für eine nicht-diskriminierende Fassung siehe dagegen Ziff. 2.2 der Anlage 3 der niedersächsischen Umweltrichtlinien Öffentliches Auftragswesen, *Meyer/Uekermann*, Nr. 1374.

[704] Siehe unten II. Ausnahmen, S. 215 ff.

[705] Soweit diese allerdings Vertragsstaaten des WTO-Abkommens Regierungskäufe (siehe Anm. 258) sind, gelten im Anwendungsbereich des Abkommens die Gebote der Meistbegünstigung und der Nichtdiskriminierung.

[706] EuGH *-du Pont de Nemours-* (Anm. 305), I-889; zu dem Urteil näher unten Text bei Anm. 885.

[707] *L. Gormley*, (1989) 14 E.L.Rev. 161.

[708] EuGH *-Dundalk III-* (Anm. 666), 4929, Randnr. 20 (4964): „It further appears from the documents in the case that only one undertaking has been certified by the IIRS to apply the Irish Standard Mark to pipes of the type required for the purpose of the public works contract at issue. That undertaking

Eine Instrumentfunktion der Auftragsvergabe, die in ihren Auswirkungen ausländische Teilnehmer faktisch benachteiligt, kann demnach gegen Art. 28 EGV verstoßen. Dies kann die Verfolgung von Sekundärzwecken unter Umständen erheblich beschränken, insbesondere dann, wenn dabei an nationale Sozialstandards oder Institutionen angeknüpft wird.[709]

3. Beschränkungsverbot

Art. 28 verbietet in bestimmten Fällen auch unterschiedslos anwendbare, nicht-diskriminierende Maßnahmen der Vergabestelle.

In der Rechtssache *UNIX* vom Januar 1995 hat der Europäische Gerichtshof Art. 30 a.F. auf eine Vergabebedingung einer niederländischen Vergabestelle angewandt, die für einen Auftrag über die Lieferung eines Datenverarbeitungssystems das Betriebssystem UNIX vorschrieb.[710] Diese Vorgabe war von niederländischen wie ausländischen Teilnehmern zu beachten, also unterschiedslos anwendbar. UNIX ist ein in den Vereinigten Staaten entwickelter Standard, der von niederländischen Computerherstellern nicht einfacher oder häufiger angewandt wird, als von anderen Herstellern. Es lag also auch keine faktische Diskriminierung vor. Dennoch erkannte der Gerichtshof auf eine Verletzung von Art. 30 a.F., weil die Festlegung auf den UNIX-Standard Importeure ausschloß, die einen anderen, für die Aufgabe ebenso gut geeigneten Standard anbieten.[711] Um eine verbotene Handelsbeschränkung zu vermeiden, hätte die Vergabestelle nach Ansicht des Gerichtshofs ausdrücklich auch gleichwertige Standards zulassen müssen.[712]

---

is located in Ireland. Consequently, the inclusion of Clause 4.29 had the effect of restricting the supply of the pipes needed for the Dundalk scheme to Irish manufacturers alone."

[709] Siehe dazu unten III. Fallbeispiel: Frauenförderung in Berlin und Brandenburg, S. 225 f.

[710] EuGH -*UNIX*- (Anm. 692), 172, Randnr. 7.

[711] *Ibid.*, 176, Randnr. 27.

[712] *Ibid.*, Randnr. 28; dies ergibt sich nicht nur aus Art. 30 EGV, sondern wurde auch ausdrücklich von Art. 7 Abs. 6 der LKR 88 gefordert (entsprechend heute Art. 8 Abs. 6 LKR).

II. Ausnahmen

Wir haben soeben gesehen, daß eine Verfolgung von Sekundärzwecken gemäß Art. 28 (30 a.F.) EG-Vertrag unabhängig davon verboten sein kann, ob sie durch Gesetz oder durch eine schlichte Verwaltungspraxis stattfindet. Ebenso sind keineswegs nur diskriminierende Praktiken verboten. Auch Praktiken, welche sich unmittelbar oder mittelbar, tatsächlich oder potentiell beschränkend auf den Freien Warenverkehr auswirken, sind zunächst einmal untersagt.[713] Dies gilt, anders als bei den Vergaberichtlinien, ohne Rücksicht auf Schwellenwerte.

Angesichts der großen Spannweite dieses Verbots kommt den Ausnahmen und Rechtfertigungen ein besonderes Gewicht zu. Diese sollen im folgenden näher betrachtet werden.

1. „Verkaufsmodalitäten"

Ein Ausnahmetatbestand, der nur für unterschiedslos anwendbare Maßnahmen in Betracht käme, ist die Ausnahme für sogenannte Verkaufsmodalitäten[714]. Unterschiedslos anwendbare, nicht-diskriminierende Maßnahmen gleicher Wirkung sind nach dem Urteil des Gerichtshofs in den verbundenen Rechtssachen *Keck* und *Mithouard* nicht vom Verbot des Art. 30 a.F. erfaßt, soweit es sich um bloße Verkaufsmodalitäten handelt.[715]

Verkaufsmodalitäten sind Regelungen, die sich erstens nicht auf das Produkt beziehen (z.B. Zusammensetzung, Etikettierung, Form, Verpackung, Benennung), die zweitens eine Verminderung der Importe nur insofern nach sich ziehen, als diese Ausdruck des durch die Regelung verminderten Absatzes sind und die drittens bei genauer Betrachtung keine Folge der Unterschiedlichkeit nationaler Rechtsordnungen darstellen, sondern lediglich eine Folge der Tatsache, daß die nationalen Stellen eine Handelsregelung getroffen haben, welche weniger liberal ist, als die Wirtschaftssubjekte dies wünschen würden.[716] Anders gewendet

---

[713] EuGH -*Dassonville*- (Anm. 671), 873, Randnr. 5.

[714] *H. Matthies*, in: Everling-FS, 810 schlägt den Begriff „Absatzmodalitäten" vor.

[715] EuGH -*Keck*- verb. Rs. C-267, 268/91 vom 24.11.1993, Slg. 1993, I-6097, Randnr. 16.

[716] Randnr. 11 der Schlußanträge Generalanwalt *Tesauro* vom 27.10.1993 in EuGH -*Hünermund*- Rs. C-292/92 vom 15.12.1993, Slg. 1993, 6787.

werden also nur noch Maßnahmen erfaßt, die für ein Produkt eine Zugangsbeschränkung zum nationalen Markt darstellen und die sich gerade auf die Importe auswirken.[717]

Hinsichtlich der ersten Voraussetzung sind beschränkende Vergabebedingungen zu unterteilen in produktbezogene und nicht-produktbezogene. Vergabebedingungen wie die Festsetzung des UNIX-Standards knüpfen an eine Eigenschaft des Produkts (Betriebssystem) an und behindern gerade dadurch dessen Marktzugang. Sie sind produktbezogen und daher bereits aus diesem Grunde keine Verkaufsmodalitäten.

Anders verhält es sich bei Vergabepraktiken und -bestimmungen, die daran anknüpfen, daß der Teilnehmer bei der Erbringung der Leistung bestimmte sozial-, umwelt- oder frauenpolitische Kriterien erfüllt. Derartige Umstände stellen keine Eigenschaft des Produkts selbst dar. Sie erfüllen daher die erste Voraussetzung für Verkaufsmodalitäten.

Solche Bestimmungen und Praktiken befriedigen aber nicht die zweite Voraussetzung für Verkaufsmodalitäten. Sie ziehen nämlich keine Verminderungen der Importe nach sich, die lediglich Ausdruck eines durch die Regelung verminderten Absatzes sind. Diese Bestimmungen und -praktiken mindern den Absatz nicht. Existierten sie nicht, würden keineswegs *mehr* Aufträge vergeben, sondern lediglich an *andere* und potentiell eben auch an ausländische Unternehmen. Es handelt sich um typische Lenkungsmaßnahmen, die auf eine Umverteilung von Staatsaufträgen zielen.

Es handelt sich deshalb bei Praktiken und Bestimmungen zur Verfolgung von Sekundärzwecken nicht um Verkaufsmodalitäten.

2. Art. 30 EG-Vertrag

Art. 30 nimmt Handelsbeschränkungen vom Verbot des Art. 28 aus, die zur Verfolgung bestimmter Ziele gerechtfertigt sind. Diese Ziele sind: die Wahrung der öffentlichen Sittlichkeit, Ordnung und Sicherheit, der Schutz der Gesundheit und des Lebens von Menschen, Tieren und Pflanzen, der Schutz nationalen Kulturguts und der Schutz gewerblichen und kommerziellen Eigentums.

Diese Ziele sind keine typischen Sekundärzwecke, die im Rahmen der öffentlichen Auftragsvergabe verfolgt werden. Keine der im ersten Ka-

---

[717] Randnr. 10, *ibid.*

pitel betrachteten mitgliedstaatlichen Praktiken läßt sich unter eines der Ziele des Art. 30 subsumieren.

Der Schutzgrund der Gesundheit und des Lebens von Menschen, Tieren und Pflanzen könnte zwar nach seinem Wortlaut dazu anregen, eine umweltschutzpolitische Instrumentfunktion der Auftragsvergabe hier zu verorten. Die Praxis der Gemeinschaftsorgane zu dieser Bestimmung weist aber darauf hin, daß die Vorschrift eng als Rechtfertigung von phytosanitären, veterinär- und gesundheitspolizeilichen und sicherheitstechnischen Einfuhrkontrollen verstanden wird.[718] Eine allgemeine umweltschutzpolitische Instrumentfunktion kann daher über Art. 30 nicht gerechtfertigt werden.[719]

Auch könnte man in Fällen der ausdrücklichen gesetzlichen Normierung der Instrumentfunktion auf den Gedanken kommen, die derartig gesetzlich angeordneten Zwecke für einen Bestandteil der öffentlichen Ordnung und Sicherheit zu halten. Hierin läge aber ein Mißverständnis. Im deutschen Polizeirecht umfaßt der Begriff der öffentlichen Sicherheit und Ordnung zwar unter anderem die Gesamtheit der geltenden Rechtsnormen. Der europarechtliche Begriff der öffentlichen Ordnung und Sicherheit ist aber wesentlich enger zu verstehen. Er umfaßt lediglich die unverzichtbaren Grundregeln, die im Interesse der politischen und sozialen Struktur der Gesellschaft von einem Mitgliedstaat erlassen werden.[720] Eine Berufung auf ihn ist weiterhin nur möglich, wenn eine tatsächliche und hinreichend schwere Gefährdung eines solchen Grundinteresses vorliegt.[721] Überhaupt ist Art. 30 nach der ständigen Rechtsprechung des Gerichtshofs als Ausnahmevorschrift eng auszulegen.[722]

Eine Rechtfertigung der mitgliedstaatlichen Instrumentfunktion über Art. 30 ist aus diesen Gründen typischerweise nicht möglich.

---

[718] *P.-C. Müller-Graff*, in: Groeben/Thiesing/Ehlermann, Art. 36, Randnr. 58 mit Beispielen aus der Praxis der Gemeinschaftsorgane in Fußnote 121.

[719] Allerdings ist der Umweltschutz als „zwingendes Erfordernis" im Sinne der Cassis-Rechtsprechung anerkannt, siehe dazu gleich unten 0, S. 218.

[720] *P.-C. Müller-Graff*, in: Groeben/Thiesing/Ehlermann, Art. 36, Randnr. 50.

[721] Siehe auch das zur Freizügigkeit ergangene Urteil in der Rechtssache *Bouchereau*, unten Anm. 783.

[722] EuGH -*Kunstschätze I*- Rs. 7/68, vom 10.12.1968, Slg. 1968, 633, Randnr. 12 f.; EuGH -*Bauhuis*-, Rs. 46/76 vom 25.1.1977, Slg. 1977, 5, Randnr. 6 ff.; EuGH -*Irische Souvenirs*- Rs. 113/80, vom 17.6.1981, Slg. 1981, 1625, Randnr. 7.

3. „Zwingende Erfordernisse"

Der Gerichtshof hat im Urteil *Cassis de Dijon* festgestellt, daß Hemmnisse für den Binnenhandel der Gemeinschaft hinzunehmen sind, soweit sie notwendig sind, um zwingenden Erfordernissen gerecht zu werden.[723] Dies gilt nur für unterschiedslos anwendbare nationale Handelsregelungen, für die keine abschließende Gemeinschaftsregelung besteht.[724] Diese können gerechtfertigt sein, soweit sie verhältnismäßig sind[725] und insbesondere dasjenige Mittel darstellen, das den Warenverkehr am wenigsten behindert.[726]

Vergabebestimmungen und -praktiken, die Sekundärzwecke verfolgen, können daher unter Anwendung dieser Grundsätze dem Verbot des Art. 28 entgehen, wenn sie unterschiedslos anwendbar sind, einem anerkannten „zwingenden Erfordernis" dienen, verhältnismäßig sind und keine abschließende Gemeinschaftsregelung besteht.

Der Gerichtshof hat im Vergabesektor allerdings bislang noch keinen Fall entschieden, in dem er eine mitgliedstaatliche Maßnahme als nach diesen Grundsätzen gerechtfertigt angesehen hätte. Das liegt daran, daß die große Mehrzahl der Vergabefälle, die den Gerichtshof erreicht haben, entweder Verfahrensverstöße zum Gegenstand hatten oder Praktiken und Bestimmungen, die unmittelbar oder mittelbar diskriminierend waren. Angesichts der großen Reichweite des Verbots des Art. 28 sind dennoch trotz fehlender Rechtsprechung im folgenden die Rechtfertigungsmöglichkeiten für Vergabebestimmungen nach der *Cassis*-Rechtsprechung näher auszuloten.

a) Keine abschließende Gemeinschaftsregelung

Es darf zunächst keine abschließende Gemeinschaftsregelung bestehen. Der Gerichtshof hat in *Beentjes* entschieden, daß die Vergaberichtlinien

---

[723] EuGH -*Cassis de Dijon*- Rs. 120/78 vom 20.2.1979, Slg. 1979, 649, Randnr. 8.

[724] *P.-C. Müller-Graff*, in: Groeben/Thiesing/Ehlermann, Art. 30, Randnr. 186.

[725] *Ibid.*, Art. 30, Randnr. 231 und Art. 36, Randnr. 92 ff.

[726] EuGH -*de Peijper*- Rs. 104/75, Slg. 1976, 613.

den Gesichtspunkt der mitgliedstaatlichen Instrumentfunktion nicht abschließend regeln.[727]

b) Unterschiedslos anwendbare Vergabebestimmung

Das größte Problem liegt in der Voraussetzung, daß die Vergabebestimmung „unterschiedslos anwendbar" sein muß. Eine Regelung ist unterschiedslos anwendbar, wenn ihr Geltungsanspruch nicht zwischen inländischen und eingeführten Waren entscheidet.[728] Vergabebestimmungen und -praktiken, die zwischen inländischen und ausländischen Bietern und Geboten unterscheiden, können deshalb nicht nach den Grundsätzen der *Cassis*-Rechtsprechung gerechtfertigt werden.[729]

Über die formale Ungleichbehandlung hinaus kommt eine Rechtfertigung nach den Grundsätzen der *Cassis*-Rechtsprechung auch dann nicht in Frage, wenn eine faktische Diskriminierung vorliegt. Andererseits kann auch nicht jede faktisch diskriminierende Auswirkung zu einem Ausschluß der Rechtfertigung führen. Ansonsten liefe die *Cassis*-Formel weitgehend leer. Es herrscht eine gewisse Unklarheit darüber, wann

---

[727] Siehe oben III. Die Entscheidung des Europäischen Gerichtshofs in der Rechtssache Gebroeders *Beentjes*, S. 169 ff.

[728] *P.-C. Müller-Graff*, in: Groeben/Thiesing/Ehlermann, Art. 30, Randnr. 195.

[729] Allerdings hat der Gerichtshof sich einige Male sehr bemüht, eine Regelung als unterschiedslos anwendbar einzustufen, um zu einer Rechtfertigung kommen zu können; siehe auch *P. Oliver*, Free Movement of Goods, 112, Textziff. 6.76: „[...] it should nevertheless be pointed out that the Court has on occasion had recourse to some passably far-fetched - not to say exotic - devices so as to maintain the facade that the 'mandatory requirements' apply only to 'indistinctly applicable measures'. Thus the Court has been driven to holding the following measures to be 'indistinctly applicable' so as to be able to consider the 'mandatory requirements' at all: a German statutory provision to the effect that only wines from certain specific regions of Germany could be marketed in bottles of a particular shape (Case 16/83 Prantl [1984], E.C.R. 1299); legislation prohibiting the importation and marketing of meat products containing non-meat-ingredients (Case 274/87 Commission v. Germany [1989] E.C.R. 229); and a measure prohibiting the use of the letter R in a circle (which indicates that a name constitutes a registered trademark), unless such registration had occurred in the Member States in question (Case C-238/89 Pau v. Dahlhausen [1990] E.C.R. I 4827)."; siehe auch unten Anm. 738 und die Diskussion im Text bei Anm. 741.

eine im formalen Sinne „unterschiedslos anwendbare" nationale Regelung in diesem Sinne als faktisch diskriminierend anzusehen ist.[730]

Dieser Punkt kann aber gerade für die Instrumentfunktion öffentlicher Auftragsvergabe im Einzelfall entscheidend sein. Die Festlegung bestimmter, beispielsweise umweltpolitisch motivierter Vergabekriterien ist typischerweise im formalen Sinne unterschiedslos anwendbar, kann aber durchaus zu einer faktischen Benachteiligung ausländischer Bieter und Gebote führen. Eine Festlegung bestimmter Umweltstandards etwa gilt formal für inländische wie ausländische Bieter gleichermaßen. Inländische Bieter sind aber auf den Standard der inländischen Vergabestelle typischerweise eher eingestellt als ausländische Bieter. Ist in einem solchen Fall eine Rechtfertigung über die Grundsätze der *Cassis*-Rechtsprechung möglich?

Man könnte daran denken, bei faktischen Diskriminierungen auf das Vorliegen eines einfuhrbeschränkenden Zwecks der Regelung abzustellen. Das Problem liegt hier in der Tatsache, daß der Zweck sich oftmals nicht zweifelsfrei bestimmen läßt oder umstritten ist. Dieses Problem könnte man allenfalls mit einer Vermutungsregel in den Griff bekommen, die etwa dahin geht, daß mangels Darlegung plausibler anderer Zwecke von einem einfuhrbeschränkenden Zweck auszugehen ist.[731]

Nach diesem Ansatz wären Vergabebestimmungen oder -praktiken, die einen plausiblen, etwa arbeitsmarkt-, frauen- oder umweltpolitischen Zweck verfolgen (das ist der typische Fall) einer Rechtfertigung zugänglich, soweit sie im formalen Sinne unterschiedslos anwendbar sind.

Regionalfördernde Auftragsvergabe ist allerdings nicht in diesem Sinne unterschiedslos anwendbar, da hier im Inland ansässige regionale Bieter gegenüber Ausländern gefördert und damit ungleich behandelt werden. Der Gerichtshof hat entschieden, daß die gleichzeitige Diskriminierung von Inländern, die nicht in der Zielregion angesiedelt sind, an diesem Befund nichts ändert.[732]

---

[730] Siehe Anm. 729.

[731] *P.-C.Müller-Graff*, in: Groeben/Thiesing/Ehlermann, Art. 30 Randnr. 196.

[732] EuGH - *Kommission/Italien, legge Nr. 80/87 per il mezzogiorno* - Rs. C-360/89 vom 3.7.1992, Slg. 1992, I-3415 (I-3418), Randnr. 9.

c) Zwingendes Erfordernis

Die Vergabebestimmung oder -praxis muß weiter einem anerkannten „zwingenden Erfordernis“ dienen. Unter denjenigen Sekundärzwecken, die in der mitgliedstaatlichen Praxis eine Rolle spielen, sind in der Rechtsprechung des Gerichtshofes als „zwingende Erfordernisse“ unter anderem die wirksame steuerliche Kontrolle,[733] der Schutz der Umwelt,[734] und die Verbesserung von Arbeitsbedingungen[735] anerkannt worden.

(A) Wirksame steuerliche Kontrolle

Zwingende Erfordernisse der wirksamen steuerlichen Kontrolle sind alle wesentlichen Maßnahmen, die zur Durchsetzung der Steuerordnung erforderlich sind.[736] Unter diesem Gesichtspunkt können solche Vergabebestimmungen gerechtfertigt sein, welche die Vergabe von öffentlichen Aufträgen an die Befolgung einschlägiger Steuervorschriften binden. In Deutschland sind dies vor allem § 7 Nr. 5 d), erste Alternative VOL/A und § 8 Nr. 5 d), erste Alternative VOB/A. Insoweit besteht Übereinstimmung mit dem Sekundärrecht, insbesondere den Artikeln 24 lit. f) BKR, Art. 20 lit. f) LKR, Art. 29 lit. f) DKR.[737]

(B) Verbesserung der Arbeitsbedingungen

Laut § 7 Nr. 5 d), zweite Alternative VOL/A und § 8 Nr. 5 d), zweite Alternative VOB/A und ebenso gemäß den Artikeln 24 lit. e) BKR, Art. 20 lit. e) LKR, Art. 29 lit. e) DKR dürfen Teilnehmer ausgeschlossen werden, wenn sie einschlägige Sozialvorschriften nicht erfüllen. Derartige mitgliedstaatliche Maßnahmen können grundsätzlich unter

---

[733] EuGH -*Cassis de Dijon*- (Anm. 723), 649; EuGH -*Carciati*- Rs. 823/79, Slg. 1980, 2773; EuGH -*Abbink*- Rs. 134/83, Slg. 1984, 4097.

[734] EuGH -*Kommission/Dänemark, Pfandflaschen*- Rs. 302/86, Slg. 1988, 4607, Randnr. 8; EuGH -*Kommission/Belgien, Müllimport,* Rs. C-2/90, Slg. 1992, I-4431; dazu *P. v. Wilmowsky,* (1993) 30 C.M.L.Rev. 541.

[735] EuGH -*Oebel*- Rs. 155/80, Slg. 1981, 1993; EuGH -*Conforama*-, Rs. C-312/89, Slg. 1991, I-997; EuGH -*Stoke on Trent*- Rs. C-169/91, Slg. 1992, I-6635.

[736] *P.-C. Müller-Graff,* in: Groeben/Thiesing/Ehlermann, Art. 30 Randnr. 207.

[737] Siehe näher oben Text bei Anm. 391.

dem Gesichtspunkt des zwingenden Erfordernisses der Verbesserung von Arbeitsbedingungen gerechtfertigt werden, wenn die übrigen Voraussetzungen der *Cassis*-Formel eingehalten sind.

(C) Schutz der Umwelt

Eine Bevorzugung umweltschonender Gebote oder das Verlangen der Beachtung bestimmter Umweltstandards als Voraussetzung der Teilnahme am Vergabeverfahren kann unter dem Gesichtspunkt des Umweltschutzes gerechtfertigt sein.

Die genaue Reichweite der Rechtfertigung unter dem Gesichtspunkt dieses zwingenden Erfordernisses ist allerdings unklar. Insbesondere ist fraglich, ob Umweltschutzgesichtspunkte ausnahmsweise auch diskriminierende Beschränkungen des Warenverkehrs rechtfertigen können.

Der Gerichtshof hat diese Frage aufgeworfen, indem er in der Entscheidung zum wallonischen Müll-Importverbot eine Bestimmung, die den Import von ausländischem Müll verbot, also ganz deutlich nicht unterschiedslos anwendbar war, dennoch unter dem Gesichtspunkt des Umweltschutzes als gerechtfertigt angesehen hat.[738] Er hat sich dabei auf das Verursacherprinzip des Art. 130 r. Abs. 2 Satz 2 a.F. EGV (heute Art. 174 Abs. 2 Satz 2 EGV) berufen, dem zufolge Umweltbeeinträchtigungen mit Vorrang an ihrem Ursprung zu bekämpfen sind.[739] Dennoch hat er im selben Urteil seine Rechtsprechung bestätigt, wonach eine Rechtfertigung unter dem Gesichtspunkt der zwingenden Erfordernisse nur bei unterschiedslos anwendbaren Maßnahmen in Betracht kommt.[740]

Dieser Widerspruch hat zu einigen Interpretationsversuchen geführt.[741] Auch hat er die Debatte über das Verhältnis von Umweltschutz und Freiem Warenverkehr weiter angefacht. Diese Debatte kann hier nicht im Einzelnen nachvollzogen werden.[742] Es ist lediglich darauf hinzuwei-

---

[738] EuGH -*Kommission/Belgien, Müllimport* - (Anm. 734), I-4431, Randnr. 36.

[739] *Ibid.*, Randnr. 34.

[740] *Ibid.*, Randnr. 33.

[741] *P. Oliver*, Free Movement of Goods, Textziff. 8.113; *P. v. Wilmowsky*, (1993) 30 C.M.L.Rev. 541 ff.; *P.-C. Müller-Graff*, in: Groeben/Thiesing/Ehlermann, Art. 30 Randnr. 197; *A. Ziegler*, Trade and Environmental Law, 93 ff.

[742] Siehe nur *F. Montag*, RIW 1987, 935 ff.; *Dannecker/Appel*, ZVglRWiss (89) 1990, 127 ff.; *Behrens/Koch*, Umweltschutz; *Epiney/Möllers*, Warenverkehr

sen, daß nach dem derzeitigen Stand der Debatte nicht davon ausgegangen werden kann, daß das zwingende Erfordernis „Umweltschutz" völlig andere Rechtfertigungsmöglichkeiten eröffnet, als die anderen zwingenden Erfordernisse.[743] Die Dogmatik des Art. 30 a.F. wurde also nicht durchbrochen.[744]

Eher scheint sich gerade bei umweltpolitisch motivierten Handelshemmnissen ein seit langem bestehendes dogmatisches Problem der *Cassis*-Doktrin zu aktualisieren: zwingende Erfordernisse können nur unterschiedslos anwendbare Maßnahmen rechtfertigen.[745] Gewisse Schutzziele erscheinen aber ebenso legitim, wie die in Art. 36 a.F. aufgezählten, welche auch diskriminierende Maßnahmen rechtfertigen können und der Umweltschutz scheint dazuzugehören. Sowohl die Erweiterung des Katalogs des Art. 36 a.F. als auch die Anwendung der zwingenden Erfordernisse auf diskriminierende Maßnahmen bergen die Gefahr der Aushöhlung der Warenverkehrsfreiheit in sich. Also behilft sich der Gerichtshof mit der Fiktion, daß in gewissen Fällen diskriminierende Maßnahmen als nicht-diskriminierend gelten und damit der Rechtfertigung nach den Grundsätzen der *Cassis*-Rechtsprechung zugänglich sind. Der Verweis auf Art. 130 r. a.F. dürfte in diesem Zusammenhang dazu gedacht sein, die erhöhte Legitimität des Zieles Umweltschutz zu begründen. Eine andere Möglichkeit läge darin, Art. 130 r. (heute Art. 174 EGV) so zu begreifen, daß das umweltrechtliche Verursacherprinzip eine Wertung einführt, der zufolge lokaler Müll und importierter Müll nicht als gleichartig angesehen werden dürfen. Es fehlt dann bereits an der Ungleichbehandlung von Gleichartigem.[746]

Als Ergebnis bleibt festzuhalten, daß umweltschützende Sekundärzwecke als zwingende Erfordernisse anerkannt sind. Sie können daher im Rahmen der *Cassis*-Rechtsprechung gerechtfertigt werden. In der Frage, inwieweit im Einzelfall auch diskriminierende Beschränkungen

---

und Umweltschutz; *K. Hailbronner*, Umweltrecht, 19 ff.; *L. Krämer*, (1993) 30 C.M.L.Rev. 111 ff.; *A. Epiney* NuR 1995, 500 ff.

[743] Anders *A. Epiney* NuR 1995, 500 ff.

[744] So *P. v. Wilmowsky*, (1993) 30 C.M.L.Rev. 568; *A. Ziegler*, Trade and Environmental Law, 93; in diese Richtung auch *P.-C. Müller-Graff*, in: Groeben/Thiesing/Ehlermann, Art. 30, Randnr. 197 und Randnr. 224, Fußnote 525.

[745] Siehe aber die Grenzfälle oben Anm. 729.

[746] So *A. Ziegler*, Trade and Environmental Law, 93 ff.; *P.-C. Müller-Graff*, in: Groeben/Thiesing/Ehlermann, Art. 30, Randnr. 197.

des Warenverkehrs einer Rechtfertigung zugänglich sind, bleibt die weitere Entwicklung der Rechtsprechung des Gerichtshofs abzuwarten.

(D) Sonstige zwingende Erfordernisse

Der Begriff der zwingenden Erfordernisse ist nicht abschließend.[747] Die Anerkennung weiterer staatlicher Regelungsziele als „zwingende Erfordernisse" ist möglich. Es ist deshalb nicht undenkbar, daß auch andere Sekundärzwecke als gerechtfertigt angesehen werden, etwa gleichstellungspolitische Ziele, die Förderung von Forschung und industrieller Innovation, die Förderung der Integration Jugendlicher in das Erwerbsleben oder die Förderung der Eingliederung von Behinderten. Es wurde allerdings bislang kein Fall entschieden, in dem diese Belange als zwingende Erfordernisse anerkannt worden wären.

d) Verhältnismäßigkeit - Direktsubvention als milderes Mittel

Ein besonderes Problem stellt die Verhältnismäßigkeit einer Instrumentfunktion mitgliedstaatlicher Auftragsvergabe dar.

An dieser Stelle könnte man einwenden, daß die Instrumentfunktion der Auftragsvergabe als indirektes Steuerungsinstrument stets mehr Wettbewerbsverzerrungen und damit Handelsbeschränkungen nach sich ziehe, als die ebenso wirksame direkte Förderung des verfolgten Zwecks durch Subventionen. Unter diesem Gesichtspunkt wäre die Verhältnismäßigkeit einer mitgliedstaatlichen Instrumentfunktion der Auftragsvergabe regelmäßig zu verneinen. Die direkte Subventionierung stellte stets ein milderes Mittel dar. Es wäre dann kein handelsbeschränkender Sekundärzweck mehr unter dem Gesichtspunkt der zwingenden Erfordernisse zu rechtfertigen.

Es ist zwar grundsätzlich richtig, daß direkte Subventionen grundsätzlich geringere Wettbewerbsverzerrungen mit sich bringen. Dennoch führt in nicht wenigen Fällen die direkte Subventionierung nicht zum gewünschten Ziel.[748] Die Einbindung von Behinderten in den Erwerbsprozeß und damit in die Gesellschaft, welche etwa mit dem bevorzugten Erwerb von Waren aus Behindertenwerkstätten verfolgt wird, kann mit direkten Zuwendungen an Behinderte nicht erreicht werden. In diesen Fällen kann die Verfolgung von Sekundärzwecken im Vergabeverfahren

---

[747] EuGH -*Cassis de Dijon*- (Anm. 723), 649, Randnr. 8: „insbesondere".

[748] *Fernández Martín/Stehmann*, (1991) 16 E.L.Rev. 238.

verhältnismäßig sein, weil das grundsätzlich mildere Mittel weniger geeignet ist.

Das grundsätzlich mildere Mittel der direkten Subvention kann auch aus anderen Gründen weniger wirksam und damit weniger geeignet sein. Denkbar ist eine Situation, in der die lokalen Behörden, welche die Subvention verteilen müßten, nicht oder unzureichend funktionsfähig sind.[749] Diese Überlegung hat unmittelbar nach der deutschen Einheit bei der Einführung von Regionalpräferenzen bei der Vergabe von Aufträgen für Unternehmen in den neuen Bundesländern eine Rolle gespielt.

In volkswirtschaftlicher Terminologie kann sich die mitgliedstaatliche Instrumentfunktion der Auftragsvergabe daher als sogenannte zweitbeste Strategie *(second-best strategy)* darstellen.[750] Dies bedeutet, daß es, wenn die optimale Strategie (hier die direkte Subvention) nicht aussichtsreich erscheint, gesamtwirtschaftlich sinnvoller sein kann, die zweitbeste Strategie (hier die gezielte Auftragsvergabe) einzusetzen.

III. Fallbeispiel: Frauenförderung in Berlin und Brandenburg

Berlin und Brandenburg verfolgen beide den Sekundärzweck der Frauenförderung bei bestimmten Beschaffungen der Landesbehörden. Sie verwendeten dabei aber zunächst unterschiedliche Instrumente.

In Berlin wurden bis 1999 Teilnehmer am Vergabeverfahren bevorzugt, die Frauenförderpläne beachten. In der Anlage zu § 13 des Berliner Landesgleichstellungsgesetzes1993[751] wurde die Mehrpreisstaffel B[752] übernommen und zugunsten solcher Teilnehmer angewendet.

Nach der Brandenburgischen Frauenförderverordnung[753] dagegen wird bevorzugt, wer die höchste Summe von zwei Kennziffern aufweist.[754]

---

[749] *Fernández Martín/Stehmann, ibid.*, verweisen auf mafiöse Strukturen bei der Subventionsvergabe im italienischen Mezzogiorno; näher zu den Wurzeln und Problemen der Regionalförderung durch Auftragsvergabe im Mezzogiorno, *C. Amirante,* in: Caterini/Mazzitelli, Appalto, 21 ff.

[750] *Fernández Martín/Stehmann, ibid.*

[751] Siehe oben Anm. 165.

[752] *Ibid.*

[753] Siehe oben Anm. 185.

[754] § 10 Abs. 4 i.V.m. § 4 Abs. 1 FrauFöV (Anm. 185).

Die erste Kennziffer[755] bezeichnet den Frauenanteil an der Gesamtzahl der Beschäftigten und Auszubildenden, die zweite[756] den Anteil der Löhne der im Betrieb beschäftigten Frauen an den Gesamtlohnkosten des Unternehmens.[757]

Am Maßstab des Art. 28 sind diese beiden Bevorzugungsmechanismen unterschiedlich zu bewerten. Zwar knüpft keines der beiden Modelle unmittelbar an die Staatsangehörigkeit der Teilnehmer an. Beide sind damit unterschiedslos anwendbar. Das alte Berliner Modell kann sich aber als mittelbar diskriminierend auswirken. Nicht in allen Mitgliedstaaten der Europäischen Gemeinschaft existieren Frauenförderpläne. Wo sie existieren, sind sie unter Umständen nach verschiedenen Gesichtspunkten gestaltet. Das Berliner Landesgleichstellungsgesetz 1993 knüpfte an die deutsche Praxis der Frauenförderung durch Förderpläne an. Damit benachteiligte es faktisch Teilnehmer aus anderen Mitgliedstaaten der Gemeinschaft.

Das brandenburgische Modell dagegen entgeht diesem Diskriminierungsvorwurf. Jedes Unternehmen kann die geforderten Kennziffern bei der Ausschreibung mit gleichem Aufwand angeben, ganz gleich, ob in seinem Heimatstaat Frauenförderquoten existieren oder nicht. Eine mittelbare Diskriminierung könnte erst dann angenommen werden, wenn alle Unternehmen in einem bestimmten Mitgliedstaat deutlich mehr Frauen beschäftigen würden, als in anderen Mitgliedstaaten. Davon kann aber derzeit nicht ausgegangen werden.

Das brandenburgische Modell ist daher weder mittelbar noch unmittelbar diskriminierend. Auch eine solche Regelung darf den Warenverkehr zwischen den Mitgliedstaaten nicht unverhältnismäßig beeinträchtigen. Soweit keine derartigen Auswirkungen ersichtlich sind, wird die Regelung nicht vom Tatbestand des Art. 28 EG-Vertrag erfaßt.

Sollte sich eine handelsbeschränkende Auswirkung einer Regelung wie der brandenburgischen bemerkbar machen, stellt sich die Frage der

---

[755] § 10 Abs. 1 Ziff. 1 FrauFöV (Anm. 185).

[756] § 10 Abs. 1 Ziff. 2 FrauFöV (Anm. 185).

[757] Die Verfolgung des Sekundärzwecks Frauenförderung wird noch dadurch effektiviert, daß Geringfügig Beschäftigte im Sinne des § 8 SGB IV bei der Berechnung des Frauenanteils unberücksichtigt bleiben (§ 4 Abs. 2 FrauFöV, Anm. 185). Ebenso werden Leistungen für Kindererziehung und Mutterschutz den Lohnkosten nicht hinzugerechnet (§ 10 Abs. 2 FrauFöV). Dadurch wird dem Teilnehmer also die Möglichkeit abgeschnitten, seine Kennziffern durch Beschäftigung von Frauen unterhalb der Sozialversicherungsgrenze oder durch Hinzurechnung der frauenspezifischen Lohnersatzleistungen zu erhöhen.

Rechtfertigung der Regelung als notwendig zur Befolgung eines „zwingenden Erfordernisses".

Hier käme es zunächst auf die Frage an, ob die Förderung von Frauen als zwingendes Erfordernis des Gemeinwohls anzuerkennen ist. Ein derartiges zwingendes Erfordernis ist vom Gerichtshof bisher nicht anerkannt worden. Da die Liste der zwingenden Erfordernisse aber offen ist, scheint es nicht völlig ausgeschlossen, daß ein derartiger Schutzgrund eines Tages Anerkennung beim Gerichtshof finden könnte. Ein Gesichtspunkt, der dafür sprechen könnte, ist die Tatsache, daß nach Ratifikation des Vertrages von Amsterdam das Ziel der Gleichstellung von Männern und Frauen Vertragsrang erhalten hat. Andererseits ist der Gerichtshof bei der Anerkennung zwingender Erfordernisse stets eher zurückhaltend gewesen, da es sich um eine Ausnahme zum Grundsatz des Art. 28 handelt.

Falls ein derartiges Ziel Anerkennung als zwingendes Erfordernis erfahren sollte, stellte sich die weitere Frage der Verhältnismäßigkeit. Der Einwand des milderen Mittels der Direktsubvention ginge im Falle der brandenburgischen Regelung in exemplarischer Weise fehl. Das Ziel einer vermehrten Einbindung von Frauen in den Erwerbsprozeß ist durch direkte finanzielle Zuwendungen an Frauen nicht zu erreichen. Auch ist bei realitätsnaher Betrachtung nicht zu erwarten, daß Unternehmer sich in ihrer Personalpolitik durch eine direkte Subventionierung der Beschäftigung von Frauen maßgeblich beeinflussen ließen. Der Ausgang einer Beurteilung am Maßstab der Verhältnismäßigkeit wird für das brandenburgische Modell daher davon abhängen, ob eine weniger einschneidende Gestaltung des Modells denkbar wäre. Hierbei wird zu berücksichtigen sein, daß es unterschiedslos anwendbar und weder unmittelbar noch mittelbar diskriminierend ist und gegenüber anderen Modellen, wie dem Berliner, eine deutliche Verbesserung darstellt.

C. *Zusammenfassung*

Der Gerichtshof hat Art. 30 a.F. im Vergabesektor wiederholt angewendet. Dabei hat er auch einzelne Vergabeentscheidungen oder -bedingungen an Art. 30 a.F. gemessen. Auch nicht-förmliche Verwaltungspraktiken können am Maßstab des Art. 30 a.F. gemessen werden.

Inhaltlich bedeutet dies zunächst, daß jede Verfolgung eines Sekundärzwecks, die an die regionale oder nationale Herkunft eines zu liefernden Produkts anknüpft, als unmittelbare Diskriminierung verboten ist. Auch nicht-diskriminierend formulierte Vergabebedingungen sind als mittelbare Diskriminierung grundsätzlich verboten, wenn sie zu einer

Benachteiligung ausländischer Teilnehmer führen. Dies kann die Verfolgung von Sekundärzwecken unter Umständen erheblich beschränken, insbesondere dann, wenn dabei an nationale Sozialstandards oder Institutionen angeknüpft wird.

Auch unterschiedslos anwendbare, nicht-diskriminierende Vergabebedingungen können im Grundsatz gegen Art. 28 verstoßen. Rechtsprechung fehlt bislang zu dieser Frage aber ebenso wie zu der Folgefrage, ob diese Verstöße dann unter Umständen als notwendige Maßnahmen zum Schutz „zwingender Erfordernisse“ gerechtfertigt sein können.

Abschnitt Drei: Die Verfolgung von Sekundärzwecken als Beschränkung des Freien Dienstleistungsverkehrs im Sinne des Art. 49 EGV

A. Anwendbarkeit des Art. 49 EGV auf die Verfolgung von Sekundärzwecken

I. Anwendbarkeit des Art. 49 EGV im Vergabesektor

Die Vorschriften über die Dienstleistungsfreiheit finden Anwendung auf alle Staatsangehörigen eines Mitgliedstaates und auf alle Gemeinschaftsunternehmen, d.h. alle Unternehmen, die nach dem Recht eines Mitgliedstaates gegründet sind und „eine tatsächliche und dauerhafte Verbindung mit der Wirtschaft eines Mitgliedstaates aufweisen", also typischerweise ihren satzungsmäßigen Sitz, ihre Hauptverwaltung oder Hauptniederlassung innerhalb der Gemeinschaft haben.[758] Für die Anwendbarkeit des Art. 49 auf Vergabepraktiken und –bestimmungen bedeutet dies, daß diese nur den Beschränkungen dieser Vorschrift unterliegen, soweit sie tatsächlich oder potentiell zu einer Benachteiligung von Gemeinschaftsunternehmen führen.

Art. 49 findet, ebenso wie Art. 28, Anwendung nur gegenüber Handlungen von staatlichen Stellen.[759] Die Vergabepraxis von privaten Sektorenauftraggebern kann deshalb nicht unmittelbar am Maßstab des Art. 49 gemessen werden. Soweit diese allerdings Öffentliche Unternehmen im Sinne des Art. 86 (90 a.F.) EG-Vertrag darstellen, sind sie unter Umständen mittelbar an Art. 49 gebunden.

II. Abgrenzung zu Art. 28

Im Grundsatz finden auf mitgliedstaatliche Praktiken bei Lieferaufträgen die Vorschriften über den Freien Warenverkehr und auf solche bei

---

[758] Art. 58 Abs. 1 (i.V.m. Art. 66) EGV; *W. Hakenberg*, in: C.-O. Lenz, EG-Vertrag, Art. 60, Randnr. 2.

[759] *P. Troberg*, in: Groeben/Thiesing/Ehlermann, Art. 59, Randnr. 46.

Bau- und sonstigen Dienstleistungsaufträgen die Vorschriften über den Freien Dienstleistungsverkehr Anwendung.

Diese Zuordnung gilt allerdings nicht ausnahmslos. In der Rechtssache *Dundalk III* zum Beispiel nahm der Gerichtshof Art. 30 a.F. und nicht Art. 52, 59 a.F. zum Maßstab, obwohl es sich um einen Bauauftrag handelte.[760] Der Gerichtshof betrachtete die fragliche Klausel, welche bestimmte Normen für Röhren vorschrieb, die beim Bau zu verwenden waren, separat vom Gegenstand des Auftrages[761] als eigenständige Maßnahme gleicher Wirkung und stellte darauf ab, ob sie geeignet sei, den Import von Röhren nach Irland zu behindern.[762] Er stellte daraufhin einen Verstoß gegen Art. 30 a.F. fest.[763]

Einzelne Bestimmungen bei Bau- oder sonstigen Dienstleistungsaufträgen, welche die Auswahl der verwendeten Rohstoffe beeinflussen, können demnach an Art. 28 gemessen werden.[764]

III. Spezifische Probleme der Anwendung auf die mitgliedstaatliche Instrumentfunktion

Der Tatbestand des Art. 49 knüpft an den Begriff der „Beschränkung" des Dienstleistungsverkehrs an. Dieser Begriff stellt auf die Auswirkung eines mitgliedstaatlichen Verhaltens ab. Die besonderen Probleme, welche der Begriff der „Maßnahme" des Art. 28 im Zusammenhang mit der

---

[760] EuGH -*Dundalk III*- (Anm. 666), Randnrn.14-17 (4962 f.).

[761] *Ibid.*, Randnr. 17 (4963): „Daß ein öffentlicher Bauauftrag die Erbringung von Dienstleistungen betrifft, kann daher nicht zur Folge haben, daß eine Einschränkung der zu verwendenden Materialien durch eine Klausel in der Bekanntgabe einer Ausschreibung den Verboten von Art. 30 entzogen wäre.", zustimmend *P. Oliver*, Free Movement of Goods, 29 at 2.38: „The point here was that the offending clause manifestly related to goods, regardless of the invitation to tender as a whole.".

[762] EuGH -*Dundalk III*- (Anm. 666), Randnr. 18 (4963); *E. White,* (1989) 26 C.M.L.Rev. 275 f. sieht in der Entscheidung eine Unterscheidung angelegt zwischen Regeln (wie Art. 95), die darauf angelegt seien, besondere Schranken für den Freien Warenverkehr zu beseitigen und anderen (wie Art. 59 a.F.), die dieses Ziel nicht verfolgten und deshalb Art. 30 a.F. nicht als *lex specialis* verdrängen.

[763] EuGH -*Dundalk III*- (Anm. 666), Randnr. 27 (4965).

[764] Siehe auch das Abgrenzungsproblem in EuGH -*Kommission/Frankreich, Auslandsdruck*-, unten Anm. 872.

Verfolgung von Sekundärzwecken aufwirft[765] stellen sich daher im Rahmen des Freien Dienstleistungsverkehrs nicht. Das Vorliegen einer Beschränkung des Freien Dienstleistungsverkehrs ist bereits tatbestandlich unabhängig davon, ob es sich um ein einmaliges oder nichtformelles Verhalten handelt.

In der Rechtssache *Beentjes* hat der Gerichtshof die Vorschriften des freien Dienstleistungsverkehrs ausdrücklich als Maßstab für die Verfolgung des dort einschlägigen Sekundärzwecks der Wiedereingliederung von Langzeitarbeitslosen in den Arbeitsprozeß angesehen.[766]

B. Inhaltliche Beschränkungen der Verfolgung von Sekundärzwecken durch Art. 49 EGV

I. Verbotstatbestände

1. Verbot offener Diskriminierung

Die Art. 49 ff. verbieten zunächst Maßnahmen, die Personen und Unternehmen aus anderen Mitgliedstaaten bei der Niederlassung oder der Erbringung der Dienstleistung offen diskriminieren.[767] Dies können Regelungen sein, die den Zugang zum Markt generell behindern, aber auch solche, die gerade den Zugang zu einem bestimmten Markt - etwa dem Markt für öffentliche Dienstleistungs- oder Bauaufträge - erschweren.

Der Gerichtshof hat in der Rechtssache *Kommission/Italien, Mezzogiorno* eine offen diskriminierende Vorschrift des italienischen Vergaberechts für unvereinbar mit Art. 59 a.F. erklärt.[768] Diese schrieb dem Generalunternehmer bei bestimmten Bauvorhaben vor, einen gewissen Prozentsatz der auszuführenden Arbeiten ortsansässigen Subunternehmern vorzubehalten. Der Gerichtshof ließ offen, ob die konkrete Dis-

---

765 Siehe oben A. III. Spezifische Probleme der Anwendung auf die mitgliedstaatliche Instrumentfunktion, S. 205.

766 EuGH -*Beentjes*- (Anm. 225), 4657, Randnr. 20.

767 *P. Troberg*, in: Groeben/Thiesing/Ehlermann, Art. 59, Randnr. 8.

768 EuGH - *Kommission/Italien, legge Nr. 80/87 per il mezzogiorno* - (Anm. 732), I-3401.

kriminierung darin bestanden habe, daß Subunternehmer aus anderen Mitgliedstaaten gegenüber den Ortsansässigen benachteiligt oder darin, daß ausländische Hauptunternehmer, die den Auftrag ohne die ortsansässigen Subunternehmer ausführen wollten, ausgeschlossen wurden.[769] Jedenfalls begünstige die Regelung einseitig italienische Firmen.[770]

Eine Abwägung mit Aspekten der Regionalförderung fand nicht statt. Da die Regelung offen diskriminierend war, sah der Gerichtshof keinen Raum für eine Rechtfertigung.

2. Verbot versteckter Diskriminierung

In derselben Rechtssache *Kommission/Italien, Mezzogiorno* verwarf der Gerichtshof auch eine versteckt diskriminierende Vorschrift des italienischen Vergaberechts. Diese Bestimmung sah vor, daß solche Unternehmen bei bestimmten Bauaufträgen bevorzugt zur Abgabe von Angeboten aufgefordert werden sollten, die ihre Tätigkeit vorwiegend in der Region ausführen, wo das Bauvorhaben situiert ist. Die Bestimmung knüpfte also nicht an den Unternehmenssitz an, sondern an den vorwiegenden räumlichen Tätigkeitsbereich. Daher hätte ein ausländisches Unternehmen unter gewissen Umständen gleichfalls durch die Regelung begünstigt sein können. In der Praxis verhält es sich freilich so, daß es in den meisten Fällen italienische Unternehmen sind, die ihren Tätigkeitsschwerpunkt in einer italienischen Region haben.[771] Dies verwarf der Gerichtshof als versteckte Diskriminierung.

In der Rechtssache *Storebaelt* war der Aufforderung zur Abgabe von Angeboten eine Bedingung beigefügt worden, der zufolge der Ausführende möglichst weitgehend Baustoffe, Verbrauchsgüter, Arbeitskräfte und Ausrüstungen dänischer Herkunft verwenden sollte.[772] Die Vergabestelle verfolgte damit offensichtlich auch den Sekundärzweck der Förderung heimischer Unternehmer. Zwar knüpfte die Klausel nicht direkt an die Nationalität des Unternehmers an. Es liegt aber auf der Hand, daß es einem dänischen Unternehmer leichter fallen wird, die

---

[769] Die Schlußanträge Generalanwalt *Lenz vom* 26.2.1992 in EuGH - *Kommission/Italien, ibid.*, I-3408 favorisieren in Randnr. 14 die erste Variante; *S. Arrowsmith*, 1 PPLR (1992), 408 (412) hält beide Begründungen für tragfähig.

[770] EuGH - *Kommission/Italien, legge Nr. 80/87 per il mezzogiorno – ibid.*, I-3401, Randnr. 8.

[771] *Ibid.*, Randnr. 12.

[772] EuGH –*Storebaelt* - (Anm. 666), I-3353, Randnr. 4.

Klausel zu erfüllen. Die Diskriminierung durch diese Klausel wurde von der Regierung Dänemarks vor dem Gerichtshof in der Sache auch nicht bestritten.[773] Der Gerichtshof kam entsprechend zur Feststellung eines Verstoßes gegen Art. 59 a.F.[774]

In der Rechtssache *Kommission/Italien, Datenverarbeitung*[775] hatte sich der Gerichtshof mit einer weiteren (wenig) versteckten Diskriminierung zu befassen. Eine italienische Regelung sah vor, daß die öffentlichen Verwaltungen nur EDV-Einrichtungen von solchen Unternehmen anschaffen sollten, die ganz oder mehrheitlich in öffentlichem Besitz stehen. Auch hier wurde nicht unmittelbar an die Staatsangehörigkeit der Unternehmen angeknüpft. Dennoch war recht deutlich, daß Unternehmen aus anderen Mitgliedstaaten im Zweifel nicht im mehrheitlichen Besitz der italienischen öffentlichen Hand stehen. Der Gerichtshof verwarf die Regelung als diskriminierend.[776]

Ein vor dem Hintergrund dieser Untersuchung weiterer interessanter Aspekt dieser Entscheidung liegt darin, daß die italienische Regierung mit ihrem inkriminierten Verhalten ganz offensichtlich Technologieförderung betreiben wollte. Mit dem garantierten Absatz bei den Verwaltungen sollte der Aufbau einer nationalen Computerindustrie und damit die Entwicklung international wettbewerbsfähiger Spitzentechnologie gefördert werden. Für diesen Gesichtspunkt hatte der Gerichtshof keinen Raum in seiner Prüfung.

3. Beschränkungsverbot

Weiterhin verbietet Art. 49 grundsätzlich auch nicht-diskriminierende Beschränkungen der Dienstleistungsfreiheit.[777] Der Gerichtshof hat festgestellt, die Vorschrift verlange „nicht nur die Beseitigung sämtlicher Diskriminierungen des Leistungserbringers aufgrund seiner Staatsange-

---

[773] *Ibid.*, Randnr. 23.

[774] *Ibid.*: „Vorab ist festzustellen, daß die in Art. 6 Abs. 2 der Gemeinsamen Bedingungen der Verdingungsunterlagen enthaltene Klausel betreffend den dänischen Vertragsanteil mit den Art. 30, 48 und 59 unvereinbar ist, was die dänische Regierung im übrigen auch nicht bestreitet."

[775] EuGH -*Kommission/Italien, Datenverarbeitung*- Rs. C-3/88, vom 5.12.1989, Slg. 1989, 4035.

[776] *Ibid.*, 4061, Randnr. 16.

[777] Siehe näher *W.-H. Roth,* in: M. Dauses, EG-Wirtschaftsrecht, Randnr. 117 ff.; *Hailbronner/Nachbauer,* EuZW 1992, 109.

hörigkeit, sondern auch die Beseitigung aller Beschränkungen des freien Dienstleistungsverkehrs, die damit zusammenhängen, daß der Leistungserbringer in einem anderen Mitgliedstaat als dem, in dem die Leistung erbracht wird, niedergelassen ist."[778] Urteile des Gerichtshofs, die diesen Grundsatz im Vergabesektor zur Anwendung gebracht hätten, existieren allerdings bislang nicht.

II. Ausnahmen

1. Art. 45 in Verbindung mit 55 EG-Vertrag

Gemäß Art. 45 EG-Vertrag gilt eine Ausnahme für Tätigkeiten, die in einem Mitgliedstaat dauernd oder zeitweise mit der Ausübung öffentlicher Gewalt verbunden sind.

In der Rechtssache *Kommission/Italien, Datenverarbeitung*[779] hatte sich der Gerichtshof auf dem Gebiet des öffentlichen Auftragswesens mit dieser Bestimmung auseinanderzusetzen, da sich die beklagte italienische Regierung gegenüber bestimmten, von der Kommission gerügten Unkorrektheiten bei der Vergabe von Aufträgen zur Einrichtung von EDV-Anlagen der öffentlichen Verwaltung auf diese Vorschrift berief. Die Datenverarbeitung von Behörden sei vertraulich. Die Einrichtung von EDV-Anlagen unterfalle deshalb Art. 55 a.F.[780]

Der Gerichtshof bestätigte seine frühere, restriktive Rechtsprechung[781] und wies darauf hin, daß Art. 55 a.F. nur Tätigkeiten decke, „die für sich genommen eine unmittelbare und spezifische Teilnahme an der Ausübung öffentlicher Gewalt mit einschließen".[782] Die Einrichtung von EDV-Anlagen sei technischer Natur und daher nicht gedeckt.

---

[778] EuGH *-Kommission/Deutschland, Versicherungsdienstleistungen-* Rs. 84/205 vom 4.12.1986, Slg. 1986, 3375, Randnr. 22; bestätigt in EuGH *-Säger/Dennemayer-*, Rs. 76/90, Slg. 1991, I-4221, Randnr. 12.

[779] EuGH *-Kommission/Italien, Datenverarbeitung-* (Anm. 775).

[780] *Ibid.*, 4060, Randnr. 12.

[781] EuGH *-Reyners-* Rs. 2/74 vom 21.6.1974, Slg. 1974, 631.

[782] EuGH *-Kommission/Italien, Datenverarbeitung-* (Anm. 775), 4060, Randnr. 13.

2. Art. 46 in Verbindung mit 55 EG-Vertrag

Art. 46 EG-Vertrag enthält eine Art. 30 analoge Vorschrift für Maßnahmen, die aus Gründen der öffentlichen Ordnung, Sicherheit oder Gesundheit gerechtfertigt sind. Art. 56 a.F. wurde vom Gerichtshof stets eng ausgelegt[783] und spielt im Rahmen der vorliegenden Untersuchung aus denselben Gründen keine Rolle, wie Art. 36 a.F. Auf die Ausführungen zu Art. 30 kann deshalb verwiesen werden.[784]

3. Allgemeinwohl

Beschränkungen des freien Dienstleistungsverkehrs, die unterschiedslos anwendbar sind, können grundsätzlich aus Erwägungen des Allgemeinwohls gerechtfertigt werden. Der Gerichtshof hat in der Rechtssache *van Binsbergen* grundlegend festgestellt, daß von den Mitgliedstaaten Anforderungen gestellt werden dürfen, „die sich aus der Anwendung durch das Allgemeinwohl gerechtfertigter Berufsregelungen - namentlich der Vorschriften über Organisation, Befähigung, Berufspflichten, Kontrolle, Verantwortlichkeit und Haftung - ergeben."[785]

In der weiteren Rechtsprechung hat sich dieser Grundsatz dahingehend konkretisiert, daß Maßnahmen der Mitgliedstaaten nach diesen Überlegungen gerechtfertigt sein können, wenn sie einem Erfordernis des Allgemeininteresses dienen, zur Erreichung ihres Zwecks geeignet, notwendig und verhältnismäßig sind und insbesondere eine Anerkennung von Rechtsvorschriften des Herkunftsstaates nicht bereits ausreicht.[786]

In der Rechtssache EuGH *-Kommission/Italien, Datenverarbeitung-*[787] hat der Gerichtshof eine kurze Prüfung eines Gemeinwohlaspekts

---

[783] EuGH *-Bouchereau-* Rs. 30/77, Slg. 1977, 1999, dritter Leitsatz: „Die Berufung einer nationalen Behörde auf den Begriff der öffentlichen Ordnung setzt, wenn er gewisse Beschränkungen der Freizügigkeit von dem Gemeinschaftsrecht unterliegenden Personen rechtfertigen soll, jedenfalls voraus, daß außer der Störung der öffentlichen Ordnung, die jede Gesetzesverletzung darstellt, eine tatsächliche und hinreichend schwere Gefährdung vorliegt, die ein Grundinteresse der Gesellschaft berührt."

[784] Siehe oben Abschnitt Zwei, B. II.2. Art. 30 EG-Vertrag, S. 216.

[785] EuGH *-van Binsbergen-*, Rs. 33/74, Slg. 1974, 1299, Randnr. 12.

[786] *Roth* (Anm. 777), Randnr. 118.

[787] EuGH *-Kommission/Italien, Datenverarbeitung-* (Anm. 775); siehe näher zum Sachverhalt oben Text bei Anm. 775.

durchgeführt. Die italienische Regierung hatte geltend gemacht, das Geheimhaltungsinteresse und der Schutz der Vertraulichkeit der Datenverarbeitung rechtfertigten[788] die Beschränkung des Dienstleistungsverkehrs. Obwohl die streitgegenständliche Regelung recht deutlich mittelbar diskriminierend war, war sie doch im formalen Sinne unterschiedslos anwendbar und der Gerichtshof führte eine Prüfung der Verhältnismäßigkeit durch. Er verwarf die Beschränkung, da die italienische Regierung weniger beschränkende Maßnahmen zum Schutz der Vertraulichkeit habe treffen können.[789]

Unter den Sekundärzwecken, die in der mitgliedstaatlichen Praxis von besonderer Bedeutung sind, sind vom Gerichtshof bislang als Erfordernisse des Allgemeinwohls insbesondere soziale Schutzbedürfnisse anerkannt worden.[790]

---

[788] Dies ist ein anderer Gesichtspunkt als die Behauptung, aus diesem Grunde unterfalle die Beschaffung der Ausnahme des Art. 55; dazu oben Text bei Anm. 779.

[789] EuGH *-Kommission/Italien, Datenverarbeitung-* (Anm. 775), 4059, Randnr. 11: „Die italienische Regierung [...] konnte zum Schutz der Vertraulichkeit der fraglichen Daten auch Maßnahmen treffen, die [...] den freien Dienstleistungsverkehr weniger einschränken als die fraglichen Bestimmungen, insbesondere das Personal der betroffenen Unternehmen bei Strafe zur Geheimhaltung verpflichten. In den Akten findet sich kein Hinweis darauf, daß das Personal von Unternehmen ohne italienische öffentliche Beteiligung eine solche Verpflichtung nicht ebenso zuverlässig erfüllen würde."

[790] *Roth* (Anm. 777), Randnr. 119.

C. Zusammenfassung

Im Bereich der Bau- und sonstigen Dienstleistungsaufträge ist die Instrumentfunktion der mitgliedstaatlichen Vergabe den Vorgaben des Art. 49 unterworfen. Dies bedeutet insbesondere eine weitgehende Beschränkung der Verfolgung von regionalpolitischen und nationalprotektionistischen Sekundärzwecken. Aber auch Praktiken und Bestimmungen, die nicht an die Herkunft der Teilnehmer anknüpfen, können gegen Art. 49 verstoßen, wenn sie ausländische Teilnehmer faktisch benachteiligen. Unterschiedslos anwendbare Beschränkungen der Dienstleistungsfreiheit können aus Erwägungen des Allgemeinwohls unter Umständen gerechtfertigt werden.

Abschnitt Vier: Die Verfolgung von Sekundärzwecken und andere Vertragsvorschriften

Die Vorschriften über den Freien Warenverkehr und den Freien Dienstleistungsverkehr haben mit Abstand die größte Bedeutung in der Praxis der Gemeinschaftsorgane zu Fragen des öffentlichen Auftragswesens erlangt. Einige andere Vorschriften des EG-Vertrags treffen gleichfalls Aussagen mit Relevanz für das Vergaberecht der EG. Ihre Tragweite ist aber entweder noch nicht völlig ausgelotet oder sie treten im Wege der Konkurrenz typischerweise hinter die Art. 28 oder 49 zurück.

A. Die Freizügigkeit der Arbeitnehmer im Sinne des Art. 39 EG-Vertrag

Art. 39 erfaßt nur unselbständig Beschäftigte. Öffentliche Aufträge werden aber an Selbständige oder Unternehmen vergeben. Arbeitnehmer sind in aller Regel keine Teilnehmer am Vergabeverfahren. Die Bedeutung des Art. 39 im Vergabesektor ist daher nicht mit der Bedeutung der Art. 28 ff. oder 49 ff. vergleichbar.

Dennoch gibt es vorsichtige Ansätze in der Praxis der Gemeinschaftsorgane dieser Vorschrift im Zusammenhang mit der Verfolgung von Sekundärzwecken eine gewisse Bedeutung beizumessen. Insbesondere Bestimmungen und Praktiken, die arbeitsmarktpolitische Zielsetzungen verfolgen, setzen oft in der Weise an, daß sie Teilnehmer bevorzugen oder benachteiligen, welche bestimmte arbeitsmarktpolitische Zielvorgaben erfüllen oder zu erfüllen versprechen. Darin kann einerseits eine Beeinträchtigung der unternehmerischen Freiheiten des Dienstleistungs- oder Warenverkehrs liegen, wie sie oben abgehandelt wurde. Es erscheint nicht ausgeschlossen, hierin unter Umständen zusätzlich auch noch eine Beeinträchtigung der Freizügigkeit der Arbeitnehmer zu sehen.

I. Anwendbarkeit des Art. 39 EGV auf die Verfolgung von Sekundärzwecken

Ein Arbeitnehmer im Sinne des Art. 39 ist eine Person, die Leistungen für einen anderen erbringt, dabei weisungsgebunden ist und eine Vergütung erhält.[791] Auch Personen, die sich in einer berufsbezogenen Ausbildung befinden, sind jedenfalls dann von Art. 39 erfaßt, wenn sie ein, wenn auch geringes, Entgelt für ihre Tätigkeit erhalten.[792]

Vor diesem Hintergrund kann Art. 39 Bedeutung erlangen, wenn EG-Arbeitnehmer von einer mitgliedstaatlichen Instrumentfunktion betroffen sind, aber auch, wenn Auszubildende berührt werden.

II. Inhaltliche Beschränkungen der Verfolgung von Sekundärzwecken durch Art. 39 EGV

1. Verbot offener Diskriminierung

In der Rechtssache *Storebaelt* ging es um eine Klausel, welche direkt an die Staatsangehörigkeit von Arbeitnehmern anknüpfte. Der Aufforderung zur Abgabe von Angeboten war nämlich eine Bedingung beigefügt worden, der zufolge der Ausführende u.a. möglichst dänische Arbeitskräfte verwenden sollte.[793] Die Vergabestelle verfolgte damit offensichtlich den Sekundärzweck der heimischen Beschäftigungsförderung. Dadurch wurden nicht-dänische Arbeitskräfte gegenüber dänischen Arbeitskräften aufgrund ihrer Staatsangehörigkeit schlechter gestellt. Sie mußten damit rechnen, beim Bau der Brücke über den Großen Belt keine Beschäftigung zu finden, weil ihrem potentiellen Arbeitgeber bei der Vergabe des Bauauftrags daraus Nachteile entstehen konnten. Die Diskriminierung durch diese Klausel war dermaßen offensichtlich, daß die Regierung Dänemarks sie vor dem Gerichtshof in der Sache gar nicht

---

[791] *U. Wölker* in: Groeben/Thiesing/Ehlermann, Vorbem. z. Art. 48-50, Randnr. 22.

[792] *Ibid.*, Randnr. 28.

[793] EuGH -*Storebaelt*- (Anm. 666), I-3353, Randnr. 4.

erst bestritt.[794] Die Feststellung des Verstoßes gegen Art. 48 a.F. nimmt in den Entscheidungsgründen nur einen Satz in Anspruch.[795]

Vergabebestimmungen oder -praktiken, die unmittelbar an die Staatsangehörigkeit eines Arbeitnehmers anknüpfen sind demnach grundsätzlich mit Art. 39 unvereinbar.

2. Verbot versteckter Diskriminierung

Vergabebestimmungen oder -praktiken können aber auch mittelbar an die Staatsangehörigkeit von Arbeitnehmern anknüpfen.

In der Rechtssache *Beentjes* lag eine solche mittelbare Anknüpfung vor. Die streitige Bedingung sah vor, daß „das beschäftigte Personal sich zu mindestens 70 % aus Langzeitarbeitslosen zusammensetzen muß, *die von der örtlichen Arbeitsbeschaffungsstelle vermittelt wurden.*"[796] Die Anknüpfung an die örtliche Arbeitsbeschaffungsstelle stellt nicht unmittelbar auf die Staatsangehörigkeit der dort registrierten Arbeitssuchenden ab. Wenn bei der Stelle zum Beispiel italienische Arbeitslose registriert sind, könnte der Teilnehmer die Bedingung auch durch Beschäftigung dieser Arbeitslosen erfüllen. Dennoch liegt auf der Hand, daß bei einer niederländischen Stelle zum ganz überwiegenden Teil niederländische Arbeitslose registriert sein werden.[797] Hierin kann eine mittelbare Diskriminierung von Arbeitslosen anderer Staatsangehörigkeit liegen.

Die Kommission hat diesen Punkt in der Mitteilung zu den regionalen und sozialen Aspekten des Auftragswesens besonders hervorgehoben:[798]

---

[794] *Ibid.*, Randnr. 23.

[795] *Ibid.*: „Vorab ist festzustellen, daß die in Art. 6 Abs. 2 der Gemeinsamen Bedingungen der Verdingungsunterlagen enthaltene Klausel betreffend den dänischen Vertragsanteil mit den Art. 30, 48 und 59 unvereinbar ist, was die dänische Regierung im übrigen auch nicht bestreitet."

[796] Schlußanträge Generalanwalt *Darmon* in EuGH -*Beentjes*- (Anm. 225), 4635 (4648), Textziff. 32 (Hervorhebung vom Verfasser).

[797] In diesem Sinne auch *J. Fernández Martín*, Critical Analysis, 64 und *L. Gormley*, (1990) 1 Eur.Business L.Rev., 63.

[798] Mitteilung der Kommission „Öffentliches Auftragswesen - Regionale und soziale Aspekte" vom 22.9.1989, KOM (89), 400 endg., ABl. vom 12.12.1989, Nr. C 311/7 (13), Textziff. 54.

> „Ein weiterer Aspekt des Problems muß ebenfalls untersucht werden. Der Gerichtshof beschränkte sich in der Rechtssache *Beentjes* auf die Annahme, daß die Auftragsbedingung auswärtige Unternehmen diskriminieren könnte. Gleichzeitig könnte sich aber auch eine Diskriminierung anderer Arbeitnehmer aus der Gemeinschaft ergeben."

Dabei ist die Behauptung der Kommission, der Gerichtshof habe sich auf die genannte Annahme beschränkt, nicht ganz richtig. Zwar stimmt es, daß der Gerichtshof nur die Art. 7 a.F. und 52, 59 a.F. ausdrücklich hervorgehoben hat. Er hat aber die Beachtung „aller einschlägigen Vorschriften des Gemeinschaftsrechts" verlangt.[799] Die hervorgehobenen Artikel werden lediglich „insbesondere" angeführt.[800] Der Gerichtshof hat also die Bedeutung des Art. 48 a.F. für die Problematik einer arbeitsmarktpolitischen Instrumentfunktion nicht ausgeklammert. Er hat sie nur nicht ausdrücklich genannt. Wenn Art. 48 a.F. anwendbar ist, gehört er selbstverständlich zu den „einschlägigen Vorschriften des Gemeinschaftsrechts".

Die Kommission führt an der genannten Stelle nicht aus, welches Ergebnis einer Prüfung des Art. 48 a.F. sie voraussieht. Sie hält sich bedeckt und äußert lediglich: „Die Fälle werden auch unter diesem Aspekt untersucht werden müssen." Nach alledem erscheint es so, daß die Diskriminierung von Arbeitnehmern auch ein wichtiger Gesichtspunkt zur Beurteilung einer Instrumentfunktion der Auftragsvergabe im Bereich der Arbeitsmarktpolitik sein könnte.

Geht man mit der Kommission davon aus, daß Art. 39 (48 a.F.) auf eine derartige Klausel Anwendung findet, läge mithin eine mittelbare Diskriminierung vor. Vor diesem Hintergrund scheint der einzige Weg, in solchen Fällen zu einer Konformität mit Art. 39 (48 a.F.) zu gelangen, darin zu bestehen, die Bedingung auf gleichartige (arbeitslose) Arbeitnehmer aus anderen Mitgliedstaaten auszudehnen.[801]

Es sind Bedenken geäußert worden, ob ein solches Ergebnis angesichts des geringen Integrationsstandes auf dem Gebiet der Gemeinsamen Sozialpolitik vernünftig ist.[802] In der Tat kann man bezweifeln, ob es sinnvoll ist, den Mitgliedstaaten gezielte Fördermaßnahmen auf dem nationalen Arbeitsmarkt mit dem Argument zu untersagen, daß dies eine

---

[799] EuGH -*Beentjes*- (Anm. 225), 4635 (4657), Randnr. 29.

[800] *Ibid.*

[801] *J. Fernández Martín*, Critical Analysis, 65.

[802] *Ibid.*, 65-67.

Ungleichbehandlung gegenüber Arbeitnehmern in anderen Mitgliedstaaten darstellt, wenn die Sozialpolitik auf Gemeinschaftsebene noch gering entwickelt ist.[803] Die genannte Äußerung der EG-Kommission wurde vor diesem Hintergrund als „legalistisch" verurteilt.[804] Es kann aber kein Zweifel daran bestehen, daß das geltende Europarecht sich so darstellt, wie von der Kommission geschildert.

3. Zusammenfassung

Art. 39 spielt in der vergaberechtlichen Entscheidungspraxis des Gerichtshofs eine deutlich untergeordnete Rolle. Bisher hat der Gerichtshof nur in der Rechtssache *Storebaelt* eine Maßnahme am Maßstab des Art. 48 a.F. verworfen. Diese Maßnahme war offensichtlich diskriminierend und Art. 48 a.F. wurde lediglich ergänzend zu den Artikeln 30 a.F. und 59 a.F. herangezogen. In der Rechtssache *Beentjes* dagegen hat der Gerichtshof es vermieden, Art. 48 a.F. heranzuziehen, obwohl dies angesichts der Fallkonstellation möglich gewesen wäre, vielleicht sogar nahegelegen hätte. Die genaue Reichweite des Art. 39 im Bereich des gemeinschaftlichen Vergaberechts bedarf daher noch weiterer Klärung durch die künftige Rechtsprechung des Gerichtshofs.

B. Das Allgemeine Diskriminierungsverbot des Art. 12 EG-Vertrag

Art. 12 Abs. 1 EG-Vertrag verbietet allgemein „jede Diskriminierung aus Gründen der Staatsangehörigkeit".

I. Anwendbarkeit

Das allgemeine Diskriminierungsverbot gilt „unbeschadet besonderer Vorschriften dieses Vertrags". Es gilt also der Grundsatz der *lex specialis*.[805] Daher verdrängen die speziellen Diskriminierungsverbote der

---

[803] *Ibid.*, 67.

[804] *Ibid.*, 67: „a legalistic interpretation which disregards the actual stage of political integration".

[805] *M. Zuleeg*, in: Groeben/Thiesing/Ehlermann, Art. 6, Randnr. 19.

Art. 28, 39 und 49 in ihrem Anwendungsbereich den Art. 12 Abs. 1 vollständig.[806]

Im Bereich des öffentlichen Auftragswesen greifen typischerweise die Freiheit des Warenverkehrs bei Lieferaufträgen oder die Garantie des Freien Dienstleistungsverkehrs bei Bau- oder sonstigen Dienstleistungsaufträgen ein.[807] Unter Umständen kann auch die Garantie der Freizügigkeit der Arbeitnehmer zur Anwendung kommen.[808]

Die besonderen Diskriminierungsverbote sind lediglich Ausprägungen des allgemeinen Diskriminierungsverbots aus Art. 12 Abs. 1, so daß jede Verletzung eines besonderen Diskriminierungsverbots zugleich auch eine Verletzung des Art. 12 Abs. 1 EG-Vertrag darstellt.[809] Deshalb hat der Gerichtshof in *Beentjes* beispielsweise darauf verwiesen, daß die Bedingung Langzeitarbeitslose zu beschäftigen, gegen „das in Art. 7 Abs. 2[810] des Vertrages ausgesprochene Verbot der Diskriminierung aus Gründen der Staatsangehörigkeit verstoßen" könnte,[811] obwohl er vorrangig „die Verbote, die aus den für das Gebiet des Niederlassungsrechts und des freien Dienstleistungsverkehrs vom Vertrag aufgestellten Grundsätze" für einschlägig hielt.[812]

Die Beurteilung eines Sachverhalts ausschließlich am Maßstab des Art. 12 Abs. 1 allerdings käme nur in Frage, soweit eine Fallgestaltung im Bereich des europäischen Vergaberechts von keinem besonderen Diskriminierungsverbot erfaßt würde. Die Existenz eines solchen Falles

---

[806] EuGH *-Merci convenzionali-* Rs. C-179/90, Slg. 1991, I-5889 (5927).

[807] Siehe oben Abschnitt Zwei, A. Anwendbarkeit des Art. 28 EGV auf die Verfolgung von Sekundärzwecken, S. 204 ff. bzw. Absachnitt Drei, A. Anwendbarkeit des Art. 49 EGV auf die Verfolgung von Sekundärzwecken; S. 229 ff.

[808] Siehe Abschnitt Vier, A. Die Freizügigkeit der Arbeitnehmer im Sinne des Art. 39 EG-Vertrag, S. 238 ff.

[809] EuGH *-Dona/Mantero-* Rs. 13/76, Slg. 1976, 1333 (1339); EuGH *-Steen-* Rs. C-332/90, Slg. 1992, I-341 (365).

[810] Der Verweis auf Abs. 2 des Art. 7, der sich in allen Sprachfassungen findet, ist ein Redaktionsversehen. Das allgemeine Diskriminierungsverbot, das heute in Art. 12 Abs. 1 enthalten ist, war bis zu Umnumerierungen durch die Verträge von Maastricht und Amsterdam im ersten Absatz des Art. 7 EWG-Vertrag enthalten.

[811] EuGH *-Beentjes-* (Anm. 225), 4659, Randnr. 30.

[812] *Ibid.*, Randnr. 29.

erscheint nicht schlechthin ausgeschlossen.[813] Man wird aber davon ausgehen müssen, daß in den allermeisten Fällen der Tatbestand eines oder mehrerer besonderer Diskriminierungsverbote eingreifen wird, so daß der verbleibende Raum für eine Beurteilung nur am Maßstab des Art. 12 sehr gering sein dürfte.

II. Inhaltliche Beschränkungen

Das allgemeine Diskriminierungsverbot untersagt die offene, wie die versteckte Anknüpfung an die Staatsangehörigkeit. Die besonderen Diskriminierungsverbote der Grundfreiheiten sind lediglich Ausprägungen dieses Grundsatzes. Die Fälle, in denen der Gerichtshof die besonderen Diskriminierungsverbote der Art. 30 a.F., 48 a.F. und 59 a.F. zur Anwendung gebracht hat,[814] wären demnach am Maßstab alleine des Art. 6 Abs. 1 a.F. ebenso zu beurteilen gewesen.

C. Das Beihilfeverbot des Art. 87 EG-Vertrag

Die Verfolgung von Sekundärzwecken im Vergabeverfahren begünstigt erwünschte Teilnehmer und Gebote. Dieser Begünstigungsaspekt bringt zwangsläufig die Frage nach der Relevanz des Beihilfeverbots aus Art. 87 EG-Vertrag mit sich.[815] Eine Nähe zur Beihilfe wurde auch vom Richtliniengeber gesehen, der in Art. 29 Abs. 4 BKR 71 eine Ausnahme vorsah für eine „Regelung, bei der bestimmten Bietern eine Bevorzugung im Sinne einer Beihilfe gewährt wird" soweit diese Regelung „mit dem Vertrag, insbesondere mit den Art. 92 ff. vereinbar ist".[816]

---

[813] So aber *K. Stolz*, Auftragswesen, 11 f. und 38 f., die Art. 30 a.F. und 59 a.F. als umfassende Grundnormen des öffentlichen Auftragswesens zu begreifen scheint.

[814] Siehe Abschnitt Zwei, B. I. 1. und 2., S. 212 ff.; Abschnitt Drei, B. I. 1. und 2., S. 231 ff.; Abschnitt Vier, A. II. 1. und 2., S. 239 ff.

[815] In diese Richtung auch der Diskussionsbeitrag von *H.-J. Prieß*, in: *J. Ipsen*, Bad Iburger Gespräche, 93; Zustimmung zu dem Diskussionsbeitrag bei *O. Otting*, DVBl. 1997, 164; ebenso *F. Drey*, VergR 3/98, 18.

[816] Siehe Text bei Anm. 435; 1989 wurde diese Regelung aufgehoben.

I. Anwendbarkeit

Es ist nicht unumstritten, ob Art. 87 EG-Vertrag auf die Verfolgung von Sekundärzwecken im Vergabeverfahren überhaupt anwendbar ist. Die Frage wurde bislang vom Gerichtshof stets offen gelassen, weil dieser die Konkurrenz zu den Grundfreiheiten in einer Weise sieht, die der Anwendung des Art. 87 auf die mitgliedstaatliche Instrumentfunktion kaum noch Raum läßt.

1. Sachliche Anwendbarkeit

Art. 87 verbietet grundsätzlich „Beihilfen", ohne den Begriff der Beihilfe näher zu definieren. Dies hat zu zahlreichen Definitionsproblemen und Lösungsansätzen geführt, die hier nicht im einzelnen nachvollzogen werden können.[817] Für die Zwecke dieser Untersuchung ist zunächst festzuhalten, daß der Beihilfebegriff weit und wirkungsorientiert ausgelegt wird und es insbesondere unerheblich ist, von welcher dem Staat zurechenbaren Stelle die Beihilfe gewährt wird und ob dies mittelbar oder unmittelbar geschieht.[818] Im Zusammenhang mit der Anwendung der Beihilfevorschriften auf die Verfolgung von Sekundärzwecken ist es aber vor allem das (ungeschriebene) Tatbestandsmerkmal der „Unentgeltlichkeit", welches Probleme bereitet.

Dieses Merkmal entstammt einem Urteil des Gerichtshofs aus dem Jahre 1977, in dem dieser zur Umschreibung des Beihilfebegriffs die Worte „unentgeltlicher Vorteil" verwendet hatte.[819] In der zugrundeliegenden Fallgestaltung ging es tatsächlich um einen unentgeltlichen Vorteil und der Gerichtshof griff lediglich die Formulierung des vorlegenden italienischen Gerichts auf.[820] Er hatte also im konkreten Fall nur zu entscheiden, ob der streitige Vorteil, der tatsächlich unentgeltlich zugewendet worden war, eine Beihilfe darstellte. Es ist deshalb umstritten geblieben, ob die Umschreibung des Gerichtshofs weitergehend dahin

---

[817] Siehe allgemein *M. Schernthanner*, Beihilfeaufsichtsrecht, 3 ff. und 93 ff.; siehe auch *H.-W. Rengeling*, in: KSE 32, 26 ff.; *M. Seidel*, in: KSE 32, 62 ff; *G. v. Wallenberg*, in: Grabitz/Hilf, Art. 92.

[818] *U. Immenga*, FIW-Schwerpunkte 90/91, 22.

[819] EuGH -*Steinike & Weinlig*- Rs. 78/76, Slg. 1977, 595 (612).

[820] Hierauf weist *M. Schernthanner*, Beihilfeaufsichtsrecht, 30 hin.

zu verstehen ist, daß Vorteile immer unentgeltlich sein müssen, um dem Beihilfebegriff zu unterfallen.[821]

Bei der Verfolgung von Sekundärzwecken durch Auftragsvergabe ist diese Frage entscheidend, denn der Begünstigte muß eine Gegenleistung für den Vorteil erbringen, der in der Vergabeentscheidung zu seinen Gunsten liegt. Er muß das ausgeschriebene Werk erstellen, die Lieferung oder Dienstleistung erbringen. Unentgeltlich im Sinne von kostenfrei ist die Erlangung des Auftrages daher für ihn nicht.

Allerdings erhält er für die Erbringung der ausgeschriebenen Leistung in der Regel eine bestimmte Geldleistung. Da diese Geldleistung unter Umständen über dem Marktpreis liegt, wird gelegentlich vertreten, man könne die Begünstigung, die in der positiven Vergabeentscheidung liegt, gedanklich aufspalten in einen entgeltlichen Teil in der Höhe des Marktpreises und einen unentgeltlichen Teil in der Höhe des darüber hinausgehenden Teils der Geldleistung und so zur Bejahung der „Unentgeltlichkeit" kommen.[822]

Es erscheint jedoch sinnvoller, auf eine derartige künstliche Aufspaltung zu verzichten und den Begriff der Unentgeltlichkeit generell oder zumindest bei derartigen Fallgestaltungen dahingehend zu verstehen, daß es darauf ankommt, ob die marktmäßige Gegenleistung gewährt wird oder nicht.[823]

Auf dem ersten oder zweiten dogmatischen Wege kommt die ganz überwiegende Zahl der Literaturstimmen richtigerweise zu einer Bejahung des Beihilfecharakters der Verfolgung von Sekundärzwecken, wenn diese zu einer marktunüblichen Erhöhung des Preises führt.[824]

Der Gerichtshof hat die Frage bislang offen gelassen. Ihm war in der Rechtssache *du Pont de Nemours* unter anderem auch die Frage vorgelegt worden, ob die Auftragsvergabe nach Bestimmungen des italienischen Rechts, denen zufolge 30 Prozent bestimmter öffentlicher Lie-

---

[821] Kritisch zum Merkmal der Unentgeltlichkeit *D. Lefèvre*, Ausfuhrförderung, 115; *G. Nicolaysen*, in: KSE 32, 129; *P.-C. Müller-Graff*, ZHR 152 (1988); *H.-W.Rengeling*, in: KSE 32, 28.

[822] *D. Scheuing*, Aides, 31 f. und 48; *D. Lefèvre*, Ausfuhrförderung, 115; *S. Hoischen*, Beihilferegelung, 52 f.

[823] *H.-W. Rengeling*, in: KSE 32, 28; im gleichen Sinne verwendet *P.-C. Müller-Graff*, ZHR 152 (1988), 419 den Begriff „marktrelevante Günstigkeit".

[824] *V. Götz*, Wirtschaftssubventionen, 22; *D. Scheuing*, Aides, 289; *M. Zuleeg*, in: KSE 29, 11; *G. v. Wallenberg*, in: Grabitz/Hilf, Art. 92, Randnr. 7; *P.-C. Müller-Graff*, ZHR 152 (1988), 419.

feraufträge Unternehmen vorzubehalten sind, die ihren Sitz oder zumindest Betriebe im Mezzogiorno haben, eine (Regional-) „Beihilfe" im Sinne des Art. 92 a.F. darstellt.[825] Der Gerichtshof ließ die Frage ausdrücklich offen.[826] Es komme nicht darauf an, da die fragliche Maßnahme bereits gegen Art. 30 a.F. verstoße.[827]

2. Persönliche Anwendbarkeit

Eine Beihilfe muß nach dem Wortlaut des Art. 87 Abs. 1 „staatlich oder aus staatlichen Mitteln" gewährt werden. Die Vergabestelle muß deshalb grundsätzlich staatlich sein. Begünstigungen durch Private sind vom Beihilfeverbot des EG-Vertrags nicht erfaßt. Sektorenauftraggeber unterliegen deshalb nicht unmittelbar den Bindungen des Art. 87. Soweit sie Öffentliche Unternehmen im Sinne des Art. 86 EG-Vertrag darstellen, sind sie aber unter Umständen mittelbar an Art. 87 gebunden.

II. Inhaltliche Beschränkungen

Soweit die Verfolgung von Sekundärzwecken sich als Beihilfe im Sinne des Art. 87 EG-Vertrag darstellen sollte, ergäben sich bestimmte Beschränkungen aus dem EG-Vertrag. Sie wäre grundsätzlich verboten, soweit nicht eine Verbotsausnahme griffe und müßte zudem unter Umständen der Kommission angezeigt werden mit der Folge, daß sie bis zu deren Entscheidung über die Zulässigkeit nicht durchgeführt werden dürfte.

1. Notifizierungspflicht und Durchführungssperre

Mitgliedstaaten haben gemäß Art. 88 Abs. 3 EG-Vertrag alle Beihilfen bei der Kommission anzumelden, die neu sind oder umgestaltet wurden.[828] Als neu gelten alle Beihilfen, die seit dem Inkrafttreten des

---

[825] EuGH *-du Pont de Nemours-* (Anm. 305), I-889 (I-893).

[826] *Ibid.*, I-922, Randnr. 21: „Somit kann dahingestellt bleiben, ob die fragliche Regelung eine Beihilfe ist."

[827] Zu dieser Konkurrenzproblematik siehe sogleich unten III. Konkurrenz zu den Grundfreiheiten, S. 250 ff.

[828] *R. Geiger*, EG-Vertrag, Art. 93, Randnr. 11.

EWG-Vertrags am 1. Januar 1958 geplant wurden.[829] Bei später hinzugekommenen Mitgliedstaaten ist entscheidend das Datum, zu dem der Beitritt wirksam wurde.[830] Umgestaltungen lösen die Notifizierungspflicht aus, wenn die gesetzliche Grundlage geändert wird oder die Umgestaltung sonst wesentlich für Wettbewerb oder innergemeinschaftllichen Handel ist.[831]

Wie gesehen,[832] ist die Frage, ob die Verfolgung von Sekundärzwecken eine Beihilfe im Sinne des Art. 92 a.F. darstellt, vom Gerichtshof bislang bewußt offen gelassen worden. Die besseren Argumente scheinen dafür zu sprechen. Falls es sich so verhalten sollte, wären alle Praktiken und Bestimmungen, die eine Instrumentfunktion der Auftragsvergabe neu einführen oder wesentlich umgestalten, der Kommission zu notifizieren.

Entscheidende Rechtsfolge der Notifizierungspflicht ist die Sperrwirkung aus Art. 88 Abs. 3 Satz 3. Solange die Kommission nicht abschließend über die Beihilfe entschieden hat, darf der Mitgliedstaat sie nicht einführen.[833] Zudem ist dieses Verbot unmittelbar anwendbar, so daß sich der Konkurrent des Begünstigten vor den nationalen Gerichten darauf berufen darf.[834]

2. Verbot der Beihilfe und Verbotsausnahmen

Beihilfen sind grundsätzlich, aber keineswegs ausnahmslos verboten.[835] Unvereinbar mit dem Gemeinsamen Markt sind nur Beihilfen, soweit sie den Wettbewerb verfälschen oder zu verfälschen drohen,[836] den Handel zwischen den Mitgliedstaaten beeinträchtigen[837] und keine der

---

[829] *G. v. Wallenberg*, in: Grabitz/Hilf, Art. 93, Randnr. 49.

[830] *Ibid.*

[831] *Ibid.*, Randnr. 50.

[832] Oben I. 1. Sachliche Anwendbarkeit, S. 245 ff.

[833] *G. v. Wallenberg* in: Grabitz/Hilf, Art. 93, Randnr. 60.

[834] EuGH -*Sanders Adour*-, verb. Rs. C-149/91 und C-150/91, Slg. 1992 (I-3899, I-3926), Randnr. 26.

[835] *G. v. Wallenberg*, in: Grabitz/Hilf, Art. 92, Randnr. 2; näher zum Theorienstreit um die Begriffe „Unvereinbarkeit" und „Verbot" siehe *M. Scherntbanner*, Beihilfeaufsichtsrecht, 93 ff.

[836] Dazu *G. v. Wallenberg* in: Grabitz/Hilf, Art. 92, Randnr. 23 ff.

[837] Dazu *ibid.*, Randnr. 28 ff.

Ausnahmebestimmungen nach Abs. 2 oder 3 in Betracht kommen.[838] Diese Ausnahmebestimmungen sind aber für einige Formen der Verfolgung von Sekundärzwecken besonders interessant.

Art. 92 Abs. 2 Buchstabe c) EGV a.F. stellte eine Ausnahme auf für Beihilfen zum Ausgleich der wirtschaftlichen Folgen der Teilung Deutschlands. Diese Ausnahme ist in Art. 87 Abs. 2 Buchstabe c) wortgleich übernommen worden. In Deutschland dienen einige Vergabesonderregeln dem „Aufbau Ost".[839] Nach dem Wortlaut würde es sich anbieten, diese Instrumentfunktion als durch Abs. 2 Buchstabe c) vom Beihilfeverbot ausgenommen anzusehen.[840] Die Kommission hält die Vorschrift aber seit der Wiedervereinigung für gegenstandslos[841] und genehmigte Beihilfen für die neuen Länder grundsätzlich[842] nicht nach dieser Vorschrift, sondern nach der Ausnahme für Regionalbeihilfen des Art. 92 Abs. 3, Buchstabe c) a.F.[843]

Diese Ermessensausnahme des Art. 87 Abs. 3, Buchstabe c) zugunsten bestimmter Sektoren oder Regionen spielt die potentiell größte Rolle im Rahmen unserer Fragestellung. Hier könnte grundsätzlich im beihilfeaufsichtlichen Verfahren eine echte Erlaubnis für die Verfolgung von regional- oder industriepolitischen Sekundärzwecken durch Vergabepräferenzen geschaffen werden. Nach ordnungsgemäßer Notifizierung läge es im Ermessen der Kommission, hier bestimmte Phänomene der mitgliedstaatlichen Instrumentfunktion zu genehmigen. Grundsätzlich käme auch eine Rechtfertigung der Verfolgung von kulturpolitischen Zwecken im Vergabeverfahren über Art. 87 Abs. 3, Buchstabe d) in Betracht.

Das Problem der beihilferechtlichen Verbotsausnahmen ist allerdings nicht primär tatbestandlich, sondern liegt auf der Ebene der Konkurrenzen zu den Grundfreiheiten, insbesondere zu Art. 28 (30 a.F.) EG-Vertrag. Die Ausnahmen können im Bereich des Auftragswesens nur praktisch wirken, wenn sie als speziellere Regelung den Diskriminie-

---

[838] *Ibid.*, Art. 92, Randnr. 2.

[839] Für einen Überblick siehe *B. Schlünder*, ZfBR 1991, 240 ff.

[840] Für die Anwendung der Vorschrift auf Beihilfen zugunsten der neuen Bundesländer *P. Schütterle*, EuZW 1994, 717 f.

[841] XX. Wettbewerbsbericht, Randnr. 178.

[842] Eine Ausnahme „in einzelnen Fällen und unter besonderen Umständen" machte die Kommission in der Entscheidung ABl. vom 9.9.1992, Nr. L 263/15.

[843] Kritisch dazu *P. Schütterle*, EuZW 1994, 178.

rungs- und Beschränkungsverboten der Grundfreiheiten vorgehen.[844] Dies scheint aber, wie im folgenden zu betrachten ist, nur eingeschränkt der Fall zu sein.

III. Konkurrenz zu den Grundfreiheiten

1. Verhältnis zu Art. 28

Das Verhältnis von Art. 30 a.F. und Art. 92 a.F. ist Gegenstand literarischer Auseinandersetzungen[845] und einer Reihe von Entscheidungen des Gerichtshofes gewesen.[846] Die Rechtsprechung ist dabei von Fällen geprägt, in denen Mitgliedstaaten sich zur Rechtfertigung eines Verhaltens, das recht offensichtlich gegen Art. 30 a.F. verstieß, auf die Unanwendbarkeit dieser Vorschrift mit dem Argument beriefen, das beanstandete Verhalten stelle in Wirklichkeit eine Beihilfe dar und Art. 30 a.F. sei deshalb durch die spezielleren Beihilfevorschriften verdrängt.

a) Die Spezialität der Beihilferegeln und das Konzept der abtrennbaren Modalität

Der erste Fall, der sich mit dieser Frage befaßte, war *Iannelli.*[847] In diesem Fall war dem Gerichtshof die Frage vorgelegt worden, ob ein System staatlicher Beihilfen, das bestimmte einheimische Produkte gegenüber ausländischen bevorzugte, von Art. 30 a.F. erfaßt wird.

Generalanwalt *Warner* war der Auffassung, daß staatliche Maßnahmen, die von den Vorschriften über Beihilfen erfaßt würden, keinesfalls gleichzeitig in den Anwendungsbereich des Art. 30 a.F. fallen könnten.

---

[844] Sehr anschaulich formuliert *J. Flynn,* (1987) 12 E.L.Rev., 136: „Few aids would withstand the icy blast of Article 30."

[845] *L. Ose,* Beihilfen und Maßnahmen gleicher Wirkung; *A. Schramme,* RTDE 1985, 487 ff.; *P. Oliver,* (1986) 23 C.M.L.Rev., 330 ff.; *J. Flynn,* (1987) 12 E.L.Rev., 131 ff.; *Fernández Martín/Stehmann,* (1991) 16 E.L.Rev., 216 ff. ; *D. Ehlers,* JZ 1992, 199 f.; *P.-A. Trepte,* Public Procurement, 170 ff., Textziff. 507; *P. Oliver,* Free Movement of Goods, 83 ff., Textziff. 6.27 ff.

[846] Darstellung der Fälle bei *P.-A. Trepte,* 169 ff. und bei *E. White,* (1989) 26 C.M.L.Rev. 272 ff.

[847] EuGH -*Iannelli*- Rs. 74/76 vom 22.3.1977, Slg. 1977, 557.

Die Vorschriften seien sehr unterschiedlich; Art. 30 a.F. stelle ein absolutes und unbedingtes Verbot auf und enthalte keinerlei Einschätzungsspielraum für die Kommission, der dem beihilfeaufsichtsrechtlichen Spielraum vergleichbar wäre.[848] Eine gleichzeitige Anwendung von Art. 30 a.F. würde daher im Ergebnis die Anwendung der Art. 92, 93 a.F. überflüssig machen, zumindest soweit es um Beihilfen gehe, die einheimische Produkte fördern.[849] Dadurch werde das Präzisionsinstrument, dessen Anwendung der Vertrag für Beihilfen vorsehe, durch ein grobes Werkzeug ersetzt.[850]

Der Gerichtshof nahm diesen Gesichtspunkt zunächst auf und bestätigte die grundsätzliche Geltung der *lex specialis*-Regel; Art. 30 a.F. umfasse trotz seines generell weiten Anwendungsbereichs jedenfalls keine Beeinträchtigungen, für die sonstige spezifische Vertragsvorschriften gelten.[851] Die jeweiligen Anwendungsbereiche von Art. 30 a.F. und anderen Vorschriften seien voneinander abzugrenzen, da ihre Rechtsfolgen unterschiedlich sein könnten.[852] Eine generelle Gleichsetzung von Beihilfen im Sinne des Art. 92 a.F. mit Maßnahmen gleicher Wirkung im

---

[848] Schlußanträge Generalanwalt *Warner*, in EuGH -*Iannelli*- (Anm. 847), 590: „Nichts in diesem Artikel ähnelt den Befugnissen und Ermessensspielräumen, die in Art. 92 und 93 der Kommission und dem Rat übertragen worden sind und nichts ähnelt der einem Mitgliedstaat nach Art. 93 Abs. 2 zu Gebote stehenden Möglichkeit, eine Beihilfe umzugestalten, anstatt sie aufzuheben."

[849] *Ibid.*: „Hielte man wirklich Art. 30 in diesem Bereich für anwendbar, so würde dies zu einer Entwertung der Art. 92 und 93 insoweit führen, als die Beihilfen betroffen sind, die in einer Subventionierung einheimischer Erzeugnisse bestehen."

[850] *Ibid.*: „Es hieße, ein grobes Werkzeug an die Stelle des Präzisionsinstruments zu setzen, das nach dem Willen der Verfasser des Vertrages hier benutzt werden sollte."

[851] EuGH -*Iannelli*- (Anm. 847), 575, Randnr. 9/10: „So weit der Anwendungsbereich von Art. 30 auch sein mag, so erfaßt er doch solche Beeinträchtigungen nicht, für die sonstige spezifische Vertragsvorschriften gelten."

[852] *Ibid.*: „Die Rechtsfolgen, die sich aus der Anwendung oder einer etwaigen Verletzung dieser unterschiedlichen Vorschriften ergeben, sind nach deren besonderem Gegenstand im Rahmen der Gesamtziele des Vertrages zu bestimmen und können daher unterschiedlicher Art sein; deshalb ist es notwendig, die jeweiligen Anwendungsbereiche dieser Bestimmungen voneinander zu unterscheiden [...]."

Sinne des Art. 30 a.F. würde den Intentionen der Vertragsväter zuwiderlaufen.[853]

Trotz dieser Anerkennung im Grundsatz schränkte der Gerichtshof die Trennung zwischen Art. 30 a.F. und 92 a.F. aber sogleich ein.[854] Sie gelte nur, sofern nicht ein Fall vorliege, in dem mehrere Vorschriften kumulativ zur Anwendung kommen.[855] Ein solcher Fall sei dann gegeben, wenn bestimmte Modalitäten einer Beihilfe vom Zweck der Beihilfe getrennt betrachtet werden können, weil sie zur Verwirklichung des Zwecks oder zum Funktionieren nicht unerläßlich sind.[856] Auf diese abtrennbar gedachten Modalitäten könne dann auch Art. 30 a.F. angewendet werden. Diese Einschränkung der *lex specialis*-Regel durch Einführung des Konzepts der abtrennbaren Modalität mag die Befürchtung zum Hintergrund haben, ein Mitgliedstaat könne im Dickicht der nationalen Subventionssysteme einzelne handelsbeschränkende Maßnahmen verstecken.[857]

---

[853] *Ibid.*, Randnr. 11/12: „Wollte man Art. 30 so weit auslegen, daß danach eine Beihilfe im Sinne von Art. 92 *als solche* einer mengenmäßigen Beschränkung nach Art. 30 gleichzuachten wäre, so würde dies die Tragweite der Art. 92 und 93 des Vertrages ändern und die Zuständigkeitsverteilung in Frage stellen, die den Verfassern des Vertrages bei der Einführung des in Art. 93 geregelten Verfahrens zur fortlaufenden Überprüfung vorschwebte." (Hervorhebung vom Verfassser).

[854] Kritisch zu dieser Einschränkung *A. Dashwood,* (1977) 2 E.L.Rev., 372: „[...] the Court did not follow the advice of the Advocate General [...]. It agreed with the Commission [...]. It is submitted, with respect, that the Advocate-General's view on the last point is to be preferred."

[855] EuGH -*Iannelli*- (Anm. 847), 575, Randnr. 9/10: „[...] sofern nicht ein Fall vorliegt, für den gleichzeitig zwei oder mehr Vorschriften des Gemeinschaftsrechts in Betracht kommen."

[856] *Ibid.*, 576, Randnr. 14: „Modalitäten einer Beihilfe [...] können derart *untrennbar* mit dem Zweck der Beihilfe verknüpft sein, daß sie nicht für sich allein beurteilt werden können; die Prüfung ihrer Auswirkung auf die Vereinbarkeit oder Nichtvereinbarkeit der Beihilfe insgesamt hat in einem solchen Fall zwangsläufig nach dem Verfahren des Artikels 93 insgesamt zu erfolgen. Etwas anderes gilt jedoch, wenn sich bei der Analyse einer Beihilferegelung Voraussetzungen oder Bestandteile herausarbeiten lassen, die zwar zu dieser Regelung gehören, *zur Verwirklichung ihres Zwecks oder zu ihrem Funktionieren* aber *nicht unerläßlich* sind." (Hervorhebungen vom Verfasser).

[857] Dies vermuten *Fernández Martín/Stehmann*, (1991) 16 E.L.Rev., 222.

Die Frage, wann im Einzelnen bestimmte Modalitäten als in diesem Sinne abtrennbar gelten, hat der Gerichtshof nicht näher ausgeführt. Er hat die Sache insoweit an das vorlegende Gericht zurückverwiesen. Der Gerichtshof selbst hat erkannt, daß die Anwendung des Konzepts der abtrennbaren Modalität auf den Einzelfall eine abwägende Grenzziehung erfordert, die nicht immer einfach ist. Eine Beihilfe begründe stets einen gewissen Schutz gegenüber nicht-subventionierten Konkurrenten.[858] Entscheidend sei aber, daß diese Schutzwirkung nicht über das „zur Erreichung der nach dem Vertrag zulässigen Ziele der Beihilfe erforderliche Maß" hinausgehe.[859]

Damit ist deutlich ausgesprochen, daß das Konzept der abtrennbaren Beihilfe im Grunde auf eine vereinfachte Verhältnismäßigkeitskontrolle in Form einer Erforderlichkeitsprüfung hinausläuft.[860] Zunächst einmal müssen Ziele angestrebt werden, die nach dem Vertrag zulässig sind. Dann muß die Beihilferegelung im Hinblick auf diese zulässigen Ziele erforderlich sein.[861] Ansonsten ist es nicht gerechtfertigt, die Regelung vom Verbot des Art. 30 a.F. auszunehmen; sie gilt als abtrennbar. Damit wird im Gewande einer Regelung der Konkurrenzen eine materielle rechtliche Grenze für protektionistische Effekte von Beihilfen aufgestellt.[862] Die Flexibilität der Erforderlichkeitsprüfung ist als Quelle der Rechtsunsicherheit kritisiert worden,[863] hat allerdings auch gerade deshalb Zustimmung erfahren.[864]

---

[858] EuGH *-Iannelli-* (Anm. 847), 576, Randnr. 15: „Zwar begründet eine Beihilfe häufig schon als solche einen Schutz und folglich eine gewisse Abschottung des Marktes gegenüber Erzeugnissen von Unternehmen, die nicht in ihren Genuß kommen."

[859] *Ibid.*

[860] In diesem Sinne auch *Fernández Martín/Stehmann*, (1991) 16 E.L.Rev., 227, die hier *Cassis de Dijon* zum Vergleich heranziehen.

[861] *A. Schramme*, RTDE 1985, 486: „Une telle modalité produit, selon la Cour, des effets restrictifs sur les échanges dépassant ce qui est nécessaire [...]."

[862] So auch *J. Flynn*, (1987) 12 E.L.Rev. 133 der hierin ein Rechtfertigungsmodell sieht (unter Berufung auf den authentischen italienischen Text des Urteils: „ Benché gli aiuti implichono sovente, per natura, una protezione e quindi un certo frazionamento del mercato a scapito dei prodotti delle imprese che non ne fruiscono, ciò *non giustifica* tuttavia effetti restrittivi che vadono al di là di quanto è necessario perché l'aiuto possa raggiungere gli scopi ammessi dal trattato."; Hevorhebung von *J. Flynn*).

[863] *Flynn, ibid.*, 136: „*Iannelli* has always been something of an unexploded bomb in the Court's case-law."; *Fernández Martín/Stehmann*, (1991) 16

Immerhin aber hat der Gerichtshof, trotz der Einschränkung durch das Konzept der abtrennbaren Modaltität, in *Iannelli* grundsätzlich anerkannt, daß Art. 92 a.F. die *lex specialis* im Verhältnis zu Art. 30 a.F. darstellt. Dieser Grundsatz ist in der späteren Rechtsprechung nie wieder mit dieser Klarheit bestätigt worden. Dies hat Anlaß zu Spekulationen gegeben, ob der Gerichtshof nach wie vor an ihm festhält.[865]

b) Die Erosion der Spezialität in der jüngeren Rechtsprechung

In der folgenden Rechtssache *Buy Irish*[866] hat der Gerichtshof weder den Grundsatz der Spezialität der Beihilfevorschriften, noch das Konzept der abtrennbaren Modalität ausdrücklich aufgegriffen. Dennoch laßt sich seine Argumentation mit den Grundsätzen der *Iannelli*-Entscheidung vereinbaren. In diesem Fall hatte sich der irische Staat unter anderem damit verteidigt, seine Kampagne zugunsten irischer Produkte stelle eine Beihilfe für die einheimische Wirtschaft dar.[867] Deshalb seien die Art. 92 ff. a.F. anwendbar und Art. 30 a.F. sei als *lex generalis* verdrängt. Der Gerichtshof unterschied zwischen der staatlichen Finanzierung der Kampagne und der Kampagne selbst, die sehr wohl Art. 30 a.F.

E.L.Rev., 226 und besonders 222: „The severability test is far from being watertight, involving many different concepts lacking any precise content.“; *A. Dashwood*, (1977) 2 E.L.Rev., 372: „[...] is likely to cause uncertainty, and to be a fertile source of last-ditch pleas.“

[864] *A. Schramme*, RTDE 1985, 510 bezweifelt die Notwendigkeit eines Konzepts, das mehr Rechtssicherheit böte und steigert sich bis in die Nähe der Eulogie der Rechtsunsicherheit: „[...] ne permettent pas [...] de dégager une solution qui offrirait une sécurité juridique parfaite. Est-elle d'ailleurs souhaitable? Est-elle même envisageable [...]? Un certain manque de sécurité juridique n'est-il pas une source fondamentale de l'évolution et de la richesse du droit [...]?“

[865] Dafür: *E. White*, (1989) 26 C.M.L.Rev., 274; *J. Flynn*, (1987) 12 E.L.Rev., 136: „Here, it is submitted, the ruling in *Iannelli*, with all its difficulties, continues to apply.“; Dagegen: *Fernández Martín/Stehmann*, (1991) 16 E.L.Rev., 226: „the Court's attitude appears to be that the rules on free movement of goods are no longer *'lex generalis'* as regards the state-aids provisions.“; *P. Oliver*, (1986) 23 C.M.L.Rev., 334: „Neither the Council nor the Commission may exempt a state-aid under Articles 92 to 94 when that aid is also contrary to Articles 30 to 36.“; Vorsichtiger jetzt aber *P. Oliver*, Free Movement of Goods, 86, Textziff. 6.30: „Flynn and Marenco may well be right in suggesting that *Iannelli* has not been reversed“.

[866] EuGH -*Kommission/Irland, Buy Irish*- (Anm. 673), 4005.

[867] Zum Sachverhalt siehe oben Text bei Anm. 673.

unterfallen könne.[868] Außerdem wies er darauf hin, daß die irische Regierung, wenn sie die Kampagne für eine Beihilfe halte, diese bei der Kommission gemäß Art. 93 Abs. 2 a.F. hätte anmelden müssen.[869] Obwohl der Gerichtshof nicht ausdrücklich auf *Iannelli* bezug nahm, muß man in der Trennung von Kampagne und Finanzierung wohl eine Anwendung des Konzepts der abtrennbaren Modalität und damit eine Bestätigung des Grundsatzes der Spezialität sehen.[870]

Die Spezialität der Beihilfevorschriften wurde aber durch nachfolgende Fälle stärker in Frage gestellt. Der erste dieser Fälle war die Rechtssache *Auslandsdruck*[871]. Hier ging es um Vorschriften des französischen Finanzgesetzes, die eine bestimmte Steuervergünstigung solchen Zeitungsverlegern vorenthielt, die im Ausland drucken ließen. Die Kommission[872] sah hierin einen Verstoß gegen Art. 30 a.F., Frankreich dagegen berief sich darauf, daß es sich um eine Beihilfe handele.[873] Auch hier wies der Gerichtshof zwar darauf hin, daß Frankreich die fragliche Regelung nicht als Beihilfe gemäß Art. 93 a.F. bei der Kommission angemeldet hatte.[874] Er fuhr dann allerdings fort, indem er feststellte, daß die Beihilfevorschriften „keinesfalls" dazu dienen könnten, die Vorschriften des EWG-Vertrags über den Freien Warenverkehr außer Kraft zu setzen.[875] Hierin scheint zunächst eine deutliche Abkehr von der Linie der

---

[868] EuGH -*Kommission/Irland, Buy Irish*- (Anm.673), 4021, Randnr. 18.

[869] *Ibid.*, Randnr. 19.

[870] So auch *E. White*, (1989) 26 C.M.L.Rev., 274 und *Fernández Martín/Stehmann*, (1991) 16 E.L.Rev., 223.

[871] EuGH -*Kommission/Frankreich, Auslandsdruck*- Rs. 18/84, vom 7.5.1985, Slg. 1985, 1339.

[872] Die Qualifikation des Drucks als Ware oder Dienstleistung war gleichfalls umstritten, siehe Schlußanträge Generalanwalt *Mancini* vom 12.3.1985 in EuGH -*Kommission/Frankreich, Auslandsdruck*- (Anm. 871), 1341; der Gerichtshof folgte der Auffassung der Kommission und stellte auf das Druckerzeugnis als Ware ab, *ibid.*, 1347, Randnr. 12.

[873] *Ibid.*, Randnr. 10.

[874] *Ibid.*, Randnr. 13: „Zu der Frage, ob die in den französischen Steuervorschriften vorgesehene Maßnahme als Bestandteil einer Beihilferegelung angesehen werden kann, ist zunächst auszuführen, daß diese Regelung, wie sich aus den Antworten auf eine Frage des Gerichtshofes ergibt, der Kommission niemals als solche bekanntgegeben wurde."

[875] *Ibid.*

Iannelli-Rechtsprechung zu liegen.[876] Das Wort „keinesfalls" scheint die Spezialität der Beihilfevorschriften generell zu leugnen.[877] Der kategorische Tonfall, der mit damit anklang, wurde allerdings durch Seitenbemerkungen ein wenig gemildert. Frankreich habe die Qualifikation als Beihilfe „nur hypothetisch" geltend gemacht. Der bloße Umstand, daß die Regelung „möglicherweise" als Beihilfe einzuordnen ist, stelle deshalb keinen Grund dar, die Regelung vom Verbot des Art. 30 a.F. auszunehmen.[878]

Dieser Ansatz findet sich nahezu identisch wieder in der Rechtssache *Elektrofahrzeuge*.[879] Hier ging es um italienische staatliche Subventionen für die Umstellung städtischer Fuhrparks auf Elektrofahrzeuge, die nur gewährt wurden, wenn diese Fahrzeuge aus einheimischer Produktion stammten.[880] Auch hier trat der italienische Staat der Beanstandung der Kommission mit dem Argument entgegen, die Regelung sei eine Beihilfe und Art. 30 a.F. deshalb unanwendbar.[881] Ebenso[882] verwies der Gerichtshof auf die fehlende Anmeldung der Beihilfe und erklärte, daß Art. 92 a.F. „keinesfalls" dazu dienen könne, die Vorschriften des EWG-Vertrages über den Freien Warenverkehr außer Kraft zu setzen.[883] Auch

---

[876] In diesem Sinne zunächst *P. Oliver*, (1986) 23 C.M.L.Rev., 334, der diese Einschätzung allerdings mittlerweile revidiert hat, siehe *P. Oliver*, Free Movement of Goods, 86, Textziff. 6.30 a.E.

[877] *E. White*, (1989) 26 C.M.L.Rev., 274: „Taken out of the context these statements can be read as implying that the *lex specialis* principle does not apply in cases of State aids and that Article 30 may apply to a measure which falls under Article 92."; ebenso *D. Ehlers*, JZ 1992, 200: „Diese Aussagen deuten darauf hin, daß der EuGH [...] stets die Art. 30 ff. EWGV und die Art. 92 ff. EWGV nebeneinander anwenden will."

[878] EuGH -*Kommission/Frankreich, Auslandsdruck*- (Anm. 871), 1348, Randnr. 13.

[879] EuGH -*Kommission/Italien, Elektrofahrzeuge*- Rs. 103/84, vom 5.6.1986, Slg. 1986, 1759.

[880] Schlußanträge Generalanwalt *Lenz* vom 28.1.1986 in EuGH -*Kommission/Italien, Elektrofahrzeuge*- (Anm. 879), 1761.

[881] EuGH -*Kommission/Italien, Elektrofahrzeuge*- (Anm. 879), 1773, Randnr. 15.

[882] Unter ausdrücklicher Bezugnahme auf EuGH -*Kommission/Frankreich, Auslandsdruck*-, siehe EuGH -*Kommission/Italien, Elektrofahrzeuge*- (Anm. 879), 1774, Randnr. 19.

[883] EuGH -*Kommission/Italien, Elektrofahrzeuge*- (Anm. 879), 1774, Randnr. 19.

hier findet sich allerdings die relativierende Bemerkung, die Tatsache allein, daß die Regelung „möglicherweise“ als Beihilfe anzusehen ist, reiche nicht aus, um Art. 30 a.F. zu verdrängen.[884]

In dem späteren Urteil in der Rechtssache *du Pont de Nemours*[885] war die Konstellation sehr ähnlich.[886] Dieses Urteil ist im Rahmen dieser Untersuchung von besonderer Bedeutung, da im Ausgangsrechtsstreit unmittelbar über die Zulässigkeit einer regionalpolitischen Instrumentfunktion der Auftragsvergabe gestritten wurde. Es ging um eine Regelung, die den italienischen Staat verpflichtete, mindestens 30 Prozent seines Bedarfs bei im Mezzogiorno ansässigen Betrieben zu decken.[887] Italien verteidigte sich unter anderem mit dem Verweis auf den Beihilfecharakter der Maßnahme.[888] Der Gerichtshof stellte wiederum[889] fest, daß Art. 92 a.F. „keinesfalls“ dazu dienen könne, Art. 30 a.F. die Wirkung zu nehmen.[890] Auch hier findet sich der Hinweis, daß es nicht ausreiche, daß die Maßnahme „möglicherweise“ als Beihilfe anzusehen sei.[891] Allerdings fehlt ein Hinweis auf die fehlende Notifizierung der Beihilfe, denn die Kommission war vom italienischen Staat in Kenntnis

---

[884] *Ibid.*

[885] EuGH *-du Pont de Nemours-* (Anm. 305), I-889.

[886] Allerdings handelte sich diesmal um ein Vorabentscheidungsverfahren, in dem das vorlegende Gericht die Frage nach dem Beihilfecharakter ausdrücklich aufgeworfen hatte. Es war also nicht nur der Mitgliedstaat gewesen, der sich auf den Beihilfecharakter verlegt hatte, um dem Vorwurf der Verletzung von Art. 30 zu entgehen. Interessanterweise deutet der Gerichtshof die klare Frage nach dem Beihilfecharakter um in eine Frage nach der Konkurrenz; EuGH *-du Pont de Nemours-* (Anm. 305), I-921, Randnr. 19.

[887] *Ibid.*, I-918, Randnr. 3.

[888] *Ibid.*, I-898, Randnr. 3.

[889] Er berief sich dabei ausdrücklich auf die Rechtssache EuGH *-du Pont de Nemours-* (Anm. 305), I-922, Randnr. 20: „Mit dieser Frage möchte das vorlegende Gericht wissen, ob eine Qualifikation der fraglichen Regelung als Beihilfe im Sinne des Art. 92 EWG-Vertrag bewirken würde, daß diese Regelung vom Verbot des Artikels 30 ausgenommen wäre.“

[890] EuGH *-du Pont de Nemours-* (Anm. 305), I-922, Randnr. 20.

[891] *Ibid.*

gesetzt worden.[892] Die Notifizierung war aber fehlerhaft und verspätet gewesen.[893] Auch war die Regelung nicht genehmigt worden.[894]

In den letzten drei Fällen ist der Gerichtshof also dem Wortlaut nach von der Spezialität der Beihilfevorschriften und vom Konzept der abtrennbaren Modalität abgerückt.[895] Er hat die Regelungen nicht unter dem Gesichtspunkt der Abtrennbarkeit oder Erforderlichkeit geprüft, sondern erklärt, daß die Einordnung als Beihilfe „keinesfalls" zur Unanwendbarkeit des Art. 30 a.F. führen kann und von einer Prüfung abgesehen. Ist damit der Grundsatz der Spezialität der Beihilfevorschriften, der in *Iannelli* noch ausdrücklich anerkannt wurde, aufgehoben? Es wurden drei Argumentationslinien entwickelt, nach denen man vertreten könnte, daß das Konzept des *Iannelli*-Urteils weiter gilt, auch wenn es nicht ausdrücklich in diesen Urteilen aufgegriffen wurde.

Die erste Argumentation geht dahin, daß in allen drei Fällen die beanstandete Regelung den Test der Abtrennbarkeit vermutlich bestanden hätte.[896] Der Gerichtshof habe sich, obwohl er sich mit Worten von dem Konzept der Abtrennbarkeit distanzierte, dennoch in der Sache davon leiten lassen.[897]

---

[892] Sitzungsbericht, *ibid.*, I-895.

[893] Die Benachrichtigung war zu spät erfolgt, nämlich erst, nachdem die Regelung bereits in Kraft war; siehe Sitzungsbericht, *ibid.*

[894] Als sich der Sachverhalt zutrug, der dem Ausgangsrechtsstreit zugrundelag, war das Verfahren der Genehmigung noch nicht abgeschlossen gewesen; siehe Sitzungsbericht, *ibid.*; die Kommission hatte die betroffenen Parteien sogar in einer eigenen Mitteilung vom 29.9.1987, ABl. Nr. C 259/2 darauf aufmerksam gemacht, daß das Verfahren aufschiebende Wirkung hat und deshalb die Lieferaufträge nach der strittigen Regelung noch nicht vergeben werden durften; siehe Sitzungsbericht, *ibid.*

[895] Siehe Anm. 877.

[896] So *E. White,* (1989) 26 C.M.L.Rev., 274; kritisch dagegen *Fernández Martín/Stehmann,* (1991) 16 E.L.Rev., 226: „Although this approach may be formally sustainable, it does not solve the difficulties that the severability test encounters when put into practice".

[897] *E. White,* (1989) 26 C.M.L.Rev., 274: „Consequently, the Court of Justice could have reasoned on the basis of the severability of the contested measure from the aid as in *Iannelli.* It is therefore submitted that the correct approach in State aid cases is to look to see if the measure contested under Article 30 is severable from the aid itself."

Dies mag bei den Rechtssachen *Auslandsdruck* und *Elektrofahrzeuge* zutreffen. Die Beschränkung der jeweiligen Vergünstigung auf Inländer war weder zur Förderung der Umwelt (bei den Elektrofahrzeugen), noch zur Förderung der Presse (beim Auslandsdruck) notwendig. Man muß sich aber fragen, ob die Beschränkung auf Betriebe aus dem Mezzogiorno nicht doch erforderlich war, um die erwünschte Regionalförderung zu erreichen. Allerdings ist Regionalförderung stets auf einen Zweck gerichtet, der mit dem Integrationsziel des Vertrages möglicherweise nur schwer zu vereinbaren ist. *Du Pont de Nemours* wäre also mit dieser Argumentationslinie unter der Annahme vereinbar, daß der Gerichtshof stillschweigend das Ziel der Regionalförderung als im Rahmen des Vertrages unzulässiges Ziel verworfen hat.

Die zweite Argumentation läuft darauf hinaus, daß der Gerichtshof es in diesen Fällen lediglich nach dem Prinzip des *nemo auditur* abgelehnt habe, näher zu prüfen, ob eine Beihilfe vorgelegen habe.[898] In allen diesen Fällen war dem Mitgliedstaat ein Verstoß gegen Art. 30 a.F. vorgeworfen worden. Stets hatte sich der Mitgliedstaat unter anderem auf den möglichen Beihilfecharakter der Regelung berufen, um dem Vorwurf zu entgehen. Er war aber zuvor entweder gar nicht erst auf den Gedanken gekommen, die Regelung als Beihilfe anzumelden oder hatte dies fehlerhaft getan und die Genehmigung nicht abgewartet. Gäbe man ihm die Möglichkeit, sich auf den Beihilfecharakter zu berufen, so würde ihm sein Rechtsbruch zum Vorteil gereichen.[899] Dann würden die Beihilfere-

---

[898] So fassen richtigerweise *Fernández Martín/Stehmann,* (1991) 16 E.L.Rev., 225 dieses Argument zusammen: „In brief, what the Court did was to resort to the „nemo auditur" principle by strictly applying Article 30 to the facts."

[899] *J. Flynn,* (1987) 12 E.L.Rev. 135: „the State aids point was raised unmeritoriously by the defendant States, and the Court very properly refused to put them in a better position by virtue of their failure to notify than they would otherwise have been. In other words the Court did not allow them to rely on their own wrong."; *Fernández Martín/Stehmann, ibid.,* halten diesen Ansatz aber für überholt, da in *du Pont de Nemours* die Beihilfe angemeldet worden sei („this interesting line of reasoning has partially been put into question by the result of the case under comment. In fact [...] the Italian Government had duly notified the preferential scheme to the Commission"). Dieser Ansicht liegt eine Fehleinschätzung der oben Anm. 893 und 894 ausgeführten formalen Fehler zugrunde. Die derart fehlerbehaftete Notifizierung der Kommission hat nicht mehr Rechtswirkungen als eine unterlassene Notifizierung. Die von *Fernández Martín/Stehmann, ibid.,* angeführte Tatsache, daß die nationalen Behörden dies mißverstanden haben („National authorities understood that [...] the preference scheme was implicitly approved as a valid state aid") ändert daran nichts.

geln eingreifen, die größtenteils nicht unmittelbar anwendbar sind und ihn vor dem Geltungsanspruch des Art. 30 a.F. schützen. Es würden ihn also gerade die Regeln schützen, die er durch Nicht- oder Schlechterfüllung verletzt hat.[900]

Dies muß besonders dann als ungerechtfertigt erscheinen, wenn der Staat offensichtlich erst nach Klageerhebung auf die Möglichkeit verfällt, daß es sich ja um eine Beihilfe handeln könnte. Die relativierenden Bemerkungen des Gerichtshofs („möglicherweise", „nur hypothetisch") könnte man als Bestätigung dieser Argumentation werten; der Gerichtshof halte zwar an der Spezialität der Beihilfevorschriften im Grunde fest, prüfe aber die Qualifikation einer mitgliedstaatlichen Regelung als Beihilfe nicht näher; jedenfalls dann nicht, wenn diese als bloße Möglichkeit von einem verteidigenden Mitgliedstaat eingewendet wird, der diese angebliche „Beihilfe" nicht oder zu spät bei der Kommission angemeldet oder die Genehmigung nicht abgewartet hat.[901]

Die dritte Argumentationslinie will auf die Tatsache abstellen, daß es sich in allen diesen Fällen um Regelungen gehandelt habe, deren Einordnung als Beihilfe nicht ohne weiteres klar war. Unklarheit könne nicht zu Lasten der Grundregel des Art. 30 a.F. gehen.[902] Solange die Einordnung als Beihilfe unklar sei, könne Art. 30 a.F. deshalb in jedem Falle angewendet werden. Diese Argumentation findet eine gewisse Unterstützung in den Schlußanträgen des Generalanwalts *Lenz* in *du Pont de Nemours.*[903] Dieser führte aus, daß der Gerichtshof in *Iannelli* einen Anwendungsbereich für Art. 30 a.F. gesehen habe, obwohl die Einordnung als Beihilfe unstreitig gewesen und die *lex specialis*-Regel

---

[900] So auch *P. Oliver*, Free Movement of Goods, 86, Textziff. 6.30: „Also, [...] the Court was no doubt influenced by the unattractive nature of the defence concerned: by arguing that the measures concerned fell outside Article 30 because they constituted state aids [...], when they had failed to notify them, the Member States were seeking to profit by their own wrong."

[901] *J. Flynn*, (1987) 12 E.L.Rev. 136: „It would appear that no protection from Article 30 is conferred on an aid scheme implemented without notification. This is a development, rather than a partial overruling, of *Iannelli*, which dealt with an existing aid."

[902] *P.-C. Müller-Graff*, in: Groeben/Thiesing/Ehlermann, Art. 30, Randnr. 344.

[903] Schlußanträge Generalanwalt *Lenz* vom 28.11.1989 in EuGH *-du Pont de Nemours-* (Anm. 305), I-905.

anerkannt worden sei. Erst recht müsse daher Art. 30 a.F. angewendet werden, wenn die Qualifikation als Beihilfe nicht eindeutig sei.[904]

Das Problem an dieser Argumentationslinie liegt darin, daß die mangelnde Eindeutigkeit der Einordnung als Beihilfe keine vorgegebene Tatsache, sondern ein Rechtsproblem ist, welches das mit der Sache befaßte Gericht im Einzelfall zu lösen hat. In diesem Zusammenhang ist es von Interesse, daß der Gerichtshof bei der Beantwortung von Fragen nach dem Beihilfecharakter stets zurückhaltend war und die Frage bisweilen an das vorlegende Gericht zurückverwiesen hat. Auch hat er in *du Pont de Nemours* die Vorlagefrage, die klar auf den Beihilfecharakter gerichtet war, in eine Konkurrenzfrage umgedeutet.[905] Diese Argumentationslinie spiegelt daher eine tatsächlich vorhandene Tendenz des Gerichtshofs wider, die Spezialität der Beihilfevorschriften zu umgehen, indem er die Einordnung der Regelung für schwierig erklärt, hinter die Konkurrenzfrage zurücktreten läßt oder an das nationale Gericht zurückverweist.

Aus all diesen Überlegungen ergibt sich, daß der Grundsatz der Spezialität der Beihilfevorschriften zwar nicht aufgegeben ist. Eine Beurteilung der Instrumentfunktion der Auftragsvergabe anhand der Art. 92 ff. a.F., setzt aber voraus, daß der betreffende Mitgliedstaat die fragliche Regelung korrekt im beihilfeaufsichtlichen Verfahren bei der Kommission anmeldet, die Genehmigung abwartet und daß zudem der Sekundärzweck keine „abtrennbare Modalität" darstellt.

2. Verhältnis zu Art. 49 (59 a.F.)

Das Problem der Konkurrenz zu den Grundfreiheiten ist im Bereich des Freien Warenverkehrs ausgetragen worden. Eine vergleichbare Rechtsprechung zum Verhältnis zwischen Dienstleistungsverkehr und Beihilfenverbot fehlt. Ein Grund hierfür liegt in der größeren Weite des Begriffs der Maßnahme gleicher Wirkung.

---

[904] *Ibid.*, Textziff. 18 f.: „Hält der Gerichtshof demnach eine Berufung auf Art. 30 für möglich und geht also von dessen Anwendbarkeit aus, obwohl die rechtliche Qualifizierung der Maßnahme als Beihilfe insgesamt unstreitig ist, so muß das um so mehr für den Fall gelten, in dem eine mitgliedstaatliche Regelung gerade nicht eindeutig einer der Kategorien zugeordnet werden kann."

[905] Siehe Anm. 886.

Es existiert allerdings eine Entscheidung der Kommission[906] zum Verhältnis von Beihilfeverbot und Niederlassungsfreiheit, die über Art. 55 (66 a.F.) EG-Vertrag auch eine gewisse Bedeutung für den Bereich des Dienstleistungsverkehrs entfalten dürfte. Bei der Beurteilung einer spanischen Regelung über steuerliche Beihilfen für das Baskenland hat die Kommission im beihilfeaufsichtlichen Verfahren festgestellt, daß bestimmte Steuerbeihilfen gegen Art. 52 a.F. verstoßen, da sie nur Einrichtungen zugute kommen, die ausschließlich im Baskenland tätig sind.[907] Die Ausnahmevorschriften der Absätze 2 und 3 des Art. 92 a.F. hat die Kommission ausdrücklich nur hilfsweise geprüft.[908] Dies deutet darauf hin, daß zumindest die Kommission im beihilfeaufsichtlichen Verfahren die Rechtfertigungsmöglichkeiten der Beihilfevorschriften bei diskriminierenden Verstößen gegen die Grundfreiheiten zurücktreten läßt.

3. Ergebnis

Der Grundsatz der Spezialität der Beihilfevorschriften ist zwar nicht vollständig aufgegeben, aber doch sehr weitgehenden Einschränkungen ausgesetzt. Eine Beurteilung der Instrumentfunktion der Auftragsvergabe im beihilfeaufsichtlichen Verfahren erscheint möglich, wenn der betreffende Mitgliedstaat die fragliche Regelung korrekt notifiziert und die Genehmigung abwartet. Dann wäre immer noch die Frage, ob der Sekundärzweck nicht vielleicht als abtrennbare Modalität im Sinne der *Iannelli*-Entscheidung anzusehen ist. Auch setzte die Kontrolle im beihilfeaufsichtlichen Verfahren die positive Beantwortung der gerichtlich noch unentschiedenen Frage nach dem Beihilfecharakter der vergaberechtlichen Instrumentfunktion voraus. Die Kumulation dieser Voraus-

---

[906] Entscheidung 93/37/EWG der Kommission vom 10.5. 1993 über eine Steuerbeihilferegelung für Investitionen im Baskenland, ABl. vom 3.6.1993, Nr. L 134/25.

[907] *Ibid.*, 27, sub IV.

[908] *Ibid.*, 28, sub V.

setzungen zeigt jedoch, daß die praktische Rolle der Beihilfevorschriften durch die Konkurrenz der Grundfreiheiten stark eingeschränkt, oft sogar praktisch ausgehebelt ist.

Abschnitt Fünf: Zusammenfassung

Die Vorschriften des EG-Vertrags sind gegenüber unterschiedlichen Sekundärzwecken unterschiedlich tolerant. National oder regional orientierte Sekundärzwecke scheitern weitestgehend an den Diskriminierungsverboten der Grundfreiheiten. Andere Sekundärzwecke hingegen sind grundsätzlich zulässigerweise verfolgbar, wenn sie nicht zu faktischen Diskriminierungen der Teilnehmer aus anderen Mitgliedstaaten führen. Es kann allerdings im Einzelfall Probleme bereiten, einen Sekundärzweck zu verfolgen, ohne an nationale Bestimmungen oder Standards anzuknüpfen, die von ausländischen Teilnehmern naturgemäß meist schwieriger zu erfüllen sind.[909] Fälle, in denen eine unterschiedslos anwendbare Vergabebedingung als unverhältnismäßige Beschränkung einer Grundfreiheit eingestuft worden wäre, sind in der Rechtsprechung des Gerichtshofs noch nicht vorgekommen, aber grundsätzlich denkbar. In solchen Fällen käme unter Umständen eine Rechtfertigung unter dem Gesichtspunkt der zwingenden Erfordernisse in Betracht. Praktisch keine Rolle spielen die Beihilfevorschriften und das allgemeine Diskriminierungsverbot.

---

[909] In dieser Hinsicht sehr intelligent ist die Kennziffer-Lösung der Brandenburgischen FrauFöVO (oben Text bei Anm. 196 ff.).

Kapitel Fünf: Ergebnisse der Untersuchung

In allen Mitgliedstaaten werden in Vergabeverfahren Sekundärzwecke verfolgt. Dabei weisen Zielsetzungen und eingesetzte Instrumente eine große Variationsbreite auf. Schwerpunktmäßig setzt die Instrumentfunktion mitgliedstaatlicher Auftragsvergabe dabei vor der Zuschlagsentscheidung an. Die Nachfragemacht der Vergabestelle läßt sich so am effizientesten und einfachsten einsetzen. In den Fällen, in denen nach Zuschlagserteilung eingewirkt wird, existiert typischerweise eine Behörde oder sonstige Organisation, die über die Beachtung bei der Ausführung des Auftrags wacht. In zahlreichen Fällen wirkt allerdings auch das bloße Interesse an einem Folgeauftrag disziplinierend auf die Teilnehmer.

Das Recht der Europäischen Gemeinschaft in diesem Gebiet ist zweischichtig. Vorschriften des EG-Vertrags gelten für alle staatlichen Auftragsvergaben. Vorschriften der Vergaberichtlinien gelten nur für Großaufträge oberhalb bestimmter Schwellenwerte. Letztere sind detaillierter und gelten auch für private Sektorenauftraggeber. Sie sind aber nicht abschließend und weisen für die Verfolgung von Sekundärzwecken große Regelungslücken auf. In dem so entstandenen Geflecht aus Vertragsvorschriften und Richtlinienbestimmungen situiert sich die europarechtliche Problematik der mitgliedstaatlichen Instrumentfunktion.

Insgesamt sind danach jedenfalls und ausnahmslos verboten alle staatlichen Vergabebestimmungen und -praktiken, die unmittelbar an die Staatsangehörigkeit des Teilnehmers unterschiedliche Rechtsfolgen knüpfen. Da sich dieses Verbot aus dem EG-Vertrag ergibt, hilft es nicht, etwaige Regelungen oder Praktiken auf Kleinaufträge unterhalb der Schwellenwerte zu beschränken.

Ebenso verboten sind staatliche Vergabebestimmungen und -praktiken, die nicht unmittelbar an die Staatsangehörigkeit anknüpfen, aber faktisch Staatsangehörige anderer Mitgliedstaaten stärker treffen als Einheimische. Auch dieses Verbot ergibt sich aus dem Vertrag und gilt daher unabhängig von Schwellenwerten.

Vergabebestimmungen und -praktiken, die weder mittelbar noch unmittelbar diskriminieren, begegnen am Maßstab des Vertrages nur insoweit Bedenken, als sie sich im Einzelfall als Beschränkung des Handels zwischen Mitgliedstaaten auswirken. Wenn es zu einer solchen Auswirkung kommen sollte, stehen Rechtfertigungsmöglichkeiten zur Verfügung, wenn die Bestimmungen oder Praktiken sich als verhältnismäßig zur Sicherung eines zwingenden Erfordernisses des Gemeinwohls begreifen lassen.

Insgesamt kann es deshalb im Einzelfall sehr auf die konkreten Auswirkungen des rechtlichen oder verwaltungsmäßigen Instrumentariums ankommen, mit dem der Mitgliedstaat Sekundärzwecke verfolgt. Mit einer gewissen Sorgfalt und Sensibilität für die Bedürfnisse des grenzüberschreitenden Marktes könnten vermutlich zahlreiche bestehende faktische Diskriminierungen in diesem Bereich abgebaut und durch Instrumente ersetzt werden, welche keine unverhältnismäßigen Beschränkungen von Grundfreiheiten oder mittelbare und unmittelbare Benachteiligungen von Teilnehmern aus anderen Mitgliedstaaten mit sich bringen.

Diese vertragsrechtlichen Vorgaben kumulieren bei Großaufträgen oberhalb der Schwellenwerte mit den Festlegungen der Vergaberichtlinien. Im Gegensatz zu den Vorschriften des EG-Vertrags sind die Vergaberichtlinien nicht wirkungsorientiert, sondern rechtsformorientiert. Sie betrachten nicht die Auswirkungen von Maßnahmen auf den freien Verkehr von Gütern und Produktionsfaktoren, sondern das rechtstechnische Instrumentarium, das die Vergabestellen einsetzen.

In jedem Falle und ausnahmslos verlangen die Vergaberichtlinien die Schaffung von Transparenz durch vorherige Ankündigung der Verfolgung von Sekundärzwecken in den Verdingungsunterlagen und in der Ausschreibung.

Die Richtlinien bewirken eine teilweise Harmonisierung des Vergabeverfahrens und entfalten eine „Sperrwirkung“ in dem Sinne, daß eine Verfolgung von Sekundärzwecken mit einem derartigen Instrumentarium auch nicht durch Rückgriff auf gemeinwohlsensible Erlaubnisnormen des EG-Vertrages gerechtfertigt werden kann. Die Harmonisierung durch die Vergaberichtlinien ist aber nicht total. Nach ihrer Präambel und nach der Rechtsprechung des Gerichtshofes sollen die Richtlinien nicht abschließend harmonisieren, sondern mitgliedstaatliche Verwaltungspraktiken soweit wie möglich berücksichtigen.

Die Harmonisierung durch die Vergaberichtlinien erfaßt bei der Eignungsprüfung nur die formellen Eignungsnachweise, nicht aber die materiellen Eignungsstandards. Bei der Zuschlagsentscheidung erfaßt sie nur produktbezogene Zuschlagskriterien, nicht aber personen- oder produktionsbezogene Kriterien.

Nur soweit also Sekundärzwecke durch Bestimmungen oder Praktiken verfolgt werden, die zusätzliche formelle Eignungsnachweise fordern oder produktbezogene Zuschlagskriterien aufstellen, entfalten die

Richtlinien eine Sperrwirkung gegenüber Rechtfertigungsgründen des EG-Vertrags.

Dieses Zusammenwirken von Vertragsbestimmungen und Richtlinienvorgaben ergibt ein komplexes Bild der europarechtlichen Zulässigkeit einer Verfolgung von Sekundärzwecken, welches nach den Gesichtspunkten Vorgehensweise, Auswirkung und Zweck aufgelöst werden muß. Obwohl sehr viel von der konkreten Fallgestaltung abhängt, lassen sich in diesem Bild doch zwei Basislinien ausmachen. Die erste Linie deutet auf eine weitgehende Unzulässigkeit der Verfolgung regionalpolitischer Sekundärzwecke hin, da diese typischerweise mittelbar oder unmittelbar an die Staatsangehörigkeit der Bevorzugten anknüpft und deshalb gegen die Diskriminierungsverbote aus Art. 28 oder 49 EG-Vertrag verstößt. Auch die regionalpolitischen Verbotsausnahmen des Beihilferechts können wegen der Auslegung des Konkurrenzverhältnisses zu den Grundfreiheiten durch den Gerichtshof hier selbst dann kein anderes Ergebnis herbeiführen, wenn man die regionalpolitische Instrumentfunktion als Regionalbeihilfe begreift. Bei anderen Sekundärzwecken kommt es sehr auf die konkrete rechtstechnische Vorgehensweise im Vergabeverfahren an. Als zweite Grundlinie ergibt sich, daß einer direkten Bezugnahme auf einheimisch verbreitete Standards, seien es nun technische oder soziale oder andere Standards, in der Regel die eigenständige Formulierung von transparenten Kriterien vorzuziehen ist. Diese können eher von Teilnehmern aus allen Mitgliedstaaten in gleicher Weise erfüllt werden. Unter Umständen kann auch eine ausdrückliche Anerkennung von Standards aus anderen Mitgliedstaaten stattfinden.

Summary

Secondary Policies in Public Procurement

The use of procurement as a tool of policy is widespread in all Member States of the European Union. The aims pursued vary widely as do the legal mechanisms employed. The book sets out to explore the limits arising under EC law to Member States' action in this field.

In the introductory chapter the problem of secondary policies is described as an aspect of the dilemma of the „stateless market" in which Member States' control over policy erodes without proportional compensation at the European level. The function of European law and especially of the European Court of Justice in this context is seen as guaranteeing a balance between the competences of the Community and those of the Member States.

The ambit of research is limited to European law, leaving aside questions of national law and politics. The structure of the analysis is laid out as follows: EC law in the field is a two-tier legal sytem formed by the EC procurement directives that rely on formal criteria attached to certain steps of the tendering procedure, on the one hand, and primary EC law that is effect-oriented, on the other. The analysis is, therefore, divided into part one dealing with the directives and another dealing with the relevant norms of the EC Treaty. The relationship between these two features of EC law is seen as crucial. A descriptive chapter offering a clear statement of the facts, precedes the two-tier analysis.

The term „secondary policy" (*Sekundärzweck*) is introduced, defined and distinguished from related concepts such as the French „mieux-disant social", the English „Contract Compliance" and the German „vergabefremde Aspekte". The latter is sharply criticised as being essentially tautological, misleading and meaningless. Also introduced are the terms „instrumental function" (*Instrumentfunktion*), „wanted/unwanted participants" (*erwünschte/unerwünschte Teilnehmer*) and „wanted/unwanted bids" (*erwünschte/unerwünschte Gebote*).

In the second chapter pertinent practices and regulations in Germany, Belgium, Denmark, England, France, Italy, The Netherlands, Northern Ireland, Austria and Spain are analyzed and grouped in relation to the procedural step targeted. Three groups of measures are accordingly distinguished: those trying to influence the circle of participants either by excluding unwanted bidders from the outset or by inviting certain preferred enterprises to participate in the tendering procedure; those attempting to modify the suitability or award criteria by making a bidder appear less suited or a bid less eligible if it does not further certain policy goals; finally those imposing contractual conditions on the successful bidder after the award decision has been taken.

In practice, measures of the first two groups seem to be used distinctly more often than those of the third group. Apparently, procuring entities tend to rely on their market power rather than on contractual enforcement mechanisms. Where measures of the third group are employed, national legislation often supplements contractual instruments with additional, specific, administrative enforcement mechanisms.

The analysis highlights a distinct lack of transparancy. Practices are often sparsely regulated leaving wide discretion to the procuring entity. Where regulation exists, it may be hidden in administrative directives or other non-published sources. Pertinent regulation is also often spread across a great number of legal fields.

In the third chapter the EC directives on public procurement are analyzed in regard to their attitude towards the measures described in the first chapter. The third chapter begins with a look at the European Parliament's repeated and largely unsuccessful attempts to introduce non-economic criteria into the procurement directives. The analysis shows that most of the Parliament's proposals are aimed at influencing the first two steps of the procurement process, thus mirroring Member States' preferences. It also shows a firm determination by the Council and the Commission not to have the existing suitability and award criteria diluted by additional criteria.

It is then shown how the directives, as they currently stand, try to prevent Member States from acting in the way described in the first chapter: possibilities to influence the circle of participants are diminished by rules on mandatory open tendering and by catalogues of admissible grounds for exclusion; discretion to modify the suitability and award decision is reduced by catalogues of admissible criteria and by the prohibition on rejecting exceptionally low tenders without further examination. Contractual conditions imposed after the award are, however, not addressed by the directives. This regulatory framework effectively prohibits the pursuit of secondary policies by certain means, especially by choosing a less open tendering procedure, by demanding additional evidence of the contractor's capability and by adding grounds of exclusion.

A crucial question is whether the directives, especially their catalogues of admissible suitability and award criteria, form a complete code. A thorough analysis of the ECJ's case law shows that this is not so. Especially in its judgments in *CEI/Bellini* and *Beentjes* the court has developed the concept, stemming from some directives' preambles, that harmonization in the field of public procurement is not meant to be total but rather is conceived to leave as much room to national administrations as possible. In these preliminary rulings the Court specifically rejected the argument which was brought forward by the referring court (in *CEI/Bellini*) and the Advocate General (in *Beentjes*) that the directives form a complete code. According to this case law, harmonization is total with regard to evidence of suitability, but not with regard to standards of suitability. Similarly, it seems that award criteria are completely harmonized only insofar as they relate to product specifics. Some leeway is therefore given to Member States' action on policy grounds even where this is not expressly permitted by the directives.

It seems, however, that this room for manoeuvre is not excessively great, since Member States' action must neither infringe primary EC Law nor the principle of transparency. It is thus bound by the EC Treaty's prohibitions on direct and indirect discrimination as well as by the guarantees of free movement.

In the fourth chapter, the limits on Member States' action arising from the EC Treaty are examined. The most significant limits are seen to stem from the fact that preferential procurement may be regarded as contrary to the free movement of goods or services insofar as it either discriminates on grounds of nationality or imposes an unjustifiable restriction on free movement. It is pointed out that many of the practices described in the first chapter may be regarded to have at least indirect discriminating effects insofar as they refer to national policy standards which may be easier for national bidders to satisfy. Emphasis is put on the fact that in principle only non-discriminatory practices can be justified under the *Cassis* formula. For non-discriminatory practices, justification may depend to a large degree upon how precisely a Member State's measure is carried out in practice.

Several questions as to the applicability of Treaty provisions are examined. An analysis of the ECJ's jurisprudence shows that the Court has repeatedly found single award decisions to constitute „measures" in the sense of Article 28 of the EC Treaty. It also shows that informal actions of a Member State's administration have been scrutinized under Article 28 regardless of their legal basis in national law.

A different question is whether and to what extent the EC treaty's provisions on state aids come to play a role in the context of secondary policies. Unitl now, the ECJ has left unsettled whether the pursuit of secondary policies in procurement satisfies the definition of state aid at all. If this were the case, and the better arguments seem to point in this direction, the subsequent question arises, whether Article 87, para. 2 (c) and para. 3 (c) and (d) could eventually shield certain secondary policies from, first, the prohibition set out in Article 87, para. 1 and, second, from the application of the basic freedoms. Consequently, the case law on the application of the state aids provisions in the context of procurement as well as on the relationship between the state aids provisions and the basic freedoms is examined. The analysis seems to indicate that the application of the state aids provisions is rather limited in the procurement context, presupposing formal and correct notification of the measure under Article 88, para. 1 and its severability from the original purpose of the state aid.

In the concluding fifth chapter the results of the research are summarized. Emphasis is put on the following theses: it is of limited use to restrict national regulations that further secondary policies to awards below the thresholds, since there are wide-ranging limits arising from the EC Treaty which apply here too; the formulation of transparent award-related criteria is to be preferred to any reference to national and local standards; and regional policy in procurement is *per se* problematic since it typically involves at least indirect discrimination based on nationality.

Literaturverzeichnis

Adolphsen, Jens, Das UNCITRAL-Modellgesetz über die Beschaffung von Gütern, Bau- und Dienstleistungen (Baurechtliche Schriften, Bd.31), Düsseldorf: Werner, 1996 (zit.: *J. Adolphsen*, UNCITRAL- Modellgesetz)

Aicher, Josef, EWR-Vertrag und Europäisierung der öffentlichen Auftragsvergabe, in: Wirtschaftsrechtliche Blätter: Zeitschrift für österreichisches und europäisches Wirtschaftsrecht, 6. Jahrgang, 1992, S. 273 ff. (zit.: *J. Aicher*, wbl. 1992)

Aichlreiter, Josef W., EWR-Vertrag und Rechtsschutz bei der öffentlichen Auftragsvergabe, in: Wirtschaftsrechtliche Blätter: Zeitschrift für österreichisches und europäisches Wirtschaftsrecht, 6. Jahrgang, 1992, S. 281 ff. (zit.: *J. Aichlreiter*, wbl. 1992)

Amirante, Carlo, Opere pubbliche e lavori pubblici nel Mezzogiorno; Considerazioni storiche e metodologiche, in: Caterini, Enrico/Mazzitelli, Allesandro, Appalto e opere pubbliche, Napoli: Edizioni Scientifiche Italiane, 1996, S. 11 ff. (zit.: *C. Amirante*, in: Caterini/Mazzitelli, Appalto)

Anderson, David W.K., References to the European Court, London: Sweet & Maxwell, 1995 (zit.: *D. Anderson*, References)

Arrowsmith, Sue, A Guide to the Procurement Cases of the Court of Justice (Public Procurement in the European Community: Volume II), Winteringham: Earlsgate Press, 1992. (zit.: *S. Arrowsmith*, Cases)

Arrowsmith, Sue, Extension of the EC Procurement Regime to the Services Sector: Recent Proposals, in 1 Public Procurement Law Review, 1992, Current Survey, S. 3 ff. (zit.: *S. Arrowsmith*, [1992] 1 P.P.L.R., CS)

Arrowsmith, Sue, The Legality of "Secondary" Procurement Policies under the Treaty of Rome and the Works Directive: Comment on European Court of Justice (Full Court), Judgment of June 3, 1992, Case C-360/89, *Commission of the European Communities v. Italian Republic*, in: 1 Public Procurement Law Review, 1992, S. 408 ff. (zit.: *S. Arrowsmith*, [1992] 1 P.P.L.R.)

Arrowsmith, Sue/Fernández Martín, José Maria, Developments in Public Procurement in 1992, in: 18 European Law Review 1993,

S. 323 ff. (zit.: *Arrowsmith/Fernández Martín*, [1993] 18 E.L.Rev.)

Arrowsmith, Sue, Restricted Award Procedures under the Public Works Contracts Regulations 1991: A Commentary on *General Building and Maintenance v. Greenwich Borough Council*, in: 2 Public Procurement Law Review, 1993, Current Survey, S. 92 ff. (zit.: *S. Arrowsmith*, [1993] 2 P.P.L.R., CS)

Arrowsmith, Sue, Public Procurement as an Instrument of Policy and the Impact of Market Liberalisation, in: 111 Law Quarterly Review, 1995, S. 235 ff. (zit.: *S. Arrowsmith*, [1995] 111 L.Quart.Rev.)

Arrowsmith, Sue, The Law of Public and Utilities Procurement, London: Sweet & Maxwell, 1996 (zit.: *S. Arrowsmith*, Procurement)

Arrowsmith, Sue, The Way Forward or a Wrong Turning? An Assessment of European Community Policy on Public Procurement in Light of the Commission's Green Paper, in: 3 European Public Law, 1997, S. 389 ff. (zit.: *S. Arrowsmith*, [1997] 3 Eur.Publ.L.)

Ax, Thomas, Zulässigkeit vergabefremder Kriterien, insbesondere: Tariftreue-Erklärungen, in: Zeitschrift für deutsches und internationales Vergaberecht, 1997, S. 46 ff. (zit.: *T. Ax*, ZVgR 1997)

Bael, Ivo van, Public Procurement and the completion of the internal market: law and practice, in: 16 Legal Issues of European Integration, 1989, S. 2 1 ff. (zit.: *I. v. Bael*, [1989] 16 LIEI)

Battis, Ulrich, Referat im Rahmen der Sachverständigenanhörung der Berliner Senatsverwaltung „Öffentliche Auftragsvergabe und staatliche Leistungsgewährung - ein Instrument der Frauenförderung ? (Teil 1)" zu Rechtsfragen der §§ 13 und 14 Landesgleichstellungsgesetz (LGG) am 3. November 1994, S. 91 ff., Berlin: Oktoberdruck, 1995, unveröffentlicht, zu beziehen über die Senatsverwaltung für Arbeit und Frauen -Ref. Öffentlichkeitsarbeit-, Storkower Str. 97, 10407 Berlin (zit.: *U. Battis*, Berliner Anhörung I)

Bayer, Wolfgang D., Die Vergabe von öffentlichen Bauleistungen auf der Grundlage der neueren EG-Richtlinien, in: Seidl-Hohenveldern, Ignaz/Schrötter, Hans Jörg [Hrsg.], Vereinte Nationen, Menschenrechte und Sicherheitspolitik - Völkerrechtliche Fragen zu internationalen Konfliktbegrenzungen, (Schriftenreihe der Deutschen Gruppe der AAA, Bd.IX) S. 249 ff. (zit.:

W. Bayer, in: Seidl-Hohenveldern/Schrötter, Völkerrechtliche Fragen)

Behrens, Peter /Koch, Hans-Joachim [Hrsg.], Umweltschutz in der Europäischen Gemeinschaft: Spannungsfelder zwischen nationalem Recht und europäischem Gemeinschaftsrecht, Baden-Baden: Nomos, 1991 (zit.: *Behrens/Koch*, Umweltschutz)

Berlin, Dominique, Commentaire de la directive no. 90/531 C.E.E. du Conseil du 17 septembre 1990 relative aux procédures de passation des marchés dans les secteurs de l'eau, de l'énergie, des transports et des télécommunications (J.O.C.E. 29 octobre 1990, p.1), in: L'Actualité juridique - droit administratif 1991, S. 13 ff. (zit.: *D. Berlin*, AJDA 1991)

Birkinshaw, Patrick, Application in Member States of the Directives on Public Procurement - United Kingdom, in: Fédération Internationale pour le Droit Européen, Rapports pour le 14ième Congrès à Madrid, 1990 „L'application dans les Etats membres des directives sur les marchés publics", Madrid: Centro de Publicaciones del Ministerio de Justicia, 1990, S. 287 ff. (zit.: *P. Birkinshaw*, in: FIDE 1990)

Bock, Christian, Das europäische Vergaberecht für Bauaufträge - unter besonderer Berücksichtigung der Auswirkungen auf das schweizerische Submissionsrecht, Basel u.a.: Helbing & Lichtenhahn, 1993, zugleich Diss. Basel, 1993 (zit.: *C. Bock*, Das europäische Vergaberecht)

Bock, Christian, Das WTO-Übereinkommen über das öffentliche Beschaffungswesen und seine Umsetzung ins schweizerische Submissionsrecht, Aktuelle juristische Praxis/Pratique juridique actuelle, 1995, S. 709 ff. (zit.: *C. Bock*, AJP/PJA 1995)

Bock, Christian, Einführung ins öffentliche Beschaffungsrecht, in: C. Bock [Hrsg.], Öffentliches Beschaffungsrecht: Submissionsrecht (Reihe Schweizerische Rechtserlasse), Basel u.a.: Helbing & Lichtenhahn, 1996 (zit.: *C. Bock*, Einführung)

Bock, Christian, Table of E.C. Public Procurement Measures, in: 7 Public Procurement Law Review, 1998, Current Survey, S. 221 ff. (zit.: *C. Bock*, [1998] 6 P.P.L.R., CS)

Bogdandy, Armin von/Wernicke, Stephan, Transatlantischer Streit um das Öffentliche Auftragswesen - Die Regelungen des Marktzugangs in der Sektoren-Richtlinie: tatsächliches Hemmnis oder amerikanischer Vorwand?, in: Europäische Zeitschrift für Wirtschaftsrecht, 1993, S. 216 ff. (zit.: *v. Bogdandy/Wernicke*, EuZW 1997)

Bogdandy, Armin von/Wernicke, Stephan, Der Zugang zum Binnenmarkt der öffentlichen Aufträge, in: Grabitz, Eberhard/Bogdandy, Armin von/Nettesheim, Martin, Europäisches Außenwirtschaftsrecht, München: Beck, 1994, S. 596 ff. (zit.: *v. Bogdandy/Wernicke*, in: Grabitz/Bogdandy/Nettesheim, Eur. Außenwirtschaftsrecht)

Boesen, Arnold, Die Gerichtsqualität der Vergabeüberwachungsausschüsse i.S. des Art.177 EGV, in: Europäische Zeitschrift für Wirtschaftsrecht, 1996, S. 583 ff. (zit.: *A. Boesen* EuZW 1995)

Boesen, Arnold, Gemeinschaftsrecht nicht beachtet - das Urteil des LG Berlin vom 18.10.1994 (GE ./. Veag) in: Europäisches Vergaberecht, 1995, Heft 1, S. 47 ff. (zit.: *A. Boesen*, EuVgR 1/95)

Boesen, Arnold, Das Vergaberechtsänderungsgesetz im Lichte der europarechtlichen Vorgaben, in: Europäische Zeitschrift für Wirtschaftsrecht, 1998, S. 551 ff. (zit.: *A. Boesen*, EuZW 1998)

Boncompagni, Giuseppe, Les nouvelles directives Marchés publics, in: Marchés publics européens (droit communautaire, droit comparé), Travaux du colloque organisé par l'Association pour le droit public de l'entreprise (ADPE) les 17 et 18 juin 1986 à l'Université de Paris-Nanterre, publication hors-série de la Revue française de droit administratif, Paris: Sirey, 1989, S. 17 ff. (zit.: *G. Boncompagni*, in: colloque ADPE)

Bornheim, Helmerich/Stockmann, Rainer, Die neuen Vergabevorschriften - Sind auch private Auftraggeber zur europaweiten öffentlichen Vergabe von Bauaufträgen verpflichtet?, in: Betriebsberater 1995, S. 577 ff. (zit.: *Bornheim/Stockmann*, BB 1995)

Bovis, Chris, Public Procurement within the Framework of the E.C. Common Commercial Policy, in: 2 Public Procurement Law Review, 1993, S. 210 ff. (zit.: *C. Bovis*, [1993] 2 P.P.L.R.)

Bovis, Chris, Utilities Directive and public procurement trade war: Extra-territorial effects in the application of the EC Utilities Directive and the public procurement trade war between US and EC, in: Utilities Law Review, 1993, S. 84 ff. (zit.: *C. Bovis*, Utilities L. Rev. 1993)

Bovis, Chris, Extra-Territorial Effects in the Application of EC Legislation on Public Procurement, in: 20 Legal Issues of European Integration, 1993, S. 83 ff. (zit.: *C. Bovis*, [1993] 20 LIEI)

Bovis, Christopher, Public Procurement Law and Policy in the European Union, in: 6 Comparative Law Review, 1996, S. 157 ff. (zit.: *C. Bovis*, [1996] 6 Comp.L.Rev.)

Bovis, Christopher, EC Public Procurement Law, Harlow: Longman, 1997 (zit.: *C. Bovis*, EC Procurement)

Bovis, Christopher, The European Public Procurement Rules and their Interplay with International Trade, in: 31 Journal of World Trade: law, economics, public policy, 1997, S. 63 ff. (zit.: *C. Bovis*, [1997] 31 J.W.T.)

Bovis, Christopher, The Liberalisation of Public Procurement and its Effects on the Common Market, Aldershot u.a.: Ashgate, 1998 (zit.: *C. Bovis*, Liberalisation)

Bovis, Christopher, The Regulation of Public Procurement as a Key Element of European Economic Law, in: 4 European Law Journal, 1998, S. 220 ff. (zit.: *C. Bovis* [1998] 4 Eur.L.J.)

Brabant, André, Les marchés publics et privés dans la C.E.E. et outremer, Tôme premier, Bruxelles: Bruylant, 1992 (zit.: *A. Brabant*, marchés publics)

Bréchon-Moulènes, Christine, L'échec des directives Travaux et Fournitures de 1971 et 1976, in: Marchés publics européens (droit communautaire, droit comparé), Travaux du colloque organisé par l'Association pour le droit public de l'entreprise (ADPE) les 17 et 18 juin à l'Université de Paris-Nanterre, publication hors-série de la Revue française de droit administratif, Paris: Sirey, 1989, S. 8 ff. (zit.: *C. Bréchon-Moulènes*, in: colloque ADPE)

Bréchon-Moulènes, Christine, La nouvelle directive communautaire sur la passation des marchés publics de travaux, in: Revue française de droit administratif, 1989, S. 834 ff. (zit.: *C. Bréchon-Moulènes*, RFDA 1989)

Bréchon-Moulènes, Christine, Rapport français, in: Fédération Internationale pour le Droit Européen, Rapports pour le 14ième Congrès à Madrid, 1990 „L'application dans les Etats membres des directives sur les marchés publics", Madrid: Centro de Publicaciones del Ministerio de Justicia, 1990, S. 145 ff. (zit.: *C. Bréchon-Moulènes*, in: FIDE 1990)

Brenner, Michael, Die Umsetzung der Richtlinien über öffentliche Aufträge in Deutschland, in: Schwarze, Jürgen/Müller-Graff, Peter-Christian [Hrsg.], Das öffentliche Auftragswesen in der EG, Europarecht 1996, Beiheft 1, S. 23 ff. (zit.: *M. Brenner*, in: Schwarze/Müller-Graff, EuR 1996, Beih. 1)

Brenner, Michael, Die Einwirkungen der EG-Vergaberichtlinien auf die Struktur der Auftragsvergabe in Deutschland, in: Staatsphilosophie und Rechtspolitik: Festschrift für Martin Kriele zum 65. Geburtstag, München: Beck, 1997, S. 1437 ff. (zit.: *M. Brenner*, in: Kriele-FS)

Brenner, Michael, Der Ausschluß von Wettbewerbern als Sanktion im öffentlichen Auftragswesen vor dem Hintergrund der EG-Richtlinien, Referat im Rahmen der Vortragsreihe „Grundfragen der Europäischen Rechtsordnung", Bonn, 6. Januar 1997, (Vorträge und Berichte des Zentrums für Europäisches Wirtschaftsrecht, Heft Nr. 77), Bonn: Rheinische Friedrich-Wilhelms-Universität, 1997 (zit.: *M. Brenner*, Ausschluß)

Bright, Christopher, Public Procurement Handbook, Chichester: Chancery Law Publishing, 1994 (zit.: *C. Bright*, Handbook)

Brinker, Ingo, Die unmittelbare Anwendbarkeit von EG-Richtlinien bei der Vergabe öffentlicher Aufträge, in: Europäisches Wirtschafts- und Steuerrecht, 1995, S. 255 f. (zit.: *I. Brinker*, EWS 1995)

Bronckers, Marco C.E.J., The position of privatized utilities under WTO and EC Procurement Rules, in: 23 Legal Issues of European Integration, 1996, S. 145 ff. (zit.: *M. Bronckers*, [1996] 23 LIEI)

Broß, Siegfried, Ausgewählte Probleme des Vergabewesens der öffentlichen Hand - dargestellt vor allem für die Vergabe von Bauaufträgen, in: Verwaltungsarchiv, 1993, S. 395 ff. (zit.: *S. Broß*, VerwArch 1993)

Brown, Adrian, The extension of the Community Public Procurement Rules to Utilities, in: 30 Common Market Law Review, 1993, S. 721 ff. (zit.: *A. Brown*, [1993] 30 C.M.L.Rev.)

Bruetschy, Chantal, L'ouverture des marchés publics à la concurrence communautaire, in: Revue du Marché Commun, 1989, S. 593 ff. (zit.: *C. Bruetschy*, RMC 1989)

Bundesverband der Deutschen Industrie e.V. (BDI), Beitrag öffentlicher Aufträge für den wirtschaftlichen Aufschwung in den neuen Bundesländern - Leipziger Memorandum des BDI - v.18.10.1991, Köln: Eigenverlag, 1991 (zit.: *BDI*, Leipziger Memorandum)

Byok, Jan, Der Fall Westinghouse ./. Cottbus, in: Vergaberecht - Zeitschrift für öffentliche und private Beschaffung, 1996, Heft 4, S. 53 f. (zit.: *J. Byok*, VergR 4/96)

Byok, Jan, Die Vergabe von öffentlichen Dienstleistungsaufträgen, in: Wirtschaft und Wettbewerb, 1997, S. 197 ff. (zit.: *J. Byok*, WuW 1997)

Byok, Jan, Das neue Vergaberecht, in: Neue Juristische Wochenschrift, 1998, S. 2774 ff. (zit.: *J. Byok*, NJW 1998, 2774 ff.)

Byok, Jan, Keine Gesetzgebungspanne: Das neue Vergaberecht tritt am 1.1.1999 in Kraft, in: Neue Juristische Wochenschrift, 1998, S. 3475 (zit.: *J. Byok*, NJW 1998, 3475)

Carl, Dieter, Europäische Normen für das öffentliche Auftragswesen, Europäische Zeitschrift für Wirtschaftsrecht, 1994, S. 173 ff. (zit.: *D. Carl*, EuZW 1994)

Caspari, Manfred, Die Beihilferegeln des EWG-Vertrags und ihre Anwendung, in: Mestmäcker, Ernst-Joachim/Möller, Hans/Schwarz, Hans-Peter [Hrsg.], Eine Ordnungspolitik für Europa, Festschrift für Hans von der Groeben zu seinem 80. Geburtstag, Baden-Baden: Nomos, 1987, S. 69 ff. (zit.: *M. Caspari*, v.d.Groeben-FS)

Cecchini, Paolo, Europa '92: Der Vorteil des Binnenmarkts, Dt.Bearb.: Michael Stabenow, Baden-Baden: Nomos, 1988 (zit.: *Cecchini*-Bericht)

Chiti, Mario P., Regulation and Market in the Public Procurement Sector, in: European Review of Public Law / Revue Européenne de Droit Public, 1995, S. 373 ff. (zit.: *M. Chiti*, 7 ERPL/RDPE [1995])

Clerc, Evelyne, L'ouverture des marchés publics: Effectivité et protection juridique (travaux de la faculté de droit de l'université de Fribourg Suisse, No. 164), zugleich Diss. Freiburg i.Ue., Fribourg: Editions Universitaires Fribourg Suisse, 1997 (zit.: *E. Clerc*, Ouverture)

Coleman, Robert J./Margue, Tung-Laî, L'action de la Communauté visant le respect des règles communautaires en matière de passation des marchés publics de fournitures et de travaux: problèmes et perspectives, in: Revue du Marché Commun, 1989, S. 546 ff. (zit.: *Coleman/Margue*, RMC 1989)

Constantinesco, Léontin-Jean, Das Recht der Europäischen Gemeinschaften, Bd. 1: Das institutionelle Recht, Baden-Baden: Nomos, 1977 (zit.: *L.-J. Constantinesco*, Recht der EG I)

Constantinesco, Vlad, La coordination des procédures de passation des marchés publics de travaux: Directive du Conseil du 18 juillet 1989 modifiant la directive 71/305/CEE, in: Revue du Marché Commun 1989, S. 597 ff. (zit.: *V. Constantinesco*, RMC 1989)

Cosculluela, Luis, Rapport national espagnol, in: Fédération Internationale pour le Droit Européen, Rapports pour le 14ième Congrès à Madrid, 1990 „L'application dans les Etats membres des directives sur les marchés publics", Madrid: Centro de Publicaciones del Ministerio de Justicia, 1990, S. 133 ff. (zit.: *L. Cosculluela*, in: FIDE 1990)

Cox, Andrew, Implementing 1992 Public Procurement Policy: Public and Private Obstacles to the Creation of the Single European Market, in: 1 Public Procurement Law Review, 1992, S. 139 ff. (zit.: *A. Cox*, [1992] 1 P.P.L.R.)

Cox, Andrew, The Single Market Rules and the Enforcement Regime after 1992 (Public Procurement in the European Community: Volume I) Winteringham: Earlsgate Press, 1993 (zit.: *A. Cox*, Single Market Rules)

Cramer, Horst H., Schwerbehindertengesetz mit Wahlordnung 1990, Schwerbehinderten-Ausgleichsabgabeverordnung 1988, Werkstättenverordnung 1980, Ausweisverordnung 1991 und weiteren Vorschriften des Schwerbehindertenrechts; Kommentar, München: Vahlen, 4. Aufl., 1992 (zit.: *H. Cramer*, SchwbG)

Crauser, Guy, Öffentliche Aufträge im EG-Binnenmarkt, in: Öffentliches Auftragswesen, 1.VOL-Kongreß; Dokumentation zur Veranstaltung am 10.April 1991 in Leipzig, BMWi-Dokumentation, Herausgegeben vom Bundesministerium für Wirtschaft, Ref. Öffentlichkeitsarbeit, undatiert (zit.: *G. Crauser* in: Leipziger VOL-Kongreß)

Dannecker, Gerhard/Appel, Ivo, Auswirkungen der Vollendung des Europäischen Binnenmarktes auf den Schutz der Gesundheit und der Umwelt, in: Zeitschrift für Vergleichende Rechtswissenschaft, Jahrgang 89, 1990, S. 127 ff. (zit.: *Dannecker/Appel* ZVglRWiss [89] 1990)

Dashwood, Alan, State aids - Preliminary rulings on the EEC State aid provisions, in: 2 European Law Review, 1977, S. 367 ff. (zit.: *A. Dashwood*, [1977] 2 E.L.Rev.)

Dashwood, Alan, The Limits of European Community Powers, in: 21 European Law Review, 1996, S. 113 ff. (zit.: *A. Dashwood*, [1996] 21 E.L.Rev.)

Daub, Walter/Piel, Rudolf/Soergel, Carl, Kommentar zur VOB, Teile A und B, Bd. 1: Teil A der Verdingungsordnung für Bauleistungen, Allgemeine Vertragsbedingungen für die Vergabe von Bauleistungen, Wiesbaden u.a.: Bauverlag; Köln-Braunsfeld: R.Müller, 1981 (zit.: *Daub/Piel/Soergel*)

Daub, Walter/Meierrose, Rudolf/Eberstein, Hans Hermann, Kommentar zur Verdingungsordnung für Leistungen - ausgenommen Bauleistungen - Teil A, Allgemeine Bestimmungen für die Vergabe von Leistungen, 4. Auflage, Düsseldorf: Werner, 1998 (zit.: *Bearbeiter*, in: Daub/Eberstein)

Däubler-Gmelin, Herta, Kann das neue Vergaberecht noch bis zum Ende der Legislaturperiode beschlossen werden?, in: Europäische Zeitschrift für Wirtschaftsrecht, 1997, 709 ff. (zit.: *H. Däubler-Gmelin*, EuZW 1997)

Dauses, Manfred A., Das Vorabentscheidungsverfahren nach Artikel 177 EG-Vertrag, 2.Auflage, München: Beck, 1995 (zit.: *M. Dauses*, Vorabentscheidungsverfahren)

Degen, Barbara, Staatliche Wirtschaftsförderung und Artikel 3 Abs. 2 GG, in: Streit - Feministische Rechtszeitschrift, 1996, S. 3 ff (zit.: *B. Degen*, Streit 1996)

De Graaf, Gerard, The Political Agreement on a Common Position Concerning the Utilities Services Directive: Main Elements, 1 Public Procurement Law Review, 1992, S. 471 ff. (zit.: *G. de Graaf*, [1992] 1 P.P.L.R.)

De Graaf, Gerard/King, Matthew, L'Accord sur les marchés publics dans le cadre de l'"Uruguay Round", in: Revue du Marché Unique Européen, 1994, Heft 4, S. 67 ff. (zit.: *de Graaf/King*, RMUE 4/94)

De Graaf, Gerard/King, Matthew, Towards a More Global Government Procurement Market: The Expansion of the GATT Government Procurement Agreement in the Context of the Uruguay Round, in: 29 The International Lawyer, 1995, S. 435 ff. (zit.: *de Graaf/King*, [1995] 29 Int. Lawyer)

Dierck, Thorsten/Scharek, Georg, Die Neuregelung der Auftragsvergabe im EG-Binnenmarkt und ihre Bedeutung für den deutschen Bergbau, in: Europäische Zeitschrift für Wirtschaftsrecht, 1993, S. 559 ff. (zit.: *Diercks/Scharek*, EuZW 1993)

Dona-Viscardini, Wilma, Les mesures d'effet équivalant à des restrictions quantitatives, in: Revue du Marché Commun, Numéro 165, Mai 1973, S. 224 ff. (zit.: *W. Dona-Viscardini*, RMC 1973)

Dreher, Meinrad, Das öffentliche Auftragswesen in der Rechtsprechung des Europäischen Gerichtshofes, in: Europäisches Vergaberecht, 1993, Heft 2, S. 58 ff. (Teil 1) und Heft 3, S. 62 ff. (Teil 2) (zit.: *M. Dreher*, EuVgR 2/93 und 3/93)

Dreher, Meinrad, Der Rechtsschutz bei Vergabeverstößen nach „Umsetzung" der EG-Vergaberichtlinien, in: Zeitschrift für Konkursrecht und Insolvenzpraxis, 1995, S. 1869 ff. (zit.: *M. Dreher*, ZIP 1995)

Dreher, Meinrad, Perspektiven eines europa- und verfassungsrechtskonformen Vergaberechtsschutzes: Konsequenzen des EuGH-Urteils vom 11.8.1995 für das deutsche vergaberechtliche Nachprüfungsverfahren, in: Neue Zeitschrift für Verwaltungsrecht 1996, S. 345 ff. (zit.: *M. Dreher*, NVwZ 1996)

Dreher, Meinrad, Der Gerichtsbegriff im Sinne von Art.177 EGV, die Vergabeüberwachungsausschüsse und die Zukunft des vergaberechlichen Rechtsschutzes, in: Europäisches Wirtschafts- und Steuerrecht, 1997, S. 225 ff. (zit.: *M. Dreher*, EWS 1997)

Dreher, Meinrad, Richtlinienumsetzung durch Exekutive und Judikative? Der Fall des vergaberechtlichen Rechtsschutzes de lege ferenda, in: Europäische Zeitschrift für Wirtschaftsrecht 1997, S. 522 ff. (zit.: *M. Dreher*, EuZW 1997)

Dreher, Meinrad, Das GWB als Magna Charta des Wettbewerbs oder als Einfallstor politischer Interessen, in: Wirtschaft und Wettbewerb, 1997, S. 949 ff. (zit.: *M. Dreher*, WuW 1997)

Drey, Franz, Subvention durch Vergabe, in: Vergaberecht - Zeitschrift für öffentliche und private Beschaffung, 1998, Heft 3, S.18 (zit.: *F. Drey*, VergR 3/98)

Eberstein, Hans Hermann, Referat im Rahmen der Sachverständigenanhörung der Berliner Senatsverwaltung „Öffentliche Auftragsvergabe und staatliche Leistungsgewährung - ein Instrument der Frauenförderung ? (Teil 1)“ zu Rechtsfragen der §§ 13 und 14 Landesgleichstellungsgesetz (LGG) am 3. November 1994, S. 61 ff., Berlin: Oktoberdruck, 1995, unveröffentlicht, zu beziehen über die Senatsverwaltung für Arbeit und Frauen -Ref. Öffentlichkeitsarbeit-, Storkower Str. 97, 10407 Berlin (zit.: *H. Eberstein*, Berliner Anhörung I)

Eberstein, Hans Hermann, Öffentliches Auftragswesen im Umbruch, in: Betriebsberater, 1994, 1230 ff. (zit.: *H. Eberstein*, BB 1994)

Eggenberger, Edmund, Öffentliches Auftragswesen, in: Schwappach, Jürgen [Hrsg.], EU-Rechtshandbuch für die Wirtschaft, 2.Aufl., München: Beck, 1996, §§ 47-50, S. 649 ff. (zit.: *E. Eggenberger*, in: J. Schwappach, EU-Rechtshandbuch)

Ehlers, Dirk, Anmerkung zu EuGH, Urteil vom 20.3.1990 - C 21/88 (du Pont de Nemours) in: Juristenzeitung 1992, S. 199 f. (zit.: *D. Ehlers*, JZ 1992)

Eidenmüller, Horst, Einstweiliger Rechtsschutz und europäisches Vergaberecht: Anmerkungen zu KG, EuZW 1995, 645, in: Europäische Zeitschrift für Wirtschaftsrecht, 1995, S. 632 ff. (zit.: *H. Eidenmüller*, EuZW 1995)

Eisermann, Karl Stefan, Rechtliche Grundlagen der Vergabe von Forschungs- und Entwicklungsaufträgen in der Bundesrepublik Deutschland, in: Zeitschrift für deutsches und internationales Vergaberecht, 1997, S. 201 ff. (zit.: *S. Eisermann*, ZVgR 1997)

Epiney, Astrid/Möllers, Thomas M.J., Freier Warenverkehr und nationaler Umweltschutz, Köln u.a., 1992 (zit: *Epiney/Möllers*, Warenverkehr und Umweltschutz)

Epiney, Astrid, Umweltrechtliche Querschnittklausel und Freier Warenverkehr: die Einbeziehung umweltpolitischer Belange über die

Beschränkung der Grundfreiheit, in: Natur und Recht 1995, S. 497 ff. (zit.: *A. Epiney*, NuR 1995)

Faisandier, Pierre, Les secteurs traditionellement exclus: L'eau, in: Marchés publics européens (droit communautaire, droit comparé), Travaux du colloque organisé par l'Association pour le droit public de l'entreprise (ADPE) les 17 et 18 juin 1988 à l'Université de Paris-Nanterre, publication hors-série de la Revue française de droit administratif, Paris: Sirey, 1989, S. 26 (zit.: *P. Faisandier*, in: colloque ADPE)

Falkenstein, Alfred, Freier Warenverkehr in der EG: Staatliche Handelsbehinderungen und Wettbewerbsverzerrungen - Erkennen und Abwehren, Baden-Baden: Nomos, 1989 (zit.: *A. Falkenstein*, Warenverkehr)

Fernández Martín, José Maria, The EC Public Procurement Rules - A Critical Analysis, Oxford: Clarendon Press, 1996, zugleich Diss. Florenz, 1993 (zit.: *J. Fernández Martín*, Critical Analysis)

Fernández Martín, José Maria/Stehmann, Oliver, Product Market Integration versus Regional Cohesion in the Community, in: 16 European Law Review 1991, S. 216 ff. (zit.: *Fernández Martin/Stehmann*, [1991] 16 E.L.Rev.)

Fierstra, M.A., Hof van Justitie der Europese Gemeenschappen, Zaak 31/87, Gebroeders Beentjes BV/Staat der Nederlanden, HvJ 20 september 1988 (prejudiciële beslissing op verzoek van de Arrondissementsrechtsbank te s'Gravenhage), in: Sociaal-Economische Wetgeving - Tijdschrift vor Europees en economisch recht, Jahrgang 38, 1990, S. 74 ff. (zit.: *M. Fierstra*, SEW [38] 1990)

Fischer, Hans Georg, Vergabeüberwachungsausschuß des Bundes als Gericht i.S. von Art. 177 EGV, in: Wirtschaftsrechtliche Beratung, 1997, S. 1231 f. (zit.: *H. Fischer*, WiB 1997)

Flach, Stefan, Rechtsbindung einer industriepolitischen Instrumentalisierung öffentlicher Aufträge, Frankfurt a.M. u.a.: Lang, 1996, zugleich Diss. Hamburg, 1995 (zit.: *S. Flach*, Instrumentalisierung)

Flamme, Philippe/Flamme, Maurice-André, Le droit européen des commandes publiques: après leur réglementation, voici les recours, in: 109 Journal des Tribunaux, 1990, S. 317 ff. (zit.: *Flamme/Flamme*, [1990] 109 JT)

Flamme, Philippe/Flamme, Maurice-André, Le droit européen des commandes publiques: le mécanisme des recours se complète, in: 111 Journal des Tribunaux, 1992, S. 769 ff. (zit.: *Flamme/Flamme*, [1992] 111 JT)

Flynn, James, State aids - Recent case law of the European Court, in: 12 European Law Review, 1987, S. 124 ff. (zit.: *J. Flynn*, [1987] 12 E.L.Rev.)

Footer, Mary, Remedies under the New GATT-Agreement on Government Procurement, in: 4 Public Procurement Law Review, 1995, S. 80 ff. (zit.: *M. Footer*, [1995] 4 P.P.L.R.)

Footer, Mary, Public Procurement and EC External Relations: A Legal Framework, in: Nicholas Emiliou/David O'Keefe [Hrsg.], The European Union and World Trade Law: After the Uruguay Round (zit.: *M. Footer*, in: Emiliou/O'Keefe)

Franke, Horst, Auswirkungen der Rechtsprechung des EuGH auf das deutsche Vergabewesen, in: Zeitschrift für deutsches und internationales Baurecht, 1996, S. 291 ff. (Teil 1) und 1997, S. 1 ff. (Teil 2) (zit.: *H. Franke*, ZfBR 1996 und 1997)

Franke, Horst, Referentenentwurf - Eine kritische Beurteilung, in: Zeitschrift für deutsches und internationales Vergaberecht 1997, S. 155 ff. (zit.: *H. Franke*, ZVgR 1997)

Franke, Horst/Höfler, Heiko, Die Vergabe von Versicherungsdienstleistungen durch private Sektorenauftraggeber, in: Betriebsberater, 1998, S. 433 ff. (zit.: *Franke/Höfler*, BB 1998)

Fratacci, Stéphane, Le critère du mieux-disant social et l'attribution des marchés publics - Conclusions sur Conseil d'État, 10 Mai 1996, *Fédération nationale des travaux publics et Fédération nationale du bâtiment*, in: Revue française de droit administratif, 1997, S. 73 ff. (zit.: *S. Fratacci*, RFDA 1997)

Furrer, Andreas, Die Sperrwirkung des sekundären Gemeinschaftsrechts auf die nationalen Rechtsordnungen: Die Grenzen des nationalen Gestaltungsspielraums durch sekundärrechtliche Vorgaben unter besonderer Berücksichtigung des „nationalen Alleingangs" (Schriftenreihe Europäisches Recht, Politik und Wirtschaft, Bd.165), Baden-Baden: Nomos, 1994 (zit.: *A. Furrer*, Sperrwirkung)

Geiger, Rudolf, EG-Vertrag: Kommentar zu dem Vertrag zur Gründung der Europäischen Gemeinschaft, München: Beck, 1993 (zit.: *R. Geiger*, EG-Vertrag)

Gimeno Feliu, José Maria, El Control de la Contratacion publica: Las normas comunitarias y su adaptacion en España, Madrid: Editorial Civitas, 1995 (zit.: *J. Gimeno Feliu*, Control)

Glazener, P./Pijnacker Hordijk, E.H./van der Riet, E.M.A., Application in the Netherlands of the Directives on Public Procurement, Fédération Internationale pour le Droit Européen, Rapports pour le 14ième Congrès à Madrid, 1990 „L'application dans les Etats membres des directives sur les marchés publics", Madrid: Centro de Publicaciones del Ministerio de Justicia, 1990, S. 219 ff. (zit.: *Glazener/Pijnacker Hordijk/van der Riet*, in: FIDE 1990)

Götz, Volkmar, Recht der Wirtschaftssubventionen, München: Beck, 1966 (zit.: *V. Götz*, Wirtschaftssubventionen)

Gohon, Jean-Pierre, Les marchés publics européens (Que sais-je, Collection encyclopédique, vol. 2625), Paris: Presses Universitaires de France, 1991 (zit.: *J.-P. Gohon*, marchés publics)

Gormley, Laurence W., Prohibiting Restrictions on Trade within the EEC: The theory and application of Articles 30-36 of the EEC Treaty, Amsterdam u.a.: North-Holland, 1985 (zit.: *L. Gormley*, Prohibiting Restrictions on Trade)

Gormley, Laurence W., Grandfather clauses in Community Law: European Court, orders of February 16 and March 13, 1987, Case 45/87R Commission v. Ireland [1987] 2 C.M.L.R. 197 and 563; Judgment of September 22, 1988 case 45/87 Commission v. Ireland [1988] 1 C.M.L.R. 225, in: 14 European Law Review, 1989, S. 156 ff. (zit.: *L. Gormley*, [1989] 14 E.L.Rev.)

Gormley, Laurence W., Some reflections on Public Procurement in the European Community, (1990) 1 European Business Law Review, p. 63 (zit.: *L. Gormley*, [1990] 1 Eur. Business L.Rev.)

Gormley, Laurence W., Freedom of establishment and freedom to provide services: workers and services distinguished, Court of Justice (Sixth Chamber) Judgment of march 27, 1990, Case C-113/89, *Rush Portugesa Lda* v. *Office National d'Immigration* [1990] E.C.R. 1417, in: 17 European Law Review, 1992, S. 63 ff. (zit.: *L. Gormley*, [1992] 17 E.L.Rev.)

Gormley, Laurence W., Gordian Knots in European Public Procurement Law: Government Procurement Agreement; Standards-Utilities-Remedies; papers of the expert meeting organised by the Academy of European Law, Trier on 13 and 14 June 1996 (Series of Publications by the Academy of European Law in Trier, volume 24) Köln: Bundesanzeiger, 1997 (zit.: *L. Gormley*, Gordian Knots)

Grabitz, Eberhard/Hilf, Meinhard [Hrsg.], Kommentar zur Europäischen Union, München: Beck, Loseblatt, 1995 ff. (zit.: *Bearbeiter*, in: Grabitz/Hilf)

Gramlich, Ludwig, Das Recht der öffentlichen Aufträge nach Abschluß der Uruguay-Runde des GATT, in: Recht der Internationalen Wirtschaft, 1995, S. 794 ff. (zit.: *L. Gramlich*, RIW 1995)

Greco, Guido, Gli appalti pubblici di servizi, in: Rivista italiana di diritto pubblico comunitario, 1995, S. 1285 ff. (zit.: *G. Greco*, Riv.ital.dir.pub.com. 1995)

Grimes, Julie M., Conflicts Between EC Law and International Treaty obligations: A Case Study of the German Telecommunications Dispute, in: 35 Harvard International Law Journal, 1994, S. 536 ff. (zit.: *J. Grimes*, [1994] 35 Harvard Int.L.J.)

Groeben, Hans von der/Thiesing, Jochen/Ehlermann, Claus-Dieter [Hrsg.], Kommentar zum EU-/EG-Vertrag, 5.Auflage, Baden-Baden: Nomos, 1997 (zit.: *Bearbeiter*, in: Groeben/Thiesing/Ehlerman)

Gröning, Jochem, Zum aktuellen Stand der Diskussion um das deutsche Vergaberecht, in: Wirtschaft und Wettbewerb, 1996, S. 566 ff. (zit.: *J. Gröning*, WuW 1996)

Gröning, Jochem, Rechtsschutzqualität und Verfahrensbeschleunigung im Entwurf für ein Vergaberechtsänderungsgesetz, in: Zeitschrift für Konkursrecht und Insolvenzpraxis, 1998, S. 370 ff. (zit.: *J. Gröning*, ZIP 1998)

Grünberger, Johannes, Gesetz zur Änderung des Gesetzes zur Bekämpfung der Schwarzarbeit und zur Änderung anderer Gesetze, in: Neue Juristische Wochenschrift 1995, S. 14 ff. (zit.: *J. Grünberger*, NJW 1995)

Gündisch, Jürgen, Der Rechtsschutz bei öffentlichen Aufträgen, in: Schwarze, Jürgen/Müller-Graff, Peter-Christian [Hrsg.], Das öffentliche Auftragswesen in der EG, Europarecht 1996, Beiheft 1, S. 59 ff. (zit.: *J. Gündisch*, in: Schwarze/Müller-Graff, EuR 1996, Beih.1)

Guillermin, Guy/Hen, Christian, Le droit communautaire des marchés publics, in: Revue du Marché Commun et de l'Union Européenne, 1993, S. 852 ff. (zit.: *Guillermin/Hen*, RMC 1993)

Gutknecht, Brigitte, Die Vergaberegeln der EG und ihre Bedeutung für Österreich, in: Gutknecht, Brigitte/Korinek, Karl/Holoubek, Michael, Das Vergaberecht der EG - Bestand und Anpassungsbedarf in Österreich (Schriftenreihe des Forschungsinstitutes für Europarecht der Karl-Franzens-Universität Graz, Bd. 2), Graz, 1991 (zit.: *B. Gutknecht*, in: Gutknecht/Korinek/Holoubek, Vergaberecht)

Haagsma, Auke, Gordian knots in relation to the GPA: myth or reality? in: L.Gormley [Hrsg.], Gordian Knots in European Public Procurement Law: Government Procurement Agreement; Standards-Utilities-Remedies; papers of the expert meeting organised by the Academy of European Law, Trier on 13 and 14 June 1996 (Series of Publications by the Academy of European Law in Trier, volume 24), Köln: Bundesanzeiger, 1997 (zit.: *A. Haagsma* in: L. Gormley, Gordian Knots)

Haase, Cordula, Internationale Harmonisierung des öffentlichen Auftragswesens (Europäische Hochschulschriften, Reihe II-Rechtswissenschaft, Bd. 2215) Frankfurt am Main u.a.: Peter Lang, 1998, zugleich Diss. Trier, 1997 (zit.: *C. Haase*, Internationale Harmonisierung)

Hailbronner, Kay, Umweltrecht und Umweltpolitik in der Europäischen Gemeinschaft, Linz, 1991 (zit.: *K. Hailbronner*, Umweltrecht)

Hailbronner, Kay, Europarechtliche Aspekte der Vergabe öffentlicher Aufträge: Zur innerstaatlichen Umsetzung der EG-Richtlinien, in: Recht der internationalen Wirtschaft, 1992, 553 ff. (zit.: *K. Hailbronner*, RIW 1992)

Hailbronner, Kay/Nachbaur, Andreas, Die Dienstleistungsfreiheit in der Rechtsprechung des EuGH, in: Europäische Zeitschrift für Wirtschaftsrecht, 1992, S. 105 ff. (zit.: *Hailbronner/Nachbaur*, EuZW 1992)

Hailbronner, Kay, Die Vergabe öffentlicher Aufträge nach europäischem Gemeinschaftsrecht, in: Wirtschaft und Verwaltung - Vierteljahresbeilage zum Gewerbearchiv, 1994, S. 173 ff. (zit.: *K. Hailbronner*, WiVerw 1994)

Hailbronner, Kay, Die Vergabe öffentlicher Aufträge - EG-Recht und Bundesvergabegesetz (Institut für Kommunalwissenschaften und Umweltschutz an der Universität Linz, Bd. 105) Wien u.a.: Jugend u. Volk, 1995 (zit.: *K. Hailbronner*, Vergabe)

Hailbronner, Kay, Der Begriff des öffentlichen Auftraggebers nach den EG-Richtlinien zur Vergabe öffentlicher Aufträge, in: Europäisches Wirtschafts- und Steuerrecht, 1995, S. 285 ff. (zit.: *K. Hailbronner*, EWS 1995)

Hailbronner, Kay/Weber, Claus, Die Neugestaltung des Vergabewesens durch die Europäische Gemeinschaft, in: Europäisches Wirtschafts- und Steuerrecht, 1997, S. 73 ff. (zit.: *Hailbronner/Weber*, EWS 1997)

Hailbronner, Kay, Die Neugestaltung des Vergabewesens durch die Europäische Gemeinschaft, in: Ipsen, Jörn, Öffentliches Auftragswesen im Umbruch: 7. Bad Iburger Gespräche, Osnabrück: Universitätsverlag Rasch, 1997, S. 19 ff. (zit.: *K. Hailbronner*, in: J. Ipsen, Bad Iburger Gespräche)

Hakenberg, Waltraud, Kommentierung der Artikel 59 ff., in: Lenz, Carl-Otto [Hrsg.], Kommentar zu dem Vertrag zur Gründung der Europäischen Gemeinschaften, Köln: Bundesanzeiger; Basel: Helbing & Lichtenhahn; Wien: Ueberreuther, 1994 (zit.: *W. Hakenberg* in: C.-O. Lenz, EG-Vertrag)

Halford, Andrew, An Overview of E.C.-United States Trade Relations in the Area of Public Procurement, in: 4 Public Procurement Law Review (1995), S. 35 ff. (zit.: *A. Halford* [1995] 4 P.P.L.R.)

Hannemann, Gerfried/Sagert, Jürgen, Öffentliche Aufträge im EG-Binnenmarkt: Vergabe von und Beteiligung an öffentlichen Aufträgen in Deutschland und in der Europäischen Gemeinschaft, Berlin: Erich Schmidt, 1993 (zit.: *Hannemann/Sagert*, Öffentliche Aufträge)

Hannequart, Yvon/Delvaux, André, Rapport National Belge, in: Fédération Internationale pour le Droit Européen, Rapports pour le 14ième Congrès à Madrid, 1990 „L'application dans les Etats membres des directives sur les marchés publics“, Madrid: Centro de Publicaciones del Ministerio de Justicia, 1990, S. 35 ff. (zit.: *Hannequart/Delvaux*, in: FIDE 1990)

Heid, *Stefan*, Vergabefremde Kriterien im Bundesvergabegesetz, in: Wirtschaftsrechtliche Blätter: Zeitschrift für österreichisches und europäisches Wirtschaftsrecht, 12. Jahrgang, 1998, S. 194 ff. (zit.: *S. Heid*, wbl. 1998)

Heiermann, *Wolfgang*, Besprechung des Diskussionsentwurfs, in: Zeitschrift für deutsches und internationales Vergaberecht 1997, S. 56 ff. (zit.: *W. Heiermann*, ZVgR 1997)

Heiermann, *Wolfgang/Riedl*, *Richard/Rusam*, *Martin*, Handkommentar zur VOB, Teile A und B, 8. Auflage, Wiesbaden u.a.: Bauverlag, 1997 (zit.: *Bearbeiter*, in: Heiermann/Riedl/Rusam)

Höfler, *Heiko*, Haftung und Kontrolle des öffentlichen Auftraggebers im englischen Recht: Eine rechtsvergleichende Untersuchung des englischen öffentlichen Auftragswesens nach der Umsetzung der europäischen Richtlinien zur Vereinheitlichung der Vergabe öffentlicher Aufträge (Schriftenreihe deutsches und internationales Bau- und Vergaberecht, Bd. 2), Wiesbaden u.a.: Bauverlag, 1997, zugleich Diss. München, Universität der Bundeswehr, 1997 (zit.: *H. Höfler*, Haftung und Kontrolle)

Hoekmann, *Bernard M./Mavroidis*, *Petros C.*, The WTO's Agreement on Government Procurement: Expanding Disciplines, Declining Membership?, in: 4 Public Procurement Law Review (1995), S. 63 ff. (zit.: *Hoekmann/Mavroidis*, [1995] 4 P.P.L.R.)

Hoekmann, *Bernard M./Mavroidis*, *Petros C.*, Law and Policy in Public Purchasing: The WTO Agreement on Government Procurement, Ann Arbor: University of Michigan Press, 1997 (zit.: *Hoekmann/Mavroidis*, Law and Policy)

Hösch, *Ulrich*, Die Nachprüfung von Vergabeentscheidungen der öffentlichen Hand, in: Bayerische Verwaltungsblätter, 1997, S. 193 ff. (zit.: *U. Hösch*, BayVBl. 1997)

Hoischen, *Stefan*, Die Beihilferegelung in Artikel 92 EWGV, Köln u.a.: Heymann, 1989 (zit.: *S. Hoischen*, Beihilferegelung)

Holoubek, *Michael*, Rechtsschutz und Kontrolle im Vergaberecht unter dem Blickwinkel der Anforderungen des EG-Rechts, in: Gutknecht, Brigitte/Korinek, Karl/Holoubek, Michael, Das Vergaberecht der EG - Bestand und Anpassungsbedarf in Österreich

(Schriftenreihe des Forschungsinstitutes für Europarecht der Karl-Franzens-Universität Graz, Bd. 2), Graz, 1991 (zit.: *M. Holoubek*, in: Gutknecht/Korinek/Holoubek, Vergaberecht)

Horn, Lutz, Neuere Entwicklungen im öffentlichen Vergaberecht, in: Baurecht, 1995, S. 20 ff. (zit.: *L. Horn*, BauR 1995)

Horn, Lutz, Public/Private Partnerships im Immobilienbereich aus vergaberechtlicher Sicht, in: Landes- und Kommunalverwaltung, 1996, S. 81 ff. (zit.: *L. Horn*, LKV 1996)

Immenga, Ulrich, Nationale Beihilfen an Unternehmen im Widerspruch zur europäischen Wettbewerbspolitik: Aktuelle und grundsätzliche Probleme, in: Forschungsinstitut für Wirtschaftsverfassung und Wettbewerbspolitik (FIW) [Hrsg.], Schwerpunkte des Kartellrechts 1990/91: Verwaltungs- und Rechtsprechungspraxis (Referate des Neunzehnten FIW-Seminars 1991 und der Zehnten Brüsseler Informationstagung 1991), Köln u.a.: Heymann, 1992 (zit.: *U. Immenga*, FIW-Schwerpunkte 90/91)

Ingenstau, Heinz/Korbion, Herman, Verdingungsordnung für Bauleistungen: VOB; Teile A und B; DIN 1960/61 (Fassung 1996); Kommentar, Düsseldorf: Werner, 13. Auflage, 1996 (zit.: *Ingenstau/Korbion*, VOB)

Ipsen, Jörn [Hrsg.], Öffentliches Auftragswesen im Umbruch: 7. Bad Iburger Gespräche, Osnabrück: Universitätsverlag Rasch, 1997 (zit.: *J. Ipsen*, Bad Iburger Gespräche)

Isensee, Josef/Kirchhof, Paul, Handbuch des Staatsrechts der Bundesrepublik Deutschland, Band III – Das Handeln des Staates, 2. Auflage, Heidelberg: C.F. Müller, 1996 (zit.: *Bearbeiter*, in: Isensee/Kirchhof, Handbuch des Staatsrechts)

Jank, Volkmar/Zdzieblo, Wolgang, Einführung in das Öffentliche Auftragswesen (Schriften zum Öffentlichen Auftragswesen, Heft 1), Tangstedt/Hamburg: Jank & Partner, 1987 (zit.: *Jank/Zdzieblo*)

Jeanrenaud, Claude, Öffentliches Auftragswesen und Wirtschaftspolitik, in: Annalen der Gemeinwirtschaft, Jahrgang 53, 1984, S. 151 ff. (*C. Jeanrenaud*, Ann.d.Gemwirt. [53] 1984)

Jestaedt, Thomas/Seibel, Claudia, Recht der öffentlichen Auftragsvergabe, in: Salger, Hanns-Christian [Hrsg.], Handbuch der europäischen Rechts- und Wirtschaftspraxis, Herne u.a.: Verl. für die

Rechts- und Anwaltspraxis, 1996, § 38, S. 1477 ff. (zit.: *Jestaedt/Seibel* in: H.-C. Salger, Handbuch)

Johnson, Jon Ragnar, The North American Free Trade Agreement: A Comprehensive Guide, Aurora: Canada Law Book Inc., 1994 (zit.: *J. Johnson*, NAFTA)

Kapteyn, Paul, The Stateless Market: the European dilemma of integration and civilization, London u.a.: Routledge, 1996 (zit.: *P. Kapteyn*, Stateless Market)

Kartte, Wolfgang/Mühl, Wolfgang, Das öffentliche Auftragswesen in der marktwirtschaftlichen Ordnung, in: Festschrift für Gunther Hartmann, Köln, 1976, (zit.: *Kartte/Mühl*, in: Hartmann-FS)

Kaspereit, Sabine, Äußerung in der parlamentarischen Aussprache zum Vergaberechtsänderungsgesetz, in: Deutscher Bundestag, Stenographischer Bericht, 13. Wahlperiode, 230. Sitzung, Bonn, Donnerstag, den 23. April 1998, S. 21121 B ff. (zit.: *S. Kaspereit*, Plenarprotokoll 13/230)

Kirchhof, Paul, Verwalten durch „mittelbares" Einwirken, Köln u.a.: Heymann, 1977, zugleich Habil., Heidelberg, 1974, (zit.: *P. Kirchhof*, Mittelbares Einwirken)

Klein, Hermann/Witzel, Friedemann, Das Recht der öffentlichen Auftragsvergabe, Die Verdingungsordnung für Leistungen - ausgenommen Bauleistungen - Teil A (VOL/A) mit EG-Vergabevorschriften, Bevorzugten-, Zonenrand- und Mittelstandsrichtlinien, Handkommentar der Praxis für Wirtschaft und Verwaltung, Koblenz: Bernard & Graefe, 1987 (zit.: *Klein/Witzel*, Auftragsvergabe)

Knapp, Ulla/Loer, Barbara/Rust, Ursula, Zwei Schritte vor, ein Schritt zurück: Frauenförderung in der Privatwirtschaft, in: Weg, Marianne/Stein, Otti [Hrsg.], Macht macht Frauen stark, Hamburg: VSA-Verl., 1988 (zit.: *Knapp/Loer/Rust*, in: Weg/Stein, Macht)

Koberski, Wolfgang/Sahl, Karl-Heinz/Hold, Dieter, Arbeitnehmer-Entsendegesetz, Kommentar (Beck'sche Kommentare zum Arbeitsrecht, Bd. 24), München: Beck, 1997 (zit.: *Koberski/Sahl/Hold*, AEntG)

Kohlhepp, Kay H., Das europäische Recht des öffentlichen Auftragswesens, in: Neue Zeitschrift für Verwaltungsrecht, 1989, S. 338 ff. (zit.: *K. Kohlhepp*, NVwZ 1989)

Kolb, Heinrich L., Äußerung in der parlamentarischen Aussprache zum Vergaberechtsänderungsgesetz, in: Deutscher Bundestag, Stenographischer Bericht, 13. Wahlperiode, 230. Sitzung, Bonn, Donnerstag, den 23. April 1998, S. 21125 A ff. (zit.: *H. Kolb*, Plenarprotokoll 13/230)

Korn, Peter, Öffentliches Auftragswesen, in: Lenz, Carl-Otto [Hrsg.], EG-Handbuch Recht im Binnenmarkt, Herne u.a.: NWB, 1991; Teil 13, S. 703 ff. (zit.: *P. Korn*, in: C.-O. Lenz, EG-Handbuch)

Krämer, Ludwig, Environmental Protection and Article 30 EEC Treaty, in: 30 Common Market Law Review, 1993, S. 111 ff. (zit.: *L. Krämer*, [1993] 30 C.M.L.Rev.)

Krause-Sigle, Brigitte, Rechtsschutz im öffentlichen Auftragswesen und andere aktuelle Fragen, in: Forum '96 - Öffentliches Auftragswesen: Dokumentation der Veranstaltung am 21. und 22. November 1996 in Badenweiler (Schriftenreihe des Forum Öffentliches Auftragswesen e.V., Heft 3), Köln: Verl. Industrie-Förderung, 1996, S. 17 ff. (zit.: *B. Krause-Sigle*, Forum'96)

Kunert, Franz-Josef, Staatliche Bedarfsdeckungsgeschäfte und Öffentliches Recht (Schriften zum Öffentlichen Recht, Bd. 331), Berlin: Duncker & Humblot, 1977 (zit.: *F.-J. Kunert*, Bedarfsdeckungsgeschäfte)

Kunnert, Gerhard, WTO-Vergaberecht: Genese und System sowie Einwirkungen auf das EG-Vergaberegime, mit einem Annex zum UNCITRAL-Mustergesetz über die Beschaffung von Waren sowie Bau- und Dienstleistungen (Wirtschaftsrecht und Wirtschaftspolitik, Bd.153), Baden-Baden: Nomos, 1998 (zit.: *G. Kunnert*, WTO-Vergaberecht)

Lambsdorff, Otto Graf, Äußerung in der parlamentarischen Aussprache zum Vergaberechtsänderungsgesetz, in: Deutscher Bundestag, Stenographischer Bericht, 13. Wahlperiode, 230. Sitzung, Bonn, Donnerstag, den 23. April 1998, S. 21123 C ff. (zit.: O. *Graf Lambsdorff*, Plenarprotokoll 13/230)

Lampe-Helbig, Gudrun/Wörmann, Klaus E., Handbuch der Bauvergabe: Verfahren-Überprüfung-Schadensersatz, 2.Aufl., München: Beck, 1995 (zit.: *Lampe-Helbig/Wörmann)*

Langer, Elisabeth, Öffentliche Auftragsvergabe im internationalen Vergleich, in: Zeitschrift für deutsches und internationales Baurecht, 1980 und 1981, 7tlg.: Teil 1 1980, S. 267 ff., Teile 2-6 (Vergaberechtliche Regelungen in ausgewählten europäischen Staaten) 1981, S. 6 ff., 51 ff., 103 ff., 157 ff., 203 ff., Teil 7 (Synopsis) 1981, S. 205 ff. (zit.: *E. Langer*, ZfBR 1980/81)

Larsen, *Gregers*, Danish Report for the 14th FIDE Congress 1990 on Application in Member States of the Directives on Public Procurement, in: Fédération Internationale pour le Droit Européen, Rapports pour le 14ième Congrès à Madrid, 1990 „L'application dans les Etats membres des directives sur les marchés publics", Madrid: Centro de Publicaciones del Ministerio de Justicia, 1990, S. 55 f. (zit.: *G. Larsen*, in: FIDE 1990)

Lauria, *Felicetta*, Appalti pubblici e mercato unico europeo, Torino: Unione Tipografico-Editrice Torinese, 1991 (zit.: *F. Lauria*, Appalti)

Lefèvre, *Dieter*, Staatliche Ausfuhrförderung und das Verbot wettbewerbsverfälschender Beihilfen im EWG-Vertrag, Baden-Baden: Nomos, 1977 (zit.: *D. Lefèvre*, Ausfuhrförderung)

Lenz, *Carl-Otto*, Entwicklung der Rechtsprechung des EuGH - Wirkungen und Konsequenzen für das öffentliche Auftragswesen, in: Forum '92 - Öffentliches Auftragswesen: Vortrags- und Diskussionsveranstaltung zu aktuellen Fragen des öffentlichen Auftragswesens am 26./27. März 1992 in Badenweiler (BDI-Drucksache, Nr. 254), Köln: Verl. Industrie-Förderung, 1992 (zit.: *C.-O. Lenz*, Forum '92)

MacCrudden, *Christopher*, Public Procurement and Equal Opportunities in the European Community - A study of "contract compliance" in the Member States of the European Community and under European Community Law, Study commissioned by Directorate General V (Employment and Social Affairs), with the support of Directorate General XV (Internal Market), August 1995, unveröffentlicht, zu beziehen beim Autor, Lincoln College, Oxford (zit.: *C. MacCrudden*, Study)

MacCrudden, *Christopher*, Referat im Rahmen der Sachverständigenanhörung der Berliner Senatsverwaltung „Öffentliche Auftragsvergabe und staatliche Leistungsgewährung - ein Instrument der Frauenförderung? (Teil 1)" zu Rechtsfragen der §§ 13 und 14 Landesgleichstellungsgesetz (LGG) am 3. November 1994, S. 72 ff., Berlin: Oktoberdruck, 1995, unveröffentlicht, zu beziehen über die Senatsverwaltung für Arbeit und Frauen -Ref. Öffentlichkeitsarbeit-, Storkower Str. 97, 10407 Berlin (zit.: C. *MacCrudden*, Berliner Anhörung I)

MacCrudden, *Christopher*, The WTO Government Procurement Agreement and the pursuit of Human Rights and Social Policies: A Framework for Discussion of „Selective Purchasing“ Laws, in: Journal of International Economic Law, 1999, S. 3 ff. (zit.: C. *MacCrudden*, [1999] 2 J.Int.Econ.L.)

Machete, *Rui*, Rapport national portugais, in: Fédération Internationale pour le Droit Européen, Rapports pour le 14ième Congrès à Madrid, 1990 „L'application dans les Etats membres des directives sur les marchés publics“, Madrid: Centro de Publicaciones del Ministerio de Justicia, 1990, S. 265 ff. (zit.: *R. Machete*, in: FIDE 1990)

Maljean-Dubois, *Sandrine*, Marchés publics et „mieux-disant“ social: Note sur Conseil d'État, 10 mai 1996, Fédération nationale des travaux publics, Fédération nationale des bâtiments, in: L'Actualité juridique - droit administratif, 1997, 197 ff. (zit.: *S. Maljean-Dubois*, AJDA 1997)

Martino, *Vittorio de*, Le leggi d'Italia nel testo vigente, ordinate sistematicamente e perennemente aggiornate, Roma: PEM, 1971 ff., Loseblatt (zit.: *Martino*)

Matthies, *Heinrich*, Kommentierung der Art.30-37 EG-Vertrag, in: Grabitz, Eberhard/Hilf, Meinhard [Hrsg.], Kommentar zur Europäischen Union, München: Beck, Loseblatt, 1995 ff. (zit.: *H. Matthies*, in: Grabitz/Hilf)

Matthies, *Heinrich*, Artikel 30 EG-Vertrag nach Keck, in: Due, Ole/ Lutter, Marcus/Schwarze, Jürgen [Hrsg.], Festschrift für Ulrich Everling, Bd. I, Baden-Baden: Nomos, 1995 (zit.: *H. Matthies*, in: Everling-FS)

Margue, *Tung-Laî*, L'ouverture des marchés publics dans la Communauté, in: Revue du Marché Unique Européen, 1991, abgedruckt in drei Teilen: Heft 2, S. 143 ff., Heft 3, S. 177 ff. und Heft 4, S. 111 ff. (zit.: *T.-L. Margue*, RMUE 2/91, 3/91 und 4/91)

Marx, *Fridhelm*, Revision der Rechtsgrundlagen für die öffentliche Auftragsvergabe: Der Diskussionsentwurf des Bundesministers für Wirtschaft, in: Vergaberecht - Zeitschrift für öffentliche und private Beschaffung 1997, Heft 1, S. 37 ff. (zit.: *F. Marx*, VergR 1/97)

Marx, Fridhelm, Vergabeverfahren und Kontrollverfahren – Eine erste Bilanz, in: Ipsen, Jörn, Öffentliches Auftragswesen im Umbruch: 7. Bad Iburger Gespräche, Osnabrück: Universitätsverlag Rasch, 1997, S. 71 ff. (zit.: *F. Marx*, in: J. Ipsen, Bad Iburger Gespräche)

Medhurst, David, EU Public Procurement Law, Oxford u.a.: Blackwell Science, 1997 (zit.: *D. Medhurst*, EU Procurement Law)

Meibom, Wolfgang von/Byok, Jan, Anmerkungen zur Notwendigkeit eines Vergabegesetzes in Deutschland, in: Europäische Zeitschrift für Wirtschaftsrecht, 1995, S. 629 ff. (zit.: *v. Meibom/Byok*, EuZW 1995)

Mensi, M., L'ouverture à la concurrence des marchés publics de services, in: Revue du Marché Unique Européen, 1993, No.3, S. 59 ff. (zit.: *M. Mensi*, RMUE 3/93)

Menzel, Hans-Joachim, Berücksichtigung sozialpolitischer Kriterien bei der öffentlichen Auftragsvergabe, in: Der Betrieb 1981, S. 303 ff. (zit.: *H.-J. Menzel*, DB 1981)

Mestmäcker, Ernst-Joachim, On the legitimacy of European Law, in: Rabels Zeitschrift für ausländisches und internationales Privatrecht, 58 (1994), 615 ff., (zit.: *E.-J. Mestmäcker*, RabelsZ 58 [1994])

Mestmäcker, Ernst-Joachim/Bremer, Eckhard, Die koordinierte Sperre im deutschen und europäischen Recht der öffentlichen Aufträge, in: Betriebsberater 1995, Beilage 19, S. 1 ff. (zit.: *Mestmäkker/Bremer*, BB 1995, Beil. 19)

Meyer, Thomas, Die rechtliche Beschränkung der Wirtschaftspolitik der EG-Mitgliedstaaten durch die Wirtschaftspolitik der Gemeinschaft, Diss. Münster, 1993 (zit.: *Thomas Meyer*, Beschränkung der Wirtschaftspolitik)

Meyer, Timm R./Uekermann, Hans-Georg, Sammlung Vergaberecht: Vergabe-, Vertrags- und Preisrecht für Liefer-, Bau- und Dienstleistungs-, sowie gleichgestellte Aufträge (bis Januar 1997 unter dem Titel: „Sammlung Öffentliches Auftragswesen"), Berlin u.a.: Beuth, 1993 ff., Loseblatt (zit.: *Meyer/Uekermann*)

Meyer, Timm R., Das neue Vergaberecht, in: Europäisches Vergaberecht 1994, Heft 2, S. 25 ff. (zit.: *Timm Meyer*, EuVgR 2/94)

Michel, Nicolas, Das öffentliche Auftragswesen in der europäischen Rechtsprechung: Systematische Darstellung der Urteile und Beschlüsse des Gerichtshofes der Europäischen Gemeinschaften, aus dem Franz. übers. u. bearb. v. Silvia Bucher, Freiburg, Schweiz: Universitätsverlag, 1996 (zit.: *N. Michel*, Rechtsprechung)

Michel, Nicolas, La jurisprudence de la Cour de Justice sur les marchés publics: instrument essentiel pour leur ouverture à la concurrence, in: Revue du Marché Unique Européen, 1994, Heft 3, S. 135 ff. (zit.: *N.Michel*, RMUE 3/94)

Millet, Timothy, The Role of the European Court of Justice in relation to Public Procurement, in: 1 Public Procurement Law Review, 1992, S. 70 ff. (zit.: *T. Millet*, [1992] 1 P.P.L.R.)

Möller, Alex [Hrsg.], Kommentar zum Gesetz zur Förderung der Stabilität und des Wachstums der Wirtschaft, 2. Aufl., Hannover: Verlag für Literatur und Zeitgeschehen, 1969 (zit.: *A. Möller*, StabG)

Montag, Frank, Umweltschutz, Freier Warenverkehr und Einheitliche Europäische Akte, in: Recht der Internationalen Wirtschaft 1987, S. 935 ff. (zit.: *F. Montag*, RIW 1987)

Morris, P.E., Legal regulation of Contract Compliance: an Anglo-American comparison, in: 19 Anglo-American Law Review, 1990, S. 87 ff. (zit.: *P. Morris*, [1990] 19 Anglo-Am.L.Rev.)

Möschel, Wernhard, Privatisierung und öffentliches Vergaberecht, in: Wirtschaft und Wettbewerb, 1997, S. 120 ff. (zit.: *W. Möschel*, WuW 1997)

Müller-Graff, Peter-Christian, Die Erscheinungsformen der Leistungssubvention aus wirtschaftsrechtlicher Sicht, in: Zeitschrift für das gesamte Handelsrecht und Wirtschaftsrecht, Jahrgang 152, 1988, S. 403 ff. (zit.: *P.-C. Müller-Graff* ZHR 152 [1988])

Müller-Graff, Peter-Christian, Kommentierung der Art.30-36 EWG-Vertrag, in: Groeben, Hans von der/Thiesing, Jochen/Ehlermann, Claus-Dieter [Hrsg.], Kommentar zum EU-/EG-Vertrag, 5.Auflage, Baden-Baden: Nomos, 1997 (zit.: *P.-C. Müller-Graff*, in: Groeben/Thiesing/Ehlermann)

Nielsen, Henrik Karl, Public Procurement and International Labour Standards, in: 4 Public Procurement Law Review, 1995, S. 94 ff. (zit.: *H.Nielsen*, [1995] 4 P.P.L.R.)

Nicolaysen, Gert, Subventionen für öffentliche Unternehmen und Beihilfen im Gemeinsamen Markt, in: Börner, Bodo/Neundörfer, Konrad [Hrsg.], Recht und Praxis der Beihilfen im Gemeinsamen Markt (Kölner Schriften zum Europarecht, Bd.32), Köln u.a.: Heymann, 1984 (zit.: *G. Nicolaysen*, in: KSE 32)

Nicolaysen, Gert, Europarecht II: Das Wirtschaftsrecht im Binnenmarkt, Baden-Baden: Nomos, 1996 (zit.: *G. Nicolaysen*, Europarecht II)

Noch, Rainer, Die Revision des Vergaberechts - Bestandsaufnahme und kritische Analyse, in: Zeitschrift für deutsches und internationales Baurecht, 1997, S. 221 ff. (zit.: *R. Noch*, ZfBR 1997, 221)

Noch, Rainer, Vergaberecht und subjektiver Rechtsschutz: Eine Darstellung nach europäischem und deutschem Recht, Baden-Baden: Nomos, 1998, zugleich Diss. Bielefeld, 1997 (unter dem Titel: Die Vergabe von Staatsaufträgen und der Rechtsschutz nach europäischem und deutschem Recht) (zit.: *R. Noch*, subjektiver Rechtsschutz)

Notaro, Nicola, L'intégration de l'accord international sur les marchés publics dans l'ordre juridique communautaire: aboutissement ou commencement?, in: Revue du Marché Unique Européen, Heft 2, 1998, S. 203 ff. (zit.: *N. Notaro*, RMUE 2/98)

Öhler, Matthias, Rechtsschutz bei der Vergabe öffentlicher Aufträge in der Europäischen Union (Juristische Schriftenreihe, Bd.114), Wien: Verl. Österreich – Nomos, 1997 (zit.: *M. Öhler*, Rechtsschutz)

Oliver, Peter, Directive 71/305: criteria for selecting public works contractors, in: 7 European Law Review, 1982, 233 ff. (zit.: *P. Oliver*, [1982] 7 E.L.Rev.)

Oliver, Peter, A review of the case law of the Court of Justice on Articles 30 to 36 EEC in 1985, in: 23 Common Market Law Review, 1986, S. 325 ff. (zit.: *P. Oliver*, [1986] 23 C.M.L.Rev.)

Oliver, Peter, Free Movement of Goods in the European Community under Articles 30 to 36 of the Rome Treaty, 3rd edition, London: Sweet & Maxwell, 1996 (zit.: *P. Oliver*, Free Movement of Goods)

O'Loan, Nuala, An Analysis of the Works and Supplies Directives of the European Communities, in: 1 Public Procurement Law Review, 1992, S. 40 ff. (zit.: *N. O'Loan*, [1992] 1 P.P.L.R., 40 ff.)

O'Loan, Nuala, An Analysis of the Utilities Directive of the European Communities, in: 1 Public Procurement Law Review, 1992, S. 175 ff. (zit.: *N. O'Loan*, [1992] 1 P.P.L.R., 175 ff.)

Oram, Anya, WTO Complaint against a Massachusetts Procurement Measure, in: 7 Public Procurement Law Review, 1998, Current Survey, S. 171 ff. (zit.: *A. Oram*, [1998] 7 P.P.L.R.)

Ose, Ludwig, Beihilfen und Maßnahmen gleicher Wirkung wie mengenmäßige Beschränkungen im Recht der EWG, Diss. Saarbrükken, 1976 (*L. Ose*, Beihilfen und Maßnahmen gleicher Wirkung)

Ossenbühl, Fritz, Vorrang und Vorbehalt des Gesetzes, in: Josef Isensee/ Paul Kirchhof [Hrsg.], Handbuch des Staatsrechts der Bundesrepublik Deutschland, Band III – Das Handeln des Staates, 2. Auflage, Heidelberg: C.F. Müller, 1996 (zit.: *F. Ossenbühl*, in: Isensee/Kirchhof, Handbuch des Staatsrechts)

Osterloh, Lerke, Rechtsgutachten zu Fragen der Frauenförderung im Rahmen der öffentlichen Mittelvergabe, erstattet im Auftrag des Ministeriums für Wirtschaft, Mittelstand und Technologie des Landes Nordrhein-Westfalen, Zweiter Teil: Frauenfördermaßnahmen im Bereich öffentlicher Auftragsvergabe, Juni 1991, unveröffentlicht, einzusehen im Archiv der ULB Bonn (zit.: *L. Osterloh*, Rechtsgutachten)

Otting, Olaf, Zur Zulässigkeit beschaffungsfremder Vergabekriterien, in: Stadt und Gemeinde, 1996, S. 461 ff. (zit.: *O. Otting*, Stadt u. Gem. 1996)

Otting, Olaf, Öffentliches Auftragswesen im Umbruch: Bericht über die 7. Bad Iburger Gespräche, in: Deutsches Verwaltungsblatt, 1997, S. 162 ff. (zit.: *O. Otting*, DVBl. 1997)

Otting, Olaf, Einführung in das Recht der öffentlichen Auftragsvergabe, in: Juristische Arbeitsblätter, 1998, S. 505 ff. (zit.: *O. Otting*, JA 1998)

Panebianco, Massimo, Ricorsi comunitari e nazionali in materia di contratti di lavori pubblici, in: Rivista di diritto europeo, 1990, S. 861 ff. (zit.: *M. Panebianco*, Riv.dir.eur. 1990)

Pâques, Michel/Dehousse, Franklin, Le marché unique des marchés publics, in: 113 Journal des Tribunaux, 1994, No. 5723, S. 509 ff. (zit.: *Pâques/Dehousse* [1994] 113 JT)

Peters, Falk, Richterrecht mußte her: Zum Urteil des Landgerichts Hannover in der Sache Fa. Bongard GmbH & Co. KG ./. Land Niedersachsen, in: Vergaberecht - Zeitschrift für öffentliche und private Beschaffung, 1997, Heft 4, S. 19 f. (zit.: *F. Peters*, VergR 4 /97)

Peus, Egon A., Neues Vergaberecht – schon wieder aufgehoben? Eine Gesetzgebungspanne, in: Neue Juristische Wochenschrift, 1998, S. 3474 f. (zit.: *E. Peus*, NJW 1998)

Pietzcker, Jost, Der Staatsauftrag als Instrument des Verwaltungshandelns: Recht und Praxis der Beschaffungsverträge in den Vereinigten Staaten von Amerika und der Bundesrepublik Deutschland (Tübinger rechtswissenschaftliche Abhandlungen; Bd.49), Tübingen: Mohr, 1978 (zit.: *J. Pietzcker*, Staatsauftrag)

Pietzcker, Jost, Rechtsschutz bei der Vergabe öffentlicher Aufträge, in: Neue Zeitschrift für Verwaltungsrecht, 1983, S. 121 ff. (zit.: *J. Pietzcker*, NVwZ 1983)

Pietzcker, Jost, Änderungen des Rechtsschutzes bei der Auftragsvergabe, in: Rechtsstaat zwischen Sozialgestaltung und Rechtsschutz - Festschrift für Konrad Redeker zum 70. Geburtstag, München: Beck, 1993, S. 501 ff. (zit.: *J. Pietzcker*, in: Redeker-FS)

Pietzcker, Jost, Verfassungsrechtliche und verwaltungsrechtliche Aspekte einer Auftragssperre, in: Noack, Harald [Hrsg.], Seminar Ausschluß von Unternehmern von der Teilnahme am Wettbewerb aus strafrechtlicher, verwaltungsrechtlicher sowie zivilrechtlicher Sicht (Schriftenreihe der Deutschen Gesellschaft für Baurecht e.V., Bd.24), Wiesbaden u.a.: Bauverl., 1995, S. 55 ff. (zit.: *J. Pietzcker*, in: H. Noack, Seminar)

Pietzcker, Jost, Die deutsche Umsetzung der Vergabe- und Nachprüfungsrichtlinien im Lichte der neuen Rechtsprechung, in: Neue Zeitschrift für Verwaltungsrecht 1996, S. 313 ff. (zit.: *J. Pietzcker*, NVwZ 1996)

Pietzcker, Jost, Kein Strohhalm für die „haushaltsrechtliche Lösung“: Zur Entscheidung des EuGH über die Vorlage des Vergabeüberwachungsausschusses des Bundes, in: Neue Zeitschrift für Verwaltungsrecht, 1997, S. 1186 f. (zit.: *J. Pietzcker*, NVwZ 1997)

Pietzcker, Jost, Das deutsche Vergaberecht nach der Umsetzung der EG-Richtlinien, in: Ipsen, Jörn [Hrsg.], Öffentliches Auftragswesen im Umbruch: 7. Bad Iburger Gespräche, Osnabrück: Universitätsverlag Rasch, 1997 (zit.: *J. Pietzcker*, in: Ipsen, Bad Iburger Gespräche)

Pietzcker, Jost, Die neue Gestalt des Vergaberechts, in: Zeitschrift für das gesamte Handelsrecht und Wirtschaftsrecht, Jahrgang 162, 1998, S. 427 ff. (zit.: *J. Pietzcker* ZHR 162 [1998])

Prieß, Hans-Joachim, Das Öffentliche Auftragswesen in den Jahren 1992 und 1993, in: Europäische Zeitschrift für Wirtschaftsrecht 1994, S. 487 (zit.: *H.-J. Prieß*, EuZW 1994)

Prieß, Hans-Joachim, Das öffentliche Auftragswesen in der Europäischen Union - Gesamtdarstellung der EU/EWR-Vergaberegeln mit Textausgabe, Köln u.a.: Heymann, 1994 (zit.: *H.-J. Prieß*, Auftragswesen)

Prieß, Hans-Joachim, Sonderregeln für die Transportsektoren, andersgeartete Tätigkeiten, Telekommunikation, Rahmenübereinkünfte, in: Europäisches Vergaberecht, Heft 2, 1995, S. 108 ff. (zit.: *H.-J. Prieß*, EuVgR 2/95)

Prieß, Hans-Joachim, Ubi Ius, Ibi Remedium!, in: Europäische Zeitschrift für Wirtschaftsrecht, 1995, S. 487 ff. (zit.: *H.-J. Prieß*, EuZW 1995)

Prieß, Hans-Joachim, Religionsgemeinschaften - Auftraggeber im Sinne des EG-Vergaberechts?, in: Europäisches Vergaberecht, Heft 4, 1995, S. 248 ff. (zit.: *H.-J. Prieß*, EuVgR 4/95)

Prieß, Hans-Joachim, New Infringement Proceeding Regarding the Transposition of the Remedies Directives, in: 5 Public Procurement Law Review, 1996, Current Survey, S. 51 ff. (zit.: *H.-J. Prieß*, [1996] 5 P.P.L.R. CS 51 ff.)

Prieß, Hans-Joachim, The Continuing Dispute on the German Implementation of the Remedies Directive, in: 5 Public Procurement Law Review, 1996, Current Survey, S. 165 ff. (zit.: *H.-J. Prieß*, [1996] 5 P.P.L.R. CS 165 ff.)

Prieß, Hans-Joachim, Das Öffentliche Auftragswesen in den Jahren 1994 und 1995, in: Europäische Zeitschrift für Wirtschaftsrecht 1996, S. 357 ff. (zit.: *H.-J. Prieß*, EuZW 1996)

Prieß, Hans-Joachim, Das Öffentliche Auftragswesen im Jahre 1996, in: Europäische Zeitschrift für Wirtschaftsrecht, 1997, S. 391 ff. (zit.: *H.-J. Prieß*, EuZW 1997)

Prieß, Hans-Joachim, Revision of the Implementation of the Remedies Directives in Germany, in: 6 Public Pocurement Law Review, 1997, Current Survey, S. 47 (zit.: *H.-J.Prieß*, [1997] 6 P.P.L.R., CS)

Prieß, Hans-Joachim/Schindler, Dierk, Recent Decisions on Judicial Protection in German Public Procurement Law, in: 7 Public Procurement Law Review, 1998, Current Survey, S. 116 ff. (zit.: *Prieß/Schindler*, [1998] 7 P.P.L.R., CS)

Prudhomme, Félix, Les secteurs traditionellement exclus: Les télécommunications, in: Marchés publics européens (droit communautaire, droit comparé), Travaux du colloque organisé par l'Association pour le droit public de l'entreprise (ADPE) les 17 et 18 juin à l'Université de Paris-Nanterre, publication hors-série de la Revue française de droit administratif, Paris: Sirey, 1989, S. 29 ff. (zit.: *F. Prudhomme*, in: colloque ADPE)

Püttner, Günter, Verwaltungslehre: Ein Studienbuch, München: Beck, 1989 (zit.: *G. Püttner*, Verwaltungslehre)

Quardt, Gabriele, Die Auftragssperre im Vergaberecht, in: Betriebsberater 1997, S. 477 ff. (zit.: *G. Quardt*, BB 1997)

Rädler, Peter, Verfahrensmodelle zum Schutz vor Rassendiskriminierung. Rechtsvergleichende Untersuchung zum Verfassungsauftrag in Art. 3 Abs. 3 GG, Berlin [u.a.]: Springer, 1999 (zit.: *P. Rädler*, Verfahrensmodelle)

Rahmsdorf, Detlev W., Ordnungspolitischer Dissens und europäische Integration (Schriftenreihe Europa-Forschung; Bd.3), Kehl u.a.: Engel, 1982 (zit.: *D. Rahmsdorf*, Dissens)

Raoux, Alain, Les secteurs traditionellement exclus: Transports et énergie, in: Marchés publics européens (droit communautaire, droit comparé), Travaux du colloque organisé par l'Association pour le droit public de l'entreprise (ADPE) les 17 et 18 juin 1988 à l'Université de Paris-Nanterre, publication hors-série de la Revue française de droit administratif, Paris: Sirey, 1989, S. 33 ff. (zit.: *A.Raoux*, in: colloque ADPE)

Razquin Lizzaraga, Martín Maria, Contratos Públicos y Derecho Comunitario, Pamplona: Aranzadi, 1996 (zit.: *M. Razquin Lizzaraga*, Contratos publicos)

Reich, Arie, The New GATT Agreement on Government Procurement, in: 31 Journal of World Trade: law, economics, public policy, 1997, S. 125 ff. (zit.: *A. Reich*, [1997] 31 J.W.T.)

Remien, Oliver, Public Procurement Law in an International Perspective, in: 11 Tel Aviv University Studies in Law, 1992, S. 189 ff. (zit.: *O. Remien*, [1992] 11 Tel Aviv Univ.Stud.L.)

Remien, Oliver, Über den Stil des europäischen Privatrechts: Versuch einer Analyse und Prognose, in: Rabels Zeitschrift für ausländisches und internationales Privatrecht, Jahrgang 60, 1996, S. 2 ff. (zit.: *O. Remien*, RabelsZ [60] 1996)

Rengeling, Hans-Werner, Das Beihilferecht der Europäischen Gemeinschaften, in: Börner, Bodo/Neundörfer, Konrad [Hrsg.], Recht und Praxis der Beihilfen im Gemeinsamen Markt (Kölner Schriften zum Europarecht, Bd. 32) Köln u.a.: Heymann, 1984 (zit.: *H.-W. Rengeling*, in: KSE 32)

Rengeling, Hans-Werner/Middeke, Andreas/Gellermann, Martin, Rechtsschutz in der Europäischen Union: Durchsetzung des Gemeinschaftrechts vor europäischen und deutschen Gerichten (Schriftenreihe der Neuen Juristischen Wochenschrift, Heft 56), München: Beck, 1994 (zit.: *Rengeling/Middeke/Gellermann*, Rechtsschutz)

Rideau, Joël, La réglementation communautaire des marchés publics dans les états membres de la Communauté Européenne, in: Annuaire Européen de l'Administration Publique, 1989, S. 701 ff. (zit.: *J. Rideau*, AEAP 1989)

Riese, Christoph, Vergaberecht – Grundlagen, Verfahren, Rechtsschutz, Berlin u.a.: Springer, 1999 (zit.: *C. Riese*, Vergaberecht)

Rittner, Fritz, Öffentliches Auftragswesen und Privatrecht: Werner Flume zum 80.Geburtstag, in: Zeitschrift für das gesamte Handelsrecht und Wirtschaftsrecht, Jahrgang 152, 1988, S. 318 ff. (zit.: *F. Rittner*, ZHR [152] 1988)

Rittner, Fritz, Rechtsgrundlagen und Rechtsgrundsätze des öffentlichen Auftragswesens - Eine systematische Analyse (Schriften zum öffentlichen Auftragswesen, Heft 5), Tangstedt/Hamburg: Jank & Partner, 1988 (zit.: *F. Rittner*, Rechtsgrundlagen)

Rittner, Fritz, Das deutsche Öffentliche Auftragswesen im europäischen Kontext, in: Neue Zeitschrift für Verwaltungsrecht, 1995, S. 313 ff. (zit.: *F. Rittner*, NVwZ 1995)

Rittner, Fritz, Das öffentliche Auftragswesen im Spannungsfeld zwischen Gemeinschaftsrecht und nationalem Recht, in: Schwarze, Jürgen/ Müller-Graff, Peter-Christian [Hrsg.], Das öffentliche Auftragswesen in der EG, Europarecht 1996, Beiheft 1, S. 7 ff. (zit.: *F. Rittner*, in: Schwarze/Müller-Graff, EuR 1996, Beih.1)

Rittner, Fritz, Ein Dokument der Hilflosigkeit und der Reue: Zur Mitteilung der EG-Kommission vom 11. März 1998, in: Vergaberecht - Zeitschrift für öffentliche und private Beschaffung, 1998, Heft 3, S. 30 ff. (zit.: *F. Rittner*, VergR 3/98)

Robinson, Mary, National Report for Ireland: Application in Ireland of the Directives on Public Procurement, in: Fédération Internationale pour le Droit Européen, Rapports pour le 14ième Congrès à Madrid, 1990 „L'application dans les Etats membres des directives sur les marchés publics", Madrid: Centro de Publicaciones del Ministerio de Justicia, 1990, S. 169 ff. (zit.: *M. Robinson*, in: FIDE 1990)

Rogmans, Jan, Vergabeverordnung und Nachprüfungsverordnung: Neuerungen im öffentlichen Auftragswesen, in: Neue Juristische Wochenschrift, 1994, S. 3134 ff. (zit.: *J. Rogmans*, NJW 1994)

Rosenzweig, Klaus, Praxis der Auftragsvergabe in kommunalen Gebietskörperschaften, in: Ipsen, Jörn [Hrsg.], Öffentliches Auftragswesen im Umbruch: 7. Bad Iburger Gespräche, Osnabrück: Universitätsverlag Rasch, 1997 (zit.: *K. Rosenzweig*, in: J. Ipsen, Bad Iburger Gespräche)

Roth, Wulf-Henning, Niederlassungs- und Dienstleistungsfreiheit, in: Dauses, Manfred [Hrsg.], Handbuch des EG-Wirtschaftsrechts, Loseblatt, München: Beck, 1993 ff. (zit.: *W.-H. Roth*, in: M. Dauses, EG-Wirtschaftsrecht)

Schabel, Thomas, Das offensichtlich niedrige Angebot bei der Vergabe öffentlicher Bauaufträge - Entscheidung des Europäischen Gerichtshofes vom 22.6.1989, (Fratelli Costanzo S.p.A. / Stadt Mailand), in: Baurecht, 1993, S. 55 f. (zit.: *T. Schabel*, BauR 1993)

Schabel, Thomas/Zellmeier-Neunteufel, Marianne, Rechtsprechung des Europäischen Gerichthofs zur Vergabe öffentlicher Bau- und Lieferaufträge, in: Baurecht, 1993, S. 557 ff. (zit: *Schabel/Zellmeier-Neunteufel*, BauR 1993)

Schabel, Thomas, Remedies in Germany, in: Tyrrell, Alan/Bedford, Becket [ed.], Public Procurement in Europe: Enforcement and Remedies, London u.a.: Butterworths, 1997, S. 141 ff. (zit.: *T. Schabel*, in: Tyrell/Bedford, Procurement)

Schabel, Thomas, Vergabesperre - nicht leicht gemacht: Unterschiedliche Kriterien und Wege, in: VergabeRecht, Heft 6, 1997, S. 15 f. (zit.: *T. Schabel*, VergR 6/97)

Schäfer, Matthias J., Mehr Wettbewerb im Bereich des öffentlichen Auftragswesens nach Erlaß der europäischen Vergaberichtlinien? - Rechtliche und praktische Aspekte der Richtlinienumsetzung (Schriften zum öffentlichen Auftragswesen, Heft 9) Tangstedt/Hamburg: Jank & Partner, 1994, zugleich Diss. Speyer (zit.: *M. Schäfer*, Vergaberichtlinien)

Schäfer, Peter W., Grundzüge des öffentlichen Auftragswesens, in: Betriebsberater 1996, Beilage 12, S. 1 ff. (zit.: *P. Schäfer*, BB 1996 Beil. 12)

Scharpf, Fritz W., Optionen des Föderalismus in Deutschland und Europa (Theorie und Gesellschaft; Bd. 31), Frankfurt u.a.: Campus, 1994 (zit.: *F. Scharpf*, Optionen)

Schauerte, Hartmut, Bericht in der parlamentarischen Aussprache zum Vergaberechtsänderungsgesetz, in: Deutscher Bundestag, Stenographischer Bericht, 13.Wahlperiode, 230. Sitzung, Bonn, Donnerstag, den 23. April 1998, S. 21119 B ff. (zit.: *H. Schauerte*, Plenarprotokoll 13/230)

Schernthanner, Martina, Das materielle Beihilfeaufsichtsrecht nach dem EWG-Vertrag, Wien u.a.: Springer, 1993 (zit.: *M. Schernthanner*, Beihilfeaufsichtsrecht)

Scheuing, Dieter H., Les aides financières publiques aux entreprises privées en droit français et européen, Paris: Berger-Levrault, 1974 (zit.: *D.Scheuing*, Aides)

Schewe-Gerick, Irmingard, Äußerung in der parlamentarischen Aussprache zum Vergaberechtsänderungsgesetz, in: Deutscher Bundestag, Stenographischer Bericht, 13.Wahlperiode, 230. Sitzung,

Bonn, Donnerstag, den 23. April 1998, S. 21122 C ff. (zit.: *I. Schewe-Gerick*, Plenarprotokoll 13/230)

Schlecht, Otto, Das öffentliche Auftragswesen als wirtschaftspolitische Aufgabe, in: Öffentliche Aufträge - Gesamtwirtschaftliche Wirkungen und marktwirtschaftliche Grenzen: Vortrags- und Diskussionsveranstaltung des Bundesverbands der Deutschen Industrie am 29. April 1988 in Bonn (BDI-Drucksache Nr.216), Köln: Verl. Industrie-Förderung, 1988 (zit.: *O. Schlecht*, Forum '88)

Schlecht, Otto, Kernfragen zum Spannungsverhältnis zwischen nationalem und internationalem Vergaberecht unter besonderer Berücksichtigung der deutschen Vergabekonzeption, in: Forum '90: Öffentliches Auftragswesen, Vortrags- und Diskussionsveranstaltung zu aktuellen Fragen des öffentlichen Auftragswesens am 22./23. November 1990 in Badenweiler (BDI-Drucksache Nr. 242), Köln: Verl. Industrie-Förderung, 1991, S. 13 ff. (zit.: *O. Schlecht*, Forum'90)

Schlünder, Bertold, Vergabesonderregelungen für öffentliche Bauvorhaben in den neuen Bundesländern, in: Zeitschrift für deutsches und internationales Baurecht, 1991, S. 240 ff. (zit.: *B. Schlünder*, ZfBR 1991)

Schmidhauser, Bruno/Lauterburg, Margareta, Recht des öffentlichen Beschaffungswesens, in: Schindler, Dietrich/Hertig, Gérard/Kellenberger, Jakob/Thürer, Daniel/Zäch, Roger [Hrsg.], Die Europaverträglichkeit des schweizerischen Rechts - Le droit suisse et le droit communautaire: convergences et divergences (Schriften zum Europarecht - Collection de droit européen, Bd./Vol. 1), Zürich: Schulthess, 1990, S. 259 ff. (zit.: *Schmidhauser/Lauterburg*, in: D. Schindler, Europaverträglichkeit)

Schmittmann, Michael, Die EG-Rechtsmittelrichtlinie zur Vergabe öffentlicher Liefer- und Bauaufträge, in: EuZW 1990, S. 536 (zit.: *M. Schmittmann*, EuZW 1990)

Schmitz, Elke, Das Recht der öffentlichen Aufträge im Gemeinsamen Markt: eine rechtsvergleichende Darstellung (Schriftenreihe Europäische Wirtschaft, Bd. 57), Baden-Baden: Nomos, 1972 (zit.: *E. Schmitz*, Aufträge)

Schneevogel, Kai-Uwe/Horn, Lutz, Das Vergaberechtsänderungsgesetz, in: Neue Zeitschrift für Verwaltungsrecht, 1999, S. 1242 ff. (zit.: *Schneevogel/Horn*, NVwZ 1999)

Schoo, Johann, Kommentierung der Art.189 a - 189 c EWG-Vertrag, in: Groeben, Hans von der/Thiesing, Jochen/Ehlermann, Claus-Dieter [Hrsg.], Kommentar zum EU-/EG-Vertrag, 5.Auflage, Baden-Baden: Nomos, 1997 (zit.: *J. Schoo*, in: Groeben/ Thiesing/Ehlermann)

Schramme, Alexandre, Rapport entre les mesures d'effet équivalant à des restrictions quantitatives (art. 30 et s. C.E.E.) et les aides nationales (art. 92 et s. C.E.E.), in: Revue Trimestrielle de Droit Européen, 21ème année, 1985, S. 486 ff. (zit.: *A. Schramme*, RTDE 1985)

Schütterle, Peter, Die Rechtsgrundlage für Beihilfen zur Überwindung der wirtschaftlichen Folgen der Teilung Deutschlands: Zur praktischen Bedeutung von Art. 92 II lit.c EGV, in: Europäische Zeitschrift für Wirtschaftsrecht, 1994, S. 715 ff. (zit.: *P. Schütterle*, EuZW 1994)

Schulte-Braucks, Reinhard, L'ouverture des marchés publics des télécommunications, in: Revue du Marché Commun, 1989, S. 649 ff. (zit.: *R. Schulte-Braucks*, RMC 1989)

Schumacher, Friedrich Arndt, Rechtsschutz im öffentlichen Auftragswesen (Theorie und Forschung, Bd. 516; Rechtswissenschaften, Bd. 47), Regensburg: Roderer, 1998 (zit.: *F. Schumacher*, Rechtsschutz)

Schuster, Gunnar/Stoll, Peter-Tobias, Gemeinschaftskompetenz und Altvertäge mit Drittstaaten: Die internationale und europäische Regelung der öffentlichen Beschaffung und der deutsch-amerikanische Freundschaftsvertrag, in: Recht der Internationalen Wirtschaft, 1996, S. 89 ff. (zit.: *Schuster/Stoll*, RIW 1996)

Schultz, Patrick, Eléments du droit des marchés publics, Paris: Librairie générale de droit et de jurisprudence, 1996 (zit.: *P. Schultz*, Eléments)

Schwarze, Jürgen, Diskriminierung bei der Vergabe öffentlicher Aufträge aus der Sicht des Gemeinschaftsrechts, in: Meessen, Karl Matthias [Hrsg.], Öffentliche Aufträge und Forschungspolitik, Baden-Baden: Nomos, 1979, S. 79 ff. (zit.: *J. Schwarze*, in: K. Meessen, Aufträge und Forschungspolitik)

Schwarze, Jürgen [Hrsg.], Discretionary Powers of the Member States in the Field of Economic Policies and their Limits under the EEC Treaty: Contributions to an International Colloquium of the European Universitiy Institute held in Florence on 14-15 May 1987, Baden-Baden: Nomos, 1988 (zit.: *J. Schwarze*, Discretionary Powers)

Schwarze, Jürgen/Müller-Graff, Peter-Christian [Hrsg.], Das öffentliche Auftragswesen in der EG, Baden-Baden: Nomos, 1996, zugleich Beiheft 1/1996 zur Zeitschrift Europarecht (zit.: *Schwarze/Müller-Graff*, EuR 1996, Beih. 1)

Seidel, Ingelore, Rapport allemand, in: Fédération Internationale pour le Droit Européen, Rapports pour le 14ième Congrès à Madrid, 1990 „L'application dans les Etats membres des directives sur les marchés publics", Madrid: Centro de Publicaciones del Ministerio de Justicia, 1990, S. 69 ff. (zit.: *I. Seidel*, in: FIDE 1990)

Seidel, Ingelore, Die Anwendung der EG-Richtlinien für die öffentlichen Aufträge in der Bundesrepublik Deutschland, in: Europarecht 1990, S. 158 ff. (zit.: *I. Seidel*, EuR 1990)

Seidel, Ingelore, Gemeinsamer Markt im öffentlichen Auftragswesen: Stand und Perspektiven, in: Wirtschaftsverwaltungs- und Umweltrecht, 1990, S. 155 ff. (zit.: *I. Seidel*, WUR 1990)

Seidel, Ingelore, Recht und Praxis der Auftragsvergabe in der Bundesrepublik Deutschland und in anderen Ländern der EG, in: Rill, Heinz Peter/Griller, Stefan [Hrsg.], Europäischer Binnenmarkt und österreichisches Wirtschaftsverwaltungsrecht (Schriftenreihe des Forschungsinstituts für Europafragen der Wirtschaftsuniversität Wien, Bd. 4), Wien: Orac, 1991, S. 189 ff. (zit.: *I. Seidel*, in: Rill/Griller, Europäischer Binnenmarkt)

Seidel, Ingelore, Öffentliches Auftragswesen, in: Dauses, Manfred A. [Hrsg.], Handbuch des EG-Wirtschaftsrechts, Loseblatt, München: Beck, 1993 ff. (zit.: *I. Seidel* in: M. Dauses, EG-Wirtschaftsrecht)

Seidel, Ingelore, Zur Wandlung des Begriffsinhaltes „öffentlicher Auftraggeber" im EG-Vergaberecht vom institutionellen zum funktionalen Begriff, sowie zu aktuellen Anwendungsfragen des erweiterten Begriffs, in: Zeitschrift für deutsches und internationales Baurecht, 1995, S. 227 ff. (zit.: *I. Seidel*, ZfBR 1995)

Seidel, Martin, Grundfragen des Beihilfenaufsichtsrechts der Europäischen Gemeinschaften, in: Börner, Bodo/Neundörfer, Konrad [Hrsg.], Recht und Praxis der Beihilfen im Gemeinsamen Markt

(Kölner Schriften zum Europarecht, Bd. 32) Köln u.a.: Heymann, 1984 (zit.: *M. Seidel*, in: KSE 32)

Servenay, Christian, The New Provisions of Supplies Directive 93/36, in: 3 Public Procurement Law Review, 1994, S. 163 ff. (zit.: *C. Servenay*, [1994] 3 P.P.L.R.)

Sohrab, Julia A., The Single European Market and Public Procurement, in: 10 Oxford Journal of Legal Studies, 1990, S. 522 ff. (zit.: *J. Sohrab*, [1990] 10 Oxford J.Leg.Stud.)

Stern, Klaus/Münch, Paul/Hansmeyer, Karl-Heinrich, Gesetz zur Förderung der Stabilität und des Wachstums der Wirtschaft, Kommentar, Stuttgart u.a.: Kohlhammer, 1972 (zit.: *Stern/Münch/Hansmeyer*, StabG)

Sterner, Frank, Rechtsbindungen und Rechtsschutz bei der Vergabe öffentlicher Aufträge (Schriften zum öffentlichen, europäischen und internationalen Recht, Bd. 2) Stuttgart u.a.: Boorberg, 1996, zugleich Diss. Mannheim, 1995 (zit.: *F. Sterner*, Rechtsbindungen)

Stolz, Kathrin, Das öffentliche Auftragswesen in der EG - Möglichkeiten und Grenzen einer Liberalisierung (Schriftenreihe Europäisches Recht, Politik und Wirtschaft, Bd. 147), Baden-Baden: Nomos, 1991 (zit.: *K. Stolz*, Auftragswesen)

Streinz, Rudolf, Mindestharmonisierung im Binnenmarkt, in: Everling, Ulrich/Roth, Wulf-Henning, Mindestharmonisierung im Europäischen Binnenmarkt: Referate des 7. Bonner Europa-Symposions vom 27. April 1996 (Schriftenreihe Europäisches Recht, Politik und Wirtschaft, Bd. 194), 1. Aufl., Baden-Baden: Nomos, 1997 (zit.: *R. Streinz*, in: Everling/Roth, Mindestharmonisierung)

Strohs, Matthias, Die Berücksichtigung vergabefremder Kriterien bei der Vergabe von Bauaufträgen durch die öffentliche Hand, in: Baurecht 1988, S. 144 ff. (zit.: *M. Strohs*, BauR 1988)

Sudhof, Margaretha, Referat im Rahmen der Sachverständigenanhörung der Berliner Senatsverwaltung „Öffentliche Auftragsvergabe und staatliche Leistungsgewährung - ein Instrument der Frauenförderung? (Teil 1)" zu Rechtsfragen der §§ 13 und 14 Landesgleichstellungsgesetz (LGG) am 3. November 1994, S. 50 ff., Berlin: Oktoberdruck, 1995, unveröffentlicht, zu beziehen über die Senatsverwaltung für Arbeit und Frauen - Ref. Öffentlichkeitsarbeit-, Storkower Str. 97, 10407 Berlin (zit.: *M. Sudhof*, Berliner Anhörung I)

Thibierge, Michel, Les secteurs traditionellement exclus: L'électricité, in: Marchés publics européens (droit communautaire, droit comparé), Travaux du colloque organisé par l'Association pour le droit public de l'entreprise (ADPE) les 17 et 18 juin à l'Université de Paris-Nanterre, publication hors-série de la Revue française de droit administratif, Paris: Sirey, 1989, S. 23 ff. (zit.: *M. Thibierge*, in: colloque ADPE)

Thys, Patrice J./Henry, Patrick, Government Procurement Regulations of the European Economic Community, in: 20 George Washington Journal of International Law & Economics, 1987, S. 445 ff. (zit.: *Thys/Henry*, [1987] 20 Geo.Wash.J.Int.L.&Econ.)

Trepte, Peter-Armin, Public Procurement in the EC, Bicester: CCH Editions, 1993 (zit.: *P.-A. Trepte*, Public Procurement)

Troberg, Peter, Kommentierung der Art. 59-66 EWG-Vertrag, in: Groeben, Hans von der/Thiesing, Jochen/Ehlermann, Claus-Dieter [Hrsg.], Kommentar zum EU-/EG-Vertrag, 5.Auflage, Baden-Baden: Nomos, 1997. (zit.: *P. Troberg*, in: Groeben/Thiesing/Ehlermann)

Troy, Kathleen E., NAFTA Chapter 10: New Opportunities in North American Government Procurement Markets, in: Bello, Judith H./Holmer, Alan F./Norton, Joseph H. [Hrsg.], The North American Free Trade Agreement: A New Frontier in International Trade and Investment in the Americas, Chicago: American Bar Association, 1994, S. 139 ff. (zit.: *K. Troy*, in: Bello/Holmer/Norton, NAFTA)

Turpin, Colin, Government Contracts (Penguin Education Series: Law and Society, Kahn-Freund, Otto/Wedderburn, Kenneth W. [Hrsg.]), Harmondsworth: Penguin, 1972 (zit.: *C. Turpin*, Government Contracts)

Turpin, Colin, Public Contracts, in: Mehren, Arthur von [Hrsg.], International Encyclopedia of Comparative Law, Vol.VII: Contracts in General, Tübingen: Mohr/Den Haag u.a.: Nijhoff, 1982 (zit.: *C. Turpin*, Int.Encycl.Comp.L. VII)

Tyrrell, Alan/Bedford, Beckett [Hrsg.], Public Procurement in Europe: Enforcement and Remedies, London u.a.: Butterworths, 1997 (zit.: *Tyrrell/Bedford*, Procurement)

Umweltbundesamt [Hrsg.], Umweltfreundliche Beschaffung: Handbuch zur Berücksichtigung des Umweltschutzes in der öffentlichen Verwaltung und im Einkauf, 3.Aufl., Wiesbaden u.a.: Bauverlag, 1993 (zit.: *Umweltbundesamt*, Handbuch)

Van Gerven, Walter, Rapport Général, in: Fédération Internationale pour le Droit Européen, Rapports pour le 14ième Congrès à Madrid, 1990 „L'application dans les Etats membres des directives sur les marchés publics", Madrid: Centro de Publicaciones del Ministerio de Justicia, 1990, S. 145 ff. (zit.: *Walter van Gerven*, FIDE 1990)

Voppel, Reinhard, Neuerungen im Vergaberecht durch das Vergaberechtsänderungsgesetz (VgRÄG), in: Landes- und Kommunalverwaltung, Heft 1, 1999, S. 5 ff. (zit.: *R. Voppel*, LKV 1999)

Wallace, Don, UNCITRAL Model Law on Procurement of Goods and Construction, in: 3 Public Procurement Law Review, 1994, Current Survey, S. 2 ff. (zit.: *D. Wallace*, [1994] 3 P.P.L.R., CS)

Wallenberg, Gabriela von, Kommentierung der Artikel 92 bis 94 EG-Vertrag, in: Grabitz, Eberhard/Hilf, Meinhard [Hrsg.], Kommentar zur Europäischen Union, München: Beck, Loseblatt, 1995 ff. (zit.: *G. v. Wallenberg*, in: Grabitz/Hilf)

Wahl, Angelika von, Öffentliche Auftragsvergabe als Mittel der Frauenförderung: Das amerikanische Modell der „Affirmative Action", in: Kritische Justiz 1996, S. 180 ff. (zit.: *A. v. Wahl*, KJ 1996)

Weiermann, Wolfgang, Äußerung in der parlamentarischen Aussprache zum Vergaberechtsänderungsgesetz, in: Deutscher Bundestag, Stenographischer Bericht, 13.Wahlperiode, 230. Sitzung, Bonn, Donnerstag, den 23. April 1998, S. 21126 A ff. (zit.: *W. Weiermann*, Plenarprotokoll 13/230)

Weiler, Joseph H. H., The Transformation of Europe, in: 100 Yale Law Journal, 1991, S. 2403 ff. (zit.: *J. Weiler*, [1991] 100 Yale L.J.)

Weiss, Friedl, The Law of Public Procurement in EFTA and the EC: The Legal Framework and its Implementation, in: 7 Yearbook of European Law, 1987, S. 59 ff. (zit.: *F. Weiss*, [1987] 7 Yearb. Eur.L.)

Weiss, Friedl, Public Procurement in European Community Law (European Community Law Series, Vol. 4) London u.a.: Athlone Press, 1993 (zit.: *F. Weiss*, Public Procurement)

Weissenberg, Paul, Öffentliche Aufträge - Instrument neutraler Beschaffung oder staatlicher Steuerung?, in: Der Betrieb 1981, S. 2285 ff. (zit.: *P. Weissenberg*, DB 1981)

Welter, Erich, Der Staat als Kunde: öffentliche Aufträge in der Wettbewerbsordnung, Heidelberg: Quelle und Meyer, 1960 (zit.: *E. Welter*, Der Staat als Kunde)

White, Eric L., In Search of the Limits to Article 30 of the EEC Treaty, in: 26 Common Market Law Review, 1989, S. 235 ff. (zit.: *E. White*, [1989] 26 C.M.L.Rev.)

Wilmowsky, Peter von, Waste Disposal in the Internal Market: The State of Play after the ECJ's ruling on the Walloon Import Ban, in: 30 Common Market Law Review, 1993, S. 541 ff. (zit.: *P. v. Wilmowsky*, [1993] 30 C.M.L.Rev.)

Winter, Jan A., Public Procurement in the EEC, in: 28 Common Market Law Review, 1991, S. 741 ff. (zit.: *J. Winter*, [1991] 28 C.M.L.Rev.)

Wölker, Ulrich, Kommentierung der Artikel 48 bis 50 EG-Vertrag in: Groeben, Hans von der/Thiesing, Jochen/Ehlermann, Claus-Dieter [Hrsg.], Kommentar zum EU-/EG-Vertrag, 5.Auflage, Baden-Baden: Nomos, 1997 (zit.: *U. Wölker* in: Groeben/Thiesing/Ehlermann)

Wohlfahrt, Jürgen, Kommentierung der Artikel 175-177 EG-Vertrag, in: Grabitz, Eberhard/Hilf, Meinhard [Hrsg.], Kommentar zur Europäischen Union, München: Beck, Loseblatt, 1995 ff. (zit.: *J. Wohlfahrt* in: Grabitz/Hilf)

Ziegler, Andreas R., Trade and Environmental Law in the European Community, Oxford: Clarendon Press, 1996 (zit.: *A. Ziegler*, Trade and Environmental Law)

Zuleeg, Manfred, Nationales Subventionsrecht als Wirkungsfeld und Wirkungsfaktor des Europäischen Subventionsrechts, Landesbericht Bundesrepublik Deutschland, in: Börner, Bodo/Bullinger, Martin [Hrsg.], Subventionen im Gemeinsamen Markt (Kölner Schriften zum Europarecht, Bd. 29), Köln u.a.: Heymann, 1978 (zit.: *M.Zuleeg*, in: KSE 29)

Zuleeg, Manfred, Kommentierung der Artikel 5 und 6 EG-Vertrag in: Groeben, Hans von der/Thiesing, Jochen/Ehlermann, Claus-Dieter [Hrsg.], Kommentar zum EU-/EG-Vertrag, 5.Auflage, Baden-Baden: Nomos, 1997 (zit.: *M. Zuleeg*, in: Groeben/Thiesing/Ehlermann)

ohne Verfasser, Contract Compliance in the 1990s, in: 54 Equal Opportunities Review 1994, S. 11 ff. (zit.: *Contract Compliance* [o.Verf.], [1994] 54 Equal Opp.Rev.)

ohne Verfasser, Manchmal doch: vergabefremde Kriterien: auf vier Rechtsebenen ist zu prüfen, in: Vergaberecht - Zeitschrift für öffentliche und private Beschaffung 1997, Heft 3, S. 14 ff. (zit.: *Vergabefremde Kriterien* [o.Verf.], VergR 3/97)

ohne Verfasser, Vergabefremdes bleibt fremd, in: Vergaberecht - Zeitschrift für öffentliche und private Beschaffung 1998, Heft 2, S. 19 (zit.: *Vergabefremdes* [o.Verf.], VergR 2/98)

ohne Verfasser, Empfehlung für Bietererklärung, in: Behörden Spiegel: Unabhängige Zeitung für den Öffentlichen Dienst, Nummer XII: Dezember, 14. Jahrgang: 1998, Beschaffung special: Informationsblatt für Regierung, Länder, Kommunen, Europa- sowie UN-Behörden und Beschaffungsindustrie, Ständige Beilage des Behörden Spiegel, Seite B IV. (zit.: *Empfehlung* [o. Verf.], Behördenspiegel - Beschaffung special)

Verzeichnis zitierter Entscheidungen des Europäischen Gerichtshofs

Kunstschätze I-, Rs. 7/68, vom 10.12.1968, Slg. 1968, 633

Stauder-, Rs. 29/69, vom 12.11.1969, Slg. 1969, 419

Reyners-, Rs. 2/74, vom 21.6.1974, Slg. 1974, 631

Dassonville-, Rs. 8/74, vom 11.7.1974, Slg. 1974, 873

van Binsbergen-, Rs. 33/74, vom 3.12.1974, Slg. 1974, 1299

de Peijper-, Rs. 104/75, vom 20.5.1976, Slg. 1976, 613

Dona/Mantero-, Rs. 13/76, vom 14.7.1976, Slg. 1976, 1333

Bauhuis-, Rs. 46/76, vom 25.1.1977, Slg. 1977, 5

Iannelli-, Rs. 74/76 vom 22.3.1977, Slg. 1977, 557

Steinike & Weinlig-, Rs. 78/76, vom 22.3.1977, Slg. 1977, 595

Bouchereau-, Rs. 30/77, vom 27.10.1977, Slg. 1977, 1999

Cassis de Dijon-, Rs. 120/78, vom 20.2.1979, Slg. 1979, 649

Carciati-, Rs. 823/79, vom 9.10.1980, Slg. 1980, 2773

Irische Souvenirs-, Rs. 113/80, vom 17.6.1981, Slg. 1981, 1625

Oebel-, Rs. 155/80, vom 14. 7. 1981, Slg. 1981, 1993

Transporoute-, Rs. 76/81, vom 10.2.1982, Slg. 1982, 417

Kommission/Irland, Buy Irish-, Rs. 249/81, vom 24.11.1982, Slg. 1982, 4005

van de Haar-, Rs. 177 und 178/82, vom 5.4.1984, Slg. 1984, 1797

Abbink-, Rs. 134/83, vom 11.12.1984, Slg. 1984, 4097

Kommission/Frankreich, Altöle-, Rs. 173/83, vom 7.2.1985, Slg. 1985, 491

Kommission/Frankreich, Auslandsdruck-, Rs. 18/84, vom 7.5.1985, Slg. 1985, 1339

Kommission/Frankreich, Frankiermaschinen-, Rs. 21/84, vom 9.5.1985, Slg. 1985, 1345

Kommission/Griechenland, Landwirtschaftsbank-, Rs. 192/84, vom 11.12.1985, Slg. 1985, 3973

Kommission/Italien, Elektrofahrzeuge-, Rs. 103/84, vom 5.6.1986, Slg. 1986, 1759

Kommission/Deutschland, Versicherungsdienstleistungen-, Rs. 84/205, vom 4.12.1986, Slg. 1986, 3375

Kommission/Italien, Mailänder Recycling-, Rs. 199/85, vom 10.3.1987, Slg. 1987, 1039

CEI-, Rs. 27/86, vom 9.7.1987, Slg. 1987, 3347

Bellini-, verb.Rs. 28 und 29/86, vom 9.7.1987, Slg. 1987, 3347

Kommission/Dänemark, Pfandflaschen-, Rs. 302/86, vom 20.9.1988, Slg. 1988, 4607

Beentjes-, Rs. 31/87, vom 20.9.1988, Slg. 1988, 4635

Dundalk III-, Rs. 45/87, vom 22.9.1988, Slg. 1988, 4929

Fratelli Costanzo-, Rs. 103/88, vom 22.6.1989, Slg. 1989, 1839

Kommission/Italien, Datenverarbeitung-, Rs. C-3/88, vom 5.12.1989, Slg. 1989, 4035

du Pont de Nemours-, Rs. C-21/88, vom 20.3.1990, Slg. 1990, I-889

Doná Alfonso-, Rs. C-295/89, vom 18.6.1991, Slg. 1991, I-2967

Conforama-, Rs. C-312/89, vom 28.2.1991, Slg. 1991, I-997

Laboratori Bruneau-, Rs. C-351/88, vom 11.7.1991, Slg. 1991, I-3641

Säger/Dennemayer-, Rs. C-76/90, vom 25.7.1991, Slg. 1991, I-4221

Merci convenzionali-, Rs. C-179/90, vom 10.12.1991, Slg. 1991, I-5889

Steen-, Rs. C-332/90, vom 28.1.1992, Slg. 1992, I-341

Kommission/Spanien, Complutense-, Rs. C-24/91, vom 18.3.1992, Slg. 1992, I-1989

Kommission/Italien, legge Nr. 80/87 per il mezzogiorno-, Rs. C-360/89, vom 3.7.1992, Slg. 1992, I-3401 ff

Sanders Adour-, verb. Rs. C-149/91 und C-150/91, vom 11.6.1992, Slg. 1992, I-3899

Kommission/Belgien, Müllimport, Rs. C-2/90, vom 9.7.1992, Slg. 1992, I-4431

Stoke on Trent-, Rs. C-169/91, vom 16. 12. 1992, Slg. 1992, I-6635

Storebaelt-, Rs. C-243/89, vom 22.6.1993, Slg. 1993, I-3353

Kommission/Italien, Colle Isarco-, Rs. C-107/92, vom 2.8.1993, Slg. 1993, I-4655

Kommission/Spanien, Umsetzung 1987-, Rs. C-71/92, vom 17.11.1993, Slg. 1993, I-5923

Keck-, verb. Rs. C-267, 268/91, vom 24.11.1993, Slg. 1993, I-6097

Hünermund-, Rs. C-292/92, vom 15.12.1993, Slg. 1993, 6787

Kommission/Italien, Lottomatica-, Rs. 272/91, vom 26.4.1994, Slg. 1994, I-1431

Kommission/Spanien, Arzneimittel-, Rs. C-328/92, vom 3.5.1994, Slg. 1994, I-1569

UNIX-, Rs. C-359/93, vom 24.1.1995, Slg. 1995, I-168

EuGH *-Evans-*, Rs. C-324/93, vom 28.3.1995, Slg. 1995, I-563

Kommission/Deutschland, Umsetzung 1990-, Rs. C-433/93, 11.8.1995, Slg. 1995, I-2303

EuGH *-Kommission/Belgien, Wallonische Busse-*, Rs. C-87/94, vom 25.4.1996, Slg. 1996, I-2043

Kommission/Deutschland, Unterems-, Rs. C-318/94, vom 28.3.1996, Slg. 1996, I-1949

Kommission/Frankreich, Coordination rurale-, Rs. C-265/95, vom 9.12.1997, Slg. 1997, I-6959

Sachregister

Kursive Ziffern beziehen sich auf die Nummern der Fußnoten

Max-Planck-Institut für ausländisches öffentliches Recht und Völkerrecht

Beiträge zum ausländischen öffentlichen Recht und Völkerrecht

Hrsg.: J. A. Frowein, R. Wolfrum

Bde. 27–59 erschienen im Carl Heymanns Verlag KG Köln, Berlin (Bestellung an: Max-Planck-Institut für Völkerrecht, Im Neuenheimer Feld 535, 69120 Heidelberg); ab Band 60 im Springer-Verlag Berlin, Heidelberg, New York, London, Paris, Tokyo, Hong Kong, Barcelona

---

142 Beate *Rudolf:* **Die thematischen Berichterstatter und Arbeitsgruppen der UN-Menschenrechtskommission.** 2000. XXVI, 663 Seiten. Geb. 229,– DM

141 Andreas *Zimmermann:* **Staatennachfolge in völkerrechtliche Verträge.** 2000. L, 960 Seiten. Geb. 298,– DM

140 Christoph *Benedict:* **Sekundärzwecke im Vergabeverfahren.** 2000. XXXII, 323 Seiten. Geb. 149,– DM

139 Clemens *Ladenburger:* **Verfahrensfehlerfolgen im französischen und im deutschen Verwaltungsrecht.** 1999. XXIV, 534 Seiten. Geb. 198,– DM

138 Britta *Specht:* **Die zwischenstaatliche Geltung des Grundsatzes *ne bis in idem*.** 1999. XXII, 237 Seiten. Geb. 119,– DM

137 Hans-Konrad *Ress:* **Das Handelsembargo.** 2000. XXVI, 532 Seiten. Geb. 186,– DM

136 Georg *Nolte:* **Eingreifen auf Einladung.** 1999. XXXIV, 699 Seiten. Geb. 218,– DM

135 Volkmar *Götz*, Peter *Selmer*, Rüdiger *Wolfrum* (Hrsg.): **Liber amicorum Günther Jaenicke – Zum 85. Geburtstag.** 1998. XXV, 1038 Seiten. Geb. 298,– DM

134 Peter *Rädler:* **Verfahrensmodelle zum Schutz vor Rassendiskriminierung.** 1999. XVII, 454 Seiten. Geb. 148,– DM

133 Volker *Röben:* **Die Einwirkung der Rechtsprechung des Europäischen Gerichtshofs auf das Mitgliedstaatliche Verfahren in öffentlich-rechtlichen Streitigkeiten.** 1998. XXX, 478 Seiten. Geb. 168,– DM

132 Frank *Hoffmeister:* **Menschenrechts- und Demokratieklauseln in den vertraglichen Außenbeziehungen der Europäischen Gemeinschaft.** 1998. XXII, 654 Seiten. Geb. 186,– DM

131 Stefan *Schuppert:* **Neue Steuerungsinstrumente im Umweltvölkerrecht am Beispiel des Montrealer Protokolls und des Klimaschutzrahmenübereinkommens.** 1998. XXII, 297 Seiten, Geb. 128,– DM

130 Jochen Abr. *Frowein*, Thilo *Marauhn* (Hrsg.): **Grundfragen der Verfassungsgerichtsbarkeit in Mittel- und Osteuropa.** 1998. IX, 583 Seiten. Geb. 178,– DM

129 David *Weissbrodt*, Rüdiger *Wolfrum* (Eds.): **The Right to a Fair Trial.** 1997. X, 779 Seiten. Geb. 198,– DM

128 Stefan *Lehr:* **Einstweiliger Rechtsschutz und Europäische Union.** 1997. XXXVI, 693 Seiten (12 Seiten English Summary). Geb. 198,– DM

127 Grace *Nacimiento:* **Die Amerikanische Deklaration der Rechte und Pflichten des Menschen.** 1997. XII, 208 Seiten (14 Seiten English Summary). Geb. 98,– DM

126 Ralf *Alleweldt:* **Schutz vor Abschiebung bei drohender Folter oder unmenschlicher oder erniedrigender Behandlung oder Strafe.** 1996. XXI, 228 Seiten (7 Seiten English Summary). Geb. 98,– DM

125 Rüdiger *Wolfrum* (Ed.): **Enforcing Environmental Standards: Economic Mechanisms as Viable Means?** 1996. VIII, 640 Seiten. Geb. 198,– DM

124 Christian *Walter:* **Vereinte Nationen und Regionalorganisationen.** 1996. XX, 407 Seiten (5 Seiten English Summary). Geb. 128,– DM

123 Gunnar *Schuster:* **Die Internationale Anwendung des Börsenrechts.** 1996. XXV, 729 Seiten (3 Seiten English Summary). Geb. 220,– DM

122 Michael J. *Hahn:* **Die einseitige Aussetzung von GATT-Verpflichtungen als Repressalie.** 1996. XVIII, 439 Seiten (4 Seiten English Summary). Geb. 148,– DM

121 Jochen Abr. *Frowein*/Rüdiger *Wolfrum*/Gunnar *Schuster* (Hrsg.): **Völkerrechtliche Fragen der Strafbarkeit von Spionen aus der ehemaligen DDR.** 1995. XVI, 193 Seiten. Geb. 98,– DM

120 **Recht zwischen Umbruch und Bewahrung. Festschrift für Rudolf Bernhardt.** 1995. XVI, 1397 Seiten. Geb. 398,– DM

119 Werner *Meng:* **Extraterritoriale Jurisdiktion im öffentlichen Wirtschaftsrecht.** 1994. XXIV, 810 Seiten (16 Seiten English Summary). Geb. 198,– DM

118 Rainer *Hofmann:* **Grundrechte und grenzüberschreitende Sachverhalte.** 1994. XVIII, 374 Seiten (5 Seiten English Summary). Geb. 148,– DM

117 Rudolf *Bernhardt* (Ed.): **Interim Measures Indicated by International Courts.** 1994. XII, 156 Seiten. Geb. 98,– DM

116 Thilo *Marauhn:* **Der deutsche Chemiewaffen-Verzicht.** 1994. XXII, 400 Seiten (7 Seiten English Summary). Geb. 128,– DM

115 Andreas *Zimmermann:* **Das neue Grundrecht auf Asyl.** 1994. XXVI, 437 Seiten (8 Seiten English Summary). Geb. 128,– DM

114 Axel *Wilke:* **Der völker- und gemeinschaftsrechtliche Schutz der Tätigkeit des Auslandskorrespondenten.** 1994. XVI, 317 Seiten (5 Seiten English Summary). Geb. 148,– DM

113 Peter-Tobias *Stoll:* **Technologietransfer. Internationalisierungs- und Nationalisierungstendenzen.** 1994. XXXII, 452 Seiten (11 Seiten English Summary). Geb. 128,– DM

112 Jörg *Polakiewicz:* **Die Verpflichtungen der Staaten aus den Urteilen des Europäischen Gerichtshofs für Menschenrechte.** 1993. XXI, 392 Seiten (8 Seiten English Summary). Geb. 138,– DM

111 Matthias *Hartwig:* **Die Haftung der Mitgliedstaaten für Internationale Organisationen.** 1993. XXI, 371 Seiten (9 Seiten English Summary). Geb. 148,– DM

110 Juliane *Kokott:* **Beweislastverteilung und Prognoseentscheidungen bei der Inanspruchnahme von Grund- und Menschenrechten.** 1993. XXIV, 482 Seiten (11 Seiten English Summary). Geb. 198,– DM

109 **Das Minderheitenrecht europäischer Staaten. Teil 2.** 1994. XXI, 544 Seiten. Geb. 98,– DM

108 Jochen Abr. *Frowein*/Rainer *Hofmann*/Stefan *Oeter* (Hrsg.): **Das Minderheitenrecht europäischer Staaten. Teil 1.** 1993, XIII, 536 Seiten. Geb. 90,– DM

107 Stefan *Richter:* **Die Assoziierung osteuropäischer Staaten durch die Europäischen Gemeinschaften.** 1993. XIX, 285 Seiten (11 Seiten English Summary). Geb. 128,– DM

106 Jochen Abr. *Frowein* (Hrsg.): **Die Kontrolldichte bei der gerichtlichen Überprüfung von Handlungen der Verwaltung.** 1993. XIV, 370 Seiten. Geb. 165,– DM

105 Georg *Nolte:* **Beleidigungsschutz in der freiheitlichen Demokratie.** 1992. XX, 294 Seiten (7 Seiten English Summary). Geb. 128,– DM

104 Thomas *Giegerich:* **Privatwirkung der Grundrechte in den USA.** Die State Action Doctrine des U.S. Supreme Court und die Bürgerrechtsgesetzgebung des Bundes. 1992. XXIII, 518 Seiten (18 Seiten English Summary). Geb. 198,– DM

www.ingramcontent.com/pod-product-compliance
Ingram Content Group UK Ltd.
Pitfield, Milton Keynes, MK11 3LW, UK
UKHW022049051026
15623UKWH00001B/361
9783540657064